Introduction à la psychologie

DES MÊMES AUTEURS

Françoise Parot

Avec P. Mengal (Eds), *La fabrique, la figure et la feinte. Fictions et statut des fictions en psychologie,* Paris, Vrin, 1989.
Avec R. Doron (Eds), *Dictionnaire de psychologie,* Paris, PUF, 1991.
Avec M. Richelle (Eds), *Psychologues de langue française. Autobiographies,* Paris, PUF, 1992.


Marc N. Richelle

*Le conditionnement opérant,* Neuchâtel-Paris, Delachaux & Niestlé, 1966.
*Pourquoi les psychologues ?,* Bruxelles, Dessart, 1968.
*L'acquisition du langage,* Bruxelles, Dessart-Mardaga, 1972.
Avec R. Droz (Eds), *Manuel de psychologie. Introduction à la psychologie scientifique,* Bruxelles, Mardaga, 1976.
*B. F. Skinner ou le péril behavioriste,* Bruxelles, Mardaga, 1978.
Avec H. Lejeune, *Time in animal behaviour,* Oxford, Pergamon, 1980.
Avec M.-L. Moreau, *L'acquisition du langage,* Bruxelles, Mardaga, 1981.
Avec F. Lowe, D. Blackman et C. M. Bradshaw (Eds), *Behaviour Analysis and Contemporary Psychology,* Londres, Lawrence Erlbaum, 1985.
Avec J. Bideaud (Eds), *Hommage à Pierre Oléron. Psychologie développementale. Problèmes et réalités,* Bruxelles, Mardaga, 1985.
*Du nouveau sur l'esprit ?,* Paris, PUF, 1993.
*B. F. Skinner. A reappraisal,* Hove, London, Lawrence Erlbaum, 1993.
Avec J. Requin et M. Robert (Eds), *Traité de psychologie expérimentale,* Paris, PUF, sous presse.

Collection
Premier
Cycle

# Introduction à la psychologie

*Histoire et méthodes*

FRANÇOISE PAROT
Maître de conférences à l'Université Paris V

MARC RICHELLE
Professeur à l'Université de Liège

*Presses
Universitaires
de France*

ISBN 2 13 046377 0
ISNN 1158-6028

Dépôt légal — 1<sup>re</sup> édition : 1992, août
2<sup>e</sup> édition revue et corrigée : 1994, août
© Presses Universitaires de France, 1992
108, boulevard Saint-Germain, 75006 Paris

# Sommaire

Avant-propos, 1

## PREMIÈRE PARTIE
## HISTOIRE
### PAR FRANÇOISE PAROT

I - **Introduction**, 7

II - **Les origines des questions psychologiques**, 15

    Les sources antiques et le haut Moyen Age, 15
        *Connaissance et rationalité dans l'Antiquité*, 15
        *Les maladies de l'âme*, 17
        *Le haut Moyen Age*, 18

    Le Moyen Age, 19
        *Le renouveau du savoir*, 19
        *Le recours à la raison naturelle*, 20
        *L'opposition des franciscains*, 23
        *L'expérience contre le raisonnement : les thèses de Roger Bacon*, 23
        *Guillaume d'Occam, l'initiateur de la pensée moderne*, 26

III - **Une période de transition : la connaissance doit être utile**, 33

    La Réforme, 33
        *Le luthéranisme*, 33
        *Le calvinisme*, 35

    Un programme pour la science, 38

La science mécaniste, 40
> Le mécanisme comme attitude à l'égard de la nature, 40
> L'objectivité, fondement de la science moderne, 42
> La diffusion du mécanisme, 43

La position cartésienne, 44
> Le dualisme, 44
> La méthode de Descartes : le cogito, 46
> Le cartésianisme et la maladie mentale, 47

Le paradigme newtonien, 50

L'individualisme social de Thomas Hobbes, 51

La diffusion des idées de Descartes et de Hobbes au XVII$^e$ siècle, 55

## IV - L'homme des Lumières et l'homme romantique, 57

Situation générale, 57
La France, l'Angleterre, l'Allemagne au XVIII$^e$ siècle, 59
> L'Angleterre, 59 ; La France, 60 ; L'Allemagne, 61.

L'unité européenne, 62

L'homme des Lumières, 63
> Les Lumières en Angleterre : empirisme et associationnisme, 63
>> Les prémices : John Locke, 63 ; Les lois de l'association selon David Hume, 65 ; L'association est un phénomène physiologique, 67.
>
> Les Lumières en France : sensualisme et encyclopédisme, 67
>> La connaissance repose sur la sensation, 67 ; L' « Encyclopédie », 69 ; Le matérialisme français, 70.
>
> Les Lumières en Allemagne : l' « Aufklärung », 73
>> Les prémices : Gottfried W. Leibniz, 73 ; La psychologie d'un élève de Leibniz : C. Wolff, 74 ; Emmanuel Kant et la science de la raison, 75.
>
> L'esprit des Lumières et la maladie mentale, 77
>> La révolution empiriste de la médecine, 77 ; Un nouveau regard sur la maladie mentale, 79.

L'homme romantique, 82
> Le « Sturm und Drang » ou les prémices allemandes du romantisme, 84
>> Un mouvement de révolte, 84 ; L'autobiographie comme psychologie, 84.
>
> L'attitude romantique, 85
>> Une antiphilosophie, 85 ; Le sommeil de la conscience, 86 ; Le sommeil de la raison, 87 ; La connaissance sensible est inadaptée à la connaissance du monde, 88 ; Le « Totalorganismus » et l'unité de la nature, 89 ; La philo-

*sophie de la nature et la naissance de la pensée biologique*, 90 ; *Les romantiques et le magnétisme animal*, 91 ; *La diffusion du mesmérisme et le recours à l'hypnose*, 92.

## V - **L'héritage des Lumières : l'homme comme citoyen**, 95

L'Idéologie française, 98

*L'Idéologie, mouvement politique*, 98

*La science des idées*, 100

*La contestation de l'Idéologie: Maine de Biran et les spiritualistes*, 102

L'utilitarisme anglo-saxon, 104

*Les radicaux utilitaires*, 105

*La naissance des Etats-Unis*, 109

L'homme positif, 110

*Auguste Comte, un homme marginalisé dans l'institution universitaire*, 110

*Les thèses positivistes*, 112

*Le cas de la psychologie*, 114

## VI - **L'évolutionnisme : l'homme comme animal**, 119

La Terre et le vivant à la fin du XVIII$^e$ siècle, 121

*La Terre elle-même a une histoire*, 121

*Les idées sur le monde vivant à la fin du XVIII$^e$*, 121

Jean-Baptiste Lamarck et la naissance de la biologie, 124

*Un idéologue face à l'empereur*, 124

*Le monde vivant se transforme*, 126

La théorie darwinienne de l'évolution des espèces, 128

*Les antécédents*, 128

*La naissance des idées de Darwin*, 129

*La théorie darwinienne*, 131

*L'évolution de la théorie de l'évolution*, 135

*L'embryogenèse, l'ontogenèse et la phylogenèse*, 137

L'évolutionnisme et les phénomènes humains, 139

*L'étude de la continuité des activités mentales de l'animal à l'homme*, 139

*L'application du darwinisme aux phénomènes sociaux*, 142

## VII - **La physiologie : l'homme comme organisme,** 145

### Le développement des études du système nerveux, 146
*L'école de Berlin,* 147
*L'influence de ces travaux sur la physiologie russe,* 148

### La persistance du vitalisme, 150
*Le vitalisme en France,* 150
*Le vitalisme en Allemagne,* 151

### La société est un organisme, 153

## VIII - **L'institutionnalisation de la psychologie,** 155

### La psychologie en France, 157
*Le rôle de Théodule Ribot,* 157
La spécificité de la situation française, 157 ; L'école de la Salpêtrière et les débats sur l'hypnose, 159 ; L'opposition : la philosophie de Henri Bergson, 161 ; L'œuvre de Th. Ribot, 162.
*Les élèves de Ribot,* 163
Pierre Janet et la psychopathologie, 163 ; Alfred Binet, les enfants et l'intelligence, 164 ; Henri Piéron et la psychophysiologie, 167.

### La psychologie en Allemagne, 169
*La psychologie physiologique de W. Wundt,* 170
*La psychologie phénoménologique et l'Ecole de Würzbourg,* 172
*La psychologie de la forme,* 172

### La psychologie russe, 174
*Ivan Pavlov et le conditionnement des réflexes,* 176
*La réflexologie et l'attitude objective de Vladimir Bechterev,* 178

### La psychologie anglaise, 179
*La psychologie animale,* 179
*L'hérédité et les différences interindividuelles,* 180

### La psychologie aux Etats-Unis, 182
*La situation universitaire,* 182
*Le cadre philosophique,* 183
*Le comportement comme objet d'étude,* 185
Les lois de l'apprentissage, 185 ; La vie psychique des micro-organismes, 186 ; La psychologie, science du comportement, 188 ; La postérité behavioriste, 192.

## DEUXIÈME PARTIE

### ⚜ MÉTHODES ⚜
#### PAR MARC RICHELLE

**IX - Démarche scientifique et psychologie,** 197

    Discours profane, discours savant, discours scientifique, 197

    Recherche logico-mathématique et recherche empirique, 200

    Reproductibilité et communicabilité, 203

    L'accès à l'objet : *a* / la place des techniques, 207

        *Progrès technique et progrès scientifique,* 207

        *Extension d'application des techniques,* 208

            *L'habituation : de l'apprentissage élémentaire à la compétence linguistique précoce,* 209 ; *Du temps de réaction à la chronométrie mentale,* 209.

    L'accès à l'objet : *b* / découper le réel, 215

        *L'unité pertinente,* 215

        *Niveau « molaire » et niveau « moléculaire »,* 217

        *Structure et fonction,* 219

        *Comportements ou processus mentaux ?,* 219

**X - Observation et expérimentation,** 223

    Inventaire et classement du réel, 223

        *Procédures d'observation en psychologie,* 228

            *Observation directe et observation armée,* 228 ; *Echantillonnage d'événements et échantillonnage par unité de temps,* 229.

        *Domaines d'élection de l'observation directe,* 231

            *L'éthologie,* 232 ; *La psychologie de l'enfant,* 232 ; *L'observation clinique,* 233 ; *Les leçons de l'anthropologie,* 236.

    L'intrusion expérimentale, 238

        *Variables indépendantes et dépendantes,* 238

        *Les résistances à l'expérimentation,* 240

            *Expérimentation naturelle et expérimentation scientifique,* 240 ; *Raisonnement verbal et respect de l'autorité,* 241.

        *Limitations à l'emploi de la méthode expérimentale,* 241

            *La dimension spatio-temporelle des phénomènes,* 241 ; *Limitations morales,* 242 ; *Limitations d'ordre épistémologique,* 244.

Causes et effets, 247
> *De la causalité simple à la boucle rétroactive*, 248
> *Causalité vers le bas et causalité vers le haut*, 251

L'observateur observé, 253

## XI - **Hypothèses, modèles et théories,** 261

Ascèse et aventure, 261
> *Eloge de la sérendipité*, 261
> *Salivation psychique et centre du plaisir*, 263

L'élaboration de l'hypothèse, 265

Statut et rôle des théories, 267
> *Synthèse de la vérité ou systématisation du doute*, 267
> *Paradigme théorique et stagnation*, 269

Modèles et modélisations, 274
> *Le modèle maquette*, 274
> *Le modèle analogique*, 276
> *Modèles « schémas de fonctionnement »*, 280
> *Modèles mathématiques*, 280
> *Modèles animaux*, 285

Les simulations, 285

## XII - **Individu, échantillon, population,** 289

Où se passent les conduites ?, 289

La représentativité des observations, 293

Eloge des variations, 296
> *Psychologie différentielle et psychologie générale*, 296
> *Psychologie interculturelle*, 298

Stabilité et changement, 300

## XIII - **Mesure et mathématisation,** 305

Fascination des chiffres, 305

Les niveaux de mesure, 307
> *Echelle nominale*, 308

*Echelle ordinale*, 308

*Echelle à intervalles et échelle proportionnelle*, 309

*Echelles de mesure et outils statistiques correspondants*, 311

Eléments de statistique intuitive, 311

*Neutraliser les variables parasites*, 312

*Statistique descriptive*, 312

*Statistique inférentielle*, 315

Contrôle et plans d'expérience, 316

*Contrôle intrasujet et groupe de contrôle*, 316

*Plans d'expérience*, 319

*Méthodes transversale et longitudinale*, 320

*Interaction entre variables*, 322
    *Plans factoriels*, 322 ; *Effets d'ordre*, 324.

*Plans quasi expérimentaux*, 325

L'approche corrélationnelle, 326

*Liaisons régulières*, 326

*Corrélation et causalité*, 328

*Analyse factorielle*, 330

## XIV - **Humains et infra-humains,** 333

Perspectives dans l'étude du comportement animal, 333

L'approche comparative, 335

Spécificité humaine et cognition animale, 338

Modèles animaux du comportement humain, 346

## XV - **Recherche et pratique,** 355

Recherche fondamentale et terrain, 355

*Réciprocité dynamique*, 355

*Validité externe, validité écologique*, 358

*Utilité de l'inutile*, 364

*Psychologie et demande sociale*, 367

Le singulier et le général, 368

*La norme, l'exception, l'anormal*, 368

*Expliquer et comprendre*, 370

## XVI - **Les champs de la psychologie,** 373

Les territoires de la psychologie, 373

*Un découpage multidimensionnel,* 373

Classement selon la méthode, 374 ; Classement par objet, 376 ; Classement par orientation théorique, 378.

*Zones frontalières : infiltration ou dissolution ?,* 379

Psychologie et biologie, 380 ; Psychologie et sciences sociales, 384 ; Psychologie et sciences partenaires, 385.

*Unité ou éclatement ?,* 388

Les professions psychologiques, 389

La formation des psychologues, 393

## XVII - **Déontologie,** 397

Ethique et scientificité, 397

*Ethique de la science et influence de la science sur l'éthique,* 397

*Morale et causalité des conduites,* 398

Ethique de la recherche, 401

*L'animal, sujet de recherche,* 401

*Sujets humains,* 404

Sommes-nous des bourreaux en puissance ?, 404 ; *Le sujet volontaire,* 406 ; *Le sujet informé,* 409.

*Recherche de terrain et recherche-action,* 410

Une solution de rechange paradoxale, 410 ; Recherche-action, 413.

Déontologie de l'intervention, 415

*Pratique, éthique et science,* 415

*Assistance et contrat,* 416

*Psychologie et argent,* 419

Conseils bibliographiques, 423

Index des noms propres, 427

*Avant-propos*

*Les programmes du premier cycle connaissent des évolutions en sens divers, particulièrement dans les sciences humaines. Jadis essentiellement consacrés à la mise en place d'une culture de base diversifiée, ils ont ensuite proposé une formation axée sur la spécialité choisie par l'étudiant. On revient aujourd'hui à la notion de tronc commun à plusieurs disciplines de spécialités qui se ramifieront seulement au second cycle.*

*Cette tendance n'a rien d'un retour en arrière. Elle tient compte d'une véritable liberté de choix pour l'étudiant. Il est rare en effet qu'il soit, à l'entrée à l'université, suffisamment informé pour décider de son orientation dans le foisonnement des sciences humaines actuelles, avec lesquelles le lycée ne le familiarise pas assez. Mais surtout, elle correspond à une exigence de pluridisciplinarité qui s'est imposée dans la pratique contemporaine des sciences humaines. Psychologues, linguistes, logiciens, historiens, sociologues, biologistes, archéologues ne peuvent plus s'ignorer mutuellement. L'autonomie réciproque qu'ils semblaient avoir acquise n'était due, le plus souvent, qu'au niveau encore très élémentaire de leurs recherches. Le psychologue du début du siècle qui s'intéressait à la résolution de problèmes et au raisonnement pouvait se donner l'illusion d'explorer un territoire qui lui était propre sans trop s'encombrer des lumières du logicien ou du linguiste. Les thèmes dont il traite aujourd'hui le forcent au dialogue avec eux.*

*Le présent ouvrage s'inscrit dans ce contexte. Il vise à fournir une réflexion sur la démarche de la psychologie moderne en la rattachant à son histoire, y compris à son passé philosophique qui en fait comprendre l'émergence et dont les débats majeurs se perpétuent en elle, en dépit des proclamations de rupture entre psychologie philosophique et psychologie scientifique.*

*Il situe celle-ci d'autre part par rapport aux savoirs scientifiques en tant qu'ils se caractérisent par certaines règles du jeu, certaines conventions dans l'acquisition des connaissances. Il invite l'étudiant à s'interroger sur la manière dont la psychologie est en mesure de se soumettre à ces règles, sur les difficultés qu'elle rencontre à les respecter, ou les résistances qu'elle y met.*

*Cette réflexion s'appuie forcément sur une information concernant les acquis de la recherche psychologique, à laquelle il sera donc fait appel. Ce volume, à cet égard, est loin de se suffire à lui-même. Les exemples qui y sont invoqués demeurent allusifs et renvoient à des données infiniment plus riches que l'étudiant trouvera ailleurs. Elles sont présentées de façon systématique, et articulées soigneusement à la perspective adoptée ici, dans d'autres volumes de cette même collection auxquels il sera fait référence en recourant à des signes — correspondant aux initiales des mots du titre — selon le code suivant :* L'homme en développement (HD), L'homme psychopathologique (HP), L'homme en société (HS), L'homme cognitif (HC) *et* L'homme biologique (HB). *(Les auteurs des autres volumes référeront au nôtre par les initiales HM.)*

*Le lecteur sera peut-être dérouté par un apparent manque d'unité de cet ouvrage. Tout d'abord, il comporte deux parties écrites par deux auteurs différents, l'une historique, l'autre essentiellement méthodologique. Nous avons déjà souligné plus haut l'importance de la perspective historique pour qui aborde une science, et ce thème sera plus longuement développé en introduction de la première partie. La réflexion méthodologique renvoie elle-même souvent à des problématiques épistémologiques, et débouche sur des questions d'éthique, qui ne prennent leur sens que si on les rapporte aux activités et responsabilités professionnelles des psychologues d'aujourd'hui, et de demain. Nous avons cherché à donner à l'étudiant non seulement un aperçu des méthodes — dans leurs principes généraux, non dans leur technicité de détails — mais une ouverture sur les pratiques.*

*L'écart entre première et seconde parties n'est pas, à y regarder de plus près, simple affaire de contenu. Chacun des deux auteurs a abordé, en effet, sa matière dans une vision différente de la psychologie. La partie historique met en relief la continuité entre les thématiques de la psychologie philosophique et celles de la psychologie de l'ère scientifique, et mènerait même à se demander si ces dernières marquent par rapport aux premières plus que des progrès de surface. Elle propose d'autre part, comme on s'en explique plus loin, une conception dite externaliste de l'histoire des idées en psychologie, c'est-à-dire qui en cherche les déterminants dans les autres aspects de l'histoire sociale, plutôt que de la traiter pour elle-même, comme si elle en était isolable.*

*Une conception différente sous-tend la seconde partie. S'y affichent une confiance plus marquée dans les mérites de la démarche scientifique et la conviction que, sans se libérer du contexte social dans lequel inévitablement elle s'inscrit, la science dispose de sa propre logique de développement, distincte de celle de la réflexion philosophique ou idéologique, et qui lui permet notamment de cumuler ses acquis sur la base d'une certaine forme de consensus.*

*Cette différence d'approche n'est qu'un exemple des multiples contrastes qui caractérisent la réflexion scientifique et philosophique, et particulièrement dans les sciences humaines. Il est bon que l'étudiant s'y meuve à l'aise dès le début de sa formation, en percevant les positions divergentes comme des possibles à explorer et à confronter, non comme des credos auxquels adhérer. Dans un domaine où les écoles de pensée prennent encore trop souvent allure de chapelles, où les théories se muent facilement en doctrines, il est bon d'apprendre à se décentrer, à regarder les choses de points de vue différents, pour découvrir qu'ils sont souvent complémentaires, ou que c'est à les comparer qu'on les affine, et éventuellement que l'on y fait, en connaissance de cause, son choix.*

*Enfin, une dernière remarque est de mise, à propos du vocabulaire. Il est difficile d'estimer l'étendue du lexique spécialisé dont disposent les lecteurs auxquels s'adresse cet ouvrage. Il dépend forcément de leur formation antérieure, de leurs intérêts, et de la place qu'ils accordent actuellement à la psychologie. Les auteurs ont donc sur ce point fait leur propre pari, en espérant ne pas paraître parfois trop didactiques, à d'autres moments elliptiques. Beaucoup de termes ou notions apparaissent dans ce volume qui trouveront leur explicitation détaillée dans un des autres. Tant mieux si l'insuffisance d'explication de certains termes stimule cette exploration. Celle-ci pourra d'ailleurs avec profit s'orienter vers les sources classiques de définition, et principalement le* Dictionnaire de psychologie, *publié en 1991 par le même éditeur sous la direction de Roland Doron et Françoise Parot.*

*Nous tenons à remercier Andrée Houyoux pour son aide très efficace à la fabrication de cet ouvrage.*

# PREMIÈRE PARTIE
## Histoire

# I. Introduction

> « *Croyez-vous donc que les sciences seraient nées, croyez-vous qu'elles auraient crû, s'il n'y avait eu auparavant ces magiciens, ces alchimistes, astrologues et sorciers qui durent d'abord, par l'appât de mirages et de promesses, créer la faim, la soif, le goût des puissances* cachées, *des forces* défendues ? »
>
> F. Nietzsche, Le gai savoir (1882),
> Paris, Gallimard, 1950, p. 243.

Il arrive assez souvent qu'on découvre ce qu'est la psychologie après avoir choisi de l'étudier. On pourrait sans doute affirmer à certains égards la même chose pour d'autres disciplines, mais la psychologie a ceci de spécifique qu'une partie seulement de l'ensemble des connaissances qu'elle recouvre est identifiée *a priori* comme « de la psychologie », à savoir l'approche clinique de la personne. L'approche expérimentale de l'individu en tant que membre de l'espèce semble relever d'une autre discipline, plus ou moins proche de la biologie, et le clivage entre ces deux approches apparaît en tout premier lieu comme radical à ceux qui abordent la psychologie.

Ce sont souvent ceux qui regrettent le manque d'unité de la psychologie qui font commencer son histoire à la fin du XIXe siècle. Ce faisant d'ailleurs, ils créent eux-mêmes un apparent clivage entre une psychologie scientifique (au sens que la fin du XIXe donne à ce terme) et une autre psychologie, celle qui ne le serait pas, qui, en quelque sorte comme on disait à l'époque avec mépris, serait « métaphysique ». Nous écarterons cette conception et admettrons ce que fait comprendre un instant de réflexion : les hommes n'ont pas attendu la science positiviste pour se poser des questions sur ce qu'ils sont, disons des questions d'ordre psychologique.

Mais le cadre institutionnel et idéologique dans lequel ils se les sont posées s'est plusieurs fois modifié au cours de l'histoire.

Ce clivage essentiel et regretté, on affirme bien souvent qu'il tient à la nature même de l'objet de la psychologie, la personne humaine, à son infinie profondeur ou complexité ; ou quelquefois aussi qu'il tient à la jeunesse de la discipline scientifique qui l'étudie : en fait, la psychologie n'est une discipline « jeune » qu'à la condition, encore une fois, de réduire son existence au dernier siècle, celui de la scientificité affirmée de certaines de ses branches, et non de la considérer dans l'ensemble de l'histoire de la pensée comme constituée de questions sur la nature de l'être humain.

Quant à la « profondeur » de l'objet propre de la psychologie, à sa complexité et à ses significations « intimes », on peut remarquer qu'en contemplant un paysage, chacun de nous, géographe ou non, peut voir une profonde vallée sous le soleil d'un automne mélancolique ou le type même de la vallée glaciaire. En regardant une échographie, chacun peut voir l'enfant tant attendu souriant paisiblement ou un fœtus de quatre mois... Chaque objet du monde qui se manifeste à nos sens, chaque phénomène peut être *regardé* comme ayant un sens dans notre existence personnelle ou comme un exemplaire, l'illustration, d'un concept scientifique. Ainsi, chacun d'entre nous est une singularité, porte en lui la signification profonde de son identité unique *et* est un exemplaire d'un type abstrait, d'une espèce.

La définition qu'on donne de l'objet d'une science est donc totalement subordonnée au regard qu'on porte à cet objet. Ce regard ne change rien à la réalité qui lui préexiste, mais ce que l'on connaît de cette réalité et les discours qu'on tient à son propos sont différents, hétérogènes et hétéronomes (ils ne se soumettent pas aux mêmes contraintes logiques).

Chacun de ces regards a été considéré tour à tour comme le plus pénétrant ou le plus savant. Selon ce que les hommes attendaient du monde et les uns des autres, selon ce que la philosophie ou la science leur avaient jusqu'alors appris, ils ont porté sur les phénomènes l'un ou l'autre de ces regards. Et pas seulement sur les phénomènes psychologiques, mais sur l'ensemble de la réalité.

Cependant, si tout objet peut être la cible de regards différents, il y a une irréductible spécificité de la psychologie : son objet est lui aussi changeant, selon les lieux et les époques ; autrement dit la psychologie participe à la construction d'une image de l'homme qui est caractéristique d'une société donnée et d'un moment donné de l'histoire de cette société ; on peut dire (à condition d'être prudent dans l'emploi de ces termes) que l'objet de la psychologie est « idéologique » : l'homme, la personne humaine, n'a pas le même statut social et culturel, il n'est pas le même, selon les sociétés et les époques. On pourrait affirmer sans doute qu'il est le même en tant qu'organisme, en tant qu'être naturel, que membre de l'espèce humaine (en tout cas depuis qu'il se pose la question de son identité), mais justement l'un des problèmes actuels de la psychologie, c'est quelquefois de ne définir l'homme qu'en tant qu'organisme ; si l'on veut bien admettre qu'il n'est pas qu'un organisme, qu'un primate, il devient alors un être changeant avec les circonstances, les exigences par exemple du monde qui l'entoure.

Peut-être l'homme des cinquante premières années de ce siècle était-il un être actif, agissant, se comportant, se déplaçant, produisant, et la psychologie du comportement était alors « naturellement » la psychologie dominante de cet homme-là ; peut-être depuis quelques années l'homme de nos sociétés a-t-il subi une mutation, est-il devenu un système de traitement de l'information dont la caricature nous montrerait un être immobile, « bombardé » de stimulations qu'il s'administre en partie lui-même en « zappant » si nécessaire... la psychologie cognitiviste devient alors inévitablement mieux adaptée à celui-là. Sans doute s'agit-il là d'une conception un peu étroite, exagérée, mécaniste qui plus est, des rapports entre une science et son objet ; mais il semble difficile de nier que l'objet de la psychologie a une spécificité, son caractère « idéologique » et changeant avec le monde en même temps qu'il le change : chaque homme est un organisme plus ou moins stable *et* le produit changeant de la culture dans laquelle il vit ; de plus, l'image de l'homme que construit, avec d'autres, la psychologie a un impact idéologique puisque l'homme est aussi un être social, un acteur du monde dans lequel il vit qui n'est pas qu'un monde naturel.

Les psychologues ne sont pas toujours très conscients de cette spécificité ; sur le plan épistémologique, scientifique, cette caractéristique les confronte en effet à un problème important : celui de la véracité de leurs dires sur l'homme. (On pourrait bien sûr, à la suite du positivisme, affirmer que *La* science n'a pas à dire des vérités, qu'elle n'a qu'à énoncer des lois qui « marchent » ; cet argument plus ou moins philosophique ne peut cependant rien contre la représentation sociale du discours scientifique : c'est là que se disent des choses vraies — et non des croyances — sur le monde.) Comment dire des vérités scientifiques sur un tel objet ? Au siècle dernier, cette question a été résolue d'une façon qui pèse encore aujourd'hui fortement sur le critère de la vérité en psychologie : on a considéré que n'était vrai que ce qui était objectif, c'est-à-dire en fait observable ; l'image de l'homme (et peut-être même l'homme lui-même) en a été appauvrie puisqu'il était « réduit » à un ensemble de comportements effectivement observables et mesurables. Puis on s'est avisé que cet appauvrissement pourrait être évité en demandant à la biologie de vérifier les dires des psychologues y compris sur ce qu'ils n'observent pas directement, tant et si bien qu'aujourd'hui on considère souvent comme vraiment scientifiques en la matière les seules approches « biologisées » : il est *vrai* que l'individu procède de telle et telle façon dans telle situation quand on trouve le substrat biologique (quel qu'il soit) responsable de ce fonctionnement. Cette position, qui à la fin du XIXe semblait permettre de se débarrasser de la métaphysique, de la philosophie, donne aujourd'hui de l'homme l'image d'un organisme et non d'un sujet ; on pourrait se demander quel type d'idéologie sert cette conception, à quoi elle sert dans notre société.

Autrement dit, la réflexion historique s'impose en cette matière encore plus que dans d'autres disciplines. Avec un monde changeant dans l'histoire, l'homme a changé et la psychologie avec lui ; il est nécessaire de connaître cette histoire, celle de la pensée tant philosophique que scientifique, pour comprendre de quel homme on fait la psychologie aujourd'hui et avec quelles exigences, pour savoir comment se sont progressivement construits cette conception de l'homme et le discours scientifique qu'on tient à son propos.

Tout d'abord, il est capital de garder à l'esprit que la plupart des grandes questions qui suscitent aujourd'hui des débats entre les psychologues ont été soulevées par des philosophes, et que l'histoire de la psychologie passe en partie par celle de la philosophie. Mais qui plus est, nous serons contraints, pour une période longue de l'histoire de la philosophie, de nous référer à l'histoire religieuse car les questions philosophiques ont, pendant l'ère chrétienne du VI$^e$ au XVI$^e$ siècle, été débattues par des théologiens : jusqu'au XVI$^e$ siècle, philosopher, c'est toujours faire de la théologie, tenir un discours sur Dieu et ses œuvres. L'homme croyant, nécessairement croyant, est à coup sûr fort différent de celui de notre siècle et le discours qu'on tient sur lui en est fortement influencé.

Il faut attendre les philosophes français du XVIII$^e$ siècle, les philosophes des Lumières, pour que la culture (au sens large de système idéologique, scientifique et philosophique) devienne laïque, non soumise à la théologie. Cependant, cette tradition laïque restera et demeure profondément marquée par les problèmes religieux ; mais en négatif, puisqu'elle engendrera entre autres l'anticléricalisme français au XIX$^e$, qui reste une prise de position *par rapport à* la religion. Néanmoins apparaît alors un homme de raison, que les arguments d'autorité ne satisfont plus, apte à concevoir que le monde peut être ce qu'il veut et non plus seulement ce que Dieu en a fait ; la psychologie devient un discours sur l'entendement, confronté à la difficile conciliation de la raison et des passions. Puisque Dieu se retire progressivement de la scène, cesse d'être l'unique déterminant du monde, la théologie cesse d'être le cadre obligé de la réflexion ; l'activité sociale de l'individu, son rôle de producteur des richesses du monde, fait cette fois de l'économie et de la politique des facteurs déterminants de la pensée, en lieu et place de la religion.

Ainsi, de même qu'il nous faut tenir compte des conceptions religieuses pour comprendre la pensée occidentale jusqu'au XVI$^e$ siècle, il nous faut pour la suite tenir compte des conceptions économiques et politiques. Bien entendu, cette détermination de la pensée philosophique et scientifique par la théologie ou par la politique est complexe et toute simplification ne peut être qu'artificielle ; en particulier, la philosophie et les sciences interviennent en retour. Mais nous choisirons de nous détourner de l'histoire d'une science (ici celle de la psychologie) qu'on dit épistémologique ou « internaliste », où chaque pas dans le développement est considéré comme produit par l'état précédent de la science en question, où l'histoire ressemble à une genèse, chaque stade engendrant le suivant « naturellement ». Nous adopterons un point de vue « externaliste », qui nous semble particulièrement adapté à la psychologie (étant donné sa spécificité décrite précédemment), selon lequel l'état d'une science est déterminé par des facteurs qui lui sont en partie extérieurs, politiques, religieux, philosophiques, bref idéologiques.

Chaque fois que l'occasion s'en présentera, nous rapporterons telle ou telle conception énoncée au cours de l'histoire à une problématique actuelle, pour montrer le statut de cette conception dans la psychologie d'aujourd'hui (cette mise en relation avec le contexte actuel sera présentée en petits caractères et en retrait). On verra ainsi que la plupart des grandes questions que se pose la psychologie contemporaine sont héritées de débats historiquement situés ; on pourra prendre connaissance alors des motifs et des implications théologiques ou politiques par exemple qu'a eus et que pourrait avoir encore telle ou telle conception psychologique. Par ailleurs, nous illustrerons nos propos historiques par des commentaires d'ouvrages divers que les étudiants sont susceptibles de lire aujourd'hui, montrant là encore la nécessité, pour comprendre ce qu'on lit, d'un minimum de culture historique (ces illustrations seront présentées en encart).

Dans notre présentation de l'histoire des idées psychologiques, nous avons fait des choix qui, comme les autres, sont discutables : nous avons choisi les étapes dont tout spécialiste admet qu'elles ont été décisives, sans peut-être les analyser toutes ; nous avons, pour chacune, retenu certains auteurs plutôt que d'autres qui nous ont semblé moins abordables par des étudiants de premier cycle ou moins fondamentaux, ou quelquefois simplement moins intéressants. Il ne peut être question en effet de demander à ce niveau d'étudier l'ensemble de l'histoire de la pensée et tous ceux qui en furent les auteurs. Les lacunes de notre exposé pourront être comblées par des lectures complémentaires que nous indiquons en fin de volume.

Nous avons tenté de tracer simplement l'histoire générale des questions d'ordre psychologique, celles qui concernent les représentations de l'homme ; aussi n'avons-nous pas étudié en détail l'histoire des disciplines qui se sont servies de ces représentations, ou qui y ont concouru. Nous n'avons donc pas entrepris de tracer une histoire de la psychiatrie par exemple ; mais, parce que la représentation de la maladie mentale et celle de l'homme normal sont étroitement imbriquées, nous nous sommes arrêtés sur la première chaque fois qu'elle a subi, dans l'histoire, d'importantes modifications parallèles à celles de la seconde. Une maladie, une maladie mentale surtout, est solidaire de toute une époque : ainsi, la schizophrénie est-elle le produit d'une culture, d'un moment du savoir qui influence le regard du médecin, mais aussi les conduites des « malades ». Les phénomènes humains, contrairement aux phénomènes physiques, ne sont pas immuables, varient avec l'histoire culturelle. Une maladie mentale est en partie « construite » par le médecin et aussi par le malade, lui même historiquement situé.

De même, nous ne nous sommes pas arrêtés à la constitution de chacune des sous-disciplines de la science de l'homme. L'histoire de ces différents domaines sera la plupart du temps abordée dans les autres volumes consacrés, dans cette collection, à l'homme comme objet de science. C'est également dans ces autres volumes que l'on trouvera l'histoire récente de la psychologie. Nous nous sommes en effet arrêtés au début du XX$^e$ siècle en nous contentant de tracer, pour cette époque, les grands courants qui, dans les différents pays, se sont développés — ou éteints — par la suite.

Enfin, il nous faut ajouter que nous n'évoquons même pas l'histoire des représentations de l'homme dans d'autres régions du monde. Il y faudrait plusieurs volumes, il faudrait aussi un accès aux textes qui les présentent ; et, vraisemblablement, on en serait convaincu qu'il n'y a pas eu construction d'une « discipline », la psychologie, dans ces cadres-là.

Notre souhait est que cette approche historique permette à l'étudiant de mieux comprendre les positions méthodologiques et épistémologiques qui lui seront présentées dans la seconde partie de ce volume, ainsi que les conceptions qui seront exposées dans les autres volumes. Notre ambition n'était donc aucunement d'écrire un ouvrage érudit sur l'histoire de la psychologie, qui aurait été destiné aux enseignants ou aux chercheurs, mais de proposer aux étudiants quelques repères historiques nécessaires pour comprendre l'état actuel de la science de l'homme.

# II. Les origines des questions psychologiques

## Les sources antiques et le haut Moyen Age

### Connaissance et rationalité dans l'Antiquité

A bien des égards, le monde antique et le haut Moyen Age sont pour nous difficiles à comprendre ; ils relèvent de cultures si différentes de la nôtre qu'à moins d'y consacrer de longues études — et de longues pages — ils nous semblent étrangers, opaques. Cependant, les théologiens du christianisme ont puisé aux sources antiques, ont commenté les œuvres des philosophes de l'Antiquité, de Platon et d'Aristote en particulier. Et c'est cette théologie médiévale qui constitue le berceau au sein duquel vont naître les problématiques et débats constitutifs de la psychologie. C'est la raison pour laquelle nous nous intéresserons brièvement aux concepts que ces théologiens ont puisés dans les sources antiques.

Pour Platon comme pour Aristote, le monde réel, la Nature, excède l'ensemble des faits seulement observables : la connaissance de la Nature ne peut être élaborée que par le travail que la raison, la dialectique, opère sur les données de l'observation. Il en résulte des idées, immuables pour Platon, changeant avec les circonstances observées pour Aristote. La connaissance est donc élévation au monde des idées, ce que nous donne à comprendre le *Mythe de la caverne* conté par Platon dans *La République* (livre VII) : des prisonniers dans une caverne ne voient que les ombres des choses ; mais, grâce à une dure ascension, qui figure la dialectique, certains s'évadent de la caverne et parviennent à percevoir les choses véritables et le soleil qui les éclaire (le bien, le juste...). La caverne est le monde des expériences sensibles et la vérité, la connaissance résident dans un monde plus vrai que celui-là.

Pour Aristote, ce monde est ordonné, l'œuvre d'une intelligence, celle d'un artisan qui, tel le potier, façonne l'argile pour lui donner une forme. Cette conception (dont on comprend facilement qu'elle s'accorde à celle d'un Dieu créateur et sera donc reprise dans la pensée chrétienne) fait de la forme d'un objet sa finalité, le but qu'il doit atteindre pour prendre la place qui lui revient dans la Nature. Nature qui est ainsi constituée d'un ensemble de formes ; chaque objet individuel doit se « con-former » à sa forme qui est la norme en quelque sorte, son avenir, son destin.

Ainsi des rapports de l'âme et du corps : alors que pour Platon, une distinction radicale doit être opérée, pour Aristote, il y a complémentarité, l'âme étant la forme qui organise le corps pour le mener à un état d'achèvement ; la matière, chez Aristote, ne peut exister sans la forme, ni la forme sans la matière.

Pour Aristote, on peut considérer l'âme comme présentant l'organisation hiérarchique suivante : au niveau le plus général, l'âme est *végétative*, elle est le principe qui permet la croissance, le développement, la nutrition et, en tant que telle, est commune aux végétaux, aux animaux et à l'homme ; l'âme *sensitive* est le principe qui permet la sensation et la motricité, qui meut la matière qu'est le corps et elle est commune aux animaux et à l'homme ; l'âme *intellective* ou *rationnelle* permet à l'homme seul de raisonner.

La raison est donc ici le prolongement des deux étapes précédentes et leur est supérieure. On retrouvera chez Piaget, bien sûr après une longue histoire de l'aristotélisme, une conviction proche de celle-ci : l'intelligence est un prolongement de l'adaptation biologique.

> Dans cette pensée antique, on voit donc prendre forme une distinction, fondamentale pour la psychologie contemporaine, entre ce qui est patent, sensible, et ce qui est latent, à construire à partir du sensible. L'exemple le plus évident aujourd'hui en est la thèse freudienne d'une distinction entre le contenu conscient du rêve, patent

pour le dormeur et le contenu latent qui ne peut qu'être, par un effort, construit à partir du contenu patent ; mais on pourrait tout aussi bien trouver un exemple semblable dans les travaux sur la cognition pour lesquels le comportement patent et observable n'est qu'un indice de structures ou d'opérations cognitives latentes et inobservables, mais postulées tout aussi réelles que le comportement. Cependant, ce n'est que dans la théologie chrétienne que cette distinction prendra un sens proche de celui qu'elle a aujourd'hui.

### Les maladies de l'âme

On se représente souvent la « culture » grecque en particulier comme un monde soumis à la philosophie, au règne des idées, comme un monde gorgé de rationalité et de logique. Mais, au sein même des écoles philosophiques sont imposés des modes de vie et des pratiques inspirés de croyances plus ou moins mystiques et irrationnelles : ainsi, par exemple, à côté des thérapies médicales réservées le plus souvent aux maladies organiques se sont développées en Grèce des thérapies « psychologiques », des cures d'âmes, dans les Aesclepeïa (qui étaient les temples d'Esculape, un des dieux de la médecine). Les malades venaient de très loin à Cos par exemple (qui était le berceau d'Hippocrate et de son école) pour retrouver la santé mentale grâce à un procédé qu'on peut résumer comme suit : le malade se couche dans une grotte, plus tard dans une chambre souterraine, à même le sol, par la suite sur une *kliné* (qui signifie *lit* en grec, d'où le terme *clinique* : qui se pratique au chevet du malade) ; on le prépare à la cure en lui faisant boire de l'eau de la « source de la mémoire » ou de celle de l'oubli, en lui faisant peut-être prendre quelque drogue ou en le mettant dans un état comparable à l'hypnose, et là, en contemplant dit-on le spectacle des fresques décorant la chambre, le malade a une « vision onirique » (dont rien ne nous permet d'affirmer qu'il s'agit exactement d'un rêve au sens contemporain). Ensuite, sous la conduite du prêtre guérisseur, le malade prend place dans la « chaire de la mémoire » et raconte ce qu'il a « vu ». Cette cure rassurait le malade.

Galien, le médecin le plus célèbre du IIe siècle après J.-C., dont les pratiques inspireront encore les médecins de Molière, recourait à ce traitement. Mais Galien recourait également à un autre traitement, lui aussi inspiré des pratiques antiques : le contrôle et la maîtrise de soi des stoïciens, qui consistaient en des exercices de concentration et de méditation destinés à calmer les émotions.

> L'idée que ce qui est maintenu secret est à l'origine de troubles mentaux, l'idée de « secret pathogène », appelée à s'intégrer à la théorie psychanalytique, se révèle bien sûr cohérente avec la distinction précédemment expliquée entre le monde sensible, qui se manifeste aux sens, et le monde latent, constitué de vérités d'un autre ordre, supérieur.

Ces deux composantes du monde antique (rationalité et irrationalité) demeureront dans l'histoire de la pensée occidentale. A tour de rôle, et selon les pays, l'une et l'autre prendront le devant de la scène, sans que jamais l'une ne fasse totalement disparaître l'autre.

### Le haut Moyen Age

L'Eglise catholique a repris du monde antique ces deux composantes. Pour la thérapeutique des maladies de l'âme, le prêtre bien sûr reste seul qualifié : la pratique de la confession, à un prêtre tenu de garder le secret le plus absolu, demeure pendant de nombreux siècles le seul recours pour une âme perturbée. Lorsque le prêtre échoue, c'est le diable lui-même qui est alors « chargé » du malade (le plus souvent de la malade) et qui le fait accuser de sorcellerie et brûler.

Grâce aux « thérapies religieuses », ce sont les prêtres qui accumulent le « savoir psychologique », et cette pratique de la confession reste fondée sur la conviction que c'est quelque chose que le malade cache (aux autres), un secret, qui le perturbe et qui est à la source de sa pathologie ; la conviction aussi que « se débarrasser de » son secret sur quelqu'un d'autre a des vertus thérapeutiques.

Pour saint Augustin comme pour saint Thomas, qui constituent les deux grands systèmes de pensée du Moyen Age, le monde patent, le monde sensible est aussi une illusion ; notre perception ne nous mène qu'à une connaissance fallacieuse tant qu'elle n'est pas éclairée par la foi : le divin est latent, mais réel.

Sur le plan philosophique, on retrouve dans le haut Moyen Age les problématiques abordées par le monde antique. Pour l'augustinisme, qui domine le monde chrétien du VI$^e$ au XI$^e$ siècle, *le monde existe sur un mode sacré* ; le sacré détermine les relations des êtres aux choses et entre eux ; la source de toute connaissance est dans les Evangiles. Les rapports entre le monde sensible, « profane » et le monde religieux sont d'abord réalisés par la nature même de la personne du Christ : à la fois homme (profane) et Dieu (sacré), le Christ est une double nature. Ensuite, ce rapport entre le profane et le sacré est institué, « géré », par l'Eglise : les sacrements, les prêtres opèrent la médiation entre les deux mondes.

> Entre le patent et le latent, on instaure des médiations. Là encore se dessine la source théologique d'une donnée fondamentale de la psychologie contemporaine : celles de structures médiatrices entre le sensible et l'abstrait, entre sensation et connaissance.

## Le Moyen Age

### Le renouveau du savoir

L'élite savante du haut Moyen Age a été formée dans l'orbite de la doctrine de saint Augustin ; c'est au XII$^e$ siècle que cette doctrine va perdre progressivement son influence. Le XII$^e$ est en effet une période de profonds changements dans la vision du monde, dans la culture même de l'Europe : en raison de mutations économiques, du développement considérable du commerce qui va mal s'accommoder de la loi des Evangiles. Le renouveau des villes et des échanges, la constitution de fortunes individuelles vont nécessiter l'élaboration d'un code des rapports économiques, d'une définition des droits de chacun. La vie monastique ne peut plus constituer le modèle de la vie profane, tant celle-ci fait entendre de nouvelles exigences.

Corrélativement, ce siècle est une période de modification des études : si le but de celles-ci demeure la contemplation mystique, ce qu'on appelle les arts libéraux ou païens (logique, grammaire, arithmétique...) tend à se développer justement en raison des activités nouvelles. Et on prend connaissance, à cette occasion, des œuvres des auteurs de l'Antiquité. Ce développement des arts libéraux est connu sous le nom de période scolastique. On peut résumer ce renouveau dans l'idée d'une confiance qui s'installe dans le pouvoir de la connaissance naturelle et non plus seulement inspirée par la lecture des Saintes Ecritures. Cette véritable révolution dans l'histoire de la pensée va, par exemple, faire éclore dans le courant du XIIIe siècle des universités échappant au contrôle des évêques, et en particulier dans des pays pénétrés par la culture arabe : à Tolède, en Sicile, à Bizance circulent des traductions, par les Arabes, de manuscrits antiques, ceux d'Aristote par exemple. Ces traductions vont parvenir à d'autres universités, Paris, Chartres où va se développer l'étude des textes profanes.

La rénovation scolastique rencontre bien entendu des oppositions au sein de l'Eglise : en particulier, celle des moines franciscains tels Roger Bacon (sur lequel nous reviendrons plus bas, voir p. 23) ou saint Bonaventure, qui vont prendre position contre ce recours à l'intelligence et à la raison et lui opposer un retour à la lettre de la Bible. Les textes d'Aristote sont interdits à maintes reprises, au Concile de Sens en 1210 par exemple. Ces interdits vont rapidement être contournés et R. Bacon lui-même, dans son enseignement à Paris, n'ignorera pas Aristote. Rien ne peut plus faire obstacle, en ce XIIIe siècle, à la puissance du raisonnement profane.

### *Le recours à la raison naturelle*

Cette puissance se trouve à l'époque au mieux exprimée dans l'œuvre d'un dominicain (ordre majeur voué à l'étude) : Thomas d'Aquin. C'est lui que, inquiet des débats qui agitent l'Eglise et conscient de la force du renouveau de la pensée antique, le pape Urbain IV appelle auprès de lui pour surmonter ces difficultés et tenter une synthèse des textes sacrés et de ceux d'Aristote. Le Saint-Siège ne tient pas à s'opposer aux progrès de la raison mais il préfère les tenir étroitement surveillés. Et, habilement, il en appelle à Thomas d'Aquin, dont la foi est fervente et sûre mais qui est déjà reconnu comme un maître dans l'art de la dialectique aristotélicienne. D'Aquin propose de considérer que puisque la raison humaine, comme la Nature, est d'origine divine, elle ne peut contredire les dogmes de la Révélation ; qu'on peut pour cela en user sans danger. La papauté y ajoute qu'une telle connaissance est sans doute faillible et que mieux vaut la soumettre au regard de la foi.

Le thomisme, conformément à la doctrine d'Aristote, enseigne qu'il n'y a de connaissance véritable que du général, de l'universel ; que les objets singuliers, individuels, qui s'offrent à nos sens ne sont que des exemples des formes dans lesquelles est organisé le réel. Les objets individuels sont appelés « substances premières » puisqu'ils s'offrent immédiatement à l'observation, et les universaux les « substances secondes » auxquelles, avec un effort dialectique de raisonnement, on peut accéder. Les substances secondes font partie du monde réel au même titre que les substances premières.

Cette thèse, qu'on appelle *réalisme* en philosophie, est une prise de position en matière d'ontologie (définition de ce qui est réel, *ontos* en grec signifie être). Elle intervient dans une querelle qui commence au XI$^e$ (la « querelle des universaux ») mais est à son apogée en ce XIII$^e$ siècle et qui n'est en aucune façon aujourd'hui dépassée comme en témoignent certains débats contemporains sur la réalité des objets mathématiques par exemple (voir encarts 1 et 3 et p. 201 et 306).

Pour Thomas d'Aquin, il y a donc, derrière chaque objet singulier, une forme qu'il partage avec d'autres de la même espèce. Le monde n'est en aucune façon un amas désordonné d'êtres individualisés, d'atomes (au sens philosophique de ce mot) mais une collection bien faite et rationnellement agencée de genres et de types. La Nature comprend des classes, de l'ordre, un système de relations entre les atomes, de formes dans lesquelles la matière se moule et qui existent objectivement. On y accède par l'exercice de l'intellect. La Nature est ordre.

Cette idée d'un ordre immuable et fixe de la Nature est d'ailleurs la condition même de la renaissance des sciences physiques. Quelques siècles plus tard, Descartes dira que Dieu ne s'amuse pas à changer le monde tous les matins. S'il le faisait, si l'ordre des choses était variable, toute science serait impossible,

> **ENCART 1**
>
> La question du réalisme des objets abstraits n'est pas close. Bien sûr, elle se pose dans des termes très différents de ceux de Platon ou de Thomas d'Aquin, dans des termes plus compatibles avec les progrès scientifiques. Mais les progrès scientifiques ne s'accompagnent pas de progrès philosophiques ; les mêmes questions fondamentales reviennent, en des termes toujours nouveaux certes, mais irrésolues.
>
> Ainsi, récemment, un débat a opposé un professeur de mathématiques au Collège de France, Alain Connes, et un neurobiologiste bien connu des psychologues pour son livre précédent : *L'homme neuronal*. Dans cette version contemporaine du débat sur les universaux, Changeux tient le rôle du matérialiste, celui qui affirme que le réel est constitué d'objets matériels soumis aux lois de la causalité physique. Alain Connes soutient au contraire le point de vue réaliste : les objets mathématiques (les nombres entiers par exemple) existent réellement indépendamment du cerveau de l'homme. Pour Changeux, le cerveau les construit, les invente ; pour Connes, le cerveau les découvre, et la preuve qu'ils existent c'est qu'ils résistent et ne se laissent pas appréhender et manipuler facilement. Comme Platon, le réaliste A. Connes sait qu'il y a un prix à payer pour cette découverte d'un monde réel mais non soumis à la causalité physique : « D'une part, il existe indépendamment de l'homme une réalité mathématique brute et immuable ; d'autre part, nous ne la percevons que grâce à notre cerveau, au prix, comme disait Valéry, d'un mélange de concentration et de désir. » (Jean-Pierre Changeux et Alain Connes, *Matière à pensée*, Paris, Editions Odile Jacob, 1989, p. 48.)

toute loi pourrait être chaque matin remise en cause. Mais au XIII$^e$ siècle, cette thèse en vertu de laquelle Dieu lui-même ne peut être capricieux soulève de vives objections. Elles viennent de ceux qui y voient une offense à la toute-puissance divine qui serait ici soumise à l'ordre de la Nature imaginé par les thomistes à la mesure de la raison humaine et accessible à elle. Des moines s'insurgent contre cette thèse, un courant en quelque sorte « intégriste », qui va parvenir à déclencher une réaction de la papauté : les œuvres de Thomas d'Aquin, qui sera pourtant canonisé en 1323, sont interdites en 1277, trois ans après sa mort (Thomas d'Aquin devient, par cette canonisation, saint Thomas d'Aquin ; il ne faut pas le confondre avec saint Thomas, celui des douze apôtres qui refusa de croire à la résurrection de Jésus avant d'avoir touché ses plaies et auquel on attribue la formule « je ne crois que ce que je vois »).

Ce sont les franciscains qui ont mené la lutte contre ses conceptions.

## L'opposition des franciscains

Fondé en 1210 par François d'Assise, c'est un ordre de moines qui obéissent à la Règle de saint François, Règle qui impose entre autres choses la pauvreté. Les franciscains doivent vivre l'Evangile et non le commenter comme le font les clercs des ordres savants car, écrit saint François, « si l'on permettait aux frères mineurs de disposer de livres, il faudrait aussi leur permettre de disposer de serviteurs pour porter leurs livres », ce qui contredit la lettre de l'Evangile. Les franciscains, comme les dominicains, ne sont pas contemplatifs, enfermés dans leurs monastères ; ils ont un rôle à jouer dans le monde lui-même ; mais les études sont interdites aux franciscains, ils doivent travailler ou mendier ; si, à son entrée en religion, un frère ne sait pas lire, il lui est interdit d'apprendre.

Mais beaucoup de ceux qui, dans les années qui suivent la création de l'ordre, se convertissent à cette Règle ont déjà reçu une éducation et ne s'en déferont pas ; qui plus est, le siècle est au raisonnement, à l'argumentation. Et les franciscains manieront aussi bien que d'autres la dialectique aristotélicienne. Cet aspect de la Règle sera donc, quelques années après la mort de saint François, plus ou moins négligé. C'est principalement l'Université d'Oxford qui va constituer un foyer de franciscanisme ; elle a en partie été imprégnée de la pensée des théologiens de Chartres et de Paris et à cause de cela entraînée à la lecture des textes profanes et à la dialectique aristotélicienne.

## L'expérience contre le raisonnement : les thèses de Roger Bacon

C'est un moine franciscain d'Oxford qui va prendre position contre le recours permanent à la Raison, et il est l'un des premiers à affirmer que la méthode expérimentale seule est source de certitudes. Il y a trois moyens d'accéder à la connaissance : l'autorité qui n'a cure de se justifier et d'expliquer ce qu'elle affirme, et qui ne mène qu'aux croyances ; le raisonnement qui peut tourner à vide et sans fin et mener à l'erreur ; l'expérience qui seule conduit à des faits, à la « quiétude et sécurité de l'esprit », qui seule produit des vérités (voir encart 2).

> ENCART 2
>
> Dans les *Compendium Philosophiae*, R. Bacon écrit :
> « La méthode la plus parfaite consiste à étudier dans l'ordre les parties du savoir, c'est-à-dire à procéder de ce qui se comporte comme principe à ce qui s'y rapporte comme conséquence, du facile au difficile, du général ou commun au propre ou particulier, du moins au plus, du simple au composé, etc. ; elle consiste encore à choisir pour l'étude les objets qui sont les plus utiles et cela en raison de la brièveté de la vie ; elle consiste enfin à constituer une science qu'on puisse donner en toute certitude, sans mélange de doute et d'obscurité. Or, à cette dernière condition de la méthode parfaite, nous ne pouvons répondre sans la pratique de l'expérience ; car nous avons bien trois moyens de connaître, l'autorité, l'expérience et le raisonnement ; mais l'autorité ne nous fait pas savoir si elle ne nous donne pas la raison de ce qu'elle affirme ; elle ne fait rien comprendre, elle fait seulement croire, et l'on ne saurait dire en vérité que nous savons par cela seul que nous croyons ; et le raisonnement de son côté ne peut distinguer le sophisme de la démonstration, à moins d'être vérifié dans ses conclusions par les œuvres certificatrices de l'expérience, comme nous le verrons plus loin à propos de la science expérimentale. Il se trouve pourtant que personne de nos jours n'a cure de cette méthode ou plutôt elle n'est pratiquée que dans ce qu'elle a de vil et d'indigne de l'étude du savant ; c'est pourquoi tous les secrets ou peu s'en faut, et les plus grands de la science sont ignorés de la foule de ceux qui s'adonnent au savoir. » (Cité dans R. Carton, *L'expérience physique chez Roger Bacon*, Paris, Vrin, 1924, p. 54-55.)

Jusqu'à R. Bacon, la méthode expérimentale, l'esprit mathématique et technique guident déjà les travaux des ingénieurs, des architectes, des artisans. Mais elle n'est pas considérée par les théologiens-philosophes comme un mode d'accès à la connaissance.

On peut donc voir, dans l'œuvre de Bacon, la mise en cause des discours raisonneurs au profit d'une mise en valeur du fait expérimental ; cette prise de position se retrouvera et pèsera sur le développement des sciences. Mais il faut se garder d'assimiler hâtivement ce qu'on entend aujourd'hui par méthode expérimentale et ce qu'on entendait au XIII$^e$ siècle. Celui qui expérimente, « l'expert » au XIII$^e$ siècle, c'est celui qui sait manipuler les forces occultes et enchevêtrées, inconnues des autres, qui gouvernent les phénomènes sensibles. Il s'attache à la découverte des secrets plus qu'au contrôle des faits et il est pour cela guidé par une expérience intérieure, par l'illumination qui l'initie au monde occulte (occultisme) et obscur (obscurantisme). La vertu et la science sont « déversées » en l'homme par ces illuminations ; elles sont donc inaccessibles à notre volonté et nous viennent du dehors, idée que nous retrouverons (bien sûr sous une autre forme) dans l'empirisme (voir p. 63 sq.). Bacon est astrologue, il étudie les astres pour mieux comprendre le monde terrestre en vertu d'une analogie fondamentale dans cette tradition entre le macrocosme (le cosmos) et le microcosme (le monde terrestre) qui en est une réplique ; il est magicien et connaît les formules et les filtres qui changent le réel ; il est alchimiste puisqu'il allie les techniques secrètes de la chimie et les spéculations mystiques (en ancien français, le *test*, qui en anglais signifie preuve et en français contemporain examen, c'était le pot de terre dans lequel les alchimistes tentaient de fabriquer de l'or). Cette tradition alchimiste, dans laquelle naît le recours à l'expérimentation, action sur et dans le réel, nous la retrouverons dans le courant romantique, en Allemagne surtout (voir p. 82 sq.).

Même si le mot « expérience » dans ce contexte recouvre une signification plus ou moins hermétique, qui l'éloigne du sens qu'il a aujourd'hui, lorsque R. Bacon parle d'expérience, il renvoie tout de même à la constatation de faits comme moyen primordial de connaître la nature à partir d'observations positives.

L'inscription de Roger Bacon dans la tradition hermétique lui vaut des problèmes avec l'ordre des franciscains qui, en 1255, lui demandent de ne plus diffuser des propos à caractère occultiste, contraires à la foi chrétienne. Le pape condamne Bacon et l'emprisonne jusqu'en 1292.

Manifestement, l'Eglise a senti le danger que présentent de telles conceptions. La volonté de R. Bacon de promouvoir un retour à la vie sacrée sans l'intellectualisme et les raisonnements des thomistes l'a entraîné à prendre des positions dont il ne percevait peut-être pas lui-même le pouvoir dévastateur. La postérité ne s'y est pas trompée qui a vu son œuvre comme fondatrice de l'expérimentation profane et en fait un des pères de la méthode expérimentale. Cependant, le Moyen Age n'était en quelque sorte pas prêt pour ces idées trop modernes (et R. Bacon non plus sans doute) : il faudra attendre trois siècles, l'œuvre de son homonyme Francis Bacon et surtout les principes de la science moderne (voir p. 40 sq.), pour qu'à nouveau soit promu le recours à la manipulation expérimentale du réel.

Les franciscains vont accentuer leur lutte contre la papauté et développer en leur sein un courant, les « Spirituels », qui appellent au respect strict du vœu de pauvreté et s'engagent dans des disputes sans fin avec Rome. Le combat contre le pape est mené par le franciscain le plus célèbre et pourtant le plus singulier d'entre eux : G. d'Occam.

## Guillaume d'Occam, l'initiateur de la pensée moderne

Il est étudiant et enseignant à Oxford où il a entre autres pour maître Roger Bacon ; c'est avant tout un grand lecteur d'Aristote et un redoutable dialecticien. En accord avec les Spirituels de son ordre, il va prendre des positions philosophiques destinées à imposer une attitude théologique contraire à celle des thomistes. Occam en son temps est un réactionnaire, comme d'ailleurs tous les franciscains : il veut réagir contre les conceptions thomistes qui semblent déposséder Dieu de certains de ses pouvoirs. A côté de l'exigence d'un retour au texte des Evangiles, Occam va développer une argumentation philosophique pour mettre fin aux démonstrations et aux raisonnements perpétuels qui, selon lui, éloignent de la réalité d'une part, de Dieu d'autre part.

La philosophie d'Occam est appelée *nominalisme*. Elle est, en matière d'épistémologie (de théorie de la connaissance), une prise de position sur le problème des universaux : contrairement à Thomas d'Aquin, Occam affirme que le réel à connaître n'est constitué que d'êtres singuliers, isolés, séparés dont on fait l'expérience par les sens. L'universel, *l'humanité* par exemple, n'est pas une chose, mais une manière pour notre intellect de connaître le réel, les hommes en l'occurrence, de se les représenter. Le terme « humanité » n'est qu'un terme, un nom (c'est pourquoi cette philosophie s'appelle « nominalisme » ou « terminisme ») ; les classes, les espèces, les universaux sont donc dépourvus de réalité et les seules substances qui existent sont les choses individuelles (Socrate, Pierre...) avec leurs propriétés inséparables. Le nominalisme est donc solidaire, comme épistémologie, d'une ontologie atomiste : il n'y a d'êtres que séparés, isolés, des atomes.

ENCART 3

Les mathématiques ne sont pas seules concernées aujourd'hui par le débat entre réalisme et nominalisme. Les exemples de prises de position sur cette question abondent en psychologie même si ce n'est pas en termes très clairs.

Il existe par exemple une version un peu simpliste de nominalisme en psychologie, très éloignée de la profondeur philosophique de G. d'Occam mais qui a le mérite d'être exprimée très clairement. Elle a d'autre part des effets pratiques immédiats, ce qui révèle l'importance de ces prises de position dans des débats apparemment très abstraits. Cette version concerne la conception de la maladie mentale, de la névrose en particulier, telle qu'elle est développée par H. J. Eysenck, un clinicien anglais. Il écrit :

« Comme le terme "névrose" est très souvent employé par les psychiatres, aussi bien que par les profanes, on pourrait s'attendre à ce que sa signification soit claire et qu'il se laisse définir facilement. Ce n'est pas le cas : en effet, on peut douter qu'il existe vraiment une "chose" que l'on puisse appeler névrose, et si elle existe, il s'avère difficile de la cerner. La névrose est bien entendu un concept et les concepts n'ont pas d'existence réelle au sens où on l'entend, par exemple, pour des tables ou des chaises, des vaches ou des cochons (...) L'intelligence est un concept, de même que la gravitation, la chaleur ou l'électricité. De tels concepts résument des cas individuels qui ont quelque chose en commun. Le concept "intelligence" résume les cas individuels où il y a activité, fructueuse ou non, de solution de problème (...) La "névrose" est un terme couramment employé pour désigner le comportement accompagné d'une forte émotion, mal adapté, et qui apparaît à la personne qui en est le siège comme insensé, inadéquat, mais qu'elle est impuissante à changer. » (*La névrose et vous*, Bruxelles, Dessart & Mardaga, 1979, p. 13.)

Certes, il n'est pas évident que G. d'Occam reconnaîtrait là son influence, mais il s'agit bien de nominalisme, banalisé, aussi peu philosophique que possible, mais efficace. Pour Eysenck, « névrose », comme « humanité », n'est qu'un terme, pratique pour désigner la somme de symptômes. Ainsi, la maladie n'existe pas réellement, seuls existent des symptômes pris individuellement. C'est notre intellect qui les unifie sous un seul terme, en leur attribuant même une structure, des liens entre eux, qu'ils n'ont pas dans la réalité.

Les conséquences pratiques de cette conception de la maladie « névrose » ont été appliquées par un courant contemporain : la thérapie comportementale. Pour ses praticiens, chaque symptôme doit être considéré individuellement, soigné isolément sans prendre en considération une structure sous-jacente à plusieurs symptômes, fictive, non réelle. L'idée de déplacement de symptômes ici n'a, par exemple, plus aucun sens. Toute pratique fondée sur une représentation de la névrose comme engendrant un groupe de symptômes structurés (comme la pratique de la psychanalyse) est illusoire et non scientifique puisqu'elle raisonne sur des entités non réelles.

On peut trouver de nombreux exemples de conceptions nominalistes dans les ouvrages de behavioristes, de B. F. Skinner en particulier.

La connaissance provient pour Occam de l'action exercée par les choses individuelles sur l'intellect : l'intuition sensible d'une chose (aujourd'hui la perception) laisse dans l'intellect une trace de cette chose. Occam établit une différence entre la connaissance confuse née du seul raisonnement et la connaissance distincte, celle de la science réelle et expérimentale chère aux franciscains : puisque dans le réel il n'y a rien d'abstrait ou de général, la « science du général » d'Aristote n'atteint pas la réalité telle qu'elle est, les choses telles qu'elles sont. Pour tenir un discours scientifique vrai sur la réalité, il faut n'utiliser que des mots qui signifient des choses distinctes, singulières, qui renvoient à des choses réelles et tangibles, extérieures au sujet qui les pense et indépendantes de lui. Cette prescription linguistique sur le bon usage des mots, véritable programme hygiéniste pour la science (le « rasoir d'Occam », qui opère le partage), est promise à une longue carrière : on la retrouve chez Condillac par exemple, dans ses développements sur « la science, langue bien faite », mais aussi chez certains psychologues (voir encart 3).

Ainsi, le nominalisme des franciscains, et d'Occam en particulier, est en même temps une prise de position en matière d'ontologie et en matière d'épistémologie, de méthode de connaissance : alors que le réalisme n'accordait pas un rôle primordial à la connaissance sensible et faisait en quelque sorte obstacle à l'émergence de la méthode expérimentale, le nominalisme conjoint l'expérience sensible et l'expérience comme méthode dans la connaissance du monde.

Ces prises de position valent à Occam d'être surnommé le *venerabilis inceptor* (le débutant mais aussi l'initiateur vénérable) et aux occamistes d'être désignés comme les *moderni*, par opposition aux thomistes qu'on appelle à l'époque les *antiqui*. Mais elles lui attirent aussi des problèmes avec la papauté (voir encart 4).

Occam est appelé à comparaître en Avignon devant Jean XXII en 1324. Son procès pour hérésie y dure quatre ans. Le nominalisme implique en effet une conception peu orthodoxe de la personne de Dieu : les attributs de la personne divine, la bonté, la volonté, la justice ne sont que des noms, des instruments qui nous servent à nous représenter Dieu, mais qui n'ont aucune réalité.

ENCART 4

Umberto Eco, grand sémiologiste et donc manipulateur de signes, situe les événements de son roman *Le nom de la rose* au moment où la querelle des universaux bouleverse la chrétienté, où des clans irréductibles se sont formés, vers le milieu du XIVe siècle.

L'un des dialogues du début du livre nous expose ce dont il va être question : Guillaume de Baskerville, qui est le double en quelque sorte de Guillaume d'Occam le nominaliste (le nom que lui choisit Eco nous met sur la piste : Occam est, comme le Sherlock Holmes du *Chien des Baskerville*, un enquêteur qui traque la vérité), cherche à connaître les causes véridiques des morts répétées qui surviennent dans un monastère. L'abbé qui gouverne ce monastère lui demande :

« Pourquoi vous attachez-vous à parler d'actions criminelles sans vous prononcer sur leurs causes diaboliques ? »

A quoi Guillaume répond :

« Parce que raisonner sur les causes et les effets est chose fort ardue, dont je crois que l'unique juge puisse être Dieu. » (*Le nom de la rose*, Paris, Grasset, 1982, p. 38.)

Voilà la clé de l'occamisme et de la tradition philosophique qui va le suivre : en matière de causalité des phénomènes, il faut rester prudent, ne pas en appeler au Diable ou à d'autres intermédiaires supposés. Guillaume cherchera à établir des faits et se gardera ainsi des erreurs (erreurs et mensonges, voilà ce que redoutent les nominalistes) auxquelles peut mener le raisonnement, le travail abstrait de la raison humaine qui prétend se substituer à la volonté de Dieu. Cependant, en grand dialecticien et lecteur d'Aristote, Guillaume ne se privera pas de logique dans sa recherche des faits, en l'occurrence des livres profanes, interdits et cachés dans la bibliothèque. Sa recherche se soldera par la découverte que ce sont ces livres, l'un surtout, qui ont empoisonné et finalement perverti les moines.

Pour Occam, seule la foi est un mode d'accès à la connaissance de Dieu ; la raison ne peut permettre de démontrer les dogmes. Le paradoxe de l'occamisme est là : alors que, dans son siècle, il prône un retour aux textes sacrés et à eux seuls pour les problèmes théologiques, il inaugure ce faisant les temps de la laïcité : la connaissance du monde n'a pas à se fonder sur la foi, mais sur l'expérience et le raisonnement. La connaissance n'a pas de finalité spirituelle mais seulement terrestre. Cette pensée laïque, dégagée de la foi, nous vient en fait autant de saint Thomas que d'Occam. Par contre, ce n'est qu'à Occam que la philosophie moderne doit l'individualisme, en vertu duquel la connaissance n'a pour premier objet que la chose singulière. La physique moderne, mais aussi la psychologie, pourront se bâtir sur ce point de vue individualiste.

Après quatre ans de procès et craignant le bûcher, Occam s'enfuit à Pise. Il y rejoint l'empereur Louis de Bavière chez lequel il s'installera, à Munich, à partir de 1330 et jusqu'à sa mort en 1349. Jean XXII s'est en effet refusé à reconnaître l'élection de Louis de Bavière et celui-ci soutient le combat des franciscains.

Occam va multiplier les textes contre le pape, pour la défense juridique de son ordre. En effet, le Saint-Siège voudrait que l'ordre franciscain renonce en partie à sa pauvreté pour devenir, par exemple, propriétaire des monastères que les moines occupent et que le pape entretient ; Occam développe contre lui une argumentation directement issue de son nominalisme : on ne peut demander à l'ordre d'être propriétaire de ses biens parce que l'ordre n'agit pas, ne mange pas, ne cueille pas de fruits ; des moines le font. Il n'existe pas d'ordre, mais des moines, qui doivent, chacun, obéir à la Règle (cet épisode montre, parmi beaucoup d'autres, que l'histoire de la psychologie et l'histoire du droit passent par les mêmes étapes parce que le droit et la psychologie renvoient à une certaine représentation de l'être humain ; ici, l'individualisme d'Occam renvoie à un individu source de lui-même et source du droit). L'ordre ne peut donc être propriétaire.

Occam perdra, dans ces longues argumentations, tout appui, celui de l'empereur comme celui des franciscains eux-mêmes. Mais cet homme qui meurt seul a bouleversé le Moyen Age, a ouvert la voie de la modernité.

> L'histoire de la pensée n'est pas une longue succession d'héritages. S'il y a de longues filiations, il y a aussi des ruptures, des voies sans issue. Occam a opéré une coupure, mais il n'est pas tombé du ciel : il a été formé dans l'étude de ses prédécesseurs et de ses contemporains. Néanmoins, il est considéré souvent comme l'initiateur de la voie moderne parce que, comme on le dira en d'autres domaines de Newton ou de Darwin par exemple, on ne pensera plus le monde après Occam comme on le pensait avant. Certes, il n'a fait que concentrer dans ses écrits ce qu'on peut déjà trouver chez plusieurs autres auparavant, mais il synthétise, il radicalise au bon moment : sa philosophie va consacrer, justifier peut-être, les tendances économiques et idéologiques de son temps.
>
> Ainsi de l'individualisme d'Occam (pour éviter toute confusion avec l'égoïsme, on ne devrait pas employer ce terme ; il faudrait plutôt parler d'atomisme, car le terme individu renvoie aujourd'hui aux êtres humains mais les objets individualisés qui

constituent seuls le monde occamien ne sont pas qu'humains : tout est composition d'atomes). Cette ontologie atomiste se traduira plus tard, sur un plan social, par une mise en valeur du pouvoir de l'individu humain. L'individu, sa nature, deviendra source du droit qui énonce ses pouvoirs et obligations ; il cessera d'être englobé, oublié, invisible dans une totalité, le monde cosmique de Platon ou d'Aristote et du haut Moyen Age.

# III. Une période de transition : la connaissance doit être utile

Du XV$^e$ au XVII$^e$ siècle, l'Europe connaît, du point de vue de l'essor philosophique et scientifique, une période de transition ; l'histoire religieuse connaît un tournant important qui marque la philosophie et les sciences. Celles-ci vont connaître un essor sans précédent, en quelque sorte une naissance : l'idée maîtresse qui caractérise ces bouleversements, c'est celle d'utilité ; ainsi par exemple, alors que la foi menait au Moyen Age à la contemplation de l'œuvre divine, elle va se traduire maintenant par l'action sur le royaume terrestre. Sans aucun doute, l'essor économique de l'Occident pendant cette période contribue à promouvoir ce souci de l'utilité.

## La Réforme

Le bouleversement religieux va se produire en deux temps ; il en résultera deux courants réformés différents, qui ne s'implanteront pas dans les mêmes régions et ne s'exprimeront pas dans les mêmes conceptions, et ce encore aujourd'hui. L'un peut être considéré comme irrationaliste, l'autre comme rationaliste.

### Le luthéranisme

Comme nous l'avons dit, la pensée occamiste va se diffuser à partir de la Bavière où Occam finit sa vie. Gabriel Biel, nominaliste convaincu, y est le précepteur de Martin Luther, né en 1483. La formation théologique de Luther et les conflits qu'elle implique avec la papauté vont le mener à prendre la tête d'un mouvement de révolte qui grandit en Allemagne : ce qui engendre la colère allemande, c'est tout d'abord la fiscalité romaine et surtout la levée d'un impôt assez particulier : pour construire la basilique Saint-Pierre de Rome, l'Eglise vend des indulgences, qui permettent aux pêcheurs de se « racheter ». La hiérarchie catholique est confrontée, en Allemagne, à une volonté croissante de se libérer des contraintes financières lourdes qu'elle fait ainsi peser. Cette volonté va se conjuguer avec l'évolution religieuse personnelle de Luther pour créer la rupture décisive avec Rome. En 1512, Luther, qui est un moine augustin, a une « révélation » : il acquiert la conviction que l'homme n'est pas sauvé et promis au Paradis grâce à ses œuvres sur terre mais qu'il n'est justifié, sauvé, que par la foi. Luther affiche cette conviction contradictoire avec l'Eglise et lorsque la papauté l'apprend en 1519, elle condamne Luther dans un texte, une bulle, que Luther brûle symboliquement en invoquant le retour au texte de la Bible. Dès lors, la rupture de Luther avec l'Eglise catholique est irréversible ; il va rédiger des ouvrages dans lesquels il définit une foi nouvelle dont les dogmes vont mieux convenir au peuple allemand lassé des « impôts » ecclésiastiques. Ces dogmes sont proclamés en 1530 à la Confession d'Augsbourg.

Immédiatement, de nouvelles écoles viennent prendre la place des écoles catholiques. On y enseigne un retour à la foi, qui seule sauve l'homme. On peut être indifférent à l'égard de la morale (Luther mène d'ailleurs une vie quelque peu dissolue : pour « narguer le diable », il épouse une nonne défroquée). L'obéissance à la loi divine n'est pour rien dans le salut de chacun ; de toute façon, la loi du Christ est informulable, intérieure et subjective, et son seul contenu est la foi.

Cette affirmation constitue une véritable révolution théologique et, bien sûr, philosophique : la vérité est à l'intérieur de chacun et c'est par un retournement sur soi, dans la solitude mais librement, qu'on y accède. *L'homme intérieur* est ici la source de la vérité et si ce n'est pas par l'autorité de l'Eglise qu'il connaît cette vérité (argument d'autorité), ce n'est pas non plus par l'exercice de son raisonnement. Luther affirme ici son irrationalisme, sa méfiance à l'égard de la Raison thomiste, conformément à l'enseignement nominaliste de son maître (il traitera même saint Thomas de « gros cochon » !).

Ainsi, sur le plan théologique, Luther rend le chrétien maître de lui-même : on accède à la vérité par un retour sur sa subjectivité, sur son existence intérieure. S'il n'y a aucune autorité qui puisse s'interposer entre Dieu et le chrétien, la vérité de Dieu est accessible à chacun et d'abord par une lecture des Ecritures : à la vérité imposée par Rome, qui s'interpose entre Dieu et le chrétien, il substitue une vérité directement accessible dans le texte des Ecritures, qui ne nécessite aucune interprétation (de telles interprétations jalonnent l'histoire chrétienne), mais qui exige une lecture fidèle, immédiate ; cette fidélité à la lettre de la Bible va par exemple produire une traduction de celle-ci en allemand de façon à ce que chacun puisse la lire lui-même, sans le secours de théologiens.

Mais, sur le plan social, Luther affiche une attitude moins soucieuse de liberté, en contradiction d'ailleurs avec le développement économique de son époque : il ne cesse de stigmatiser le commerce, pourtant en plein essor, comme un péché beaucoup plus grave que le brigandage. Et il est plus que tout partisan de l'ordre et de l'exercice de la force. Si chacun était un chrétien véritable, le pouvoir et la force seraient inutiles ; mais tel n'est pas encore le cas et il faut que l'autorité règle la vie sociale. La douceur des Evangiles n'a de sens que pour la vie individuelle ; sans la force, le gouvernement du royaume terrestre irait à sa perte. D'ailleurs Dieu nous commande d'obéir au pouvoir séculier (civil, laïc ou non) auquel il a pourvu. Mais cette autorité terrestre, que Luther va soutenir sa vie durant, ne peut rien sur les consciences. Elle n'a de pouvoir que sur les actes extérieurs des hommes.

> Ainsi, l'apport fondamental de la Réforme luthérienne, décisif pour la psychologie, est la séparation entre l'homme intérieur, à la libre subjectivité, et l'homme extérieur, celui dont les actes, les comportements sont sous le contrôle des pouvoirs. Cette conjugaison de la liberté intérieure et de la force de l'Etat, instaurée par Luther, pèsera longtemps sur la pensée allemande.

### Le calvinisme

Une seconde vague de Réforme, le calvinisme, va affecter une autre partie de l'Europe ; elle continue, d'un certain point de vue, l'œuvre de Luther : comme Luther, Calvin affirme le salut par la foi, et non par les œuvres, et ne reconnaît que l'autorité doctrinale de l'Ecriture. Mais le calvinisme est une réforme intellectuelle et c'est la raison pour laquelle elle va peser sur les modifications de la connaissance.

Calvin, qui naît en 1509, est un Français influencé lui aussi par le nominalisme. C'est un laïc et non un moine mais ses œuvres restent bien entendu théologiques. Il se range du côté de la religion réformée luthérienne, comme Rabelais, comme Marot, dès 1533. Fuyant le royaume français papiste, il s'installe à Genève en 1541 et y devient le maître d'œuvre de l'application de la Réforme en inspirant la constitution de la ville, sa législation et sa morale. En 1533, il y fait aussi brûler pour hérésie Michel Servet, un médecin espagnol qui critiquait la possibilité du mystère de la sainte Trinité, de l'existence de trois personnes en Dieu. De Genève, Calvin rayonne sur le calvinisme français et sur le monde réformé.

La pensée de Calvin diffère de celle de Luther. Calvin est un rationaliste ; sa volonté de détruire la hiérarchie de l'Eglise, de supprimer tous les sacrements, découle, comme une conséquence logique, de son affirmation du primat de l'Ecriture sainte. Ici, la morale ne doit être inspirée que des textes sacrés, et elle concerne tous les secteurs de la vie et pas seulement la piété. Plus de moines, plus de préceptes cérémoniels, plus d'œuvres pieuses qui promettaient à tous le salut. La réduction de l'institution et des rituels religieux à leur minimum a pour effet paradoxal que la totalité de la vie devient chrétienne : il n'y a plus de frontière entre la vie vouée à Dieu, la vie pieuse, et la vie laïque. L'effet en est que la vie laïque est imprégnée par la morale religieuse. Le chrétien n'a plus de devoirs religieux ritualisés : ni messe, ni prière, ni confession. Alors la morale recouvre uniformément l'ensemble de la vie.

Par ailleurs, Calvin réprouve l'ascétisme des moines qui selon lui était une véritable entrave au travail, à l'enrichissement, à la propagation de l'espèce aussi ; Calvin vit dans une ville d'agriculteurs, de commerçants, de riches bourgeois où le commerce se développe très rapidement. Il est bienvenu qu'il y professe que Dieu n'a pas commandé le détachement des biens d'ici-bas, mais au contraire de fructifier, de multiplier les richesses. Cette justification de la prospérité s'accompagne d'une condamnation de l'oisiveté : tous doivent travailler, sans moment perdu.

Les conséquences sociales du calvinisme furent principalement une moralisation de la vie économique et l'institution d'un véritable contrôle social : désormais, dans le monde protestant, chacun, en étant son propre confesseur et son propre maître, règle sa vie privée et sa vie publique. Plus de clergé pour intercéder, conseiller, guider ou pardonner. Entre le chrétien et sa foi, et son Dieu, aucun intermédiaire, aucune médiation. De là peut-être la conviction des protestants d'être « supérieurs » aux catholiques : le retour aux sources pures de l'Evangile place le protestant au-dessus de l'autre Eglise qui a abusé les chrétiens. C'est pourquoi les protestants seront toujours, aujourd'hui encore, à la tête du combat anticlérical, et laïc.

Le protestant est un militant de Dieu, chargé d'instaurer sur terre une société aussi proche que possible des Evangiles ; il est voué au bien public, au service public, et intègre. Le principe moral qui guide sa vie est l'utilité envers la communauté.

Ce projet social passe par un perfectionnement des individus et des rapports sociaux, par l'éducation d'une part, l'instauration d'un ordre moral d'autre part. Le réformé fait confiance dans l'éducation pour transformer l'homme ; adhérant à une religion du Livre, il incline à la lecture et à l'étude. Qui plus est, cette nouvelle religion a besoin d'un système scolaire distinct de celui des papistes pour enseigner ses croyances et sa morale ; traditionnellement, le protestantisme affirmera son intérêt pour l'Ecole. A côté de l'éducation, l'autre souci qui pèse sur l'homme protestant, c'est de toujours chercher la porte étroite de la vérité, de refuser le mensonge et la tricherie (dont aucune confession ne l'acquitterait), de fuir les masques et les déguisements. A côté de l'affirmation du primat de l'action sur la contemplation, ce qui est affirmé, c'est la vérité supérieure de l'être sur le paraître.

> Ainsi la naissance du protestantisme inaugure-t-elle une conception de l'être humain que nous retrouvons à l'œuvre dans certaines psychologies : il faut contrôler et modifier les individus — même si nous sommes impuissants sur leur intériorité. Et le principe qui guide ce contrôle est la recherche de l'utilité à l'égard du bien public. Ce concept d'utilité, de service, que la Réforme calviniste va diffuser va venir s'intégrer à une conception de la connaissance qui inaugure la science moderne.

### Un programme pour la science

La transition entre la science aristotélicienne héritée du Moyen Age et qui se poursuit à la Renaissance et la science moderne, celle de Galilée et de Newton, va être amorcée en Angleterre.

L'Angleterre rompt avec l'Eglise romaine au début du XVIe siècle et ce pour des raisons d'abord économiques, comme en Allemagne un siècle plus tôt. La suppression des monastères et la confiscation des biens de l'Eglise, qui concrétisent cette rupture, permettent au royaume anglais de récupérer trois quarts des terres cultivées ; les recettes de la couronne doublent en quelques années. Comme en Allemagne encore, cette rupture a des conséquences sur l'enseignement et corrélativement sur le mode de pensée en général : alors qu'Oxford et Cambridge avaient, dès leur création, pour vocation de former des clercs à la contemplation et à la réflexion, ces universités passent, de même que toute l'institution ecclésiastique, sous la souveraineté royale, autrement dit sous un pouvoir laïc. De même se constituent les premiers *colleges,* d'abord sortes de pensions de famille, puis lieux d'enseignement. Dans les universités comme dans ces nouveaux *colleges,* on apprend maintenant ce que le Moyen Age appelait les arts libéraux (la linguistique, l'arithmétique, etc.) et aussi les textes de Calvin. On acquiert des connaissances utiles qui peuvent permettre de faire fructifier les richesses du monde et d'accroître le pouvoir de l'homme.

En effet, le siècle voit se constituer une nouvelle image de la connaissance, dans laquelle la vie active, mise au service du bien commun, vient supplanter la contemplation et la sagesse. L'intérêt moral et politique domine la métaphysique.

Il porte aussi la marque de la pensée calviniste en vertu de laquelle l'accroissement des richesses et la recherche des moyens techniques d'y parvenir constituent des vertus morales puisqu'ils sont interprétés comme des signes de l'élection divine. Même si la reine Elizabeth prescrit en matière de religion l'anglicanisme, c'est-à-dire l'indépendance tant à l'égard du papisme que du protestantisme (les sectes protestantes se multiplient à l'époque), l'Angleterre élizabéthaine est influencée par l'esprit de la Réforme.

C'est dans ce cadre que Francis Bacon va proposer une

conception radicalement nouvelle de la science et de son rôle dans la société ; même si lui-même n'y contribue pas, même s'il ne commence en rien à mettre cette conception théorique en pratique, son mérite dans l'histoire des sciences est d'avoir énoncé *a priori* ce que devait être la science moderne.

Né en 1561 dans une famille de « politiques », il reçoit une formation de juriste et devient un homme de cour. Après avoir rédigé en 1599 une codification des lois anglaises, il est nommé, en 1618, Grand Chancelier et défend les tentatives absolutistes du roi Jacques I$^{er}$. Une réunion du Parlement, en 1621, le contraint à avouer qu'il a été corrompu et recevait de l'argent des plaideurs avant les procès. Il est alors exclu de la cour et meurt en 1626 sans être parvenu à se faire réhabiliter.

C'est en menant cette vie d'homme politique assez mouvementée que Bacon développe et rédige en législateur une proposition de réforme fondamentale de la science. Ses ouvrages les plus connus sont le *Novum Organum* (1620) et *La nouvelle Atlantide* (1627).

Le principal apport de Bacon pour ce qui concerne la connaissance scientifique est qu'il unit ce qui, avant lui, était dissocié tant dans la pensée que dans la société : la science aristotélicienne qui spécule sur l'ordre de la nature et un art de la *manipulation*, celui de la tradition alchimiste. Ce que Bacon préconise pour « changer la science », c'est d'associer théorie et pratique, la faculté rationnelle et la faculté expérimentale. L'alchimie, qui est accumulation de faits sans ordre, n'est pas une science ; il faut expérimenter avec sa raison. Mais la raison baconnienne n'est pas celle de l'autorité, fût-elle celle des commentateurs d'Aristote ; d'ailleurs, à l'époque, les protestations contre l'autorité intellectuelle des continuateurs plus ou moins fidèles d'Aristote sont devenues communes, même si la science qui s'en inspire n'est pas dépassée. Pour Bacon, la raison doit s'ouvrir, et admettre que la nature est régie par un ordre qui n'est pas directement accessible, qu'il faut découvrir par la pratique expérimentale.

Les aristotéliciens prétendaient que les objets naturels sont d'une essence différente de ceux que l'homme fabrique ; ainsi, la chaleur du soleil est d'une essence radicalement différente de celle de la chaleur des fourneaux. Bacon affirme au contraire que la nature est la même sur terre qu'au ciel ; mais s'il a raison, il n'apporte aucune preuve à l'appui de cette affirmation (affirmation qui rappelle d'ailleurs la tradition alchimiste pour laquelle il y a analogie entre le microcosme et le macrocosme). Cependant, Bacon entend cette homogénéité entre les phénomènes naturels dans un sens différent de celui de la tradition hermétique : alors que les alchimistes cherchaient sur terre la magie du ciel, Bacon « réduit » le ciel à un monde semblable au monde terrestre, régi par les mêmes forces. Corrélativement, l'expérience artificielle, celle qui se sert d'instruments et ne donne accès qu'à ce qui est mesurable dans le réel, devient un moyen légitime de connaissance de celui-ci.

En conséquence de ses convictions en matière scientifique, Bacon réhabilite le travail de recherche, de laboratoire, contre les aristotéliciens pour qui la science se faisait dans les livres. Et Bacon en cela est un homme du XVII$^e$ siècle : dès la fin du siècle précédent, les sciences font en quelque sorte « peau neuve » : à côté des grandes découvertes (de Galilée, de Kepler, de Pascal) et des nouvelles techniques (la lunette astronomique, par exemple), on porte surtout un nouveau regard sur le monde, sur la nature. A une nature aristotélicienne ordonnée, faite de formes, de substances, de qualités, le XVII$^e$ substitue un monde fait de phénomènes définis par des mesures quantitatives qui obéit à des lois indépendantes de celui qui observe.

Si F. Bacon n'a jamais proposé la moindre loi sur le fonctionnement de la nature, s'il n'a jamais même envisagé l'idée de loi naturelle, il y prépare en proposant un nouveau statut social de la science, et là est un de ses apports fondamentaux : la science, qui est recherche de connaissances utiles, doit être au fondement de la vie sociale, ce qu'il explique dans *La nouvelle Atlantide*. La science devient une servante des hommes, elle doit pour cela être socialement organisée, pensée.

## La science mécaniste

### Le mécanisme comme attitude à l'égard de la nature

La science moderne qui commence au XVII$^e$ siècle se fonde sur la conviction que la nature peut être connue par l'outil de la *mesure*, donc quantifiée (ce qui appelle un développement des mathématiques). Cette conviction naît, semble-t-il, en Italie. Le pouvoir y est aux mains de grands bourgeois enrichis, comme les Médicis, et il est assis sur le commerce et les affaires. Ces bourgeois sont entourés d'hommes industrieux qui pratiquent les arts (au sens du Moyen Age) et les beaux-arts, et que leurs professions d'artisans conduisent à devenir savants et ingénieurs en même temps ; leur intense activité se déroule dans l'Arsenal de Venise ou dans la cité de Florence.

Ainsi, Léonard de Vinci, né en 1452, qui étudie par exemple, pour le peindre, le vol des oiseaux et voudrait construire une machine volante. On voit s'exprimer là ce qui sera le programme du siècle suivant : fabriquer pour connaître et reproduire, mais aussi connaître pour fabriquer ; pour comprendre « comment marche » la nature, fabriquons des machines qui la miment, qui en simulent le fonctionnement, et nous donnent également bien des pouvoirs.

Le programme *mécaniste*, qui précède l'ère de la construction industrielle des machines, qui précède le machinisme, naît de l'émerveillement des hommes devant les machines. On découvre, on comprend que la création du mouvement peut être œuvre humaine et non plus seulement œuvre divine. Certes, les hommes du Moyen Age étaient de grands artisans ou ingénieurs, ils construisaient des machines, mais celles-ci ne recelaient aucune vérité intrinsèque ; elles existaient mais n'avaient pas valeur de modèle, n'inspiraient pas une meilleure compréhension du monde. Le thème d'un Dieu mécanicien a des racines antiques mais jusqu'au XVII$^e$, l'homme qui construit des machines se considère comme un pauvre imitateur de Dieu. Au XVII$^e$, conformément à l'enseignement de F. Bacon, la différence entre création divine et création humaine, entre chaleur du soleil et chaleur des fourneaux, s'estompe : le monde physique peut fonctionner sans intervention d'une âme ou de l'esprit ; l'animation, le mouvement, résulte d'un assemblage d'inanimés. L'animisme et le vitalisme médiévaux et renaissants laissent petit à petit la place à un mécanisme qui va se généraliser et dans lequel le rapport de connaissance se constitue entre un sujet connaissant, pur esprit, et un objet seulement matériel, non habité, réduit à un fonctionnement, à un assemblage. Le monde cesse alors d'être animé par des forces occultes, la matière et les forces qui la meuvent sont transparentes à la pensée. La nature en mouvement, désacralisée, produit des phénomènes.

C'est avec Galilée et les savants mécaniciens que la vision de la nature et de la connaissance va être bouleversée.

### L'objectivité, fondement de la science moderne

Galilée (1564-1642), le mathématicien et ingénieur du duc de Florence, invite à se débarrasser de tout anthropomorphisme dans la connaissance de la nature : comme le sage, la nature des aristotéliciens souhaitait le repos et non le mouvement ; comme la société antique, elle était fortement hiérarchisée et tous les mouvements de l'univers tendaient à réaliser cet ordre. La nature de Galilée n'aime pas, ne croit pas et ne se livre pas. A partir de Galilée s'instaure une coupure entre l'homme et la nature qui lui devient extérieure ; la science de la nature commence par une *mise en extériorité* de celle-ci : l'homme la met en quelque sorte sous ses yeux et la regarde, l'étudie comme un objet. Ainsi, avec Galilée, naît la conviction que les *qualités* des objets que nous percevons sont relatives à nous-mêmes et à nos organes des sens : ce qui est lourd pour l'un est léger pour l'autre, l'impression de poids dépend donc de qui la ressent. Les qualités ne sont pas dans la nature elle-même, elles sont des réactions d'un organisme particulier à des données quantitatives : l'objet pèse 10 kg, c'est son poids objectif, réel ; la seule chose qui soit universellement vraie est le résultat d'une mesure. Cette réalité mesurée est la même pour tous, elle ne dépend d'aucun en particulier.

La thèse de l'héliocentrisme, soutenue par Galilée sans que ses preuves soient très convaincantes, illustre bien cette attitude : le regard que nous posons sur les phénomènes (le « mouvement » du Soleil), notre « raison naturelle » au sens aristotélicien, n'est d'aucun secours pour découvrir que c'est la Terre qui tourne autour du Soleil et non l'inverse. Pour dépasser les illusions auxquelles elle nous conduit, il faut s'armer d'instruments et d'abord d'instruments mathématiques.

Sur ce point émerge un des fondements de la « science

moderne » : *l'objectivité*, qui n'est pas ce qui est donné en premier aux sens mais précisément ce qui en est indépendant.

La psychologie devra attendre plusieurs siècles avant d'accéder à cette objectivité ; et ce n'est que lorsqu'elle y sera parvenue qu'elle « existera » en tant que discipline « scientifique ». Ce sera grâce à Watson par exemple qui, au début du XX$^e$ siècle, affirmera que le critère de validité, de vérité, d'un fait scientifique sera l'accord entre plusieurs observateurs (n'est vrai que ce qui est constaté par plusieurs observateurs), ou Bechterev qui prônera, pour l'étude des maladies mentales, le recours à des mesures des variations corporelles qui les accompagnent, comme la température, par exemple. C'est à cette période que la distinction entre démarche objective et démarche subjective va opérer une séparation nette entre la psychologie « scientifique » et celle qui ne l'est pas.

Mais le travail de Galilée et des savants du XVII$^e$ siècle opère également une rupture entre la nature et son créateur. On pourrait résumer la nouvelle attitude qui émerge en disant que Dieu a créé la nature et que celle-ci « fonctionne » ensuite sans son intervention. Les phénomènes naturels cessent d'être des créations divines ininterrompues, des signes que Dieu envoie en permanence et que l'homme doit interpréter. (Rappelons que cette conviction que les phénomènes naturels ne sont pas des signes d'un message latent est soutenue par le nominalisme d'Occam.) La science n'a pas à se préoccuper d'un sens caché des phénomènes, la connaissance scientifique ne peut accéder à l'essence des choses, à ce que ces choses seraient « en elles-mêmes » ; la science doit renoncer à la pénétration ; elle doit être matérialiste, être connaissance de la matière et non de l'esprit qui lui est sous-jacent. Pour la science moderne, il n'y a pas d'intention dans la nature, pas de finalité. La nature est mue par un mécanisme autonome. Elle est *réduite à une machine qui produit les phénomènes que nous percevons*.

### La diffusion du mécanisme

Entre 1600 et 1640, cette *pensée mécaniste* se diffuse dans toute l'Europe ; elle est à la base de tous les grands progrès scientifiques de l'époque.

Ainsi, par exemple, le médecin W. Harvey montre expérimentalement en 1628 la grande circulation sanguine. La physiologie avant Harvey est restée marquée par les schémas aristotéliciens repris par Galien au II$^e$ siècle après J.-C. : la circulation des humeurs et en particulier du sang dans le corps « imite » celle des planètes sur la voûte céleste. Aristote considérait le cœur comme le foyer des forces vitales, et le lieu de passage de deux systèmes de circulation, l'un artériel vivifiant, l'autre veineux nutritif ; cette distinction entre deux systèmes semblait vérifiée par le fait que les artères des cadavres sont vides. Harvey met en lumière qu'une seule fonction circulatoire s'étend à tout l'organisme (qu'elle doit être distincte de la fonction respiratoire) et que le cœur fonctionne comme une pompe.

De cette découverte médicale et d'autres, tout aussi « mécanistes », va surgir une interrogation décisive pour l'histoire de la science de l'homme : l'homme peut-il, lui aussi, être considéré comme une machine ? La science moderne peut-elle inclure une science de l'homme ?

## La position cartésienne

L'œuvre de Descartes constitue une réponse majeure à la question de l'application de la pensée mécaniste à l'être humain. Le *Discours de la méthode* paraît en 1637, trois ans avant la mort de Galilée ; on y constate que Descartes adhère aux conceptions mécanistes. Cependant, sur certains points, son apport est très différent de celui de Galilée, et en particulier pour ce qui concerne la considération de l'homme comme appartenant à la nature. La position de Descartes sur cette question est exprimée grâce à deux arguments : la distinction radicale entre l'âme et le corps et la connaissance de soi-même par le *cogito*.

### Le dualisme

Pour Descartes, il convient d'opérer une distinction fondamentale entre le corps, qui est du domaine de l'étendue (de ce qui se déploie dans l'espace), et la pensée qui est le produit de l'âme ; celle-ci ne peut être assimilée à une machine à produire des idées et reste d'essence divine. L'âme n'est pas objet de la science mécaniste, contrairement au corps qui doit être étudié par la physiologie : les lois de la mécanique peuvent expliquer les phénomènes organiques comme elles expliquent les phénomènes physiques ; comme ces derniers, les phénomènes organiques peuvent être réduits à un ensemble de figures et de mouvements. La pensée, la raison, qui est le propre de la substance spirituelle, est caractéristique de l'homme et l'animal en est dépourvu, qui peut être considéré comme une machine : c'est la thèse de l'animal-machine. L'animal n'est qu'étendue sans spiritualité. Il est donc l'objet de la physiologie alors que seul le corps de l'homme peut l'être. L'animal, comme le corps de l'homme, est mu selon le mode de l'action « réflexe » : les esprits animaux se reflètent dans le cerveau, dans la glande pinéale, et, par son intermédiaire, animent les muscles ; cette idée, peu admise par les contemporains et les critiques de Descartes, ne sera vraiment étudiée et approfondie qu'au XIX$^e$ siècle par les physiologistes allemands puis par les réflexologistes russes.

Descartes affirme que l'animal peut être entièrement imité par une machine, par un automate (on commence à en fabriquer beaucoup à l'époque) ; mais à l'automate il manque la raison — telle qu'elle s'exprime en particulier dans le langage — pour mimer l'homme. L'ensemble des conduites de l'animal dépend donc de son organisation matérielle, de son corps, alors que les conduites humaines sont fonction de la puissance de la raison. De plus, l'hypothèse anthropomorphiste d'une pensée ou d'un sentiment chez l'animal (assez répandue à l'époque) est pour Descartes inutile et, qui plus est, théologiquement inacceptable : comment accorder aux animaux la sensibilité et donc la souffrance alors qu'ils sont purs de toute faute originelle. L'animal n'est que nature et, comme tel, assimilable à une machine.

> Cette affirmation avait, par ailleurs, l'avantage de permettre la vivisection des animaux expérimentaux sans soulever de problèmes éthiques. La distinction entre l'homme et l'animal reste encore aujourd'hui assez profondément partagée : bien que les théories de l'évolution aient répandu l'idée qu'il n'y a pas différence de nature mais différence de degré entre l'animal et l'homme, beaucoup et beaucoup parmi les psychologues restent convaincus qu'un chan-

gement de degré a produit un changement de nature et que l'on peut pour cette raison expérimenter par exemple sur l'animal comme la morale interdit de le faire sur l'homme (à la condition que les études de l'animal permettent quand même de mieux connaître l'homme) ; ou que le langage humain est radicalement différent du langage animal.

Si l'on doit distinguer fortement deux substances hétérogènes, l'âme et le corps, comment concevoir leurs relations, leur union, leurs influences réciproques ? Comment l'âme fait-elle se mouvoir le corps ? Comment le corps agit-il sur l'âme en causant sentiments et passions ? Descartes conçoit que les émotions et les sensations relèvent de l'union des deux substances et ne peuvent donc être connues *clairement* par l'entendement seul. Les sentiments sont, nous dit-il, des perceptions confuses. Cette affirmation révèle bien le *rationalisme* de Descartes : les informations perceptives (la douleur, la brillance, etc.) sont des « connaissances » d'un niveau inférieur aux productions de la raison (comme les idées mathématiques) qui tiennent à la nature même de notre âme, que Dieu a mises en nous « claires et distinctes ». La sensation n'est pas un moyen pour élaborer des connaissances, elle ne nous donne accès qu'aux qualités des objets. Seules, les idées, innées puisque d'origine divine, nous permettent de connaître vraiment, scientifiquement, la nature.

### La méthode de Descartes : le « cogito »

La méthode cartésienne, c'est l'exercice de la raison : la connaissance que l'entendement prend de sa propre nature et des conditions de son exercice permet de voir que l'entendement seul (et non l'imagination, la mémoire ou les sens) peut percevoir des vérités. L'*innéisme* de Descartes s'affirme ici : il y a des idées qui permettent à l'intellect de penser parce qu'il les trouve en lui-même ; les idées innées sont comme une faculté de l'entendement ; elles sont celles que l'on découvre grâce au doute méthodique, elles ont une parenté avec les mathématiques et excluent toute référence à des qualités sensibles, comme le chaud par exemple, qui provoquent des idées confuses. Les idées innées sont l'objet d'une connaissance très facile, très commune, immédiate, comme celles de nombre, de mouvement, d'espace. Ces idées essentielles, les essences, ne sont donc pas atteintes par le long travail d'une dialectique (comme pour les aristotéliciens), mais sont saisies au départ de la pensée. La première et la plus claire de toutes ces idées, c'est celle de perfection et d'infini, c'est notre certitude de Dieu.

Descartes ne cherche pas à expliquer ce qu'est la raison, l'entendement, ou comment il se forme mais il s'en sert comme d'un outil. Outil donné par Dieu pour Le connaître et pour se connaître soi-même, connaissance qui constitue la métaphysique cartésienne. Cette métaphysique, connaissance de Dieu et de soi-même, se fonde sur le doute méthodique : l'expérience sensible du réel n'apporte aucune connaissance certaine et même les connaissances scientifiques, mathématiques, pourraient se révéler fausses si Dieu était un malin génie qui « s'amuse » à changer le monde tous les matins. La seule réalité absolue à laquelle j'accède est spirituelle, c'est celle de mon existence propre, grâce à l'exercice lui-même de ce doute, de cette pensée : si je doutais de mon existence propre, l'exercice de ce doute-là m'amènerait à la certitude que j'existe : seul un être pensant peut douter et avoir donc au moins une certitude, celle de son existence. Je puis avoir une idée claire et distincte de moi-même en tant qu'être pensant sans faire intervenir aucunement la connaissance de mon corps qui est une substance distincte, non pensante.

### Le cartésianisme et la maladie mentale

Le dualisme de Descartes, sa conception des relations de l'âme et du corps le conduisent à proposer une certaine analyse de la maladie mentale.

Rappelons que, dans l'Occident chrétien jusqu'au XVIe siècle, le monde sacré, celui de Dieu et des démons, communique constamment avec le monde réel, lui envoie des signes, des « émissaires » chargés d'assurer la cohésion, l'harmonie, l'unité profonde de ces deux mondes. Montaigne est parmi les premiers, au XVIe siècle, à opérer une séparation entre le monde naturel et le monde surnaturel et à ramener ce qui est interprété comme signe divin ou démoniaque à la dimension humaine ;

l' « humanisme » dénonce la possession par le démon, la sorcellerie comme impostures et tromperies destinées à berner la populace. Cette dénonciation de l'intervention du démon est cohérente avec la science galiléenne qui, quelques décennies plus tard, renoncera à voir dans le monde naturel l'intervention de Dieu.

Au-delà de la sorcellerie, c'est l'existence de la maladie mentale en tant que telle qui est en cause : la folie, au sens où nous l'entendons, n'existe pas avant d'être autre chose qu'un signe de Dieu ou du Malin, l'objet d'un regard qui la distingue. La folie n'est pas reconnue comme maladie au Moyen Age : la fête des fous, par exemple, lors de laquelle chacun renonce à son bon sens, représente un renversement en miroir du monde, l'image inversée de l'ordre, qui permet de concevoir et de conserver l'ordre, comme le fou du roi de la Renaissance est l'image inversée du roi, qui n'est pas fou.

Cette idée que le fou est l'inverse de l'honnête homme, et à ce titre lui ressemble en un certain sens, commence à s'estomper avec Descartes. D'une part, le dualisme cartésien assure la possibilité d'une médecine mécaniste ; il opère une « désacralisation » du corps humain, le vide des représentations mystiques qui lui étaient traditionnellement attachées. Il s'ensuit que c'est l'âme, la pensée qui deviennent le refuge du sacré, du tabou et l'objet de la possession du Diable.

D'autre part, pour Descartes, l'homme qui déraisonne ne peut qu'être un possédé, car la Raison est divine et ne peut être déréglée par aucune cause physique : le corps ne peut entraîner dans l'âme aucun dérèglement, on ne peut concevoir d'atteinte organique de la faculté de penser. Plus précisément, Descartes montre que l'exercice du doute exclut la folie : lorsque j'exerce ma raison par le doute méthodique, il m'est impossible de rencontrer la folie car ce serait insensé de supposer qu'on est insensé : la raison exclut la folie. La folie est déraison, atteinte à la logique, à l'ordre rationnel, et scandale théologique.

Avec Descartes, on a cessé de concevoir que le corps puisse être possédé par le démon. Descartes pose le fondement philosophique de l'exclusion dont les fous vont être l'objet : l'homme du XVIIe n'est plus, comme celui des siècles précédents, sans cesse menacé par l'irruption de la folie ; celle-ci n'est plus l'envers du bon sens. Le fou est un malade. Un pas devra être franchi et le sera au siècle suivant, pour que la maladie mentale devienne une réalité désacralisée et l'objet d'un savoir.

Bien entendu, la portée des conceptions cartésiennes est capitale pour la psychologie. La naturalisation de l'être humain y est en quelque sorte annoncée, préparée en étant intégrée à la pensée philosophique. Avant Descartes, des médecins déjà conçoivent que la science de l'homme, l'anthropologie selon le terme de l'époque, se divise en physiologie (qui a le corps pour objet) et psychologie (qui est un discours sur l'âme). L'âme en effet cesse au XVII$^e$ d'être totalement étrangère aux sciences modernes dont l'empire ne cesse de s'étendre, et c'est à ce moment qu'on commence à parler de psychologie pour désigner un discours rationnel — non plus seulement théologique — sur l'âme. Mais bien souvent avant Descartes, ces médecins, anatomistes dans un premier temps, se cantonnent à la physiologie, sont prudents et laconiques en matière de psychologie. Lorsque Harvey démontre que le cœur n'est qu'une pompe et non le siège de l'âme comme on le croyait, celle-ci « déménage » et « monte » au cerveau : l'âme, en trouvant un lieu précis du corps, se « matérialise », se naturalise ; même si Descartes soutient que seul le corps est une machine, son dualisme sera rapidement attaqué, et sur le front de la philosophie elle-même avec la thèse de l'homme-machine défendue par La Mettrie au XVIII$^e$ siècle selon laquelle le tout de l'homme est assimilable à une machine.

Ce que Descartes inaugure par ailleurs avec le *cogito*, c'est ce qui n'est que diffus et épars avant lui : le statut de la personne individuelle, saisie dans et par son intériorité dans l'exercice de la connaissance rationnelle. Ce rôle de l'intériorité subira des modifications au cours des siècles suivants, mais avant Descartes, ce que nous appellerions aujourd'hui introspection, retour solitaire sur soi, n'était pas considéré comme un moyen de connaissance. La psychologie et la psychanalyse profiteront de cet apport cartésien. Désormais, toute science cartésienne de l'homme comportera une partie physiologique qui traitera du corps (plus ou moins comme une machine) et une partie, appelée au XVII$^e$ métaphysique ou psychologie, qui traitera de l'âme et de l'exercice de la raison. Comme c'est déjà le cas chez Descartes, cette science sera confrontée à un problème difficile : celui des relations entre ces deux parties. Dans le cadre du dualisme, ce problème recevra par exemple au XIX$^e$ siècle la réponse du parallélisme psychophysiologique (voir p. 159).

La philosophie cartésienne se répand dans l'Europe entière, même si elle rencontre des oppositions (et sera même interdite dans l'enseignement des jésuites, par exemple). Ce qui se diffuse surtout, ce sont les principes métaphysiques : la nature des idées, la valeur de la connaissance, l'union de l'âme et du corps.

Sur la question de la nature des idées, de leurs origines et de leurs relations, question qui va être largement débattue dès la fin du XVII$^e$ siècle, le travail d'Isaac Newton va peser lourdement, tant le rayonnement du savant anglais sera considérable dans de nombreux domaines.

**Le paradigme newtonien**

Newton (1643-1727) est le continuateur de Galilée ; comme lui, Newton prône le recours à la quantification et à la mesure : il réduit les corps célestes qu'il étudie à leur masse. Comme Galilée, Newton affirme que les calculs sont vrais s' « ils marchent », s'ils prédisent ce qui va se produire. Son génie va se révéler en particulier dans le domaine de la mécanique : outre des dons d'ingénieur, de concepteur de machines, Newton aborde et résout les grands problèmes mathématiques et physiques que se posent les savants de l'époque. Par exemple : en 1667, année qu'il passe enfermé chez ses parents pour se protéger de l'épidémie de peste, il invente la méthode du calcul infinitésimal, découvre que la lumière blanche est composée de tous les rayons colorés du spectre et, surtout, établit la loi mathématique de la gravitation universelle et l'attraction entre les corps : tous les mouvements qui se produisent au sein de l'espace (infini, homogène et vide) relèvent d'une attraction qui résulte de forces sur lesquelles Newton ne se prononce pas, qu'il ne fait que considérer mathématiquement.

La découverte de la mécanique céleste montre plus que tout autre le génie de Newton, car elle va à l'encontre de ce que pensent ses propres maîtres : pour la physique mécaniste d'inspiration cartésienne, qui règne lorsque Newton effectue ses travaux, il convient de rechercher la cause d'un phénomène observé en « imaginant » la structure mécanique dont il est le résultat ; Newton refuse ce genre d'explication parce qu'il peut mener à l'erreur, en fait à plusieurs explications possibles puisqu'un même résultat peut provenir de mécanismes différents. Il déclare d'ailleurs qu'il ne propose la force d'attraction que comme un mécanisme dont il ne connaît ni ne cherche la cause, mais dont il sait qu'elle existe puisqu'il en mesure les effets. Ce qu'il exprime dans une formule restée célèbre : *hypotheses non fingo*, je n'invente pas des hypothèses comme les cartésiens, je n'invente pas des causes qui, sans doute, rendent raison des phénomènes, mais qui ne sont pas nécessairement vraies.

Lassé des multiples débats que suscitent ses travaux, en fait tout autant passionné d'alchimie, de prédiction (fondée sur l'analogie entre le microcosme et le macrocosme), Newton se refuse à se laisser entraîner dans de nouvelles discussions sans fin, abandonne la carrière universitaire en 1696 et se consacre à un poste administratif de directeur de la Monnaie. Le culte que lui vouèrent ses disciples fit de lui, en quelque sorte, un dictateur de la science. L'idée fondamentale du positivisme moderne, que Newton avait imposée, à savoir que la science est l'énoncé de lois et non la recherche de l'explication des phénomènes, marqua profondément la pensée des siècles suivants. Son rayonnement fut si grand qu'il imposa une direction de pensée aux philosophes comme D. Hume qui voulut généraliser au monde des idées la méthode, la démarche que Newton avait utilisées pour le monde céleste.

## L'individualisme social de T. Hobbes (1588-1679)

Conjugué au rôle que Descartes attribue à la conscience réflexive, au *cogito*, la théorie politique de Hobbes, son individualisme constitue lui aussi une condition nécessaire à l'émergence d'une psychologie comme discours rationnel sur l'individu.

Dans l'Angleterre de T. Hobbes, une nouvelle forme d'économie a émergé : à l'économie statutaire, contractuelle, du Moyen Age se substitue une économie de marché ; la grande bourgeoisie fait du commerce et revendique des rôles dans la société. Hobbes lui est hostile et se range aux côtés de la monarchie traditionnelle, contre les prétentions politiques des bourgeois. Mais il ne peut échapper à l'influence d'un nouveau style de vie que le commerce bourgeois impose lentement : le jeu du marché, de la concurrence. Cette attitude marquera les conceptions de Hobbes, malgré sa fidélité à la royauté.

Politiquement, les séquelles des conflits religieux du XVI$^e$ provoquent une vie politique mouvementée, qui aboutit à la dictature de Cromwell dans les années 1650.

Dans ce climat de guerre civile, de peur et d'insécurité, Hobbes se réfugie en France et continue à défendre la cause de l'absolutisme royal. Et cela avec un argument dont on dirait aujourd'hui qu'il est d'ordre social : malheureux dans l'anarchie et l'insécurité de l'état de nature, qui est violence de tous contre tous, les hommes ne disposent que d'une voie rationnelle pour y échapper : se livrer, par un pacte, par un contrat, à la toute-puissance du prince. On ne peut manquer de se rappeler ici la position de Luther et sa soumission à la force du pouvoir. Hobbes a connu une Angleterre ravagée par les combats entre catholiques, anglicans et protestants de diverses sectes ; il est fils de pasteur et farouchement hostile au papisme. Comme Calvin, Hobbes va professer une *anthropologie* sombre : l'homme est un pécheur, un loup pour l'homme, il n'est que convoitise brutale et égoïsme. L'homme est le jouet de passions égoïstes.

Sur le plan philosophique, comme Descartes, Hobbes ne se situe pas lui-même dans une tradition, il n'en appelle pas à des maîtres comme le faisaient par exemple les scolastiques. Il est convaincu que la raison suffit à comprendre ; il est rationaliste. Cependant, nous pouvons l'inscrire dans la tradition nominaliste, qu'il a connue au moment de ses études à Oxford et qui détermine entre autres sa conviction que les notions de juste et de droit ne sont que des *termes* qui n'ont de sens que référés aux volontés et aux appétits *individuels* qui constituent la seule réalité sociale.

On relève également chez Hobbes l'influence de la science moderne : de F. Bacon en particulier que Hobbes a beaucoup fréquenté et avec lequel il partage l'idée d'une science utilitaire ; de Descartes avec lequel il partage le goût de l'ordre ; de Galilée qu'il rencontre à Padoue et qui lui fait partager ses convictions mécanistes ; de Harvey enfin dont il est l'ami.

Toutes ces influences se mêlent et le conduisent au projet

d'élaborer une science moderne du phénomène social. Ainsi, comme la science physique est utilitaire, la science sociale doit chercher ce qui engendre la paix ou la guerre, la misère ou le bonheur et aider au gouvernement des hommes.

Plus précisément, Hobbes utilise la méthode suivante pour construire la science du social : la *méthode résolutive-compositive*, chère à Galilée, selon laquelle il faut procéder par décomposition d'un phénomène en phénomènes plus simples — c'est la résolution, ou analyse — puis par recomposition des éléments (ce qui correspond au processus de démontage et remontage d'une machine). Au lieu de considérer les ensembles et leur harmonie comme le faisaient les aristotéliciens, on décompose, on réduit à des éléments simples : les sociétés, comme les machines, doivent ainsi être résolues en leurs atomes constitutifs, en particules élémentaires : les *individus*. Ici, l'*atomisme* philosophique, venu entre autres d'Occam, devient un individualisme, au sens humain et social. La société est ainsi considérée comme une somme d'individus et elle peut être connue à partir de l'étude de ces individus. On comprend que cette thèse de Hobbes en appelle à la construction d'une étude systématique de l'individu, à une psychologie.

On peut se demander comment un système philosophique qui donne le rôle social, politique, fondamental à l'individu (qu'une psychologie doit apprendre à connaître) peut *en même temps* soutenir un pouvoir politique absolutiste, qui restreint les libertés individuelles : « le social » est un phénomène général et les libertés ne sont que privées, ce sont celles des particuliers. Sur le plan public, celui de l'Etat, il faut une force pour concilier les intérêts des particuliers, qui les opprime. Cette question de la conciliation des intérêts particuliers pour constituer l'intérêt général, qui produira les réflexions du XVIIIe sur la démocratie, suppose que le phénomène social doit, comme l'affirme Hobbes, être démonté, décomposé en individus ; c'est bien l'application à la société de la méthode résolutive-compositive.

Lorsque Hobbes se prononce sur la *psychologie* que nécessite sa science du phénomène social, il prend des positions matérialistes qui consistent en quelque sorte à nier le dualisme de Descartes et à affirmer que tout de l'homme n'est qu'étendue. Les phénomènes psychologiques doivent être considérés comme résultant de pures interactions physiques : leur étude est l'analyse des suites et combinaisons de mouvements provoquées par l'environnement et transformées, dans l'organisme, en comportements observables. Ainsi, la sensation est un mouvement, la perception une combinaison de mouvements ; et la psychologie est l'étude de la propagation de mouvements matériels qui agissent sur les dispositifs physiologiques nerveux et produisent, par l'intermédiaire du cœur et du cerveau, les réactions et attitudes. La psychologie de Hobbes est une psychophysiologie, elle est mécaniste et réduit la vie psychique à une sommation de mouvements ; l'homme est une machine au sein de laquelle les phénomènes conscients (comme la sensation de chaleur, par exemple) ne sont qu'illusoires et sans intérêt.

Cette psychologie (très cohérente avec la médecine mécaniste de l'époque) s'assortit de considérations sur les motifs de l'activité humaine que vont reprendre nombre de philosophes aux XVIII$^e$ et XIX$^e$ siècles : les actions qui provoquent des plaisirs seront reproduites, les autres évitées. L'affirmation de ce principe (connu en philosophie sous le nom d'hédonisme) s'articule sur une conception du gouvernement des hommes : la science sociale de Hobbes se débarrasse des qualités et des valeurs qui ne sont qu'illusion, pour n'utiliser que les quantités de plaisir recherché par les individus. Hobbes refuse ici à la conscience individuelle la capacité de juger du bien ou du mal et ne l'accorde qu'au seul pouvoir civil. Cette conviction exprime le positivisme ici juridique en vertu duquel le juste se réduit à ce que le pouvoir décide légal, à ce qu'il « pose » comme juste dans les lois.

La place que la science sociale de Hobbes laisse à Dieu est plus que réduite : puisque l'homme est comme une machine, puisqu'il n'est pas nécessaire de supposer qu'il est déterminé par quelque force transcendante, Dieu n'est plus supposé intervenir dans la vie sociale. Non que Hobbes fut athée, bien au contraire, mais, de même que la nature « fonctionne » sans l'intervention divine, la société selon Hobbes, et tous les individus qui la composent, fonctionnent sans Dieu et peuvent être l'objet d'une connaissance indépendante de la foi. Hobbes opère la désacralisation radicale qui ouvre le champ à une vraie science de l'homme. Trop radicale sans doute pour l'époque elle-même, mais qui va faire son chemin.

## La diffusion des idées de Descartes et de Hobbes au XVII<sup>e</sup> siècle

Les idées de Hobbes et celles de Descartes diffèrent profondément ; elles se diffusent en même temps et rencontrent l'une et l'autre une forte opposition. Elles sont l'une comme l'autre « modernes » au sens où elles adhèrent au paradigme mécaniste. En fait elles vont se développer en se combattant à propos non des questions physiologiques, mais des questions métaphysiques : pour Descartes, le monde matériel n'est qu'une occasion de penser, il ne constitue pas le réel auquel on n'accède que dans et par la pensée, le *cogito*. Pour Hobbes, le réel se réduit au matériel et sa connaissance est établissement de rapports de cause à effet entre phénomènes : l'un cause l'autre si le second est conditionné par le premier ; en posant l'un, on produit l'autre et ce positivisme suffit à agir dans et sur le monde.

En fait, on comprend mieux les sorts différents que la postérité va réserver aux idées de Descartes et à celles de Hobbes si l'on situe leurs conceptions dans le *contexte religieux* dans lequel elles se sont exprimées.

On considère souvent que le XVII<sup>e</sup> siècle est irréligieux, parce qu'il est le cadre de débats constants sur les rapports de la connaissance et de la conscience avec la foi. Mais le XVII<sup>e</sup> reste imprégné de la sensibilité chrétienne même si la place du christianisme n'est plus la même qu'au Moyen Age ; la théologie n'est plus appelée à réaliser la synthèse de toutes les activités humaines, elle ne peut plus assurer le contrôle de la production culturelle et scientifique.

Là encore, une différence doit être établie entre pays catholiques et pays de religion réformée. Dans les pays *catholiques*, le Concile de Trente (1545-1563) institue des séminaires, c'est-à-dire des écoles de théologie distinctes des universités. L'effet premier de cette décision, c'est que le clergé s'isole de l'élite intellectuelle et savante de l'époque : dans une période où l'homme cultivé s'enivre de raison, de savoir, les facultés de théologie quittent les universités et se replient sur elles-mêmes. La théologie du séminaire devient très vite un conservatoire d'idées exposées à une sclérose rapide, idées qui plus est enseignées en latin en un temps où la science commence à l'abandonner. Corrélativement, la science se laïcise, se coupe de plus en plus de la foi.

Dans les pays *réformés* au contraire, la faculté de théologie demeure au sein de la communauté universitaire, et les questions que les savants du siècle soulèvent se discutent *avec* les théologiens ; il y a « négociation » permanente entre science nouvelle et religion.

Sur le plan religieux, la différence tient à la liberté de l'individu de penser seul sa religion ; on comprend que sur le plan philosophique cette possibilité de libre examen produise des systèmes comme celui de Hobbes, plus ouverts sur le monde, sur la connaissance scientifique et sur la société.

De ce siècle mécaniste, celui de la naissance de la science moderne, la psychologie retiendra divers héritages :

1 / Le mécanisme : depuis Pascal ou Leibniz et leurs machines à calculer, la liaison sera sans cesse affirmée entre le calcul mécanique et l'art d'inventer, de combiner. La machine deviendra ainsi un simulateur de la pensée qui peut alors devenir un objet de connaissance. Les travaux actuels de l'intelligence artificielle (voir vol. *HC* et p. 285) reposent sur cette métaphore de la machine : l'ordinateur simule les opérations intellectuelles effectuées par l'homme dans la résolution de tel ou tel problème et inspire de façon plus ou moins approfondie une conception de la pensée comme calcul.

2 / La distinction se creuse entre l'homme intérieur, accessible à lui-même dans le *cogito*, et l'homme extérieur, dont les conduites doivent être éduquées et maîtrisées, accessibles donc au contrôle par autrui. Cette distinction est déjà présente dans la Réforme protestante mais s'accentue au XVII$^e$ pour devenir radicale : l'homme de Hobbes, tout en extériorité, entièrement appréhendé par le modèle de la machine, ne recèle ni valeur ni qualité, ni signification ; aucune force ne le transcende ni ne le dépasse. C'est un individu ; seul le pouvoir le soumet. Au contraire, le dualisme cartésien, qui pèsera lourdement sur la psychologie française en particulier, maintient l'irréductibilité de la pensée et de l'âme, de l'homme intérieur.

# IV. L'homme des Lumières et l'homme romantique

### Situation générale

Plus que les siècles précédents, le XVIIIe est le théâtre de vifs affrontements philosophiques. L'extension croissante du domaine de la « science moderne » entraîne des polémiques, des campagnes violentes, et ce non seulement à l'intérieur du milieu des intellectuels érudits, mais dans la société tout entière ; ces affrontements philosophiques déclenchent même quelquefois l'intervention des pouvoirs publics et ecclésiastiques. La philosophie nouvelle, celle qui annonce la toute-puissance de la raison éclairant le monde, celle des Lumières en France ou de l'*Aufklärung* en Allemagne, se diffuse par des pamphlets et passe par l'opinion publique à laquelle elle s'adresse. Cette philosophie a tourné le dos à la « manière » scolastique et affirme que tout esprit ordinaire, pourvu qu'il soit bien instruit, peut pénétrer tous les sujets qui concernent les hommes. Ainsi, le rôle de la philosophie change, elle s'adresse « au public » et attend de lui qu'il prenne parti. Et les philosophes changent eux aussi : d'une part le lien profond entre la philosophie et la religion se distend encore ; d'autre part les philosophes cessent d'être nécessairement des professeurs, ce sont des écrivains issus de la petite noblesse ou du tiers état, plus précisément de la bourgeoisie, devenue maîtresse des affaires et qui impose ses idées et son mode de vie. Cette bourgeoisie-là s'adonne peu à la spéculation, elle est industrieuse et commerçante et son point de vue pragmatiste la rend plus réceptrice aux préoccupations concrètes des nouveaux philosophes.

La première partie du XVIIIe siècle est éclairée par le flambeau de la raison ; c'est le siècle des Lumières, celles de l'entendement qui rend le monde transparent et limpide, le siècle de la conscience éclairée et enfin maîtresse d'elle-même. En Angleterre, en France comme en Allemagne, la science étend son empire à l'étude des phénomènes humains, produit une « science de l'entendement » et une « science de la société ». Des philosophes interviennent plus décisivement que d'autres dans ce triomphe de la raison : les empiristes anglais J. Locke et D. Hume, les sensualistes anglais et français comme E. de Condillac, ou l'Allemand C. Wolff, qui fut bien plus qu'un disciple de Leibniz.

Cette période des Lumières est caractérisée en Europe par la domination intellectuelle de la France : le rationalisme français exerce sur les philosophes européens un « impérialisme » fondé sur la conviction de l'universalité de la raison et, par conséquent, de l'égalité entre les hommes. Cette domination suscite bien entendu des oppositions, en Allemagne surtout, oppositions que l'épopée napoléonienne ne fera qu'accroître au cours du XIXe en provoquant l'exaltation de la culture allemande, du peuple allemand et la défense de sa spécificité.

Ces luttes d'influence, étroitement liées aux luttes politiques, sont doublées d'une opposition plus philosophique : pendant le XVIIIe, comme pendant les siècles précédents, se maintient, même si c'est d'abord en sourdine, la tradition mystique et alchimique, profondément irrationnelle et irréductible aux Lumières. Le XVIIIe est aussi le siècle de l'Illuminisme, car cette tradition va retrouver toute sa vigueur au moment où des philosophes, en Allemagne surtout, vont contester l'omnipotence de la raison pour donner naissance au romantisme. En matière d'esthétique, le romantisme est une réponse au classicisme, une contestation de la vocation de l'art à exprimer les rectitudes de la raison. Mais, comme nous le verrons, le romantisme esthétique, poétique et musical surtout, exprimait une attitude plus générale à l'égard du monde, la conviction que toutes les vérités ne pouvaient être découvertes par l'éclairage de la raison. En Allemagne, le romantisme fut la source de développements philosophiques et scientifiques décisifs.

## La France, l'Angleterre, l'Allemagne au XVIII<sup>e</sup> siècle

Si la France reste dans l'histoire comme le pays des Lumières et de l'*Encyclopédie*, l'Angleterre et l'Allemagne connurent elles aussi l'*Enlightment* et l'*Aufklärung*. Si l'Allemagne est la terre où prend racine le romantisme, il y eut de grands romantiques en France et en Angleterre. Chacun de ces trois pays, qui dominent la pensée dans une Europe apaisée après les guerres de religion, présente des réponses singulières en formulant sous diverses formes et dans des contextes différents la question de la nature de la raison, de son origine et de ses pouvoirs.

### L'Angleterre

De l'avis même des contemporains, c'est l'Angleterre qui apporte la contribution la plus éminente à la pensée des Lumières. Alors que les Français se voient reconnaître leur suprématie en matière de belles-lettres ou de bon goût, les Anglais ont en quelque sorte fait de l'esprit des Lumières leur esprit national. Les effets de la Révolution de 1688 y sont pour beaucoup : en s'opposant aux prétentions absolutistes du catholique Jacques II, les Anglais ont instauré un nouveau style de gouvernement, première forme des démocraties modernes, dans lequel une assemblée de représentants, le Parlement, a choisi un monarque (Guillaume d'Orange), s'est réservé tout pouvoir en matière de finances et d'armée et a accordé aux juges leur indépendance par rapport au pouvoir politique. Ils ont en quelque sorte réalisé le « contrat social », qui lie dans un projet de société des individus, avant même que J.-J. Rousseau n'en propose l'idée philosophique. Les Anglais ont répondu à la question du pouvoir en termes de bonheur individuel : l'Etat est conçu comme un agrégat d'individus, et, pour que leur vie en commun soit harmonieuse et stable, il convient de les connaître, de connaître plus précisément leurs intérêts individuels, ce qui constituera une psychologie. A l'individualisme de Hobbes (la société est une somme d'individus ; voir p. 53), on adjoint l'idée que les individus ont des droits inaliénables qu'il faut respecter pour que ne surviennent pas d'autres bouleversements.

Le climat politico-religieux anglais est donc pluraliste, tolérant. Chacun, avec ses opinions et ses intérêts, peut s'y exprimer et se sentir représenté dans l'Etat. Il en résulte que la philosophie de l'*Enlightment* se développe au sein même de l'ordre politique et religieux et non contre lui. Les philosophes britanniques, contrairement à leurs confrères français, peuvent voir leurs idées se réaliser dans la vie sociale et politique.

Il faut remarquer que, lorsqu'on parle des philosophes britanniques du XVIII$^e$, on désigne le plus souvent des Ecossais ; en effet, l'essor commercial, diplomatique, politique de l'Angleterre ne s'accompagne pas d'un essor comparable de la vie universitaire. L'Ecosse, fidèle au calvinisme, connaît un tel essor et ses universités comptent au XVIII$^e$ les plus grands philosophes : Adam Smith et Thomas Reid à Glasgow, David Hume à Edimbourg. Cette « école écossaise » se caractérise schématiquement par la conviction que l'homme ne peut être étudié et compris qu'en étant rapporté au contexte historique, économique et politique dans lequel il vit.

**La France**

La France du XVIII$^e$ hérite du Grand Siècle de Louis XIV. Certes, il y a à première vue peu d'affinité entre ce souverain despote et autocrate et l'esprit de liberté que vont souffler les Encyclopédistes. Mais le Roi-Soleil, en exerçant un pouvoir absolu, a développé l'organisation administrative du pays le plus peuplé d'Europe, organisation qui, avec le classicisme français, a été admirée par toute l'Europe. Ce rayonnement du « style de pensée » français va permettre en partie la diffusion de la pensée encyclopédiste alors même qu'à la mort du Grand Roi, Louis XV, qui lui succède, inaugure un règne de mollesse et de désagrégation de l'Etat : au cours du XVIII$^e$, les philosophes français (au rang desquels jamais ne figurera un monarque, contrairement à ce qui se produit en Allemagne par exemple) vont poser des questions et formuler des réponses qui provoquent de telles contradictions avec les structures de l'Etat (ils vont en appeler, par exemple, à l'idée d'intérêt général pour dénoncer le pouvoir de droit divin comme une fiction) que la Révolution qui clôt le siècle pourra être considérée en partie comme leur œuvre. Leurs idées rencontreront, là plus que partout ailleurs en Europe, la résistance d'un pouvoir que Louis XIV avait affermi, qui, au nom d'une orthodoxie politique et religieuse, a coutume de censurer et de poursuivre les philosophes que les autres cours d'Europe appellent comme conseillers. La philosophie française du XVIII$^e$ siècle en prendra la couleur de la contestation et se fera « naturellement » l'alliée des forces qui préparent le changement de régime.

### L'Allemagne

L'Allemagne présente, à bien des égards, un tableau très différent. Les pays germaniques sont totalement éclatés, divisés, politiquement et confessionnellement. La guerre de Trente ans, qui a opposé les princes protestants de l'Union évangélique et les princes catholiques de la Sainte Ligue et qui a ravagé le pays de 1618 à 1648, a constitué la dernière tentative d'unification menée par les empereurs allemands : les Habsbourg, au XVIII$^e$, dominent les Pays-Bas et la Hongrie mais ne règnent en pays allemands que sur l'Autriche. A côté de 300 territoires autonomes, le seul homme d'Etat allemand est Frédéric II, roi de Prusse. La question de l'unification politique et administrative, qui ne sera résolue qu'au XIX$^e$ siècle, constitue pour les philosophes mêmes un problème : l'idée d'universalité de la raison aura du mal à s'imposer dans un pays où les traditions médiévales et un certain archaïsme de la pensée se maintiennent. Le sud et l'est de l'Allemagne en particulier sont dominés par le traditionalisme d'une aristocratie catholique plus férue d'art baroque que de rationalité. Ce sont plutôt les régions calvinistes, et en partie les régions luthériennes, qui accueillent favorablement le mode de pensée bourgeois, et la philosophie des Lumières.

Au sein du luthéranisme s'est développé un courant religieux très important dans l'histoire de l'Allemagne du XVIII$^e$, le piétisme ; le luthéranisme semble en effet devenu trop rigide et trop formaliste, ce qui engendre une religiosité qui cherche ses sources dans la tradition mystique de la fin du Moyen Age. Pour les piétistes, la vraie foi est la foi vécue, en acte, individuelle et seule la lecture directe et personnelle de la Bible peut fonder la morale intérieure. Ils vont se trouver confrontés au règne du rationalisme, dans les universités comme celle de Halle ou à Königsberg, dans laquelle Kant fera ses études et enseignera. Pendant la longue période de l'*Aufklärung*, les piétistes s'efforceront de concilier foi et raison, mais ils s'investiront tout autant dans les sursauts nationalistes que connaîtra l'Allemagne.

Les universités allemandes sont les plus vivantes d'Europe au XVIII$^e$, plus qu'Oxford et Cambridge, plus sans aucun doute que les universités françaises étouffées par le pouvoir. A Leipzig, puis à Halle, enseigne celui qu'on peut considérer comme l'initiateur des Lumières allemandes, de l'*Aufklärung* : Christian Thomasius, grand théoricien du droit et fervent adversaire des procès en sorcellerie ou de la torture, au nom de l'élévation rationnelle de la population. L'*Aufklärung* se traduit par une vie intellectuelle intense, dynamique, exprimée dans de nombreux journaux et magazines, comme le seront, plus tard dans le siècle, les idées romantiques.

La vraie patrie de l'*Aufklärung* est Berlin : la cour de Frédéric II. Et ce sont les Lumières françaises qui y sont importées : le roi protège, en despote « éclairé », une académie dont la langue officielle est le français, le président Maupertuis, et qui diffuse la culture française comme universelle. Ce poids de la France va provoquer, dans le dernier quart du siècle, un mouvement de révolte initié par des jeunes gens plus inspirés par Rousseau que par Voltaire : le *Sturm und Drang* (tempête et assaut). Ils chercheront, dans la tradition populaire allemande, les valeurs qui pourraient régénérer l'identité allemande ; face au nivellement de la raison universelle, ils vont exalter l'infinie palette des passions et des sentiments. Ce premier sursaut irrationaliste va enfanter, conjugué à d'autres influences, une crise profonde : le romantisme.

### L'unité européenne

Malgré les grandes différences que nous venons de souligner, on peut affirmer que l'un des traits marquants de la vie intellectuelle dans l'Europe du XVIII$^e$, c'est que les idées y circulent bien et vite ; les livres se lisent, les philosophes voyagent et se voient beaucoup : Maupertuis est à Berlin, Hume vient longuement à Paris où il est un temps l'ami de Rousseau, les romantiques allemands, anglais et français se connaissent bien. Manifestement, ce qui divise les philosophes, ce sont moins les frontières que les idées.

C'est pourquoi nous avons pris le parti de présenter leurs œuvres comme appartenant avant tout à l'une des deux faces solidaires du XVIII$^e$, mais opposées : les Lumières et le Romantisme.

## L'homme des Lumières

### Les Lumières en Angleterre : empirisme et associationnisme

#### Les prémices : John Locke

C'est le philosophe anglais J. Locke qui, tout en étant un homme du XVII$^e$ siècle (il meurt en 1704), annonce le premier la philosophie du XVIII$^e$ siècle, qui, tout en prolongeant sur certains points celle de T. Hobbes, unit la raison à l'action dans le monde. Comme Hobbes, Locke s'oppose à la pensée de Descartes, et en particulier sur la question de l'origine des idées. En 1690, il publie l'*Essai sur l'entendement humain*, qui est une réfutation point par point de la philosophie cartésienne. Pour Locke, l'esprit peut être comparé à une page blanche, ou à une table rase *(tabula rasa)*, sur laquelle les sensations viennent inscrire les idées (nous dirions les représentations) simples, qui, en se combinant entre elles par le moyen des puissances internes de l'esprit (mémoire, attention, volonté), produisent des idées générales comme celles d'identité ou d'infini. Ainsi, la connaissance résulte de l'expérience de la réalité par les sens : cette théorie de la connaissance est *empiriste*. C'est dans la perception du monde que nous découvrons des vérités sur le monde et non en nous-mêmes.

Histoire naturelle de la formation des idées dans l'esprit humain, la philosophie de Locke répond à la physique de Newton : au mécanisme de gravitation qui règle selon Newton l'espace, l'étendue, les rapports entre les corps célestes, Locke fait correspondre un mécanisme qui règle l'esprit (ce que Descartes appelait l'âme et la pensée), qui règle les rapports entre les idées : *l'association*. De même que l'espace du dehors (matériel) est le théâtre d'un phénomène d'attraction, mécanisme universel qui rend compte des mouvements des corps, de même l'esprit, qui, du coup, devient un espace, un espace du dedans, est habité par un mécanisme : l'association entre les idées. Ainsi la pensée, la « vie des idées », devient un phénomène naturel, tout aussi peu divin que les phénomènes matériels et dont on peut, comme pour ces derniers, parler en termes de géométrie et de mécanique. Locke construit donc une science mécaniste du monde des idées, une nouvelle forme de « méta-physique », sur le même modèle que la physique newtonienne, se pliant ainsi (en l'anticipant plus exactement, puisque les *Principia* de Newton paraissent alors que les esquisses de l'*Essai* de Locke sont déjà rédigées) à la requête que ce dernier adresse aux philosophes : trouver pour l'esprit, comme il l'avait fait pour l'espace, un et un seul principe universel de fonctionnement.

Comme Newton, J. Locke ne se soucie pas de connaître la nature même de l'esprit, il en observe les manifestations. L'association entre idées est un fait d'évidence, elle résulte des circonstances perçues ; ainsi, Locke donne l'exemple d'un jeune homme qui a appris à danser dans une pièce où se trouve un vieux coffre et qui ne parvient, par la suite, à exécuter le pas appris qu'en présence de ce coffre. Si Locke utilise cet exemple un peu saugrenu (mais qu'il tient, dit-il, d'un homme d'honneur), c'est pour bien montrer qu'une telle liaison, opérée par l'entendement, entre un pas de danse et un coffre ne résulte que des circonstances puisque rien ni dans le coffre ni dans la danse n'implique une telle liaison. Celle-ci résulte de la coutume, de l'habitude, qui associe de cette façon des idées ou des sensations qui n'ont, en elles-mêmes, aucune raison d'être associées. Il s'ensuit que l'association est naturelle au sens où l'entendement est, par ce mécanisme, le reflet de la nature, des circonstances : ce qui se passe dans l'environnement se reflète dans l'intellect. De là vient que d'un homme à l'autre, les contenus de l'entendement varient en fonction des circonstances vécues et, en particulier, de l'éducation. On voit ici les raisons pour lesquelles les hommes qui vont se réclamer de la philosophie empiriste vont accorder un poids décisif à l'éducation des enfants. Bien maîtrisée, l'éducation forme un entendement bien fait.

Parce qu'elle se veut d'abord une réfutation de l'innéisme de Descartes, la philosophie de Locke est centrée sur la « psychogenèse » des connaissances, sur l'histoire de la formation des idées. L'entendement, s'il cesse dans l'empirisme d'être d'origine divine pour se constituer au cours de la vie d'un individu par la grâce du mécanisme des associations, reste néanmoins chez Locke réglé, rationnel. Le refus de l'innéisme n'entraîne pas un rejet du rationalisme : si la raison n'est pas innée, elle demeure la spécificité de l'homme et doit jouer son rôle dans leurs pratiques.

### Les lois de l'association selon David Hume

D. Hume, philosophe écossais de formation juridique, ami de J.-J. Rousseau et couvert de gloire à Paris, va parachever l'œuvre empiriste.

Comme Locke, Hume a l'ambition de faire de la métaphysique une science positive, sur le modèle newtonien, mais Hume va développer un empirisme très particulier. Le XVIII$^e$ reproche à la philosophie de Descartes d'être fondée sur la seule imagination, c'est-à-dire d'être un système « imaginé » par Descartes, énonçant des « visions » au sens de conceptions fondées sur le seul raisonnement, sans recours à l'expérience du monde. Cette critique de Descartes par l'empirisme est énoncée au nom d'une raison plus prudente, plus expérimentale, observatrice et moins raisonnante.

Hume va justement soutenir que toute raison procède de l'imagination et présenter une conception radicalement nouvelle de la connaissance comme constituée non de certitudes mais de croyances : en « examinant » et en retournant en tout sens notre idée d'une chose qui en cause une autre, écrit-il, on ne découvre aucun motif de son efficacité à produire cette autre chose, à avoir un effet. La relation entre ces deux choses n'est contenue ni dans l'une ni dans l'autre ; d'où provient notre idée que l'une cause l'autre ? Pour Hume, cette relation de causalité, qui est à la base de toute connaissance, nous l'imaginons ; et notre faculté d'imagination est sans cesse alimentée par des sensations en vertu desquelles nous concevons des relations plus ou moins probables entre des événements, la force et la stabilité de nos connaissances-croyances dépendant de notre expérience des deux phénomènes en cause.

Cette expérience du monde, ou « perception » selon le terme de Hume, est de deux ordres : les impressions, ou perceptions fortes, qui résultent des sensations (prendre conscience d'une douleur ou d'un plaisir, par exemple) et les idées, ou perceptions faibles, qui résultent d'images construites (imaginer un plaisir ou une douleur) ou de souvenirs, et qui sont donc des copies de la réalité. L'étude des impressions est du ressort de l'anatomie ; celle des idées est du ressort de la métaphysique qui doit étudier comment elles sont élaborées à partir des impressions et comment elles se combinent entre elles. En effet, Hume reproche à Locke de n'avoir pas accordé d'importance au problème de la combinaison d'idées simples pour former des idées complexes, de n'avoir pas étudié les mécanismes naturels de cette combinaison d'idées qui constitue précisément la connaissance. Hume propose trois types de combinaison, trois types d'association entre les idées, de « connexion », comme l'écrit Hume :

— la contiguïté : c'est le type de lien entre idées qui organise la mémoire : l'évocation « mentale » d'un objet induit naturellement l'évocation d'objets qui lui ont été, dans la réalité, contigus spatialement ou temporellement ; ainsi, l'évocation de l'encrier évoque l'idée de ma plume et ces idées sont ainsi associées ;
— la ressemblance : ce lien conduit de chaque exemplaire à l'idée générale ;
— la relation de cause à effet : ce lien construit notre savoir pratique et notre ensemble de croyances : si nous pensons à une blessure, nous évoquons l'idée de la douleur qu'elle a causée.

Si l'empirisme de Hume est original, il n'en est pas moins un empirisme puisque la connaissance, les croyances sont fondées sur l'expérience de la réalité. Et comme pour Locke, l'association entre les idées est, pour Hume, un mécanisme universel, naturel, le principe général qui régit le monde des idées, l'espace du dedans. Il est la nature de l'entendement humain, le principe de la nature humaine ; et conformément à la prescription newtonienne, il n'est pas nécessaire de chercher à expliquer ce principe, de spéculer sur l'essence de la nature humaine.

### L'association est un phénomène physiologique

En 1749, plusieurs années par conséquent après la parution de l'œuvre de J. Locke, D. Hartley publie *Observations on man, his frame, his duty, and his expectations*, ouvrage dans lequel il a pour ambition de mettre à jour le substrat physiologique du mécanisme d'association. Il émet l'hypothèse que les sensations résultent des vibrations d'un éther contenu dans les organes sensoriels, les nerfs puis le cerveau et que celles qui se produisent dans le cerveau, les « vibrationcules », se présentent dans le même ordre que les vibrations originaires, celles qui se produisent dans les organes des sens. Par ce processus, ce qui est associé dans le monde sensible l'est dans le cerveau.

Cette œuvre, qui connaît un impact important parce qu'elle se conforme elle aussi aux prescriptions de Newton, n'apporte en fait aucune donnée physiologique à l'appui de la thèse. Mais elle révèle que la naturalisation de l'entendement est en cours puisque, dès le milieu du XVIII$^e$ siècle, il convient de chercher, dans le corps de l'homme, les structures anatomiques ou les fonctions physiologiques qui assurent le fonctionnement de l'esprit. A ce titre, l'ouvrage constitue une étape importante.

## Les Lumières en France : sensualisme et encyclopédisme

### La connaissance repose sur la sensation

Etienne Bonnot de Condillac, abbé sans sacerdoce, propose une psychologie proche de celle des empiristes anglais, qualifiée de sensualiste. Bien qu'il entende, dans ses conceptions, conserver intacts les dogmes chrétiens, ce philosophe sans grande audace fut l'un des grands inspirateurs de l'encyclopédisme français. Son projet est de reconstruire l'ensemble du savoir sur une hygiène stricte de la conscience et de la science :

il propose une analyse rigoureuse de la constitution de la pensée, de la « génération des opérations dans l'âme », ce que Locke à son avis n'a pas tenté. Pour Condillac, les idées et les opérations (juger, reconnaître, voir, etc.) viennent *intégralement* de la sensation : sa philosophie est un sensualisme. La sensation est ainsi le fait premier, la matière première dans la constitution de l'entendement qui n'est rien d'autre que le résultat de l'expérience sensible. Comme il veut en convaincre, l'entendement est comme une statue, inerte avant d'être au monde, et à laquelle le contact avec le monde, par l'intermédiaire des sens, confère un fonctionnement ; l'odorat, tenu pour le moins intellectuel des sens, lui est d'abord donné, puis l'ouïe, puis le goût, la vue, enfin le toucher. Les sensations successives se développent isolément puis se combinent pour produire le monde et l'homme qui le perçoit. La connaissance est conscience du donné sensoriel et travail de l'entendement sur cette sensation. Les idées sont des sensations, elles sont désignées par des mots qui représentent des choses. Le langage devrait d'ailleurs refléter exactement la réalité et Condillac regrette fort que tel ne soit pas le cas, que notre usage des mots distorde ce reflet en nous mystifiant sur la réalité. Le remède que propose Condillac à cet effet désastreux du langage sur notre compréhension de la réalité lui est inspiré par la tradition nominaliste, par le rasoir d'Occam : il faut qu'une hygiène de la langue nous rapproche d'une corrélation entre les mots et les choses. Il convient en tout premier lieu que les savants et les philosophes élaborent les sciences dans une langue bien faite, de telle sorte que chacun y ait accès car une langue bien faite se comprend facilement. La méthode à utiliser, l'analyse, rappelle celle de Galilée : résolutive-compositive ; il faut analyser les concepts en identifiant les qualités qui les composent et les recomposer pour comprendre le tout. Et écarter, par l'analyse, ceux qui se révèlent vides, ne recouvrant aucune réalité.

La philosophie de Condillac, et sa psychologie, est par là plus logique, normative, moins souple et ouverte que celle de Locke ou de Hume. Ce que les encyclopédistes en retiendront, c'est la conviction que le contact avec l'environnement par les organes sensoriels est constitutif de l'entendement et que la science doit procéder par analyse.

**L' « Encyclopédie »**

Dès le premier quart du XVIIIᵉ, l'idée de réaliser une somme de tous les savoirs en matière de sciences et d'arts se répand en France. C'est Diderot qui va en prendre la responsabilité en y associant son ami le mathématicien d'Alembert. De 1751 à 1772, paraissent 17 volumes. *L'Encyclopédie* ou *Dictionnaire raisonné des sciences, des arts et des métiers* a pour but de remplacer les conceptions traditionnelles, d'inspiration théologique, sur l'homme et la société par une nouvelle optique générale où l'homme, libéré des interdits religieux comme de l'absolutisme monarchique, acquiert le pouvoir d'agir pour le progrès. Ce projet immense, qui répond à la déliquescence du pouvoir royal, qui dénonce les abus de la gestion du royaume comme ceux de la hiérarchie ecclésiastique, est l'expression même de l'esprit des Lumières : l'action des hommes, leur recherche du bonheur, doit être guidée par la connaissance rationnelle qui repose sur l'expérience et l'observation ; celles-ci ne doivent pas être obscurcies par une soumission aux dogmes religieux ou aux mystères de la foi, en fait, à toute autorité. Cet appel à la libre conscience, qui fait écho à la philosophie qui règne alors en Angleterre, ne pouvait qu'attirer sur les encyclopédistes (parmi lesquels Voltaire, Montesquieu, Rousseau, d'Holbach) les foudres du pouvoir : ainsi, le parti dévot parvient-il à faire interdire l'*Encyclopédie* au moment de la parution du deuxième volume en 1752. Elle finit d'ailleurs, après quelques parutions sporadiques, par être interdite par arrêt royal et condamnée par le pape.

Tout se passe comme si le pouvoir royal, accroché aux traditions, se défendait contre l'irruption d'un homme nouveau, indésirable dans le royaume et dangereux. Cet homme nouveau libéré de tout préjugé, de toute autorité, éclairé par une raison observatrice et ouverte, est aussi celui que Diderot décrit, après avoir lu Buffon, comme plus proche de l'animal que ne le prétendent les dogmes religieux, comme simplement plus évolué que l'animal. Comme les hommes, les bêtes ressentent plaisir et douleur, contractent des habitudes, ont une mémoire. Ces comparaisons de l'homme à l'animal, prémices de l'évolutionnisme (voir p. 119 sq.), auront du mal à s'imposer dans la France catholique, même après la Révolution.

De l'*Encyclopédie*, la postérité retiendra ce souffle libérateur et sacrilège, la conception de l'homme comme *citoyen* libre, artisan de son propre bonheur et du progrès social, formé pour cela par des pédagogues éclairés. Les encyclopédistes, savants et philosophes, tentèrent d'exposer au grand jour les connaissances positives, sans préjugé et en espérant que ces Lumières parviendraient à changer le monde. La postérité les tiendra donc aussi responsables de la Révolution et, plus tardivement, de la Terreur comme application froide des principes logiques de la Raison abstraite.

### Le matérialisme français

Julien Offray de La Mettrie, médecin éclairé qui fut l'élève du Hollandais Boerhaave, a annoncé en quelque sorte l'*Encyclopédie* : il a publié, avant même que Diderot ne l'eût mise en chantier, des ouvrages qui le contraignent, après avoir été banni de France en 1746 et de Hollande en 1748, à trouver refuge auprès du roi de Prusse, dont il devient l'ami.

La Mettrie est matérialiste et de là viennent tous ses problèmes : l'âme n'est pas connaissable sans le corps, elle est le principe moteur de celui-ci, elle fait battre le cœur, sentir les nerfs et penser le cerveau. Plus précisément, ce principe moteur résulte de la sensation qui se produit dans le cerveau, de l'organisation de la matière cérébrale dont l'étude permettra de saisir la genèse de toutes les conduites humaines. La raison, glorifiée par Descartes comme produit de l'âme, n'est qu'un état d'organisation de la machine humaine, comme il l'exprime en 1748 dans un livre pamphlet, qui fait grand scandale, *L'homme-machine*. Là où les philosophes précédents avaient vu une essence supérieure, La Mettrie ne voit que mécanique. L'âme a une étendue, elle est matérielle. Le matérialisme de La Mettrie est un monisme philosophique : il n'y a que fable et fiction dans la distinction dualiste entre corps et âme, entre matière et esprit.

La psychologie de La Mettrie est une science naturelle des corps animés. Propos révolutionnaire, qui prolonge la désacralisation de l'homme déjà initiée par les empiristes en une naturalisation encore plus profonde — parce que matérialiste — que celle de Hartley. Ici s'affirme la pensée radicale qui inspire les encyclopédistes, même s'ils ne se permettent jamais de la formuler aussi clairement : la pensée et l'action sont soumises au déterminisme de l'environnement qui s'opère par la médiation physiologique des récepteurs sensoriels. Cet « environnementalisme » s'allie à une conception *hédoniste* de la vie morale en vertu de laquelle le comportement est réglé par des motivations organiques qui provoquent la recherche, par l'individu, des impressions agréables et la fuite de celles qui sont pénibles. Par son matérialisme, La Mettrie affirme son opposition à la religion *et* à la morale : puisque l'homme est un animal, il n'y a ni bien ni mal inscrit en lui par une loi divine, à l'avance ; l'homme n'est qu'une machine à jouir.

Les écrits de La Mettrie, dans lesquels les grands médecins et les grands théologiens célèbres à Paris sont raillés, l'obligent à fuir ; mais ce n'est pas suffisant pour museler ce philosophe singulier qui a marqué la pensée française parce qu'il exprimait, sur un mode radical et avec un peu d'avance, les conceptions encore diffuses mais durables qui inspirèrent les Lumières.

Ce courant irréversible, incontrôlable propose l'image d'un homme réellement nouveau, qui cesse d'être le produit d'une volonté qui lui échappe, celle de Dieu, et d'être le résultat de forces inaccessibles, d'essences immatérielles. L'homme est ce que les hommes en font ; ce qui le détermine — l'environnement, l'éducation — est à portée de son pouvoir et de celui des autres hommes. L'idéologie des Lumières est un environnementalisme et la pédagogie est le premier souci, l'instrument le plus puissant pour travailler la matière malléable qu'est l'homme. *Pour changer l'homme, il suffit de changer le monde.*

D'Holbach, Helvétius, eux aussi représentants du matérialisme français, proposent une psychologie et une morale fondées sur l'expérience du monde ; ils nous donnent à voir l'homme comme mû par ses *intérêts* : recherche du plaisir, fuite de la douleur. C'est en effet dans cette configuration de la philosophie française du XVIII$^e$ que le concept d'intérêt individuel (voir encart 8 sur l'intérêt, p. 108) et celui de besoin (voir encart 5) prennent une place décisive : ils président au comportement des êtres vivants.

C'est leur sensibilité physique qui anime les vivants ; l'homme est, comme l'animal, semblable à une machine mise en mouvement par la sensibilité physique et tout gouvernement, de soi-même ou des hommes, doit s'appuyer sur ce principe.

> **ENCART 5**
>
> Dans son traité : *De l'Homme, de ses facultés intellectuelles et de son éducation,* Helvétius définit ainsi les besoins :
> « C'est la faim, et la difficulté de pourvoir à ce besoin, qui dans les forêts donne aux animaux carnassiers tant de supériorité d'esprit sur l'animal pâturant ; c'est la faim qui fournit aux premiers cent moyens ingénieux d'attaquer, de surprendre le gibier ; c'est la faim qui, retenant six mois entiers le sauvage sur les lacs et dans les bois, lui apprend à courber son arc, à tresser ses filets, à tendre des pièges à sa proie ; c'est encore la faim qui, chez les peuples policés, met tous les citoyens en action, leur fait cultiver la terre, apprendre un métier et remplir une charge. Mais, dans les fonctions de cette charge, chacun oublie le motif qui la lui fait exercer ; c'est que notre esprit s'occupe, non du besoin, mais des moyens de le satisfaire. Le difficile n'est pas de manger, mais d'apprêter le repas. » (*Œuvres complètes*, t. 7, Paris, Imprimerie Didot, 1795, section II, chap. X, p. 2 et 3.)

Le bouleversement est fondamentalement de nature morale : le bien, le mal n'existent pas en dehors des hommes ; un acte ne doit être jugé que dans un cadre social déterminé et variable. En dernière analyse, chaque action résulte d'un plaisir recherché, d'une peine évitée ; Helvétius précise d'ailleurs que ce sont les souvenirs de plaisirs et de peines passés qui sont les motifs de nos actes et que l'individu associe à tout acte le souvenir des conséquences qu'il a eues dans le passé. A l'éducation, il revient de se servir de ce principe de la nature humaine.

Cette conception de la morale soulève un problème social auquel tous ces hommes vont être confrontés : comment ces intérêts individuels vont-ils entrer en relation dans une société ? On se souvient que la position de Hobbes (voir p. 52), devant l'individualisme qu'il avait contribué à instaurer, consistait à préconiser un pouvoir autocratique fort, qui intervienne pour freiner les égoïsmes et harmoniser ces intérêts (en les faisant le plus souvent taire), faute de quoi la société tombe dans l'état de guerre de tous contre tous. La France du XVIII$^e$, épuisée et lassée par la monarchie absolue, ne peut que chercher une autre solution pour harmoniser les intérêts individuels en un intérêt général sans asservir les individus. Ce qu'on va essayer de construire, c'est un système qui assure « le plus grand bonheur pour le plus grand nombre ».

## Les Lumières en Allemagne, l' « Aufklärung »

### Les prémices : Gottfried W. Leibniz (1646-1716)

Ce philosophe est d'abord un mathématicien, celui qui a participé à l'invention du calcul différentiel et de la combinatoire et poursuit deux projets : le projet d'une science universelle, encyclopédique, qui calcule en toute matière (même en morale par exemple) et qui est démonstrative ; le projet aussi d'une religion chrétienne unie contre l'Orient, dans laquelle luthériens et calvinistes d'une part, catholiques de l'autre conserveraient leur identité, mais seraient réconciliés. L'œuvre épistémologique de Leibniz, tout autant que son action diplomatique, répond à une volonté d'unification.

Dans sa principale œuvre philosophique, les *Nouveaux essais sur l'entendement humain*, il entreprend de réfuter point par point la thèse de Locke sur la non-innéité des idées. La conviction de Leibniz (ici résumée car il ne peut être question d'exposer l'ensemble de sa philosophie) est que ce qui est en nous indépendamment de toute expérience externe, ce qui est objet de la seule expérience interne, autrement dit le moi avec les notions d'existence, de substance, d'action, d'identité, bref avec l'entendement, tout cela est inné. L'entendement, qui permet de penser les informations venant des circonstances, est inné. Il est constitué d'idées nécessaires qui, au contact du monde, mènent à des « représentations » plus ou moins claires, quelquefois obscurcies par les besoins et penchants qui viennent du corps. Contre Locke, Leibniz affirme que l'entendement n'aperçoit pas toujours clairement le monde environnant : il y a, à tout moment, une infinité de perceptions en nous, mais sans aperception et sans réflexion, nous dirions sans prise de conscience. Il y a des changements dans l'âme dont nous ne nous apercevons pas, parce que les impressions qu'ils impliquent sont trop petites ou trop unies, impossibles à distinguer, confuses : ainsi, quand nous croyons entendre le bruit de la mer, nous ne nous apercevons pas que c'est le bruit de chaque vague qu'en fait nous percevons.

Cette thèse des « petites perceptions », ou des perceptions insensibles, vient contrer la toute-puissance de la conscience, éclairée par la raison, que promeut la philosophie empiriste. Elle fait pénétrer dans le champ de la philosophie la conviction de l'existence de mécanismes inconscients (au sens de « non aperçus ») dans notre compréhension du monde, conviction dont on connaît l'influence dans l'histoire de la psychologie (voir vol. *HC*).

### La psychologie d'un élève de Leibniz : C. Wolff

C'est un élève de Leibniz qui va, entre 1732 et 1734, publier deux traités portant le titre de psychologie (ce mot apparaît bien avant le XVIII$^e$ siècle, mais l'étude reste à faire de sa signification exacte avant le XVIII$^e$ siècle). Ces deux traités (écrits en latin contrairement à une coutume qui se prend alors d'écrire dans une langue « vulgaire »), la *Psychologia empirica* et la *Psychologia rationalis*, vont, comme les autres œuvres de Wolff, être très lus et ce principalement grâce au succès éclatant de l'enseignement de Wolff, un des rares philosophes de l'époque à enseigner régulièrement à l'université.

C'est surtout par commodité d'exposé que Wolff distingue deux types de psychologie : l'une, empirique, a pour projet de réunir des faits d'observations (intérieure ou introspective et externe) concernant les conduites de l'homme ; elle doit être, comme toute science empirique, fondée sur des calculs, des mesures : c'est ce que Wolff, appelle la *psychométrie*. Elle doit découvrir les lois selon lesquelles s'exercent les facultés de l'âme, comme la physique doit découvrir les lois qui régissent les mouvements. L'autre, rationnelle, tente de déterminer *a priori* (sans recours à la réalité empirique) ce que sont les facultés de l'âme et pourquoi elles sont telles. L'instrument de cette psychologie est la raison, mais la raison non pure, selon une distinction dont Kant s'inspirera (la raison pure est constituée uniquement par des définitions et des propositions *a priori*, c'est-à-dire acquises elles-mêmes par le raisonnement, comme en algèbre ou en géométrie ; la raison non pure admet en plus des définitions et des propositions connues *a posteriori*, à partir de l'expérience, comme en physique et en astronomie, et dans la *Psychologia rationalis*). Pour Wolff, expérience et raisonnement sont complémentaires dans la démarche de connaissance, s'enrichissent mutuellement et doivent être conçus comme unis.

**Emmanuel Kant et la science de la raison**

La philosophie de Kant marque la fin de l'*Aufklärung* allemand ; elle est consacrée à un constat et à la question qu'il soulève : la métaphysique de la nature n'est pas une science de la nature, une physique ; comment faire de la métaphysique une science ?

Kant a fait ses études à Königsberg, il n'a d'ailleurs jamais quitté cette ville dans laquelle il enseigne à partir de 1755, jusqu'à sa mort en 1804. Cette université est très marquée par le piétisme, donc par le problème de la conciliation entre la foi et le rationalisme de Leibniz ou de Wolff qu'on retrouve dans la philosophie de Kant sous la forme d'une exigence de démonstration rigoureuse et précise, de déduction logique. Cette philosophie bénéficie dans un premier temps du despotisme éclairé de Frédéric II, mais, à la mort de celui-ci en 1786, Kant va être en butte aux critiques de certains de ses élèves, comme Fichte, qui vont se mêler à la montée du romantisme.

Bien qu'il ne puisse être question d'exposer la totalité des conceptions kantiennes, nous en retiendrons ce qui en est encore présent dans la psychologie contemporaine : l'idée qu'il existe des concepts *a priori*, irréductibles au rapport que l'entendement entretient avec le monde sensible, et qui préexistent donc *(a priori)* à la sensation pour l'organiser en une représentation du monde ; autrement dit : notre représentation d'un objet n'est jamais « identique » à cet objet, à la chose en soi ; elle inclut « en plus » l'influence des *a priori* de notre entendement ; c'est ce « en plus » qui fait problème, qui fait la différence entre l'objet de connaissance, construit par l'entendement, et l'objet en soi. Ainsi, nulle expérience sensorielle du monde ne peut nous faire accéder au monde réel, la connaissance en dit toujours plus long que l'expérience : si je vois une pomme tomber à terre (Kant fut un grand lecteur et un grand commentateur de Newton), je dis que toute pomme tombe toujours à terre : ce « toute » et ce « toujours » sont ajoutés par l'instrument de compréhension du monde. Avec Kant, la métaphysique (qui avait reçu au tout début du siècle une nouvelle « définition » par Locke) devient à la fin du XVIIIe l'étude des propriétés de l'esprit humain par lesquelles il impose et imprime leur forme à toutes les expériences du monde. La « raison pure », c'est-à-dire *a priori*, indépendante de la sensation, contient des concepts que la métaphysique doit classer ; elle doit trouver les concepts purs qui transforment, selon des lois précises, les phénomènes livrés par l'expérience sensible en objets de la représentation. Ces concepts, ces principes, qui ne proviennent pas du monde sensible et constituent la connaissance « transcendantale », proviennent donc de nous, ils sont nécessairement en nous avant l'expérience sensible : ils sont universels et nécessaires ; ils sont innés, même si seule l'expérience sensible peut les révéler, même s'ils n'existent pas, ne se réalisent pas, sans elle. Ainsi des « notions » intellectuelles de possibilité, d'existence, de nécessité, de cause, etc., qui ne peuvent être extraites de l'expérience.

Kant dépasse donc, par cette philosophie, la « querelle » entre rationalistes et empiristes sur la question de la source des connaissances : il réfute que seule la raison permet de connaître le monde mais il réfute aussi que seule la sensation le permet ; il préfère une « troisième voie » qui les rend indissociables et qu'il appelle le « criticisme » : la sensibilité nous « donne » le monde, avec l'entendement, nous le pensons.

La « psychologie », dans la philosophie kantienne, subit l'influence de la critique : pour Kant, il y a une impossibilité logique dans une étude de psychologie rationnelle : l'âme ne peut être une substance simple contrairement à ce que Descartes avait déduit du *cogito*, qui ne peut être que pensée pure, c'est-à-dire sans intervention du sens intime (de la sensation), qui, seul, nous donne accès aux substances. Pour Kant, le moi se connaît lui-même par ce sens intime, il est donc purement phénoménal et la connaissance ne peut en être qu'empirique : la psychologie empirique est possible, mais pas la psychologie rationnelle. Le projet d'une « psychologie de la raison » est donc un leurre ; le seul discours possible de la raison est la logique (voir encart 6).

> Le projet de Jean Piaget peut être conçu comme une tentative de surmonter la division kantienne entre anthropologie (psychologie empirique) et logique (psychologie rationnelle) en montrant que les instruments logiques (la rationalité) se construisent eux aussi à partir des données empiriques et tirent leur origine des actions du sujet.

> ENCART 6
>
> La psychologie empirique s'appelle, chez Kant, « anthropologie » et il la décrit comme suit dans la préface à son ouvrage sur se sujet : *Anthropologie du point de vue pragmatique* (1798) :
> « Une doctrine de la connaissance de l'homme, systématiquement traitée (Anthropologie), peut l'être du point de vue physiologique, ou du point de vue pragmatique. La connaissance physiologique de l'homme tend à l'exploration de ce que la *nature* a fait de l'homme ; la connaissance pragmatique de ce que l'homme, en tant qu'être de libre activité, fait ou peut et doit faire de lui-même. Quand on scrute les causes naturelles, par exemple le soubassement de la mémoire, on peut spéculer à l'aveugle (comme l'a fait Descartes) sur ce qui persiste dans le cerveau des traces qu'y laissent les sensations éprouvées ; mais il faut avouer qu'à ce jeu on est seulement le spectateur de ses représentations ; on doit laisser faire la nature puisqu'on ne connaît pas les nerfs et les fibres du cerveau, et qu'on n'est pas capable de les utiliser pour le but qu'on se propose : toute spéculation théorique sur ce sujet sera donc en pure perte. Mais observons les obstacles ou les stimulants de la mémoire, si on utilise ces découvertes pour l'amplifier ou l'assouplir, et qu'on ait besoin pour cela de connaître l'homme, elles constituent une partie de l'Anthropologie du point de vue *pragmatique*... » (*Anthropologie du point de vue pragmatique*, Paris, Vrin, 1988, p. 11).

## *L'esprit des Lumières et la maladie mentale*

Le rationalisme des Lumières va prolonger, en matière de médecine, ce qui était déjà à l'œuvre au XVII$^e$ : le développement de l'intelligibilité de la folie comme maladie mentale et, spécifiquement, l'abandon de son interprétation en termes de possession démoniaque. Pour cela, un changement d'attitude était nécessaire dans tous les domaines médicaux.

### La révolution empiriste de la médecine

L'empirisme concourt à promouvoir une médecine faite d'observations minutieuses, fondée sur des faits déterminés et raisonnés ; cette médecine descriptive est dominée par le sens clinique et les « petits phénomènes ». L'artisan le plus actif de cette mutation est Thomas Sydenham (1624-1689) dont Locke, médecin lui aussi, était l'ami et le proche collaborateur. C'est en travaillant ensemble, en pratiquant ensemble, qu'ils modifient l'image de la maladie et les thérapies proposées. Et comme Locke l'a fait pour l'étude de l'entendement, Sydenham défend, en médecine, des conceptions newtoniennes : il faut, écrit-il, renoncer à toute hypothèse et à tout système de philosophie pour traiter une maladie ; il faut rester empiriste, renoncer aux grands discours, observer et organiser systématiquement les observations. En fait, la méthode de Sydenham s'apparente à ce que préconise Wolff : un empirisme rationnel, dans lequel l'observation raisonnée passe avant la doctrine et pour lequel l'expérience doit être guidée par la raison. Dans un domaine où régnait jusqu'alors une grande confusion, Sydenham introduit, grâce à une description précise des symptômes cliniques, une intelligibilité et une classification : une *nosologie*. Sur le plan thérapeutique, il convient par ailleurs de ne pas rechercher les causes lointaines des maladies, ce qui prive de tout pouvoir réel, mais de se consacrer aux causes immédiates et d'intervenir à ce niveau. Selon un modèle de causalité mécaniste, l'explication du processus morbide doit consister à mettre en lumière l'enchaînement de causes et d'effets qui produit les symptômes. Syndenham signe ici son adhésion au positivisme newtonien. Le résultat en est l'introduction d'une médecine *expérimentale* sous la forme par exemple de campagnes de vaccination et l'abandon d'une thérapeutique « rhétorique » et raisonnante au profit d'interventions directes sur le *corps* du malade, par les palpations diagnostiques, par exemple.

Bien que celui qu'on surnommait l'Hippocrate anglais s'inspirât encore d'une théorie des humeurs, il n'en opéra pas moins une véritable révolution par un regard complètement neuf sur la maladie et donc sur le corps, regard nécessité sans aucun doute par de nombreux fléaux (telle l'épidémie de peste qui ravagea l'Angleterre en 1665). Parallèlement, la médecine devient une affaire d'Etat, échappe à l'entreprise privée et à la charité des Eglises. Dans la deuxième partie du XVIIe sont ainsi créés en France mais aussi dans toute l'Europe des hospices, comme l'Hôpital général de Paris, qui inaugurent les pratiques d'enfermement des malades et surtout des malades mentaux, des déviants que la machine sociale ne peut intégrer.

Comme l'avait conçu Bacon à la fin du XVIe, une révolution dans le regard scientifique s'accompagne d'un profond changement institutionnel, d'une nouvelle organisation du travail scientifique et de la pratique qu'il alimente.

**Un nouveau regard sur la maladie mentale**

Bien entendu, une nouvelle conception de la raison et une nouvelle conception de la maladie ne pouvaient que conduire à une nouveau regard sur la folie. Pour résumer cette nouveauté, on peut dire que de dé-raison la folie devient une maladie, c'est-à-dire une *déviance* par rapport à une *norme*. Cependant, il faudra un siècle pour que naisse la psychiatrie, mot qui apparaît en 1800 dans les travaux de l'Allemand Johan C. Reil ; un siècle pour que les maladies mentales soient organisées en une nosologie, en une classification systématique fondée sur des observations raisonnées. L'apparition de la psychiatrie signale bien entendu qu'au cours du XVIII$^e$ siècle l'attitude à l'égard de la folie s'est profondément modifiée, est devenue scientifique, rationnelle.

Au cours du siècle, cette nosologie psychiatrique se constitue progressivement. Le premier pas important est le renoncement, en cela comme en d'autres matières, à une interprétation en termes religieux, en l'occurrence en termes de possession démoniaque. Les procès en sorcellerie, les bûchers ont cessé. Ainsi de l'hystérie : jusqu'en 1650, on l'a vu, les femmes se sentent elles-mêmes (sont persuadées d'être) possédées par le Malin, surtout celles dont la foi catholique les convainc qu'elles ont une âme moins ferme, qui les rend plus sensibles aux sollicitudes de Satan. L'hystérie est donc possession démoniaque. A partir du XVII$^e$, la théorie médicale situe l'origine de leurs troubles dans leur propre corps, en l'occurrence dans l'utérus et dans le cerveau. Sydenham tient qu'il s'agit d'un déséquilibre fonctionnel de la femme dû au caractère délicat de son organisme. Cette attitude, qui analyse un trouble psychique en termes organiques, est constitutive de la psychiatrie.

L'un de ces « troubles mentaux » va prendre un statut particulier au XVIII$^e$ : la mélancolie. Ce mot est emprunté à la théorie des humeurs et désigne depuis l'Antiquité un caractère dominé par la bile noire, une des humeurs naturelles du corps. Traditionnellement, ce désordre du « caractère » est associé à une « supériorité » d'esprit, à une vocation héroïque, au génie poétique ou philosophique. La mélancolie désigne l'ennui, propre à la méditation, la nostalgie, le désir inquiet de voyages, et la complaisance de celui qui en est atteint pour son mal.

Complaisance parce qu'il y trouve son authenticité, son identité, sa différence. Alors qu'à l'âge classique, cartésien, la mélancolie est une passion de l'âme qui produit un dérèglement peu souhaitable de la raison, elle est à la mode au XVIII$^e$. Son pays d'élection, c'est l'Angleterre, où l'on s'ennuie beaucoup, ennui quelquefois attribué à un climat maussade, qui pousse aussi au voyage et donc à la nostalgie. La mélancolie devient une manière de paraître, un mode de rapport au monde qui témoigne d'une découverte du vide, de l'insécurité à l'intérieur de soi-même : l'existence devient vide de sens et de valeur : le *spleen* se généralise dans les classes oisives anglaises au XVIII$^e$.

La mélancolie exprime un échec sourd, plus ou moins latent, de la rationalité du XVIII$^e$ ; elle va être constitutive de la contestation de l'esprit des Lumières que va développer le romantisme.

> On considère souvent que le siècle des Lumières est celui pendant lequel naît la psychologie ; cette affirmation traduit en fait l'émergence de l'homme individuel comme *objet et source* du savoir. La nouvelle métaphysique est constituée par l'étude de la nature et des pouvoirs de l'esprit, de l'entendement de l'individu, étude considérée comme préalable à la division du savoir en sciences. Cette métaphysique, qui est la psychologie, préoccupe tous les philosophes du siècle : Locke appelle à sa constitution et l'entreprend dès 1690 dans l'Avant-Propos de l'*Essai sur l'entendement humain,* dans les lignes où il énonce, avec une clarté et une précision étonnantes, ce qui allait être la démarche de la psychologie moderne : « Puisque l'entendement élève l'homme au-dessus de tous les êtres sensibles, et lui donne cette supériorité et cette espèce d'empire qu'il a sur eux, c'est sans doute un sujet qui par son excellence mérite bien que nous nous appliquions à le connaître autant que nous en sommes capables. L'entendement semblable à l'œil, nous fait voir et comprendre toutes les autres choses, mais il ne s'aperçoit pas lui-même. C'est pourquoi il faut de l'art et des soins pour le placer à une certaine distance, et faire en sorte qu'il devienne l'objet de ses propres contemplations. Mais quelque difficulté qu'il y ait à trouver le moyen d'entrer dans cette recherche, et quelle que soit la chose qui nous cache si fort à nous-mêmes, je suis assuré néanmoins, que la lumière que cet examen peut répandre dans notre esprit, que la connaissance que nous pourrons acquérir par là de notre entendement, nous donnera non seulement beaucoup de plaisir, mais nous sera d'une grande utilité pour nous conduire dans la recherche de plusieurs choses » (Paris, Vrin, 1972, p. 1). Cet art et ces soins constituent la psychologie conçue comme mise à distance, mise en « étrangéité » de l'homme à lui-

même. Comme Galilée avait, par un tour de force, observé le cosmos en faisant abstraction de sa propre perception, en le tenant pour extérieur et indépendant de lui-même, Locke prescrit cette démarche pour l'espace mental, qu'il faut analyser en le « mettant devant ses yeux » comme un objet autre et extérieur ; ce tour de force-là, plus exigeant peut-être que celui de Galilée mais préparé par lui, constitue la véritable révolution du XVIII$^e$ dans l'ordre de la pensée.

La psychologie empiriste, et celle de Condillac en particulier, est une histoire de la constitution de l'entendement ; la métaphysique est une épistémologie génétique, elle ne peut connaître les opérations de l'esprit qu'en procédant à une reconstitution historique de la genèse des connaissances à partir des seules sensations. Cette explication de la pensée par son histoire ne peut être vraiment empirique en ce sens qu'aucune expérimentation ne peut donner à voir ces origines et leurs développements. C'est une histoire conjecturée, imaginée, non observable, mais dont l'hypothèse est fondée sur des observations. C'est ce caractère imaginaire qui confère à l'homme de cette psychologie les apparences d'une fiction : la statue de Condillac est un modèle de ce qu'est l'homme avant le contact avec le monde, mais aucun homme n'est à la naissance comme une statue. De même, le premier homme selon Buffon, dont les travaux paraissent en même temps que ceux de Condillac (1749), n'est que le moment zéro de l'homme tel qu'il est aujourd'hui, mais rien ne peut valider les hypothèses de Buffon. L'histoire explique le présent, mais elle n'est (en la matière) qu'hypothétique, reconstruite. L'impossibilité d'expérimenter sur une histoire qui ne peut se répéter soulève un problème que va rencontrer un siècle plus tard Darwin (voir p. 131 sq.) en présentant une version de l'évolution des espèces qui n'est que théorique au sens où elle n'est pas observable directement ; problème que rencontrera aussi Skinner : l'histoire de l'individu, comme celle de l'espèce, ne se produit qu'une fois, et ce surtout lorsqu'elle est conçue comme entièrement déterminée par l'environnement, puisque celui-ci est variable : lorsque l'histoire est au contraire conçue comme déterminée par des facteurs stables, le patrimoine génétique par exemple, elle « se répète », et devient alors une genèse.

C'est pour surmonter ce problème, que chacun a perçu que Maupertuis, le philosophe français encyclopédiste qui préside l'Académie des Sciences de Berlin, propose de procéder à des expérimentations réelles sur des enfants élevés en dehors de tout contact par exemple, expériences qui, heureusement, ne semblent pas avoir été réalisées (projet cohérent avec la préoccupation très commune alors pour les enfants sauvages, qui font l'objet de nombreux récits, ou avec la préoccupation pour l'éducation des sourds-muets ou enfin avec les romans sur la vie sauvage tel *Robinson Crusoe*, qui paraît en 1719).

C'est aussi parce que l'homme des Lumières n'est qu'une abstraction que la philosophie empiriste suscite des oppositions.

## L'homme romantique

La psychologie du XVIIIe siècle n'est pas seulement celle de l'homme des Lumières, celle d'un sujet « épistémique » (pour reprendre un adjectif qui qualifie aujourd'hui le sujet de la psychologie piagétienne — voir vol. *HD*). Les hommes qui vivent au XVIIIe sont, comme les autres, de chair, réels, concrets et la psychologie empiriste, rationnelle, ne permet pas de rendre compte de leur existence.

Certes, cette psychologie — et c'est son apport décisif et irréversible — a permis de dégager que chaque homme est un individu, un sujet, qui n'est plus soumis à l'ordre de la transcendance divine, qui n'est plus une partie de cet ordre. L'homme du XVIIIe est devenu, grâce aussi aux aspirations vers un individualisme démocratique et contrôlé, source du droit, comme l'énonce, à la fin du siècle, la Déclaration des Droits de l'Homme. Cet avènement, lentement préparé depuis le XIVe siècle, était l'indispensable condition d'une psychologie : la raison, la conscience individuelle, l'entendement ne pouvaient devenir objets d'études qu'à la condition qu'un individu, entité autonome et source de lui-même, puisse être considéré, regardé de l'extérieur comme le préconisait Locke.

Cette psychologie a eu du même coup une vertu politique décisive : un homme en vaut un autre, un homme est un individu, c'est-à-dire un exemplaire caractéristique d'une espèce, qui a valeur universelle : la raison est la chose du monde la mieux partagée, pourvu qu'une éducation éclairée la libère en chacun.

La raison des Lumières est *universalisante* et donc formidablement libératrice : son essor doit sonner la fin des aristocraties fondées sur le sang et du pouvoir hérité des ancêtres. A la naissance, un individu est libre au sens où aucune place dans la société ne peut lui être assignée à l'avance. L'égalité entre les hommes est au bout de ce chemin-là et tous les Européens entendent l'emprunter.

Mais l'universalité, l'égalité se payent : elles font naître, immanquablement, une revendication de ces « moi » soudain promus à la dignité, à l'existence : chacun se sent des droits et l'un d'entre eux est d'être *unique*, d'être pris pour lui-même et non pour un autre : « Je est un autre » comme l'écrira Rimbaud, mais pas seulement. J.-J. Rousseau, dans les *Confessions*, est l'un des premiers à exprimer cette revendication, ce sursaut devant la prétention de réduire chacun à un sujet rationnel, connaissant : il introduit son ouvrage par une épigraphe révélatrice : « *Intus et in cute* », c'est-à-dire « intérieurement et sous la peau ». L'intérieur du corps, le non-visible, reste à chacun *son* intimité, soumis à son seul régime et protégé ainsi, conservé intact dans ce refus d'être assimilé, digéré, fondu dans l'universalisme des Lumières (voir encart 7).

---

ENCART 7

On peut mettre en parallèle le début du texte des *Confessions* de Rousseau et un texte de B. F. SKinner :
Rousseau écrit : « Je forme une entreprise qui n'eut jamais d'exemple et dont l'exécution n'aura point d'imitateur. Je veux montrer à mes semblables un homme dans toute la vérité de sa nature ; et cet homme ce sera moi.
« Moi seul. Je sens mon cœur et je connais les hommes. Je ne suis fait comme aucun de ceux que j'ai vus ; j'ose croire n'être fait comme aucun de ceux qui existent. Si je ne vaux pas mieux, au moins je suis autre. Si la nature a bien ou mal fait de briser le moule dans lequel elle m'a jeté, c'est ce dont on ne peut juger qu'après m'avoir lu.
« (...) Je me suis montré tel que je fus ; méprisable et vil quand je l'ai été ; bon, généreux, sublime, quand je l'ai été ; j'ai dévoilé mon intérieur, tel que tu l'as vu toi-même. Etre éternel, rassemble autour de moi l'innombrable foule de mes semblables ; qu'ils écoutent mes confessions, qu'ils gémissent de mes indignités, qu'ils rougissent de mes misères. » (*Les Confessions*, t. 1, Paris, Librairie générale française, p. 5 et 6.)
Et B. F. Skinner écrit : « Il importe au plus haut point qu'une science du comportement affronte le problème de l'univers privé. Elle le peut sans renoncer à la position fondamentale du behaviorisme (...) Une science du comportement adéquate doit prendre en considération les événements qui ont lieu à l'intérieur de la peau de l'organisme, non au titre de médiateurs physiologiques du comportement, mais comme une partie du comportement lui-même. Elle peut traiter ces phénomènes sans supposer qu'ils sont d'une nature particulière, ou qu'ils ne se laissent connaître que par des moyens spéciaux. La peau n'est pas une frontière à ce point importante. Les événements publics et les événements privés ont les mêmes types de dimensions physiques. » (*L'analyse expérimentale du comportement*, Bruxelles, Dessart, 1971, p. 299-300.)
Ainsi, ce que Rousseau croyait dans ses *Confessions* mettre hors de portée de l'analyse de la psychologie, Skinner prétend l'intégrer dans son behaviorisme.

## Le « Sturm und Drang » ou les prémices allemandes du romantisme

#### Un mouvement de révolte

C'est contre les Lumières comme système de gouvernement, comme outil pour exercer le pouvoir, que la révolte va d'abord s'organiser : face à la Prusse de Frédéric II. Cette « grogne », qui annonce la crise plus profonde qui va marquer l'Europe, monte dans les années 1770 et s'exprime en tout premier lieu contre l'impérialisme de la pensée française (et de la langue française) : ainsi Herder, élève de Kant à Königsberg, qui publie un ouvrage sur la chanson populaire allemande ou Goethe qui exalte le caractère gothique (donc allemand) de la cathédrale de Strasbourg. Contre l'impérialisme français, l'arme la plus immédiate est le nationalisme allemand.

Ce que défendent les membres du *Sturm und Drang*, c'est le sentiment contre la raison ; position proche de celle de Rousseau ou même de Diderot (pour lequel les passions nourrissent l'entendement), mais dans une version plus combative. Ils réunissent leur influence (qui n'a pas grande ampleur alors) à celle du piétisme : à la raison, les uns opposent le sentiment, les autres la foi.

En fait, cette réaction, en apparence sans grande conséquence à l'échelle de la société, exprime un malaise économique, social, qui ne touche encore que les pays riches de l'ouest et du sud de l'Allemagne qui sont trop peuplés et où chacun n'a pas les moyens d'accéder au statut, au bonheur, auquel les philosophes des Lumières lui ont donné droit ; ces jeunes gens désœuvrés se révoltent contre le pouvoir en place, contre des privilèges persistants, plus que contre une philosophie. Et quand ils trouvent un rôle dans la société (Goethe devient ministre, Herder superintendant), leur colère se calme. La crise annoncée est encore à venir.

#### L'autobiographie comme psychologie

L'alliance du piétisme et de ce mouvement de révolte produit des œuvres très révélatrices, comme celle de Karl P. Moritz. Ce prédicateur mystique, perpétuel malade imaginaire qui traverse l'Allemagne, l'Angleterre et l'Italie à pied avant de mourir phtisique à trente-six ans (en 1793), est le fondateur de la première revue de psychologie : le *Magazine pour la connaissance expérimentale de l'âme* (qui paraît pendant dix ans, de 1783 à 1793). Comme les très nombreux magazines qui paraissent à cette époque en Allemagne, la revue de Moritz participe à un mouvement de *Popularphilosophie*, philosophie populaire destinée à vulgariser les connaissances.

Ce magazine, comme le reste de l'œuvre de Moritz, témoigne d'un intérêt pour les explorations psychologiques, pour tous les aspects des *expériences* personnelles, y compris les aspects pathologiques. On y trouve de nombreuses observations cliniques, des textes autobiographiques, des essais sur la mémoire, des récits de rêves : tout ce qui, selon Moritz, peut contribuer à la compréhension des singularités humaines.

Parallèlement à cette revue qui touche un large public, Moritz publie, au moment où Rousseau publie ses *Confessions*, un récit autobiographique, *Anton Reiser*. Le piétisme, auquel Moritz adhère, lui a appris à se tourner vers soi-même, vers le dedans, pour y chercher des vérités sur Dieu. Ce que Moritz cherche en lui-même, par ses auto-observations scrupuleuses, c'est en fait la source de ses propres faiblesses et de ses fautes. L'œuvre de Moritz, comme celle de Rousseau, témoigne de cette période où la littérature intime cesse progressivement d'être recherche de Dieu pour devenir recherche de soi. L'intimité cesse d'être, comme elle l'était pour saint Augustin, un moyen sacré d'accès à Dieu, elle se « désacralise », se sécularise ; de mode d'investigation religieuse, le retour sur soi devient mode de connaissance psychologique. L'autobiographie devient un genre à la mode (Restif de La Bretonne publie la sienne par exemple entre 1794 et 1797), comme témoignage plus ou moins complaisant de l'humanité, de l'infinie diversité des hommes. Ce témoignage affirme le primat du singulier sur le général.

## L'attitude romantique

### Une antiphilosophie

La caractéristique unificatrice du romantisme est d'être une *attitude* sans être un système philosophique. On peut en chercher les causes et en décrire les caractéristiques, nommer ceux qui la promeuvent, mais on ne peut présenter le romantisme comme un ensemble de textes philosophiques, parce que le romantisme est justement une protestation contre la philosophie. C'est pourquoi on le considère souvent comme un ensemble d'œuvres d'art, comme une école « esthétique ». Si cette attitude s'exprime par des poèmes, des fugues et des romans c'est parce que le langage de la philosophie de son temps, obligatoirement rationnel, ne peut la traduire. Le romantisme, c'est le sursaut de l'irrationalisme à la fin du XVIII$^e$ siècle : à l'homme des Lumières, au savant-philosophe, les romantiques confrontent la face cachée, obscure de l'homme de l'ombre à la conscience en sommeil.

Le mouvement se développe à partir de l'Allemagne, à partir précisément de la publication de la revue *L'Athenaeum* entre 1798 et 1800, par les frères Schlegel. Il se répand vite dans le pays, puis en Angleterre et en France, mais sous des formes assez différentes. En Allemagne, au XIX$^e$ siècle, il se durcira après les conquêtes napoléoniennes qui ravivent le sentiment anti-français. Il alimentera alors des positions franchement nationalistes, exaltera la culture, la langue, le peuple allemands. La déroute de Iéna et l'occupation napoléonienne provoqueront un essor formidable de cette littérature du *Volkgeist* (esprit du peuple), de l'âme de la nation allemande. Tous ces concepts constitueront, au cours du XIX$^e$, une autre forme d'aliénation de l'individu qui devient défini par son appartenance culturelle et même par sa race ; dépossédé de sa conscience, l'homme devient alors un lieu où « ça » (l'inconscient, la nation, Dieu...) parle en lui, à sa place.

### Le sommeil de la conscience

Les romantiques contestent la toute-puissance de la raison et affirment l'existence de forces puissantes, inaccessibles à la connaissance rationnelle et à la conscience. Ces forces agissent hors de portée de la connaissance sensible, sans que l'individu en ait conscience et, pour les connaître, il est même préférable qu'il renonce à sa pleine conscience. Cette démission de la conscience, qui n'est pas démission de l'âme présente en tout lieu, promeut une quête de la vérité dans l'abandon à l'inconscient. Le sommeil de la conscience permet de retourner à l'union fondamentale de chaque « morceau d'âme », dans le *Totalorganismus*, gigantesque organisme que constitue, pour les romantiques, l'ensemble de la création.

Ces bienfaits du sommeil s'expriment dans le thème de la nuit qui inspire poètes et musiciens : ce n'est pas dans la lumière mais dans l'obscurité qu'on communie avec les vérités universelles. La nuit, c'est la mort, les rêves, les rêveries. Si la *mort* est disparition du corps, elle permet à l'âme l'union complète avec les ténèbres, et les cimetières sont des lieux favoris de méditation nostalgique. La mort est attirante, parce qu'elle est interruption de la conscience individuelle mais retour dans la communauté inconsciente de l'âme, qui est éternelle. La nuit du tombeau devient clarté ; comme le sommeil, qui nous ouvre les portes du *rêve*. Le rêve, auquel le contrôle critique de l'entendement ne peut rien imposer, laisse s'exprimer ce que la veille bâillonne. A la conception rationaliste du rêve comme non-sens, le romantisme oppose celle du rêve comme manifestation d'un sens plus profond, plus vrai que celui de l'existence éveillée. Les rêves plongent dans l'inconscient, même si, une fois éveillés, nous ne comprenons pas le sens de ces rêves évanoui à la lumière de la conscience.

**Le sommeil de la raison**

Le moi, constitué par la philosophie empiriste mais ici libéré du contrôle de la conscience, devient une force incontrôlable. Si l'absence de raison devient une source possible de vérité, la déraison, avec son cortège de folies et de dérapages, prétend passer aux commandes et inspire des œuvres comme celle de Sade, par exemple, où la douleur et la mort deviennent sublimes. Le lien social (en tant que contrat passé entre des individus pour vivre en société) tend à se dissoudre puisque l'harmonisation artificielle des intérêts (des moi) individuels limitait trop par celle des autres la liberté de chacun. Ce « contrat » permettait une distinction décisive entre vie en société, réglementée par ce contrat, et vie privée, intime, réglementée par l'individu lui-même et qui restait soumise aux disciplines de la raison. Ces entraves sont intolérables aux romantiques qui ouvrent la voie aux déchaînements et à la frénésie. La violence, par exemple, leur semble naturellement inscrite au cœur de l'homme et peut donc le guider au moins autant que son entendement. Les romantiques font vœu de déraison et, pour se libérer de l'aliénation empiriste aux lois de la raison, basculent dans l'aliénation à une subjectivité incoercible et dans l'aliénation mentale.

Les hommes qui expriment la revendication de subjectivité n'exercent qu'épisodiquement des fonctions stables, comme celle d'enseignant, qui leur permettraient d'élaborer sur le long terme des œuvres comme celles de Condillac ou de Hume. Ce qui les définit comme romantiques, c'est précisément l'inadaptation, la marginalité : ils ne sont ni pères de famille, ni militants, ni philosophes. Ils sont trop exaltés, trop perpétuellement instables, le plus souvent mélancoliques et hypocondriaques. Certains, comme Hölderlin, sont bâillonnés par la folie ; d'autres, comme Novalis, meurent prématurément ; d'autres aussi se suicident, comme Kleist et Nerval. A l'absence de construction de système philosophique correspondent donc des vies marquées par l'échec ; il y eut bien sûr de notables exceptions.

> Il est donc impossible de parler d'une psychologie proposée par les romantiques, comme on parle d'une psychologie des empiristes ; mais, outre que certains romantiques ont diffusé des textes présentant des conceptions psychologiques, le romantisme a pesé, en tant qu'attitude, par sa défense de l'irrationnel chez l'homme, sur l'évolution de la psychologie.

**La connaissance sensible est inadaptée à la connaissance du monde**

Ces hommes, qui ont trente ans entre 1790 et 1800, sont liés à la tradition *mystique* allemande qui s'est réfugiée dans les nombreuses sectes religieuses. Le piétisme, soucieux d'ordre et de discipline, est repoussé alors au second plan, au profit de groupes plus secrets aux pratiques apparentées à celles des loges maçonniques, à l'époque débordées par des rites mystérieux et compliqués. Ces groupes sont réunis dans l'espoir d'étudier des symboles et des formules plus ou moins magiques et d'y trouver la révélation de secrets. Dans l'espoir plus profond sans doute de trouver des solutions, même déraisonnables, au « marasme » social qui se répand et semble frapper aveuglément, on se tourne alors vers des croyances, vers la sorcellerie, vers l'attente du miracle pour sortir de la médiocrité. Puisque l'*Aufklärung* ne tient pas ses promesses de progrès social, il faut chercher des solutions individuelles, et ceux mêmes qui avaient reçu l'enseignement des Lumières se mettent à douter des solutions que propose la rationalité. Le sentiment, l'intuition deviennent autant sources de vérités que l'intelligence, et l'attente du miracle se transforme vite en tendance à en voir partout les signes annonciateurs. Toute chose peut devenir ainsi un message de Dieu qu'il faut interpréter.

> On se souvient que la conviction que la réalité est constituée de signes envoyés par le créateur et que la connaissance est interprétation de ces signes est généralisée au Moyen Age. Elle s'accompagne de la conviction que le monde est animé de forces obscures, occultes, en tout point présentes (que l'expert alchimiste médiéval a le don de manipuler). Cette conviction se retrouve aujourd'hui, après bien des « transmutations », dans la psychologie cognitive ou dans la psychanalyse où la connaissance ne peut provenir que de l'interprétation des phénomènes observés ; ces courants contemporains sont en partie héritiers de cette tradition qui passe par le romantisme.

On voit se répandre les pratiques d'interprétation et la certitude, contraire à celle des empiristes, que la connaissance sensible n'est qu'un filtre qui cache ou distord la réalité plus qu'elle n'y donne accès. Le monde manifeste, perçu, n'est que la pâle expression d'un monde plus vrai, profond, latent ; le non-visible envoie des signes.

La fin du XVIIIe voit se multiplier les Illuminés : pour l'Illuminisme (voir R. Bacon, p. 24), certains reçoivent une lumière intérieure qui leur donne la compréhension soudaine du monde, la révélation de Dieu ; c'est l'inverse exact des Lumières qui éclairent le monde de l'extérieur.

### Le « Totalorganismus » et l'unité de la nature

Le sens interne, l'intuition mieux que la raison, donne accès à un monde plus vrai ; plus précisément, il permet, pour les romantiques, le sentiment de l'union de tout dans un gigantesque organisme englobant Dieu, la nature animée et inanimée et tous les hommes. Le romantisme s'affirme comme un monisme, opposé bien sûr à celui de La Mettrie ; ici pas de frontière entre l'intérieur et l'extérieur et l'âme contenue « dans la peau » n'est qu'une partie de la totalité. En vertu de cela, les objets inanimés ont une âme, les poètes s'adressent aux lacs ou aux arbres. Divers ouvrages parus à cette époque, comme *L'âme du monde* de Friedrich W. Schelling (1798), présentent la création entière comme mue par des forces identiques en toutes ses régions car Dieu incarne un monde harmonieux : le microcosme et le macrocosme sont homogènes, analogues, isomorphes (cette conviction, qui provient de la philosophie néo-platonicienne, entraîne des pratiques comme l'astrologie : puisqu'il y a analogie, l'étude du macrocosme, des astres, révèle des vérités sur le microcosme, le monde des hommes). Le retour sur soi, l'introspection, permet de retrouver nos liens originels avec le cosmos ; le sens interne est étude de la nature et étude de Dieu puisque nous renfermons en nous l'univers tout entier ; la connaissance de la nature est donc connaissance de Dieu.

**La philosophie de la nature et la naissance de la pensée biologique**

Sur cette base, le mouvement romantique va produire la *Naturphilosophie*, la philosophie de la nature qui est l'étude des forces (plus ou moins visibles) qui la parcourent, comme l'électricité, le magnétisme, la force vitale. En effet, le romantisme, en réponse aux conceptions mécanistes, promeut une approche *vitaliste*. Déjà pour Paracelse, thérapeute allemand de la Renaissance, les fonctions vitales sont irréductibles à des déterminismes matériels. A la question fondamentale de savoir ce qui fait la spécificité de la vie, G. Stahl, chrétien d'inspiration piétiste, chimiste et médecin enseignant à Halle, répond par ce qu'il appelle un « organisme », ou vitalisme, qui affirme une coupure radicale entre l'ordre du matériel et l'ordre vital, entre la physique et ce qu'on appelle alors la médecine. La marque de la vie est le tonus, l'impulsion. Albrecht von Haller, esprit lui aussi religieux, professeur à Göttingen, tire de cette notion vague de tonicité celle qu'il va rendre plus claire d'*irritabilité* : une fibre nerveuse vivante réagit à une excitation extérieure en se contractant, et se raccourcit d'autant plus que l'excitation est forte. Ces irritations éveillent dans la conscience une impression de douleur ou de plaisir : la *sensibilité*. Les travaux de von Haller connaissent une grande popularité dans toute l'Europe et sont utilisés par les romantiques pour comprendre nombre de phénomènes vitaux, entre autres leur propre instabilité, leurs oscillations entre l'absence d'irritabilité et l'excès de sensibilité.

Ces travaux font école en Ecosse, à Edimbourg, où William Cullen et John Brown appliquent le concept d'irritabilité à la totalité du système nerveux et réforment en partie la nosologie psychiatrique : Cullen, créateur du terme « névrose », fait l'hypothèse que le tonus oscille entre excès (le spasme) et manque (l'atonie) ; Brown précise en distinguant des états ou des personnes sthéniques, trop excités, et asthéniques, qui réagissent peu, la santé étant conçue comme état d'équilibre.

L'insistance des romantiques à travailler sur des concepts qui résistent aux conceptions mécanistes, comme celui de vie, produit le développement d'études, de travaux qui ne peuvent plus relever de la physique, et qui excèdent la seule pratique médicale. L'émergence d'un domaine d'études qui s'autonomise appelle une dénomination. Ce nouveau domaine trouve un nom au début du XIX$^e$ siècle : la *biologie*.

Ainsi, grâce aux philosophes de la Nature, la biologie se constitue et restera cette discipline unitaire d'étude du phénomène global de la vie, réunissant dans des conceptions théoriques les données apportées par les sous-disciplines.

**Les romantiques et le magnétisme animal**

Un homme a exercé une influence particulièrement importante en ce domaine : Franz A. Mesmer. Né en 1734, il est reçu médecin à Vienne en 1766 grâce à une thèse, « De l'influence des planètes sur le corps humain », dans laquelle il présente une idée fondamentale qu'il développera ultérieurement : il existe une force, portée par une sorte d'éther, qui pénètre l'univers et se maintient en toute partie ; les corps animaux y sont réceptifs, c'est le *magnétisme animal*. Cette conviction le pousse à utiliser une thérapeutique particulière : ainsi, en 1774, il fait avaler, à une patiente atteinte de « troubles nerveux », une préparation à base de fer. Les succès sont aussi difficiles à apprécier que les troubles en question, mais la renommée de Mesmer grandit et le mène à Paris en 1778. Apprécié par la meilleure société des aristocrates, il organise des séances collectives pendant lesquelles il soumet jusqu'à 20 personnes (souvent des femmes) aux influences de tiges métalliques sortant d'un baquet et leur inflige des « commotions magnétiques » jugées salutaires ; certains malades se disent guéris, s'attachent à Mesmer, cet homme imposant, au charisme indéniable, qui finit d'ailleurs par se passer de ses aimants pour n'utiliser que son propre magnétisme. Ces pratiques, qui valent à Mesmer de très appréciables honoraires et la jalousie de ses confrères, soulèvent l'indignation de quelques savants qui parviennent à porter la polémique sur la place publique et à obtenir du gouvernement royal en 1784 la constitution de deux commissions d'enquête ; l'une composée de membres de l'Académie royale de Médecine, l'autre de membres de l'Académie des Sciences et de la faculté de médecine, parmi lesquels Lavoisier, Bailly et Franklin. Leurs conclusions sont négatives : la pratique de Mesmer n'est pas une thérapeutique ; il doit quitter Paris.

Les romantiques allemands s'emparent des conceptions de Mesmer, utilisent le magnétisme comme thérapeutique et, surtout, maintiennent l'idée qu'il y a dans le vivant un principe, des forces, qui résistent à l'explication mécaniste.

En fait, la médecine officielle, celle des Lumières, rationaliste et mécaniste, n'a pu trouver ce qu'elle cherchait, à savoir les déterminismes mécaniques de cette force apparentée à l'électricité, ni parvenir à mettre en évidence sa réalité physique ; elle la tint donc pour pure imagination.

Les travaux de Mesmer et ceux de la postérité romantique mettaient en évidence qu'il peut exister des maladies *sans lésion*, qui sont de vraies maladies et non des supercheries. Aussi peut-on considérer les travaux de Mesmer comme une préhistoire des recherches sur l'hystérie.

**La diffusion du mesmérisme et le recours à l'hypnose**

L'un des disciples de Mesmer, A.-M.-J. de Puységur, poursuit les recherches en France sur le « sommeil magnétique », en se passant du recours à tout fluide et en affirmant la seule nécessité de la volonté du magnétiseur ; il publie en 1784 un ouvrage qui insiste sur la nature pathogène de secrets dont les malades ne se délivrent que pendant ce sommeil, qu'il compare à un somnambulisme artificiel ; il déclare aussi obtenir de ces patients une description complète de leurs désordres, la prévision de leur évolution et le traitement qu'il convient de leur appliquer.

La Révolution veut mettre fin à ces pratiques en jetant Puységur pour deux ans en prison ; au moment de sa mort en 1825 (le jour du sacre de Charles X à Reims), il a cependant fait des disciples, tous convaincus de l'influence de l'esprit sur les maladies du corps et de l'irréductibilité du psychique au physique. L'abbé Faria par exemple enseigne à partir de 1810 le magnétisme et promeut une technique nouvelle : il assoit son malade dans un fauteuil, lui demande de fixer une main et lui enjoint avec succès, dit-il, de dormir ; Deleuze veut quant à lui promouvoir une approche scientifique du magnétisme et le débarrasser de tout surnaturel. Leurs enseignements parmi d'autres seront repris par Liébault puis par Bernheim au moment de la fondation de l'Ecole de Nancy (1879).

Pendant tout le siècle, jamais la science officielle française, jamais l'Académie des Sciences ne reconnaîtra les travaux de ces non-médecins. Le développement du magnétisme fut très lent aussi en Angleterre et en Ecosse ; c'est James Braid qui substitue le terme d'*hypnose* à ceux de *sommeil magnétique* et c'est en Angleterre également qu'on tente les premières opérations sous hypnose, sans anesthésie.

La situation est bien entendu fort différente en Allemagne, où les universités s'intéressent immédiatement au magnétisme et où quelques chaires de mesmérisme sont créées. Les romantiques utilisent le magnétisme non seulement à titre de thérapeutique mais aussi dans leurs tentatives de métaphysique expérimentale et voient, dans l'extra-lucidité des magnétisés, un moment de contact avec l'Ame du monde.

> Ce que l'épistémologie romantique annonce, c'est la disqualification de la conscience psychologique comme source de vérité. Elle donne droit de cité à des conceptions étrangères à celles de la psychologie empiriste mais indissociables d'elle : quand la psychologie empiriste énonce un savoir sur l'entendement individuel comme effet de la connaissance sensible, le courant romantique ricane, oppose la vanité de telles illusions en dénonçant leur caractère réducteur ; il soupçonne au contraire que les vérités n'habitent que

l'inconscient, que pour les atteindre il faut renoncer à la conscience individuelle. La psychologie restera, depuis le XVIII$^e$, biface : une face lumineuse et rationnelle qui tient que l'essentiel de son objet réside dans le visible, l'observable, et une face sombre que seul l'effort d'interprétation permet d'entrevoir, qui cache ses vérités dans les profondeurs d'une singularité. « L'unité de la psychologie » ne peut se réaliser tant que subsiste l'opposition, voulue de part et d'autre et constitutive de la psychologie comme les deux faces d'une pièce constituent cette pièce, entre l'étude du latent et celle du manifeste, de la conscience et de l'inconscient (au sens large), du général et de l'individuel ; pour les romantiques d'ailleurs, l'absence d'unité de la psychologie ne change rien à la profonde unité de l'homme. Seul un dépassement de la psychologie comme approche de l'homme, c'est-à-dire sa disparition comme discipline, pourrait venir à bout de cette irrémédiable division.

# V. L'héritage des Lumières : l'homme comme citoyen

La Révolution française introduit une coupure dans les façons de penser le monde, et cela non seulement en France mais dans toute l'Europe et aux Etats-Unis (c'est sans doute les pays allemands qui sont les moins concernés). Frontière décisive entre deux régimes, l'ancien et le nouveau, entre deux mondes, entre deux ères, comme l'avait été la Réforme. Les révolutionnaires français sont sous les projecteurs de l'histoire, sous le regard admiratif, passionné, inquiet des intellectuels européens qui voient là se réaliser, en grandeur nature, dans une expérience réelle et concrète, l'espace mental des Lumières. Le projet de celles-ci va être jugé à l'aune de la réussite de l'entreprise révolutionnaire ; le Français devient l'homme nouveau, le citoyen, le produit du siècle précédent ; son rayonnement doit attester la puissance et la validité du projet philosophique ; quel que soit le résultat, que ces hommes parviennent ou non à se débarrasser de l'ancien régime mais surtout à constituer un nouveau régime obéissant aux exigences des Lumières, plus rien ne sera comme avant : 1789 est une rupture.

L'échec est indéniable en 1791 : ces hommes portés par l'histoire et guidés par la raison se heurtent à des contradictions quotidiennes qu'ils ne peuvent surmonter ; ils ne parviennent pas à dominer une réalité sociale chaque jour nouvelle, en mouvement. Et finalement, c'est l'irrationnel de la Terreur qui l'emporte et les écrase. Le tribunal et la guillotine prennent la place du contrat social.

Les héritiers des Lumières vont alors soutenir Bonaparte,

tant que son projet personnel restera voilé, parce qu'ils voient en lui le continuateur libéral, éclairé, qui peut mettre un frein au dérapage de l'histoire. Mais si Bonaparte ne rétablit pas l'ancien régime, il se fait empereur catholique, récrée une aristocratie de nouveaux privilégiés et met à la botte de sa Grande Armée une Europe consternée par ce tyran. Europe qui fera de lui quelquefois plus tard le modèle d'un grand héros romantique.

Même après son règne, Napoléon est parvenu à réduire la France au silence : entre 1815 et 1830-1840, les intellectuels français vont se taire ; parce qu'il leur faut comprendre ce qu'a été la Révolution, et la Terreur, et parce que leur véritable aspiration, la République, a été bâillonnée. Dans ce repli, les individus (français mais aussi européens, tout aussi marqués par l'histoire de la Révolution et de ses suites) vont se tourner vers eux-mêmes plus que vers la société, attendre leur réussite sociale de leurs propres ambitions et de leur travail et non de leur rang de naissance ou de la philosophie. Chacun peut et doit se charger de son propre destin ; la personnalité est l'arme de ces conquêtes. Convictions qui vont s'ajouter à l'héritage des Lumières pour constituer la dynamique républicaine qui va reprendre vigueur et animer le XIX$^e$ siècle. L'idéal démocratique d'une société sans castes ni ordres, qui garantit l'accès de tous aux fonctions publiques, l'absence de préséances, honneurs ou préjugés, naîtra de cette dynamique.

Du libre jeu des intérêts individuels, prôné par les républicains libéraux adeptes du laissez-faire et du non-interventionnisme de l'Etat, doit naître l'intérêt général, souci premier des penseurs de la République ; la tendance radicale soutiendra au contraire que l'Etat, par l'intermédiaire d'artifices juridiques (artificialisme), doit intervenir pour réguler, gérer, le jeu des intérêts individuels. Ces deux tendances, libérale et radicale, s'opposent dans la constitution de l'idéologie républicaine au cours du XIX$^e$ et l'on voit, par exemple, les radicaux anglais, amis de la Révolution, proposer leurs services de législateurs et de réformateurs à la République française naissante (voir p. 106).

La philosophie qui va se constituer au sein de cette idéologie, c'est le *positivisme*, dans ses versions anglaise et française, c'est-à-dire la conviction que les hommes de ce siècle sont assez grands pour se passer de toute transcendance ; l'homme cesse d'être l'objet, l'instrument de forces qui le dépassent, il est l'acteur de sa propre existence : il devient un *citoyen*. La République positiviste doit se débarrasser de tout recours à des forces supérieures, transcendantes, et s'engage donc dans un combat anticlérical qui suffit quelquefois à la caractériser. La théologie doit quitter la scène et la métaphysique après elle. La liberté de penser doit être sans entrave, et seule la science est un véritable savoir qui peut guider les actions des hommes.

Le positivisme philosophique triomphe dans la III$^e$ République de Jules Ferry. Il s'allie pour cela à un autre mouvement décisif pour la constitution de l'idéologie du XIX$^e$ siècle : le mouvement *franc-maçon*. La surveillance policière exercée pendant la période napoléonienne et poursuivie pendant la Restauration (1815-1830) a favorisé la constitution de sociétés secrètes, et principalement des loges maçonniques ; ces loges recrutent, plus qu'auparavant, dans la moyenne et petite bourgeoisie anticléricale et c'est pourquoi les francs-maçons sont parmi les premiers à créer des écoles laïques libres (c'est Jean Macé, militant francmaçon, qui fonde la Ligue de l'enseignement). Leurs liens avec le combat des républicains positivistes se renforcent à la fin du siècle : Littré, par exemple, écrivain et homme politique positiviste, entre, comme Jules Ferry, dans la loge Clémente Amitié.

Dans ces loges maçonniques, sortes de clubs où des gens de mêmes conditions se retrouvent, militent des catholiques mais aussi des *protestants* : l'esprit de la Réforme n'est pas totalement étranger aux convictions du mouvement maçonnique ; l'un et l'autre sont rationalistes et moralistes ; Dieu est, dans un cas comme dans l'autre, le grand organisateur de la nature et de l'homme. La foi dans le progrès de l'humanité et dans le rôle de chacun pour cette marche, l'anticléricalisme aussi les unissent ; les notables et pasteurs libéraux du XIX$^e$ siècle français sont francs-maçons et cela même lorsque, après 1880, les loges évoluent vers plus d'irréligiosité.

Ces forces se conjuguent pour provoquer, dans le champ de la philosophie, ce qui est à l'époque considéré comme une *crise* grave : la réduction de la philosophie à la seule métaphysique (ce terme prenant alors une connotation souvent méprisante) car sont soustraits à son autorité les savoirs sur l'être humain ; de cette scission « naissent » les sciences humaines ; encore faut-il s'entendre sur ce terme de naissance, puisque aussi bien la philosophie n'a jamais cessé de se préoccuper de comprendre les phénomènes humains. Ce qui « naît » en fait, c'est la volonté de tenir un discours scientifique — au sens positiviste — sur ces phénomènes. Nous y reviendrons bien sûr.

Sans aucun doute, cette crise va être aggravée, et son issue rendue plus certaine, par l'influence croissante de la *biologie évolutionniste* : au cours du XIX$^e$ se diffuse en effet une certitude nouvelle : l'homme est un animal, un animal comme les autres. Passé le scandale d'une telle affirmation (surtout portée par les protestants anglais), les conséquences philosophiques et scientifiques s'imposent et remanient totalement le savoir. Comme nous le verrons (voir p. 131 et sq.), la théorie darwinienne constitue la seconde révolution du XIX$^e$, au moins aussi lourde de bouleversements que la première. Les « sciences » de l'homme vont germer d'autant plus facilement sur un terrain si bien préparé par la biologie, et par la biologie allemande issue du romantisme en tout premier lieu : si l'homme est un animal comme les autres, un être tout de nature, alors il peut (et doit) être l'objet d'une science naturelle. On n'a sans doute pas fini aujourd'hui de mesurer les conséquences, dans notre représentation de nous-mêmes, de cette modification radicale des champs du savoir sur l'homme.

## L'Idéologie française

### L'Idéologie, mouvement politique

L'Idéologie est la science des idées ; c'est d'abord un mouvement politique français, un regroupement de savants-philosophes préoccupés par la Révolution ; la politique est, dans cette période, le lieu obligé d'exercice de la philosophie, et celle-ci ne peut que s'exprimer dans une activité politique, dans un mouvement politique. Les idéologues, s'ils sont favorables à Bonaparte en qui ils voient le continuateur de la tradition des Lumières, vont ensuite subir durement la loi de Napoléon. Il infligera au mot même désignant leur travaux, Idéologie (on a coutume d'y mettre une majuscule lorsqu'il désigne justement cette science et la minuscule pour le sens qu'il prendra par la suite), un sort funeste, dépréciatif, celui d'une philosophie nébuleuse et creuse. Marx continuera, en cette matière seulement, l'œuvre de l'empereur, en reprochant (dans *L'Idéologie allemande*) à l'Idéologie de prétendre être une science de la conscience individuelle en soi, indépendante des situations historiques, d'être donc une fausse science car la conscience individuelle n'est qu'une fausse conscience ; la conscience individuelle est biaisée, déterminée par l'appartenance de classe sociale : l'idéologie devient alors une vision du monde socialement et politiquement marquée.

On trouve, dans les rangs des idéologues, Destutt de Tracy, Cabanis, Condorcet, Lavoisier, Laplace, Lamarck, Monge, Bichat, Pinel, Broussais. Voltairiens par l'amour de l'ordre, condillaciens par leur sensualisme et leur attachement à un langage clair et rationnel, ils siègent dans les diverses assemblées pendant la période révolutionnaire et ont, pour nombre d'entre eux, été députés à la Convention. La Terreur en a mis quelques-uns en prison, mais lorsqu'elle s'éteint, après le 9 thermidor (27 juillet 1794), lorsque la Convention se dissout et que le 18 brumaire (qu'ils soutiennent) installe Bonaparte au consulat, les idéologues entreprennent ce qui sera peut-être l'effet le plus éclatant de la Révolution : l'institutionnalisation, grandeur nature (« une Encyclopédie vivante » dira Cabanis), du projet éducatif des hommes des Lumières ; ils organisent en particulier l'Institut de France en 1795 où une classe est créée, « l'Académie des Sciences morales et politiques », au sein de laquelle sont constituées six sections : morale, économie politique, histoire, géographie, science sociale et législation et une section « empiriste », celle de l'analyse des sensations et des idées. C'est dans cette classe que siègent les idéologues.

Outre l'organisation de l'Institut, on leur doit la transformation du Museum d'histoire naturelle, celle du Collège de France, des hôpitaux, la création des Ecoles centrales et celle d'une chaire d' « analyse des opérations de l'entendement humain » à l'Ecole normale, qui ne fonctionnera qu'un an.

Il vont soutenir le consulat, jusqu'à ce que Bonaparte dévoile sa véritable ambition, en particulier jusqu'à ce qu'il promulgue une loi de répression des crimes contre la sûreté de l'Etat (intolérable bâillon pour les citoyens nouvellement libres). Dès qu'ils expriment leur désaccord, Bonaparte les exclut du Tribunat (assemblée chargée de discuter les projets de loi avant le vote par le Corps législatif) et supprime en 1803 l'Académie des Sciences morales et politiques. La fondation de l'Université impériale est confiée aux adversaires des idéologues : à Fontanès, par exemple, ami de Chateaubriand. Les idéologues resteront dans l'opposition à Napoléon, qui leur rendra la vie difficile ; ils soutiendront la conspiration contre l'empereur, ce dont il les accuse, en inaugurant l'emploi dépréciatif du mot « Idéologie » : « C'est à l'Idéologie, cette ténébreuse métaphysique qui, en recherchant avec subtilité les causes premières, veut sur ces bases fonder la législation des peuples, au lieu d'approprier des lois à la connaissance du cœur humain et aux leçons de l'histoire, qu'il faut attribuer tous les malheurs qui éprouvent notre belle France. » Fonder le monde sur le sentiment (le cœur) plutôt que sur la raison, voilà bien une ambition romantique qui, exprimée par l'empereur qui met l'Europe à sa botte, révèle que de telles ambitions font en principe plus le jeu des despotes que celui des Lumières.

### La science des idées

Ce qui unit ces citoyens-philosophes, autant que leur combat contre Napoléon, c'est fondamentalement leur adhésion à l'encyclopédisme, à la curiosité universelle, et la conviction qu'il y a une parenté entre les questions que soulèvent les différentes disciplines auxquelles ils appartiennent. Ils rejettent toute orthodoxie, tout souci d'école et ne cherchent qu'à établir la liberté de penser et d'objecter sur le savoir. Ainsi dans leur lutte bien sûr contre la restauration religieuse ; Destutt de Tracy écrit : « La théologie est la philosophie de l'enfance du monde ; il est temps qu'elle fasse place à celle de son âge de raison ; elle est l'ouvrage de l'imagination, comme la mauvaise physique et la mauvaise métaphysique, qui sont nées avec elle dans des temps d'ignorance et qui lui servent de base, tandis que l'autre philosophie est fondée sur l'observation et l'expérience. » Les idéologues, convaincus que la République ne peut être fondée que sur l'éducation, proposent une science des idées sans présupposés métaphysiques, en lieu et place de la métaphysique justement. Ils ne cherchent pas le fondement ou les racines des représentations, des idées, mais seulement à en établir les successions nécessaires et les lois de composition et de décomposition. Ils sont à des années-lumière de la préoccupation kantienne (qui leur est contemporaine) de l'exploration des fondements des idées, des conditions universelles de la représentation. Lorsque Destutt de Tracy « invente » le mot Idéologie en 1796-1797, dans ses *Mémoires sur la faculté de penser*, il énonce cette définition : l'Idéologie est la science « qui résulterait de l'analyse de la sensation et ne chercherait la connaissance de l'homme que dans l'analyse de ses facultés... et consentant à ignorer ce qu'elle ne découvre pas ». La recherche métaphysique est vaine, il faut s'en détourner.

L'Idéologie, comme la métaphysique, a vocation d'être la science des sciences, l'étude, préliminaire à toutes les autres, de l'homme comme sujet sentant, pensant, voulant, destinée à éclairer toutes les sciences. Cet homme pensant est enraciné dans une réalité matérielle et n'est que son produit, changeant avec l'environnement. L'esprit de l'Idéologie est là, dans cette vision des hommes qui n'interpose aucun principe universel entre l'observateur et ce qu'il observe : pour cela, par cela, les hommes sont libres, rien de transcendant (qui leur échapperait) ne les détermine.

L'apport essentiel de cette « psychologie », c'est que l'étude du physique de l'homme est aussi nécessaire au moraliste qu'au médecin : pour mener les hommes au bonheur, il faut connaître ce qui détermine leurs actes et leur volonté ; l'organisation physique est l'un de ses puissants déterminants avec, en son sein, le cerveau que le médecin Cabanis, par exemple, conçoit comme un « homme intérieur », qui habite l'homme extérieur qui se comporte, qui est doué des mêmes facultés que lui, des mêmes affections, subit les mêmes déterminations : le comportement ne fait que manifester au-dehors les dispositions internes. On voit apparaître ici, dans le cadre d'une pensée matérialiste, un dualisme de l'individu qui est homme intérieur (cerveau) et homme extérieur (comportement).

Un autre déterminant décisif des actes et des volontés, c'est la recherche des plaisirs et l'évitement des peines. Ce désir induit l'individu à certains mouvements, au cours desquels il rencontre des résistances : de ces résistances à ses mouvements naît, pour Cabanis comme pour Destutt de Tracy, la conscience des objets, mais aussi le sentiment du moi, comme distinct de ce qui résiste. La volonté, « cette admirable faculté que nous avons de sentir des désirs », selon Destutt de Tracy, est donc constitutive du moi et provient de la recherche de la satisfaction de nos intérêts.

### La contestation de l'Idéologie ; Maine de Biran et les spiritualistes

Loin de faire l'unanimité dans la France napoléonienne puis dans celle de la Restauration, l'Idéologie est en butte à de vives oppositions portées surtout par les forces qui réagissent contre les idées révolutionnaires et les aspirations républicaines ; ces forces, qualifiées de « réactionnaires », sont constituées par des philosophes eux aussi investis dans la vie politique.

C'est d'abord, dans les rangs des idéologues eux-mêmes, l'apparition d'une « dissidence », principalement celle de Maine de Biran. Ce franc-maçon qui oppose une ferme hostilité à Napoléon mais qu'on comptera parmi les « restaurateurs » (ceux qui veulent restaurer les valeurs, surtout morales) est, un peu sur le modèle romantique, un perpétuel malade ; fragile, il porte à lui-même, à son *sens intime*, à son intériorité une attention constante dont on ne peut dire si elle est la cause ou la conséquence de sa mauvaise santé. Cet intérêt va le mener à une *philosophie du moi*. Son activité politique lui laisse pourtant peu de temps et ce n'est qu'à l'occasion des questions mises au concours par les académies d'Europe, celle de Copenhague, mais aussi l'académie des idéologues, qu'il va produire des textes philosophiques, et remporter ces concours.

Maine de Biran opère une distinction fondamentale entre l'activité et la passivité, entre la réflexion stable comme acte de l'esprit et le sentiment variable et subi ; son principal apport est l'affirmation de l'unité fondamentale de la conscience et la définition du moi comme se découvrant dans *l'effort* musculaire par lequel l'organisme résiste au monde matériel et y agit.

La véritable réaction contre l'esprit des Lumières, celles des *éclectiques* et des *spiritualistes*, va produire un changement capital pour l'histoire de la philosophie française. La réaction va s'installer à l'université, et pour longtemps, sous l'égide de certains philosophes politiciens partisans de la restauration de l'ordre moral, et produire, en quelques années, un décalage profond entre la philosophie universitaire, officielle, et le courant de pensée qui prend une ampleur grandissante dans la société française du XIX$^e$, l'idéologie républicaine.

Le principal artisan de ce décalage est Victor Cousin, qui, avec Laromiguière, Royer-Collard et Jouffroy, représente la pensée *réactionnaire* : ministre de l'Instruction publique, il impose en matière de philosophie une doctrine officielle de l'université qui a alors, au moment de la monarchie de Juillet, le monopole de l'enseignement de cette discipline. Cette philosophie garantie par l'Etat est plus une manière de philosopher qu'une véritable philosophie. Elle repose sur l'éducation purement formelle dispensée dans les lycées impériaux, éducation qui valorise plus les talents d'orateur que ce qui est dit, qui est surtout étrangère à la culture scientifique de l'époque. Elle tient à un seul principe, simple en apparence, qui définit l'éclectisme : en philosophie, tout a déjà été dit et il serait vain de chercher à construire un nouveau système ; il vaut mieux, par le biais d'études historiques, chercher dans chacun des systèmes philosophiques ce qui reste vrai, ce qui est « le meilleur » et former ainsi une philosophie définitive et universelle. Cette proposition, œcuménique en quelque sorte, adaptée en tout cas à un ministre à vocation conciliatrice, est immédiatement confrontée à un problème insoluble : qu'est-ce qui permet de choisir, dans les systèmes étudiés, ce qui reste vrai, ce qui est le meilleur ? Soit rien ne le permet, et la proposition éclectique est irréalisable, soit un critère le permet qui constitue déjà lui-même un système. L'impartialité apparente de V. Cousin est plutôt une difficulté à prendre parti ; difficulté que Cousin prétend surmonter en recourant à une psychologie qui doit lui permettre de mettre au jour les croyances du sens commun, celles de tout le monde, présentes en chaque homme et donc universelles. Psychologie éclectique qui se résume en une théorie de trois facultés, sensibilité, volonté, intelligence, théorie qui résulte de l'observation de soi. La conscience, dans ce retour sur soi, accède à la raison et à l'existence du moi et du monde physique.

L'éclectisme, qui constitue la philosophie d'Etat dans laquelle sont formés, tels des clercs laïques, tous les professeurs de philosophie, a contribué à un nouvel engouement pour l'histoire de la philosophie et à la réédition de quelques auteurs classiques. Mais elle a fait l'objet de maintes attaques : celles des socialistes par exemple qui récusent l'idée d'une philosophie d'Etat ; celle des cléricaux aussi, qui reprochent à Cousin un panthéisme diffus et qui vont provoquer une telle réaction au moment du Second Empire que, vers 1850, la philosophie va disparaître de l'Instruction publique et sommeiller douze ans dans la censure jusqu'à ce qu'en 1863 Victor Duruy en rétablisse l'enseignement. L'université va voir alors se développer un courant hostile à l'éclectisme certes mais lui aussi étranger au développement scientifique, celui des spiritualistes mystiques comme Ravaisson ou Lachelier. C'est dans cet ensemble de philosophies réactionnaires que seront formés pour longtemps les philosophes français.

## L'utilitarisme anglo-saxon

L'histoire de l'Angleterre, à la fin du XVIII$^e$ et au début du XIX$^e$, est ponctuée par celle de la France. Nombre de philosophes anglais (T. Payne, J. Bentham) s'engagent aux côtés de la Révolution ; ensuite, pendant la période napoléonienne, l'Angleterre demeure l'âme indomptable de la résistance et ne s'incline jamais devant le despote. A partir de cette résistance, elle va construire un formidable empire économique qui, dans le courant du XIX$^e$, exerce son hégémonie sur le monde : à force de réformes et de concessions qui permettent d'échapper au naufrage révolutionnaire, les valeurs bourgeoises triomphent et font s'accroître les richesses, la productivité industrielle, l'activité commerciale et financière, l'empire colonial. Le monde devient un *marché*. Les forces politiques qui s'opposent à l'intérieur du royaume ont signé un pacte d'entente *(Glorious Comprehensiveness)*, ce qui concourt à l'hégémonie de l'Angleterre sur l'Europe : le revenu national est multiplié par 8 au cours du siècle et devient le plus élevé de la terre. « Avec la vapeur et la Bible, les Anglais traversent l'univers », dit-on à l'époque. Avec la Bible, car les différents courants religieux cohabitent eux aussi sans problème majeur.

Bien entendu, ces succès économiques et l'apparente paix sociale qui les permet sont le résultat d'une exploitation de la classe ouvrière anglaise qui connaît des conditions de travail très dures ; si dures et qui contrastent tant avec les richesses individuelles que produit le développement économique, que commencent à se créer des groupements de défense, premiers syndicats qui sont le limon des idées socialistes qui vont se répandre au cours du siècle. L'industrialisation et l'urbanisation provoquent la constitution d'une nouvelle classe sociale : les « masses prolétariennes » qui vont être le vecteur de ces idées socialistes et dont les premiers « apôtres » sont Owen et Saint-Simon puis Proudhon, Fourier et Marx.

On comprend que, dans ces conditions, l'emprise de la pensée religieuse sur l'idéologie se relâche : la poursuite du bonheur individuel se substitue lentement à celle du salut. La maximisation des richesses pour la gloire de Dieu est remplacée par la maximisation des satisfactions pour le bonheur des hommes. Le bonheur, celui de l'individu ou celui du plus grand nombre (qui n'est que la somme des bonheurs individuels), devient un « mot d'ordre », le premier souci de certains philosophes qui, comme Jeremy Bentham, sont tenus pour des « philanthropes » au sens du XIX$^e$ siècle.

### Les radicaux utilitaires

L'ambition de Bentham est de proposer un système social tel qu'il apporte « le plus grand bonheur pour le plus grand nombre » : cette formule, il l'emprunte à Helvétius (mais elle est aussi chez Priestley et déjà au XVIII$^e$ chez Hutcheson). Bentham, qui a une formation de juriste, va dans un premier temps s'intéresser à la réforme du système pénitentiaire et du système pénal, qui en ont grand besoin : les prisons sont surpeuplées, les peines disproportionnées.

Son projet de réforme des prisons, il l'expose dans un livre peu lu de ses contemporains, peu lu en Angleterre surtout, mais qui exprime très clairement les caractères d'une idéologie qui est promise à se développer : ce livre, le *Panopticon*, est d'abord édité en français (Bentham est un ami du Genevois Etienne Dumont), par les révolutionnaires sur ordre de l'Assemblée nationale en 1791, et sera grandement apprécié des idéologues.

La prison panoptique repose sur les convictions empiristes : il faut disposer l'environnement pour opérer sur les hommes les impressions et les changements qu'on veut y opérer ; mais surtout, elle repose sur la conviction que le savoir sur l'homme (et donc le pouvoir) exige une observation (et une maîtrise) totale de tous ses faits et gestes : au centre de la prison disposée comme un cercle, un seul gardien suffit à voir tous les prisonniers, chacun dans sa cellule, à tout savoir de lui, prêt à intervenir si nécessaire. Ce modèle architectural, qui met un gardien unique en position de Dieu qui voit tout et contrôle tout, permet de dominer, de bannir le hasard dans la détermination des conduites (on retrouve l'empirisme bien sûr : tout est déterminé par « le dehors », par les circonstances, et pour contrôler les phénomènes, il faut aménager ce « dehors » qui les détermine) ; ce modèle implique, pour que la connaissance des déterminismes soit satisfaisante, un enregistrement exhaustif de tous les « événements » qui se déroulent dans chaque cellule. Cette ambition échouera, tant elle est démesurée ; la prison panoptique ne servit pas de modèle aux prisons européennes, sans doute parce qu'elle n'était pas réalisable et posait de nombreux problèmes, parmi lesquels : qui contrôle le gardien ? Reste que le livre de Bentham exprime un projet de contrôle des individus par l'observation minutieuse de leurs réactions que nous retrouverons dans la psychologie du XX$^e$ siècle, dans les travaux de B. F. Skinner par exemple. Et personne mieux que Bentham n'a exprimé la rationalité de ce projet : « Etre incessamment sous les yeux d'un inspecteur, c'est perdre en effet la puissance de faire le mal, et presque la pensée de le vouloir », écrit-il au début du *Panopticon*. La sollicitude permanente de l'observateur empêche les hommes de se laisser aller aux passions, et paralyse leur désir de se conduire mal. La toute-puissance divine est remplacée par une activité gestionnaire de la nature humaine. Activité qui nécessite une connaissance fiable de celle-ci, une véritable psychologie.

J. Bentham rencontre en 1808 James Mill et c'est lui qui va étayer les projets de Bentham sur une psychologie. James Mill, élève à Edimbourg de Dugald Stewart, ami de l'économiste Ricardo, est un associationniste qui se propose d'étendre au domaine de l'action les principes de l'association. Il part du constat que, si bien des sensations nous sont indifférentes, certaines sont agréables et d'autres pénibles. Les hommes associent leurs actes à ces sensations et agissent ensuite pour rechercher le plaisir, éviter la douleur. La raison qui accomplit cette association entre un acte et sa conséquence est calculatrice puisqu'elle prévoit les chances de plaisir, les risques de douleur. Ce fait de base, qui définit les « motifs » de l'action, permet de trouver un équivalent matériel, observable (la conduite, le comportement) aux sensations et donc, dans ce cadre empiriste, à la pensée. L'associationnisme subit ici une mutation décisive pour l'histoire de la psychologie : l'association cesse de « se dérouler » à l'intérieur — dans le cerveau ou la pensée, comme on voudra — et donc d'être inaccessible à l'intervention, pour unir un phénomène interne, la sensation, à un phénomène externe accessible, la conduite.

> Bentham et Mill vont unir leurs conceptions pour proposer une réforme de la législation. Celle-ci, en tant que procédé de conciliation des intérêts particuliers, doit être efficace ; ils veulent la rendre scientifique et pour cela l'asseoir sur une connaissance vraie de la nature humaine. Bentham rédige une réforme du droit pénal telle que les peines ne soient pas excessives et compensent toujours également la peine infligée à la victime, en fait le plaisir pris par le coupable. Le système pénal ne doit pas accroître la quantité de souffrances du monde par une punition plus élevée que le plaisir pris à la faute ; elle ne doit pas diminuer le plus grand bonheur du plus grand nombre. Outre que le bonheur se réduit ici au plaisir et à la non-douleur (ce qui est également promis à ne pas rester lettre morte) on constate que ce système de balance des plaisirs et des peines, qui ressemble à un système hydraulique, implique un calcul : il faudrait parvenir à attribuer des valeurs numériques à des sensations pour rendre la législation et la morale aussi précises que les mathématiques.

Pour promouvoir leurs convictions, Bentham et Mill fondent en 1824 la *Westminster Review* qui s'oppose aux conservateurs du parti tory aussi bien qu'aux libéraux du parti whig et regroupe des hommes qui constituent, sous le nom de radicaux philosophiques, une véritable force dans la vie politique anglaise. Toute leur activité va consister à convaincre que la conciliation des intérêts individuels requiert l'artifice de la législation contre ceux qui, comme Payne ou Godwin, soutiennent que ces intérêts s'harmonisent naturellement et que toute loi est nuisible.

Le poids de Bentham et de Mill ne se mesure pas à l'application immédiate de leurs conceptions de la législation, mais plutôt à ce que, sans en être les véritables initiateurs, ils ont rationalisé et approfondi la thèse selon laquelle l'intérêt individuel est le fondement de la vie sociale et le seul motif de l'activité humaine. Certes, tous les philosophes ne vont pas adhérer à cette affirmation, mais quelques-uns le feront, comme les pragmatistes américains par exemple (voir p. 184) qui développeront cette philosophie de *l'utilité* en vertu de laquelle les actes doivent être jugés aux bénéfices qu'on en tire ; très vite également, cette conception de l'homme liera son sort à des théories économiques, comme celle de Ricardo, qui affirment que seul le besoin de s'enrichir motive les hommes (voir encart 8).

---

ENCART 8

Au sens général, le mot « intérêt » désigne l'ensemble des aspirations humaines auxquelles la raison s'applique, par calcul et par réflexion, à déterminer des moyens de satisfaction. L'intérêt permet, parce qu'il est guidé par la raison, de concilier celle-ci avec les passions qui sont sans règle, non susceptibles de calcul et source de désordre. Dès la fin du XVII$^e$, dans la philosophie de Hobbes en particulier, l'intérêt individuel devient un déterminant de la vie en société, ce qui différencie l'homme de l'animal : chez ce dernier, la satisfaction des intérêts individuels sert l'intérêt collectif ; au contraire, chez l'homme, la sociabilité ne peut qu'être le résultat d'un artifice politique qui contraint à taire certains égoïsmes. L'intérêt général (la paix civile chez Hobbes) ne peut être identifié à l'intérêt de chacun que par un calcul de la raison et l'artifice d'une législation. Cette notion générale d'intérêt conduit à une conviction : l'Etat doit établir une législation qui harmonise les intérêts individuels tant il est peu probable que chacun prenne en compte, sur la base d'un « sentiment de bienveillance », l'intérêt général lorsque celui-ci entre en conflit avec son intérêt propre.

Mais au XVIII$^e$ siècle, dans la philosophie anglo-saxonne surtout, cette notion d'intérêt prend un sens plus économique : pour Adam Smith, nous sommes sans cesse mus par un désir d'améliorer notre sort sur terre et une augmentation de notre fortune est le meilleur moyen d'y parvenir pour la majeure partie d'entre nous. A la réduction de l'intérêt individuel à l'avantage économique, on associe celle de l'intérêt général à la prospérité, à la richesse. Ici, plus de nécessité d'intervention de l'Etat : en ne cherchant rien d'autre que leur intérêt économique privé, les hommes augmentent mécaniquement, sans le savoir ou le vouloir, la richesse d'une nation. Les intérêts s'harmonisent mécaniquement par le libre jeu des intérêts individuels qui sont ici le fondement de la vie sociale entière.

Bentham et Mill expriment très clairement ce qui n'était que diffus auparavant dans l'empirisme : le gouvernement des hommes nécessite une connaissance de la nature humaine, une psychologie. La conséquence profonde de cette affirmation, c'est que la psychologie devient un savoir non sur l' « expérience intérieure » ou la « connaissance » ou l' « entendement », mais sur l'homme en action, en mouvement, sur la conduite puisque la raison d'être de cette psychologie est l'exercice d'un contrôle, d'une maîtrise. Corrélativement, l'être humain devient plus « extérieur », réduit à une somme d'observables, sans qu'il soit nécessaire de lui supposer un sens intime.

### La naissance des Etats-Unis

L'influence de la pensée anglaise va se révéler déterminante pour l'histoire des Etats-Unis ; cette influence va s'accroître au XIX$^e$ en raison de l'afflux considérable d'Européens, d'Anglais surtout, dans ce pays qui semble tout neuf, ouvert, libre des pesanteurs de la féodalité et de l'Ancien Régime : alors qu'en 1790 les régions sous domination anglaise comptent 4 millions d'habitants (parmi lesquels environ 15 % d'Allemands et de Français), il y en a 35 millions dans l'Union avant la guerre de Sécession en 1860. La surpopulation des pays européens, les problèmes économiques soulevés par leur industrialisation et les répressions politiques provoquent ces migrations. Les hommes qui arrivent en Amérique y apportent des convictions politiques et religieuses hétéroclites et les sectes s'y multiplient très rapidement, d'autant plus que l'administration anglaise n'est pas pesante. La guerre d'Indépendance, provoquée par plusieurs années d'agitation contre la colonisation, se termine en 1783 alors que le 4 juillet 1776 déjà le Congrès avait promulgué l'indépendance des Etats-Unis d'Amérique.

Les colons ont fondé des écoles et des universités pour l'éducation des jeunes Américains : Harvard dès 1636, King's College (la future Université Columbia de New York) en 1754 ; pauvres en livres (malgré les efforts de Benjamin Franklin pour créer des bibliothèques), elles diffusent, par des professeurs surtout calvinistes, les idées de Newton et de Locke ou la philosophie écossaise du sens commun. Au début de XIX$^e$ se développe, en Nouvelle-

Angleterre principalement et hors de l'université, dans les écrits de R. W. Emerson, le courant *transcendantaliste*. Emerson affirme, contre la science mécaniste, que la nature n'est pas indépendante de l'esprit, qu'il y a entre eux une unité qui ne peut nous apparaître que grâce à l'amour, par l'humanisation de la nature par ceux qui se sentent en communion avec elle. Ces convictions trahissent l'influence qu'exercèrent sur Emerson ses lectures des romantiques allemands ; elles s'accompagnent d'une morale de l'effort incessant de perfectionnement auquel doit s'astreindre chaque individu et d'un dédain pour l'éthique compétitive et marchande qui gagne alors le pays. Emerson s'investit dans la constitution d'une communauté agricole d'inspiration fouriériste *( Brook farm )* où les frères James, Henry et William (voir p. 183), viendront faire quelques séjours.

Dans les années 1840-1860, le problème de l'abolitionnisme domine la vie politique et révèle les différences qui se sont creusées entre les Etats du Nord, industrialisés, et ceux du Sud, cotonniers. De 1861 à 1865, la guerre de Sécession ravage le pays mais elle impose ensuite une reconstruction de l'Union qui mène les Etats-Unis vers la plus grande richesse.

C'est pendant cette période que se développe la première contribution philosophique importante en provenance de l'Amérique, le *pragmatisme*. Cette philosophie, qui présente de profondes analogies avec l'utilitarisme, repose sur l'affirmation que tout concept doit être évalué en fonction de ses effets pratiques. Les initiateurs en sont Charles S. Peirce, mathématicien, logicien et philosophe et William James qui va, dans ce cadre, contribuer à l'institutionnalisation de la psychologie américaine (voir p. 183 et sq.).

## L'homme positif

### Auguste Comte, un homme marginalisé dans l'institution universitaire

A. Comte naît à Montpellier en 1798 dans une famille de petits-bourgeois catholiques et monarchistes. Il révèle, dès le début de ses études, une nature sérieuse d'élève brillant mais un caractère difficile et contestataire qui n'en finira pas de lui jouer des tours. Classé premier au concours d'entrée à Polytechnique un an avant l'âge requis, il remplace, entre quinze et seize ans donc, le professeur de mathématiques spéciales du lycée de Montpellier et entre, en 1814, dans la prestigieuse école parisienne, alors véritable foyer d'agitation républicaine. Immédiatement, il y est repéré comme meneur, et, après le licenciement collectif des élèves en 1816, n'y sera jamais réintégré.

Après quelques cours de physique et chimie à la Faculté de Montpellier, il revient à Paris où il est secrétaire du comte de Saint-Simon : celui-ci professe une foi aveugle dans la science comme inspiratrice de la politique ; il pense que les savants doivent s'organiser en une hiérarchie rappelant le clergé catholique, sous la direction d'un « conseil de Newton ». Reil, le psychiatre allemand, avait déjà lui-même proposé de faire de la science une « armée nationale » tournée vers les seules applications du savoir, la science pure étant une activité de loisir. Toutes ces conceptions de la science, qui rappellent celles de F. Bacon (voir p. 40), marqueront profondément A. Comte ; ce dernier se sépare pourtant rapidement de Saint-Simon parce que, semble-t-il, celui-ci escamote son nom sur des publications communes. La situation financière d'A. Comte est désastreuse, aggravée par un mariage malheureux, et la seule issue est pour lui de donner des leçons particulières. D'abord individuelles, ensuite collectives.

Cette période difficile est celle d'une intense activité intellectuelle. En avril 1826, il commence la première leçon d'un cours payant qu'il donne chez lui le dimanche et pour lequel il a ouvert une souscription ; certes, il a peu d'auditeurs, mais ce sont tous des intellectuels et des savants, qui vont stimuler sa réflexion. Ce procédé peu commun signe, entre autres choses plus fondamentales, la grande originalité de cet homme.

Il travaille comme un forcené, par période de quatre-vingts heures sans vrai repos, si bien qu'avant le $4^e$ cours, il est interné pour dépression mélancolique chez le célèbre aliéniste Esquirol. Plus ou moins guéri (après s'être jeté dans la Seine au pont des Arts en 1827), il reprend son enseignement en 1829 jusqu'à sa mort en 1857. Son cours est publié en six volumes sous le nom de *Cours de philosophie positive* jusqu'en 1842. Entre-temps, en 1832, il est nommé répétiteur d'analyse transcendante et de mécanique rationnelle à Polytechnique ; il donne également un cours gratuit d'astronomie pour les prolétaires parisiens à la mairie du 3ᵉ arrondissement ; il enseigne aussi la géométrie.

Lorsque, à quarante-six ans, en 1844, il rencontre Clotilde de Vaux et en tombe passionnément amoureux, son œuvre prend un tournant mystique que quelques signes annonçaient peut-être mais que cet amour malheureux, et la mort de Clotilde en 1846, va radicaliser : il devient le Grand Prêtre de la religion positive et nombre de ses disciples s'éloignent ; il perd son poste à Polytechnique et meurt en 1857.

### Les thèses positivistes

Comte est convaincu, avant même de commencer le *Cours*, que la réorganisation de la société passe par des travaux scientifiques et qu'il faut fonder une science des phénomènes sociaux qu'il appelle physique sociale. Comme la physique céleste, celle-ci doit établir des lois, chercher les déterminismes des phénomènes ; la connaissance de ces déterminismes permet de prévoir les phénomènes, de les modifier, d'intervenir dans la vie sociale, bref, de faire de la politique. L'observation, la démonstration rigoureuses doivent permettre la « régénération du social » dont l'époque d'A. Comte a grand besoin : au cours de sa vie, il traverse dix régimes politiques différents, crises incessantes qui résultent des espoirs et des déceptions qu'à fait naître la Révolution ; la bourgeoisie qu'elle a mise au pouvoir ne répond pas aux revendications de plus en plus fortes de la classe ouvrière. Comte veut déterminer une politique d'ordre sans conservatisme, de progrès sans révolution. Entre une démocratie anarchique et une aristocratie rétrograde, Comte affirme que seule une unité de doctrine parviendra à fonder l'indispensable unité sociale que la théologie a échoué à construire ; que cette unité de doctrine sera apportée par le positivisme ; qu'en attendant son avènement, cette unité sociale doit être assurée par une dictature temporaire, empirique, sans théorie, destinée seulement à lutter contre la désagrégation anarchique du corps social. Le positivisme constituera une nouvelle religion, mais une religion non théologique, non révélée, dont le but sera de réunir toutes les individualités, de régler le jeu des natures individuelles (dans le langage de Bentham, de concilier les intérêts individuels). Cette nouvelle forme de religion devra être en prise sur le temps présent, et, dans les années 1830-1840, le temps présent d'A. Comte, c'est d'abord une profusion de découvertes scientifiques et de savants. La mission d'A. Comte sera donc de régénérer le social par la science conçue comme une nouvelle religion et d'abord grâce à l'éducation. En affirmant qu'il faut que le peuple soit instruit, en procédant lui-même à son instruction, Comte se situe dans la tradition des Lumières, que sur d'autres points il critique vigoureusement.

Pour Comte, c'est en étudiant le développement historique des sciences qu'on parvient à connaître ce qu'est la scientificité, à déterminer ce qui est scientifique et ce qui ne l'est pas. C'est ce que se propose le *Cours de philosophie positive* et ce qui doit servir de base à une sociologie scientifique.

La première loi d'évolution du savoir que dégage A. Comte, et qui reste attachée à son nom, c'est la *loi des trois états* : à chacun des âges de l'intelligence humaine correspond selon Comte une organisation rationnelle de l'ensemble des pratiques sociales et des pensées : l'ordre ancien, aristocratique et féodal, correspond ainsi à l'âge théologique de l'intelligence humaine. L'âge métaphysique s'y est attaqué et l'a détruit en critiquant les fictions théologiques comme le droit divin à l'aide d'entités abstraites, comme le droit naturel ou la souveraineté des peuples ; l'esprit métaphysique, abstrait, destructeur, anarchique, c'est celui de la pensée des Lumières. Pour mener à bien le projet social de Comte, il faut passer à l'âge positif, celui de l'énoncé de lois, où l'on s'abstient de dissertations métaphysiques sur les causes premières ou les fins dernières des phénomènes. Le droit positif est un excellent exemple de ce passage : il convient de ne plus se demander ce qui est juste, à partir de spéculations sur la volonté de Dieu ou sur la nature humaine ; ce qui est juste, c'est ce qui est énoncé (posé) dans les lois. La justice n'existe pas en dehors des lois, c'est une fiction. Dans le domaine scientifique tout autant, il est nécessaire de renoncer à des hypothèses spéculatives, censées expliquer les phénomènes observés ; on se souvient de l'énoncé positiviste de Newton (voir p. 51) : « *hypotheses non fingo* », toute hypothèse explicative serait feinte, serait une fiction. Tout science doit passer par ces trois états, et l'état positif permet de constituer une nouvelle religion, libre de toute théologie et de toute métaphysique : la science.

### *Le cas de la psychologie*

Dans la 45ᵉ leçon du cours, professée en 1845, Comte exclut fermement la psychologie de l'ensemble des sciences positives. Il énonce cette exclusion à l'encontre de la psychologie qui existe à son époque, celle des empiristes, celle des idéologues et bien sûr celle des spiritualistes. Le fondement de sa critique, c'est qu'il tient pour impossible une science de la nature humaine ; il attribue le projet d'une telle science à Descartes qui a distingué une nature spécifiquement humaine (d'essence en partie divine) en restreignant l'automatisme à l'animal (l'animal-machine, voir p. 45). Ce que Comte conteste, c'est qu'il existe une nature propre de l'homme. Sur cette prétendue nature humaine, on ne peut tenir que des discours métaphysiciens dans lesquels l'explication des phénomènes est cherchée dans des entités abstraites comme le moi, la volonté, le sens intime, les idées. Qui plus est, la psychologie recourt à l'auto-observation, méthode que Comte récuse parce qu'elle repose sur un sophisme : l'observation est un acte qui, en l'occurrence, modifie l'état de l'objet observé lui-même, c'est-à-dire soi ; elle n'apporte donc que des informations fragmentaires et ne peut rien nous apprendre sur le développement, sur la pathologie, sur les concomitants organiques, etc. Comte reproche enfin à une telle psychologie de toujours subordonner les fonctions affectives aux fonctions intellectuelles, les passions à la raison, et de réduire ces passions à un égoïsme raisonneur (voir la notion d'intérêt, encart 8).

La condamnation semble sans appel ; cependant, Comte reconnaît qu'un certain ensemble de faits devrait faire l'objet d'une discipline scientifique particulière à fondement physiologique, qu'il appelle quelquefois « physiologie intellectuelle et affective », ou « phrénologie physiologique ». Une étude des fonctions supérieures est donc possible et Comte en prend pour exemple les travaux d'un médecin de Vienne qu'il admire : Franz J. Gall.

Gall a fondé, dans les dernières années du XVIII$^e$, la craniologie que d'autres appelleront phrénologie. Après avoir dû quitter l'Université de Vienne à cause de son enseignement, il mène à Paris des travaux d'anatomie du système nerveux avec l'hypothèse que la forme extérieure du crâne représente la forme de la masse du cerveau, celui-ci étant conçu comme le siège de différentes fonctions indépendantes. Les fonctions du cerveau se refléteraient dans sa forme, dans celle du crâne donc. Gall est localisationniste : chaque fonction est localisée, et, ce qui est capital pour l'époque, chaque fonction a un support organique ; conformément à la thèse fondamentale de la biologie qui est en train de naître, il n'y a pas de fonction sans organe. Cette conviction du rapport entre l'organe de la pensée et la forme du crâne n'est pas due à Gall, mais celui-ci permet, par ses recherches anatomiques, de soumettre cette thèse à des vérifications et bien sûr à des démentis.

Comte est conscient des nombreux charlatanismes auxquels les positions de Gall donnent naissance : des prédictions aventureuses sur les facultés ou le caractère d'un individu à partir de l'observation de la forme de son crâne. Mais en prenant Gall pour modèle, avec prudence, il souligne ce que devrait être une psychologie positive. La phrénologie de Gall est objective, elle prend en compte les différences individuelles, elle est fonctionnaliste ; de plus, elle a une visée pratique. Ces caractéristiques, que vante Comte, objectivité, fonctionnalisme, pragmatisme, seront précisément celles qui présideront à la constitution de la psychologie scientifique, au sens de positive, à la fin du XIX$^e$ (voir p. 183 et sq.). Par cette démarche, la psychologie positive renonce aux spéculations pour procéder aux « divers perfectionnements indispensables que sa constitution naissante exige aujourd'hui avec tant d'urgence » (*Cours*, p. 872) : d'abord l'analyse anatomique du cerveau avec l'étude purement physiologique des diverses facultés élémentaires ; ensuite l'étude des cas pathologiques guidée par la conviction — dominante à l'époque — que « tous les états pathologiques... (constituent)... un simple prolongement des phénomènes de l'état normal, exagérés ou atténués au-delà de leurs limites ordinaires de variation » (p. 876) ; puis l'analyse comparative des mœurs des animaux sans s'embarrasser de « vaines subtilités métaphysiques sur la comparaison entre l'instinct et l'intelligence » (p. 877) (voir encart 9) ; enfin l'étude des lois de l'harmonie mentale entre les différentes fonctions intellectuelles et entre celles-ci et l'affectivité, le système nerveux devant être conçu comme « l'indispensable intermédiaire entre l'action du monde extérieur sur l'animal à l'aide des impressions sensoriales, et l'action finale de l'animal par les contractions musculaires » (p. 88).

---

ENCART 9

Comte affirme que l'étude des mœurs des animaux peut être riche en enseignements pour la « physiologie intellectuelle et morale ». L'intérêt de ce texte, outre qu'il expose ce qui sera une démarche de la psychologie quatre-vingts ans plus tard, c'est qu'il a été écrit avant que les thèses darwiniennes de la continuité de l'animal à l'homme (voir p. 139) ne soient connues, en fait au moment où Darwin lui-même commençait à les entrevoir.

« Si la nature animale ne saurait être rationnellement comprise que d'après son assimilation fondamentale à la nature humaine, proportionnellement au degré d'organisation, il est tout aussi indubitable, en sens inverse, pour cet ordre de fonctions comme pour les autres, que l'examen judicieux et graduel des organismes plus ou moins inférieurs doit éclairer beaucoup la vraie connaissance de l'homme : l'humanité et l'animalité se servent ainsi l'une à l'autre d'explication mutuelle, suivant l'esprit général de toute saine explication scientifique. L'ensemble des facultés cérébrales, intellectuelles ou affectives, constituant le complément nécessaire de la vie animale proprement dite, on concevrait difficilement que toutes celles qui sont vraiment fondamentales ne fussent point, par cela même, rigoureusement communes, dans un degré quelconque, à tous les animaux supérieurs, et peut-être au groupe entier des ostéozoaires, car les différences d'intensité suffiraient vraisemblablement à rendre raison des diversités effectives, en ayant égard à l'association des facultés, et faisant d'ailleurs provisoirement abstraction, autant que possible, de tout perfectionnement de l'homme par le développement de l'état social : l'analogie puissante que fournissent toutes les autres fonctions tend à confirmer une telle conception. Si quelques facultés appartiennent, d'une manière vraiment exclusive, à la seule nature humaine, ce ne peut être qu'à l'égard des aptitudes intellectuelles les plus éminentes, qui doivent correspondre à la partie la plus antérieure de la région frontale : et encore cela paraîtra-t-il fort douteux, si l'on compare, sans prévention, les actes des mammifères les plus élevés à ceux des sauvages les moins développés. Il est, ce me semble, beaucoup plus rationnel de penser que l'esprit d'observation, et même l'esprit de combinaison, existent aussi, mais à un degré radicalement très inférieur, chez les animaux, quoique le défaut d'exercice, résultant surtout de l'état d'isolement, doive tendre à les engourdir, et même à en atrophier les organes. » (*Cours de philosophie positive, leçons 1 à 45*, Paris, Hermann, 1975, p. 877-878.)

Il est intéressant de comparer ce texte avec les positions de Lamarck présentées plus loin (voir p. 124 et sq.).

Ce programme, défini par Comte en 1837, sera celui d'une psychologie nouvelle, différente parce que positive, de celle des empiristes et de celle des idéologues (auxquels Comte rend pourtant hommage, au médecin Cabanis et à Destutt de Tracy surtout). Une psychologie toute en observations, constituée de faits et qui sera physiologique d'abord.

Ce que Comte affirme pour la science de l'individu, à savoir la nécessité d'y importer l'esprit scientifique qui anime les sciences positives, vaut *a fortiori* pour sa physique sociale, la sociologie (mot qu'il forge dans son *Cours*), discipline qui aura pour vocation de donner un sens à toutes les autres, d'en couronner le système. A. Comte dénombre six sciences fondamentales, apparues successivement dans l'histoire de la pensée en raison de leur degré croissant de complexité : les mathématiques, qui étudient la quantité qui constitue la réalité la plus simple ; l'astronomie, qui y ajoute la force ; la physique, qui traite en plus de la qualité (chaleur, lumière, etc.) ; vient ensuite la chimie, qui aborde la matière brute ; puis la biologie, science de la matière vivante organisée ; enfin la sociologie, qui étudie et prend en compte tout cela pour traiter du lien social entre les individus.

> On voit que cette hiérarchie, en distinguant des sciences de niveaux différents, chacune intégrant les acquis de la précédente, implique une conception de la réalité comme elle aussi hiérarchisée, du plus simple — la quantité — au plus complexe — le social. De là viendra l'idée, décisive pour l'histoire des sciences au XX$^e$ siècle, que les phénomènes d'un niveau de la réalité (les phénomènes chimiques, par exemple) peuvent être expliqués en recourant à des concepts relevant du niveau inférieur (ici, les concepts physiques). Cette attitude constitue le *réductionnisme* et, bien qu'elle soit quelque fois revendiquée comme une démarche scientifique permettant de réaliser de véritables progrès, on lui reproche le plus souvent d'être appauvrissante. En étant expliqués par des phénomènes considérés comme plus élémentaires, des phénomènes complexes sont réduits, c'est-à-dire réduits à « n'être que » des composés de phénomènes simples : le composé n'est alors que la somme des éléments ; ainsi, les phénomènes chimiques ne sont que des phénomènes physiques structurés d'une certaine façon. La psychologie, qui n'est pas incluse, et pour cause, dans le système de Comte, est au premier chef concernée par l'attitude réductionniste que peut entraîner le positivisme : en effet, aujourd'hui, certains affirment que les objets

psychologiques, la conscience par exemple, « ne sont que » le résultat d'un certain agencement de la matière biologique. Ou qu'une névrose « n'est qu' » une somme de comportements mal adaptés (voir encart 3). Dans chaque cas, la structure qui fait l'objet d'une approche psychologique, la conscience ou la névrose, est réduite à une somme, à une addition d'éléments et il n'est pas utile de lui attribuer une autre nature. On comprend que cette attitude est lourde de conséquences pour les rapports entre les différentes sciences : si la physique sociale de Comte est vouée à structurer le système des sciences, les mathématiques finiront par dire le dernier mot de la réalité.

Le courant positiviste exercera une influence déterminante sur le développement scientifique au XIX$^e$ et au XX$^e$ siècle, au point de constituer une idéologie scientifique. Certes, dans ce développement, la philosophie d'A. Comte va subir des modifications, des aménagements ; elle va en particulier être débarrassée des prolongements religieux dont Comte l'avait assortie. Encore que le « scientisme », attitude qui se répand à la fin du XIX$^e$ comme radicalisation du positivisme, ait bien souvent été dénoncé comme véritable religion de la science, comme foi excessive et aveugle dans sa capacité non seulement d'assurer le progrès mais aussi de résoudre tout problème ; le scientisme, c'est l'affirmation que seule la science est source de vérités.

Ainsi cette philosophie, marginalisée par une institution universitaire isolée de l'histoire scientifique et idéologique (voir p. 110), reçoit-elle toute sa vigueur au cours de la deuxième partie du siècle, au moment où triomphent les idées d'ordre, de progrès et d'efficacité. Elle impose l'image d'un homme maître de lui comme de l'univers, dont la puissance se résume à des activités productives, utiles, efficaces, d'un homme auquel peu importe de comprendre pourvu qu'il puisse intervenir, maîtriser, contrôler le monde. Le sens des choses et le sien propre, les valeurs et les théories ne définissent pas l'homme positif ; il n'a pas l'explication du monde mais il sait s'en servir.

Avant que ne puisse se constituer un savoir positif sur cet homme-là, avant que ne « naisse » la psychologie du point de vue d'A. Comte, il fallait que cet homme subisse encore une transformation fondamentale, il fallait qu'il soit préparé à recevoir le regard des sciences naturelles, de la « physiologie phrénologique » ; il fallait que l'homme devienne un objet naturel, celui de la biologie.

## VI. L'évolutionnisme : l'homme comme animal

Si l'homme, au début de XIXe siècle, est encore considéré comme un être à part dans la nature, c'est bien entendu en raison du poids de convictions religieuses qui lui confèrent une âme d'essence divine. C'est aussi parce qu'aucune théorie générale ne permet de rendre compte de l'*unité du vivant*. Le XIXe va naturaliser l'homme en produisant le triomphe des idées scientifiques sur les idées religieuses *et* en construisant une théorie scientifique qui va faire de l'homme *un animal comme les autres*.

Certes, les Lumières du XVIIIe avaient annoncé le combat ; quelques esprits pénétrants avaient contesté le *fixisme*, c'est-à-dire la thèse soutenue par les autorités ecclésiastiques selon laquelle le monde vivant, les espèces végétales et animales ont été créés tels qu'on peut les voir. Parmi ces esprits aventureux, Maupertuis ou Erasme Darwin (le grand-père de Charles Darwin), mais surtout Buffon qui pressentit mieux que tout autre que le monde vivant évolue.

La pensée chrétienne imposait en particulier la conviction que les temps historiques sont courts et marqués par quelques événements uniques tels la chute, la rédemption ou le jugement dernier. Certain archevêque du XVIIe avait même fixé la date de la création du monde à 4004 avant J.-C. Ces croyances furent tout d'abord mises à mal par la découverte des fossiles : les naturalistes trouvaient des restes d'animaux marins dans les massifs montagneux, des vestiges de forêts dans les fonds marins, etc., ce qui témoigne de bouleversements du globe non relatés dans les textes sacrés. C'est pourquoi les géologues furent les premiers à remettre en cause la version religieuse de l'histoire du monde ; c'est avec eux, soutenus en France par les encyclopédistes, que l'orthodoxie catholique entra d'abord en conflit (ainsi Buffon fut condamné en Sorbonne par la faculté de théologie pour recours à des causes non divines). La thèse de la création divine semble abandonnée dans les premières années du XIX$^e$ lorsque Laplace répond à Napoléon qui s'inquiète que Dieu n'intervienne nulle part dans *La mécanique céleste* : « Sire, je n'ai pas besoin de cette hypothèse. » En fait, la querelle avec les *créationnistes* était loin d'être terminée puisque aujourd'hui encore certains Etats des Etats-Unis par exemple interdisent l'enseignement de thèses non créationnistes.

Si cette actualité du créationnisme étonne, il est aisé de comprendre par contre l'incroyable révolution qu'importa dans les représentations du monde la découverte que la Terre, puis l'univers existaient depuis des temps inimaginables : en quelques décennies, la durée de l'histoire du monde allait être multipliée par 1 000 ; plus tard dans le siècle d'une durée de 6 000 000 d'années, on allait passer à 4 000 000 000 d'années d'existence de la Terre. De telles multiplications ne pouvaient être sans effet sur la pensée, et ne pouvaient être admises sans résistances.

Encore fallait-il, pour que de telles durées soient prises en considération dans une théorie scientifique du vivant, qu'on parvienne à penser qu'un être n'est qu'un moment : un moment au cours d'une longue succession d'êtres, un moment aussi d'une succession de transformations qu'il a subies pour naître et se développer. L'idée de *temps*, du rôle causal du temps sur ce qui est, entraîne avec elle des questions sur l'origine, sur les processus de continuité et de rupture, de déterminisme et même de hasard : se débarrasser de l'intervention divine, c'était au bout du compte admettre que l'état du monde ne résulte d'aucune intention, que ce qui est aurait pu ne pas être. Il faudra au moins un siècle pour que de telles questions soient posées et que s'accomplisse une si profonde mutation dans le regard de l'homme sur lui-même et sur le monde.

## La Terre et le vivant à la fin du XVIIIᵉ siècle

### La Terre elle-même a une histoire

Si, au début du XIXᵉ, on admet que le globe terrestre a une histoire, deux positions s'affrontent pour en rendre compte : d'abord celles des « catastrophistes » qui soutiennent, derrière Georges Léopold Cuvier, professeur d'anatomie comparée au Museum d'histoire naturelle, que, comme en témoignent les fossiles des différentes couches géologiques, des cataclysmes (déluges, éruptions volcaniques, etc.) ont secoué l'histoire de la Terre, cataclysmes auxquels la plupart des animaux n'ont pu survivre (même si Cuvier ne l'écrit pas, certains de ses élèves n'hésiteront pas à ajouter qu'une création divine est intervenue après chacune de ces catastrophes). Cuvier mène une bataille contre les thèses de Lamarck (voir p. 125) en soutenant un fixisme strict : il ne peut y avoir aucune relation, aucune continuité entre ces animaux disparus et la faune contemporaine.

Le catastrophisme va être contesté par ceux qu'on appelle les « uniformitaristes », qui sont surtout des Anglais (sur lesquels l'orthodoxie religieuse pèse moins), et qui soutiennent, avec Charles Lyell, le « principe des causes actuelles » : les processus qui ont produit l'histoire de la Terre ont toujours été les mêmes que ceux qui agissent sous nos yeux, et sont donc, comme on peut le constater, lents et graduels. Cette thèse *gradualiste* qui ne suppose l'existence d'aucun phénomène hypothétique, inobservable (qui n'invente pas des hypothèses, aurait dit Newton) implique que l'histoire de la Terre a été très longue, d'une durée jusqu'alors jamais imaginée.

### Les idées sur le monde vivant à la fin du XVIIIᵉ

C'est Linné, naturaliste suédois, qui établit, au milieu du XVIIIᵉ siècle, la première classification réellement utilisable des êtres vivants, en rejetant toutes les analogies douteuses, tous les liens et similitudes invisibles mais supposés entre les organismes. L'histoire naturelle ne doit étudier que la structure de ceux-ci et les classer ; si les naturalistes rangent les êtres dans des catégories ou des classes, ils restent cependant convaincus de la continuité entre la chaîne de tous les êtres (mais sans relation de filiation), convaincus que « la nature ne fait pas de saut ». En fait, les naturalistes du XVIIIe sont nominalistes (voir p. 26), conscients de ce que leurs classes ou leurs genres ne sont que le fruit de leur travail de catégorisation ; ainsi Buffon qui écrit : « Il n'existe dans la nature que des individus et les genres, les ordres et les classes n'existent que dans notre imagination. » La classification n'est qu'une nomenclature, un système de termes.

Il apparut rapidement qu'il fallait cependant bien que le résultat de telles classifications corresponde à une réalité naturelle ; ce qui permit de rendre réelles ces classifications, c'est une nouvelle conception de *l'espèce* : elle cesse d'être fondée sur une simple ressemblance entre individus (qui pourrait être construite par l'observateur, et donc non réelle), pour se fonder sur la succession des générations qui produisent, de fait, toujours un être semblable. Pour Buffon, l'espèce est un groupe d'organismes où l'on observe des croisements féconds. Le semblable produit toujours le semblable ce qui semble impliquer que, depuis la création, il a toujours existé les mêmes espèces.

Au cœur de la définition du concept fondateur de l'histoire naturelle du XVIIIe, il y a donc la reproduction. Le XVIIe avait encore considéré le problème de l'organisation d'une matière en un être comme relevant des causes premières, c'est-à-dire de la création divine ; les germes étaient conçus comme ayant été créés tous ensemble, une fois pour toutes, sur le même modèle, celui de l'espèce : le germe, préformé dans la semence du géniteur (le seul père), a été constitué au moment de la création avec tous ses semblables. Chaque germe contient l'être à venir en miniature, d'autant plus petit que le moment où il naîtra est lointain ; avec le temps, il se développe en étendue, dans l'espace, il grandit. Si d'un œuf naît une poule, c'est qu'est présent dans l'œuf ce qui caractérise la poule, sa seule structure visible. Il apparaît cependant que l'hypothèse de la préformation mène à quelques absurdités telle la nécessité, pour un germe de la sixième génération, d'être plus petit que le plus petit des atomes.

Si elle n'est pas préformée, comment la matière organique

s'agence-t-elle pour donner un être ? Selon Maupertuis, chaque semence, celle du père et celle de la mère, contient l'échantillonnage complet des différentes particules qui doivent composer l'organisme à naître ; chaque partie, chaque organe du géniteur concourt donc à produire la semence ; les particules du père, ayant des affinités avec celles de la mère, s'y mélangent. Cette hypothèse a le mérite de rendre compte de la ressemblance constatée au fil des générations et d'impliquer ce que les siècles suivants confirmeront : la nécessité d'une mémoire grâce à laquelle les particules forment un organisme à l'image des parents, en vertu, pour Maupertuis, d'un souvenir qu'elles conservent de la situation qu'elles avaient dans l'organisme géniteur et qu'elles reprennent dans l'embryon. Cependant, cette hypothèse ne permet pas de rendre compte du fait que, si l'on ampute un enfant, sa descendance ne naîtra pas mutilée ; ce phénomène est depuis longtemps *constaté*, mais il va à l'encontre d'un véritable dogme, d'une croyance profonde : *l'hérédité des caractères acquis*, en vertu de laquelle la forme, les caractères qu'un individu acquiert dans le cours de son existence sont transmis à sa descendance. Cette croyance, dont on voit vite les liens avec des conceptions économiques, ne sera remise en cause qu'à la fin du XIX$^e$ siècle malgré des dizaines d'expériences de mutilations de grenouilles ou de souris, qui, toutes, mettaient au monde des organismes « entiers ».

Le XVIII$^e$ persiste dans de telles conceptions, même si quelques observations et expérimentations éparses contredisent cette thèse de la préformation, même si quelques savants développent des intuitions géniales. Ce qui manque encore pour comprendre la génération, c'est une théorie unitaire du vivant qui rende compte entre autres du lien entre phénomènes invisibles et structure visible : la *biologie*.

La pensée biologique qui apparaît au début du XIX$^e$, grâce en partie aux travaux des médecins romantiques allemands (voir p. 90) et à leur résistance au mécanisme, va permettre l'abandon de la thèse de la préformation et la naissance de l'*embryologie*. Grâce aux progrès du microscope, à la plus grande rigueur des observations et au « relâchement » des pressions théologiques, on constate que l'œuf de la femelle est fécondé par les animalcules observés dans la liqueur spermatique ; qu'ensuite l'embryon ne constitue pas un adulte en miniature mais se développe en subissant divers remaniements de sa structure. Cette succession de structures est toujours la même pour une espèce donnée et, pour deux espèces voisines, elle présente des similitudes frappantes. Karl von Baer, un anatomiste russe d'origine allemande, établit le premier la loi des ressemblances embryonnaires en vertu de laquelle des embryons d'espèces voisines sont identiques en début de leur développement. Il observe ainsi quatre groupes d'espèces (les vertébrés, les mollusques, les articulés et les radiés, les groupes mêmes que Cuvier avait lui aussi distingués) ; d'un groupe à l'autre, le développement embryonnaire diffère totalement, mais à l'intérieur d'un groupe, le développement est similaire : les traits généraux, communs à toutes les espèces de ce groupe, apparaissent avant les traits spécialisés. Avant l'oiseau, on reconnaît le vertébré dans l'embryon. Tous les membres d'un groupe suivent donc le même chemin et, selon von Baer, les moins parfaits s'arrêtent les premiers, les autres continuant leur développement embryonnaire.

Ainsi, le temps du développement individuel, de l'ontogenèse, étudié par l'embryologie, est-il lui-même intriqué dans un temps plus profond, plus long qui lie les espèces d'un groupe entre elles et leur confère une histoire : s'il arrive que deux organismes présentent une analogie (l'aile de l'oiseau et le bras de l'homme), c'est qu'ils sont passés par une étape commune dans la série des successions. Une théorie de cette histoire des espèces est alors possible et nécessaire.

## Jean-Baptiste Lamarck et la naissance de la biologie

### Un idéologue face à l'empereur

Le 10 juin 1793, la Convention nationale vote la réorganisation du Jardin des Plantes et la création du Museum d'histoire naturelle, se conformant plus ou moins en cela aux recommandations exprimées en 1790 dans un rapport remis à Lakanal par Daubenton ; ce rapport a été rédigé par J.-B. Lamarck, botaniste de grand renom que Buffon, jusqu'à sa mort en 1788, a encouragé et protégé. Lamarck est nommé au Museum en 1794 dans la chaire des insectes et des vers et se fait donc zoologiste. C'est un républicain, et la Convention, qui crée aussi l'Institut en 1795, le nomme membre résident de la section botanique et physique végétale de la première classe, celle des sciences. Botaniste ou zoologiste (météorologiste aussi à ses heures : il publie, entre 1800 et 1810, les premiers *Annuaires météorologiques*), peu importe en fait à cet homme timide, tenace, inlassable ; ce qu'il veut constituer, c'est une connaissance des lois générales et particulières auxquelles obéit la vie organique et qui peuvent expliquer l'origine des êtres vivants. Connaissance pour laquelle il forme en 1802 un nouveau terme : *biologie*.

L'œuvre gigantesque de Lamarck en cette matière va rester largement ignorée, sauf peut-être de quelques amis comme Geoffroy Saint-Hilaire ; en fait, il va s'attirer des oppositions haineuses, celle de Cuvier en tout premier lieu dont il conteste vigoureusement le fixisme et le recours à d'hypothétiques catastrophes. Celle de l'empereur aussi, ce « génie du christianisme » (selon Chateaubriand) qui ne goûte guère les hypothèses de Lamarck et sa remise en cause de ce qu'affirme la tradition chrétienne. Une anecdote traduit le genre d'intérêt que Napoléon portait aux travaux de Lamarck : à la fin de l'année 1809, durant laquelle est paru son grand ouvrage *Philosophie zoologique* (dans lequel il expose sa théorie de la transformation des espèces), les membres de l'Institut, dont il fait partie, doivent présenter leurs publications au chef de l'Etat. Lamarck est près de François Arago, le grand astronome ; il est déjà assez vieux, déjà aveugle. Il présente son ouvrage. Sans y prêter vraiment attention, l'empereur averti par des âmes charitables des opinions de Lamarck (mais pas du contenu de l'ouvrage) lui oppose que cet ouvrage de météorologie déshonore ses vieux jours et qu'il ferait mieux de faire de l'histoire naturelle ! Il ajoute : « Je ne prends ce volume que par égards pour vos cheveux blancs. » La clairvoyance du despote en matière scientifique était, comme celle de ses quelques successeurs, remarquable. Lamarck, plusieurs fois veuf, ruiné, aveugle, qui doit vendre, à la fin de sa vie, son herbier aux Allemands, meurt en décembre 1829 ignoré du public, soutenu seulement par les membres de l'Institut. Son œuvre fut ignorée jusqu'à ce que Darwin lui rendit hommage.

### Le monde vivant se transforme

La volonté de fonder une biologie repose sur l'hypothèse d'une parenté entre tout ce qui vit et sur la prise de conscience du rôle de l'organisation de la matière : les différences entre les organismes sont des différences d'organisation. Lamarck, grand classificateur, a observé des similitudes d'organisation et d'irréductibles différences ; il a regroupé des types d'organisation en classes, en « masses principales » : à considérer ces masses, caractérisées par des niveaux d'organisation, on saisit une chaîne continue de gradations dans la complexité. Pour chaque règne des corps vivants, il y a une série dans la disposition des masses, avec composition croissante de l'organisation. Chaque système de rapports entre les constituants d'un organisme, chaque organisation, peut se transformer en une autre, de complexité immédiatement supérieure ; supérieure en vertu d'une propriété de la matière vivante, que Lamarck postule : la capacité de se complexifier, d'accroître et donc de perfectionner son organisation. Ainsi, se trouve « balisé » le rôle du temps : ce qui est moins organisé est moins perfectionné et est apparu il y a plus longtemps, car un système d'organisation (une espèce si l'on veut) apparu récemment a « derrière lui » toute une chaîne de complexifications au cours du temps qui en fait un organisme plus perfectionné, plus adapté. Voici du même coup définie la vie : la vie, c'est ce pouvoir de se complexifier avec le temps (malgré les déclarations matérialistes de Lamarck, la nature de ce pouvoir, son « substrat matériel » reste obscur et le recours à la force vitale, qui résiste à l'analyse mécaniste, trahit une forme de vitalisme). Ce qui fait que les êtres organiques n'ont pas toujours été ce qu'ils sont, c'est qu'ils vivent, qu'ils ont donc le pouvoir de se modifier eux-mêmes, de s'adapter mieux. Encore faut-il bien sûr que le monde naturel, l'environnement leur en donnent l'occasion, les y convient. C'est le deuxième facteur essentiel de la modification des êtres organisés : les circonstances. Des circonstances nouvelles créent de nouveaux besoins ; les organismes contractent alors de nouvelles habitudes (effectuent de nouveaux mouvements) et acquièrent ainsi une nouvelle organisation. Plus précisément, ce qui fait que, lors d'un changement de circonstances, un organisme se modifie, c'est *l'usage ou le défaut d'usage d'un organe* (ou d'une partie d'organe) : un organe dont on ne se sert pas dépérit puis disparaît mais se développe et se perfectionne lorsqu'on s'en sert : « Dans tout animal qui n'a point dépassé le terme de ses développements (qui n'est pas arrivé à maturité, selon Lamarck), l'emploi le plus fréquent et soutenu d'un organe quelconque fortifie peu à peu cet organe, le développe, l'agrandit et lui donne une puissance proportionnée à la durée de cet emploi, tandis que le défaut constant d'usage de tel organe l'affaiblit insensiblement, le détériore, diminue progressivement ses facultés et finit par le faire disparaître. » Ainsi, selon les organes qu'il est contraint d'utiliser ou d'abandonner pour vivre dans son milieu, un organisme voit sa forme se modifier au cours de son existence (voir encart 10).

A elle seule, cette conception lamarckienne du rôle de l'usage sur la forme d'un organisme ne pourrait constituer une théorie de la transformation des espèces si elle n'était assortie d'une conviction que Lamarck, comme nous l'avons dit, partage avec beaucoup de ses contemporains : l'hérédité des caractères acquis. Pour que la modification survenue chez un individu au cours de sa vie devienne une modification de l'espèce, il faut que cet organisme la transmette à sa descendance : « Tout ce que la nature a fait acquérir ou perdre aux individus par l'influence des circonstances où leur race se trouve depuis longtemps exposée et par conséquent par l'influence de l'emploi prédominant de tel organe ou par celle d'un défaut constant d'usage de telle partie, elle le conserve par la génération aux individus nouveaux qui en proviennent, pourvu que les changements acquis soient communs aux deux sexes ou à ceux qui ont produit ces individus. » Cette thèse de l'hérédité de l'acquis est fausse, comme on l'a démontré à la fin du XIXe siècle ; cependant, il n'est pas certain qu'elle soit totalement étrangère à notre façon de nous représenter l'hérédité même si nous sommes prêts à admettre qu'un joueur de tennis au biceps gauche développé par l'exercice ne donne pas naissance à des enfants dotés de la même dissymétrie !

On a souvent réduit le lamarckisme à cette conviction de l'hérédité de l'acquis, à cette erreur donc ; en réalité, c'est une conviction commune à bien d'autres biologistes au cours du XIXe (et même à quelques-uns au XXe). Mais il est vrai qu'elle est *au cœur* de la théorie de Lamarck, que, sans elle, il ne peut y avoir transformation des espèces. Le lamarckisme c'est aussi, et peut-être plus fondamentalement, la conviction que le monde évolue vers un mieux, dans le sens du progrès ; ainsi, ce que prône la République a un fondement dans la nature, c'est une loi de la nature. De là en partie, la confiance que le XIXe occidental va afficher dans le progrès ; de là aussi la conviction que la société peut et doit évoluer en se conformant à des lois qui valent pour le monde du vivant.

## La théorie darwinienne de l'évolution des espèces

### Les antécédents

Il y a autant de différences entre la théorie de Darwin et celle de Lamarck qu'il y en a entre l'Angleterre de 1840 et la France de 1800. Alors que Lamarck, comme la nation française, reste marqué par l'esprit du XVIIIe, Darwin est « moderne », si moderne même qu'une partie importante de sa théorie ne sera comprise qu'au XXe siècle, celle qui implique le rejet de tout *finalisme*. Chez Lamarck, les organismes sont le lieu où s'applique une force qui les dépasse et leur échappe, qui organise leur rapport au monde, les transcende : la tendance vitale à l'adaptation qui conforme les organismes aux exigences du milieu ; ainsi, les pattes du canard se palment *pour* qu'il puisse nager, le cou de la girafe s'allonge *pour* qu'elle atteigne les hautes branches. La fonction à réaliser (nager, manger) précède la réalisation de l'adaptation et en constitue la finalité ; ce mécanisme maintient l'harmonie du monde vivant chère au XVIIIe siècle.

Darwin vit dans un monde où chacun est libre de régler son rapport avec la nature et avec Dieu sans subir l'influence d'une pesante idéologie religieuse. L'autonomie de la pensée scientifique garantit ses progrès. D'ailleurs, dans cette Angleterre du XIXe siècle, en plein essor économique, Darwin n'est pas le seul à bouleverser les idées reçues : outre Ch. Lyell, dont il est l'élève et qui devient son ami, un pasteur de l'Eglise anglicane professe des convictions qui laissent bien peu de place à la volonté divine et qui vont cependant se répandre rapidement : Thomas

R. Malthus. Il publie en 1798 son *Essai sur le principe de population* et va connaître un grand succès en exposant ces conceptions (qualifiées plus tard de « malthusiennes ») : l'équilibre d'une population, le nombre à peu près constant d'individus qui la composent résultent de l'intervention de deux forces aux effets contraires : l'une, celle de se reproduire, propre aux organismes eux-mêmes ; l'autre, la raréfaction des ressources, propre au milieu lui-même. Les études démographiques de Malthus révèlent que l'effectif d'une population augmente selon une fonction géométrique (est multiplié par $x$ à chaque génération), alors que la quantité de ressources ne croît qu'en fonction arithmétique (on lui ajoute $x$ dans le même laps de temps). Sous l'effet de la pression démographique, il y a donc tendance à l'état de manque ; ce manque de ressources entraîne une compétition sévère entre les organismes à chaque génération, compétition qui ramène leur nombre à l'état d'équilibre (entre ce nombre et les ressources) au prix du triomphe des mieux armés et de la disparition des autres. Si, au niveau des populations humaines, les pauvres sont les premières victimes, c'est parce qu'ils sont « inaptes à la société ». Malthus considère cette lutte pour l'existence en même temps comme la cause et comme la conséquence des changements sociaux produits par l'âge industriel. Il propose une solution : la restriction volontaire des naissances (que seul un homme d'Eglise anglican pouvait se permettre de proposer). Plus tard, Malthus prendra position contre les mesures d'assistance aux plus démunis avec l'argument qu'il n'est pas bon que la société fasse survivre ceux que des lois *naturelles* condamnent. Les idées de Malthus sont bien accueillies en Angleterre où, de fait, la compétition entre individus produit une marginalisation et une paupérisation de la classe défavorisée et l'apparition de mesures d'assistance.

## *La naissance des idées de Darwin*

Darwin est né le 12 février 1809 (l'année où paraît *Philosophie zoologique* de Lamarck) à Schrewsbury, en bordure du pays de Galles, d'une famille où l'on est médecin de père en fils depuis longtemps et où il y a d'éminents naturalistes, le plus connu étant le grand-père Erasme Darwin. Au milieu de fortes personnalités, le jeune Charles n'apparaît pas comme un futur génie. C'est un écolier médiocre, même s'il présente quelque don pour les mathématiques ; son trait le plus original est un goût très vif pour les collections d'objets divers, mais surtout de pierres, de plantes, d'insectes ; et ce qui le passionne, c'est la pêche et la chasse.

Comme il le dira plus tard à son cousin Francis Galton, ce qu'il a appris, il l'a en fait appris tout seul ; par exemple, lors de ces parties de chasse ou lors de ces expériences de chimie qu'il réalise avec son frère aîné, qui lui valent le sobriquet de « Gaz ».

En 1825, son père décide de l'envoyer à Edimbourg commencer des études de médecine. Rien alors ne laisse présager la carrière qui attend Darwin. Il n'a pas dix-sept ans quand il prend contact avec la chirurgie, à l'époque sans anesthésie, et la thérapeutique sans grande efficacité. Il se décide assez vite à abandonner ces études et à se consacrer à la zoologie et la géologie. Son mode de vie semblant assez peu conforme aux vœux de son père, la famille intervient et envoie Darwin à Cambridge pour y faire des études de clergyman ; il y devient en fait naturaliste. En 1831, cinq mois après sa sortie de l'université, il reçoit la proposition de se joindre à une expédition maritime vers la Terre de Feu sur le *Beagle* sous les ordres du capitaine Fitz-Roy. Il écrit alors : « Ma deuxième vie commence » ; il a vingt-deux ans.

De fait, ce voyage est sans aucun doute l'événement le plus important de sa vie ; le capitaine est certes un fondamentaliste (il tient pour vrai chaque ligne de la Bible), c'est de plus un tory, partisan de l'esclavage que Darwin abhorre ; ils se lient pourtant d'amitié. Pour ce jeune homme, cette navigation de cinq ans autour du monde, c'est d'abord une incroyable aventure : tous les risques et toutes les beautés de la nature, tous les hommes, tous les climats s'offrent à ses yeux ; tempêtes, tremblements de terre, éruptions, animaux sauvages de la forêt amazonienne aux arbres géants. Il découvre le monde.

Le 2 octobre 1836, Darwin rentre en Angleterre. Ses lettres et ses collections l'ont précédé et il est accueilli comme un homme de science accompli. C'est à cette époque qu'il se lie d'amitié avec Lyell dont il a lu les œuvres pendant le voyage. Avant de partir, il avait lu Lamarck et Malthus, grâce à quoi il a fait ses observations en se posant des questions, comme par exemple : pourquoi, sur chaque île de l'archipel des Galapagos, trouve-t-on une forme particulière d'un certain oiseau ? Questions auxquelles, de retour à Cambridge, il va consacrer deux années de recherche, pendant lesquelles il va relire Malthus. Lecture importante puisque Darwin dira ensuite que sa théorie est l'application de la doctrine de Malthus à tout le règne végétal et animal.

De ces deux années de réflexion et de lecture naît une théorie de l'évolution que Darwin expose dans un énorme volume qui deviendra *On the Origins of Species by Means of Natural Selection, or the Preservation of Favoured Races in the Struggle for Life* ; ce volume, prêt en 1838, ne sera publié qu'en 1859. Tout porte à croire en effet que Darwin retarde la publication de sa théorie comme s'il redoutait le débat public qui va la suivre ; Darwin, qui est devenu discrètement athée pendant son voyage, sait que les hypothèses qu'il formule ne vont pas être au goût de tous et vont heurter bien des consciences. A partir de cette époque, Darwin tombe plus ou moins malade, d'une maladie indéfinie, aux symptômes vagues et changeants : migraines, nausées, insomnies. Il porte douloureusement sa culpabilité, au point de déclarer, au moment de livrer son ouvrage au public : « Je me fais l'effet d'avouer un meurtre. » Ce qui le décide, malgré tant de réticence, à publier sa thèse, c'est qu'un autre naturaliste, Alfred R. Wallace, lui aussi pénétré de la pensée de Malthus, s'apprête à publier une théorie proche de la sienne. Les amis de Darwin, Lyell en particulier, insistent pour qu'il rédige à la hâte un résumé et parviennent à le décider : ce résumé est publié le 24 novembre 1859. Wallace, que l'histoire des sciences reléguera au second plan, garde de très bonnes relations avec Darwin.

### La théorie darwinienne

La conception de Darwin repose sur quatre hypothèses fondamentales, dont deux sont déjà chez Lamarck :

1 / Les espèces évoluent sans cesse, de nouvelles naissent, d'autres disparaissent ; le vivant, comme la Terre, est l'objet de changements qui ne doivent rien à l'intervention divine.

2 / Les processus évolutifs sont lents, il n'est d'aucune utilité de supposer la survenue de catastrophes supprimant la plupart des espèces et suivies de la création de nouveaux organismes.

(Ces deux hypothèses sont déjà chez Lamarck, auquel Darwin rend hommage.)

3 / Tous les êtres vivants ont un seul et même ancêtre ; c'est le *postulat d'ascendance commune* en vertu duquel la vie sur la Terre a une origine unique ; en particulier, l'organisme vivant qu'est l'être humain provient de l'évolution d'un autre animal, en l'occurrence un primate. La reine Victoria, grand-mère des souverains d'Europe, « descend » elle aussi du singe... Voilà le meurtre que Darwin savait commettre : l'homme devient un animal, ce que bien d'autres avaient proféré avant lui, comme A. Comte par exemple (voir p. 114). Mais Darwin l'affirme non en philosophe mais en savant, en biologiste, preuves à l'appui. C'est pourquoi, si le scandale éclate et provoque de nombreuses réactions des Eglises, le milieu scientifique adhère très rapidement à cette affirmation de Darwin parce qu'elle rend compte de phénomènes constatés avant mais non expliqués. Ce postulat a un grand pouvoir explicatif.

4 / L'évolution ne résulte pas de quelque tendance à la perfection et à l'adaptation ; elle résulte d'une *sélection*. Cette idée rappelle bien sûr celles de Malthus et s'inspire de l'observation des pratiques des éleveurs : pour former de nouvelles variétés ou espèces, les éleveurs opèrent un tri systématique et prolongé parmi les organismes créés à chaque génération : ils choisissent en fonction de leurs goûts ou de leurs besoins. Pour Darwin, la nature, le milieu, sélectionne ce qui lui convient le mieux, ce qui s'adapte le mieux à ses exigences, sur un mode semblable à cette sélection artificielle ; à ceci près cependant qu'il s'agit, lorsqu'on écrit : « Le milieu sélectionne ce qui lui convient le mieux », d'une métaphore : le milieu n'a ni goûts ni besoins, il est tel qu'il est, avec ses caractéristiques (climatiques, écologiques, etc.) ; « ses exigences » ne sont rien d'autres que ces caractéristiques. Il n'y a, pour Darwin, aucune intention dans la nature, aucun but, aucune force mystérieuse.

Pour Darwin, la *sélection naturelle* opère en deux étapes :

— Tout d'abord l'apparition, à chaque génération, d'une immense variété d'organismes de la même espèce, qui diffèrent par un grand nombre de caractères ; l'origine génétique de cette variabilité est inconnue, et le restera jusqu'à la fin du siècle. Lorsqu'il évoque ce problème, Darwin renvoie soit à la génération spontanée, soit à « l'action indirecte du milieu sur le système reproducteur », soit aux thèses de l'hérédité intermédiaire (les caractères des deux parents se transmettent en se mélangeant), etc. Bref, il constate cette variabilité, cette réserve inépuisable de variations dans une espèce, lui attribue un rôle fondamental mais en ignore, comme ses contemporains, le mécanisme ;

— La mise en ordre, ensuite, de cette variabilité, grâce à la lutte pour la vie : bien des jeunes qui naissent ne peuvent survivre car ils sont trop nombreux par rapport aux ressources. Lesquels vont survivre et se reproduire ? Ceux qui possèdent la combinaison de caractères qui leur assure une meilleure défense dans l'environnement ; ceux-là vont échapper aux prédateurs, par exemple, ou se nourrir plus facilement et avoir l'occasion de transmettre à une descendance cette combinaison de caractères « avantageuse », « rentable ». Les descendants seront éventuellement soumis à leur tour à une nouvelle « pression sélective » du milieu. Cette « reproduction différentielle » (toutes les combinaisons de caractères ne donnent pas lieu à autant de descendants) entraîne, au cours du temps, de lents changements dans la composition des *populations* d'individus appartenant à une même espèce ; la population est ici définie comme un groupe d'organismes vivant sur un même biotope, dans un même lieu, soumis par conséquent à la même pression sélective ; deux populations vivant dans des lieux différents peuvent donc être éventuellement soumises à des pressions sélectives différentes. Il peut se produire le remplacement d'une forme ancienne d'organisme, « adaptée » à (au sens de « survivant dans ») un milieu donné, par une forme nouvelle, initialement plus rare, mais mieux « adaptée » à un milieu nouveau en raison de modifications climatiques, par exemple. Ainsi, si une population connaît des changements de biotope important, elle va disparaître si aucun des individus qui naissent en son sein ne présente la configuration de caractères nécessaire à la survie ; mais elle peut aussi, si elle donne, même rarement, naissance à de tels individus, se transformer (par rapport à son état initial) puisque ces individus se reproduisent et transmettent les caractères favorables, « font souche » (voir encart 10) ; la nouvelle souche, le nouveau « type » d'organismes de cette population, peut être si différente du type original que deux individus de sexe différent de chacun de ces « types » ne peuvent plus se croiser. Une nouvelle espèce est alors apparue, issue de l'ancienne, mais différente (le critère de distinction entre deux espèces étant toujours que deux individus qui en sont issus ne peuvent se croiser).

La grande innovation de Darwin, c'est de penser la transformation des espèces en termes de *population* : l'unité qui évolue, c'est le groupe d'organismes vivants sur un même biotope. Cette conception, qu'on dit « populationnelle », va appeler, dès la fin du XIXe siècle, des études statistiques des fluctuations des différents caractères à l'intérieur d'une population. Seules ces études,

---

ENCART 10

Plusieurs exemples, demeurés célèbres, sont utilisés par Lamarck pour convaincre ses lecteurs, comme celui de la girafe. Il écrit, dans *Philosophie zoologique* :

« Relativement aux habitudes, il est curieux d'en observer le produit dans la forme particulière et la taille de la girafe *(camelo pardalis)* : on sait que cet animal, les plus grand des mammifères, habite l'intérieur de l'Afrique, et qu'il vit dans des lieux où la terre, presque toujours aride et sans herbage, l'oblige de brouter le feuillage des arbres, et de s'efforcer continuellement d'y atteindre. Il est résulté de cette habitude soutenue depuis longtemps, dans tous les individus de sa race, que ses jambes de devant sont devenues plus longues que celles de derrière, et que son col s'est tellement allongé que la girafe, sans se dresser sur ses jambes de derrière, élève sa tête et atteint à six mètres de hauteur (près de vingt pieds). » (Paris, UGE, « 10-18 », 1968, p. 219.)

Darwin, dans l'*Origine des espèces*, répond à cette « explication » de Lamarck à propos du long cou de la girafe :

« ... les individus les plus élevés et les plus capables de brouter un pouce ou deux plus haut que les autres ont souvent pu être conservés en temps de famine ; car ils ont dû parcourir tout le pays à la recherche d'aliments. On constatera dans beaucoup de livres d'histoire naturelle, donnant les relevés de mesures exactes, que les individus d'une même espèce diffèrent souvent légèrement par les longueurs relatives de leurs diverses parties. Ces différences proportionnellement fort légères, dues aux lois de la croissance et de la variation, n'ont pas la moindre importance ou la moindre utilité chez la plupart des espèces. Mais (chez la girafe) les individus ayant une ou plusieurs parties plus allongées qu'à l'ordinaire ont dû seuls survivre. Leur croisement a produit des descendants qui ont hérité, soit des mêmes particularités corporelles, soit d'une tendance à varier dans la même direction ; tandis que les individus, moins favorisés sous les mêmes rapports, doivent avoir été plus exposés à périr. » (Paris, Maspero, 6e éd. 1980, p. 240.)

sollicitées également par les progrès de la physique (en particulier par la thermodynamique qui étudie les « populations » de molécules de gaz), pourront réellement permettre de *comprendre* scientifiquement le hasard, d'en faire un concept statistique. Elles permettront d'abandonner une conception totalement *déterministe* (selon laquelle une loi énonce que tel phénomène cause *toujours* tel autre phénomène) au profit d'une conception *probabiliste* (les lois scientifiques énoncent que, dans $x$ % des cas, tel phénomène cause tel autre phénomène).

### L'évolution de la théorie de l'évolution

Depuis 1859, la théorie darwinienne a été l'objet de nombreux débats et remaniements (qu'il ne peut être question de présenter ici). La naissance de la génétique et son histoire ont constitué une source décisive de modifications de la théorie darwinienne.

En 1883, une découverte importante est effectuée par un biologiste allemand, August Weismann ; il établit une distinction radicale au sein de l'organisme entre deux types de cellules : les cellules germinales, qui contiennent une substance capable de devenir un individu de la même espèce, et les cellules somatiques, qui constituent le corps de l'organisme et n'interviennent pas dans la reproduction. Les cellules somatiques ne sont pour rien dans la production de cellules germinales qui ne proviennent que des cellules germinales du géniteur. Weismann en déduit que celles-ci, seules responsables de l'hérédité, sont imperméables aux changements qui affectent les cellules somatiques du fait du contact avec l'environnement ; au cours de son existence, les cellules germinales d'un organisme ne sont jamais modifiées : il ne peut donc y avoir hérédité des caractères acquis. En laissant intacte celle de Darwin, ces travaux de Weismann invalident donc totalement l'explication lamarckienne (on qualifie d'ailleurs les thèses de Weismann de « néo-darwinisme »). Néanmoins, on trouve encore à la fin du XIXe siècle, et parmi les biologistes français en particulier, des néo-lamarckiens qui affirment une méfiance profonde à l'égard des travaux de Weismann ; Alfred Giard, par exemple, soutient qu'accepter ces thèses reviendrait à refuser tout transformisme parce qu'elles impliquent que toutes les variations possibles sont contenues dans les premiers êtres, impliquent une sorte de préformation, d'emboîtement des germes. A ces biologistes français (qui joueront un rôle important dans la formation des psychologues du XX$^e$ siècle, voir p. 167), très positivistes, la génétique naissante apparaît comme un retour à la métaphysique, à la téléologie : à l'idée que tout était contenu dès le départ et que le temps n'a d'autre fonction que de réaliser ce « projet ». C'est la raison principale pour laquelle la génétique ne sera enseignée en France qu'après 1920.

Le pas qui constitue le véritable acte de naissance de la science de l'hérédité est accompli par Grégor Mendel, moine dans le monastère de Brno, en Tchécoslovaquie. Mendel réunit deux types de savoir : celui des horticulteurs (par son enfance dans une exploitation agricole) et celui de la biologie de l'évolution (par ses études à Vienne et ses nombreuses lectures). En utilisant systématiquement la méthode de l'hybridation (qui va devenir fondamentale en génétique), il parvient à formuler des lois mathématiques qui permettent de prévoir les caractéristiques d'une descendance (pour un exposé plus détaillé de la génétique mendélienne, voir vol. *HB*). Son hypothèse géniale, tout autant que ses observations, est qu'il convient de différencier ce qu'on voit, le caractère, et quelque chose d'autre qui le sous-tend ; les caractères observés ne font que traduire la présence cachée de particules, d'unités, que Mendel appelle « facteurs » et qu'il considère comme indépendants les uns des autres, chacun gouvernant un caractère observable. Il suppose qu'un organisme possède deux exemplaires de chaque facteur, l'un issu du père l'autre de la mère ; un seul élément de cette paire est tiré au hasard au moment de la formation des cellules reproductrices. Ce qui transmet l'hérédité, c'est ainsi une collection d'unités isolées, chacune pouvant exister dans des états différents qui donnent lieu à des formes différentes.

Les découvertes de Mendel sont évidemment capitales : pour la première fois, on démontre l'existence, dans chaque organisme, d'un programme génétique invariant, dont les caractères visibles ne sont que les conséquences. Mais quand Mendel expose ces découvertes en 1865 devant une quarantaine de savants, cet intérêt est ignoré ; il faudra attendre de Vries et d'autres chercheurs à la fin du siècle pour que se développent une véritable science de l'hérédité fondée sur les travaux de Mendel et la conviction que l'évolution d'une espèce équivaut à une modification de sa structure génique dans laquelle la production de nouveauté résulte de facteurs aléatoires.

A partir de 1930, ces connaissances vont être intégrées à la biologie de l'évolution qui, en intégrant également celles de la paléontologie, propose la *théorie synthétique de l'évolution*, de stricte obédience darwinienne (pour plus de détails sur les conceptions actuelles en biologie de l'évolution, voir vol. *HB*). Au moment où cette synthèse est réalisée, la plupart des biologistes de l'évolution s'y rallient ; la théorie fonctionnera même comme un « dogme » : tous ceux, peu nombreux, qui n'admettent pas le rôle décisif attribué au hasard (voir vol. *HD* pour les positions de Jean Piaget sur cette question), ou ceux qui n'admettent pas que le processus est graduel, seront mis à l'écart.

### L'embryogenèse, l'ontogenèse et la phylogenèse

L'attention portée à l'évolution des espèces traduit, comme nous l'avons vu précédemment, un intérêt plus général pour les modifications que subissent tous les phénomènes au cours du temps. Le développement de l'individu lui-même (ainsi que son rôle au sein des phénomènes évolutifs) devient l'objet d'investigations. L'embryogenèse est, au milieu du XIX$^e$, la période la mieux connue du développement de l'organisme individuel, qu'on appelle à l'époque ontogenèse. Le développement qui se déroule après la naissance, l'enfance, ne fait alors l'objet que de relevés documentaires, certes de plus en plus précis, quelquefois très riches, mais sans qu'aucune théorie, aucun concept scientifique ne vienne rendre compte des différentes étapes et du passage de l'une à l'autre. Darwin, par exemple, a porté un intérêt très vif à l'enfance comme le révèlent les observations minutieuses qu'il fit du comportement de l'un de ses enfants en classant en diverses rubriques ses activités (colère, affections, sens moral).

L'œuvre d'un zoologiste allemand de Iéna va exercer une influence décisive, en proposant une hypothèse sur les mécanismes qui règlent le développement de l'organisme individuel.

Alors que les physiologistes allemands ne témoignent d'aucun intérêt pour l'évolutionnisme et même plutôt d'une certaine méfiance, il va utiliser l'approche évolutionniste pour étudier ce développement. Ernst Haeckel, apôtre doctrinaire de Darwin, professeur de zoologie marine dès 1862, si convaincu de l'hérédité de l'acquis qu'il sera un fervent opposant à Weismann, propose une hypothèse dont il n'est pas le premier auteur, mais qui reste attachée à son nom : la *loi de récapitulation*, ou *loi biogénétique*, selon laquelle l'ontogenèse des organes est une brève récapitulation de leur phylogenèse ; la phylogenèse, mot inventé par Haeckel, désigne l'histoire de la formation d'une espèce et trace donc la série des formes revêtues par les ascendants de cette espèce. Cette loi, fondée sur les observations nombreuses de l'école allemande d'embryologie et sur la lecture que Haeckel a faite de Darwin, affirme que les organes, au cours de leur développement, passent par des phases où leur structure évoque les états terminaux de développement d'espèces inférieures.

Cette hypothèse a un mérite : elle propose une théorie du développement individuel en le considérant comme guidé par l'histoire phylogénétique ; cependant, elle est loin de faire l'unanimité chez les biologistes contemporains de Haeckel qui le jugent peu prudent, peu rigoureux, plus intéressé par les hypothèses hardies que par la justesse des observations. La loi de Haeckel est néanmoins « populaire » : on la retrouve ici ou là généralisée, étendue par exemple à l'ensemble de l'organisme ou au développement de l'esprit humain.

Cette hypothèse va constituer un tournant dans le regard porté au développement de l'enfant ; en l'utilisant sous l'une de ses formes généralisées, les psychologues de l'enfant (Jean Piaget par exemple, voir vol. *HD*) vont quelquefois assimiler ce développement à une embryogenèse, avec des concepts propres à rendre compte de l'épigenèse qui caractérise le développement de l'embryon : le développement de telle caractéristique, l'intelligence par exemple, se déroulerait en suivant une série non modifiable d'étapes, chacune de ces étapes contenant *en germe* la suivante.

La thèse de Haeckel sert de base à un travail qui a fait date dans l'histoire de la psychologie de l'enfant, celui de William Preyer, professeur de physiologie à Iéna. En 1881, il publie un ouvrage *(L'âme de l'enfant)* dans lequel il retrace la « psychogenèse » de son enfant de zéro à trois ans après avoir noté tous ses « progrès psychiques », en affirmant que puisque tous les enfants (comme les embryons) se développent de la même façon, il est plus intéressant d'en observer un minutieusement que beaucoup sans être complet. Il écrit : « A la vérité, tel enfant se développe rapidement, tel autre lentement, l'on rencontre les différences individuelles les plus considérables même chez les enfants de mêmes parents : mais ces différences portent bien plus sur l'époque et le degré que sur l'ordre de succession et d'apparition des divers phénomènes de développement. Et l'essence de ces derniers eux-mêmes est identique chez tous » (Paris, Alcan, 1887, p. VIII). On peut avantageusement rapprocher cette affirmation des conceptions de Piaget en matière de « décalages » dans le développement de l'intelligence, voir vol. *HD*).

La psychologie de l'enfant qui va se constituer surtout aux Etats-Unis saura tirer profit de cet ensemble de convictions.

## L'évolutionnisme et les phénomènes humains

### L'étude de la continuité des activités mentales de l'animal à l'homme

Même si Darwin ne fait presque aucune allusion à l'évolution de l'homme dans le livre paru en 1859, le postulat darwinien soulève une question centrale au sujet de ce qui semble une absolue spécificité de l'homme : l'esprit (nous avons choisi cette traduction de l'anglais *mind* qui désigne ce qui produit des activités *mentales*). L'esprit de l'homme est-il le résultat de l'évolution de celui de l'animal, en l'occurrence des animaux les plus proches sur le plan évolutif, les singes ? Thomas Huxley, un ami proche de Darwin, consacre en 1862 un ouvrage à l'étude des ressemblances anatomiques entre le cerveau de l'homme et celui des grands singes et Darwin lui-même publie en 1871 un livre consacré à la continuité mentale de l'animal à l'homme : *Descent of man* (malencontreusement traduit *La descendance de l'homme*). Il y présente les nombreuses similitudes entre les processus mentaux des animaux et ceux des hommes pour ne retenir qu'une différence fondamentale : la conscience morale. Encore argumente-t-il que celle-ci, comme le langage d'ailleurs, peut être considérée comme l'inévitable résultat de l'évolution intellectuelle et de la socialisation qu'elle a entraînée.

Le livre de Darwin, s'il ne parvient pas à convaincre l'ensemble de ses contemporains, va cependant servir de base à des travaux fondateurs de la psychologie animale comme ceux de Thomas Huxley, de Romanes ou de C. Lloyd Morgan, tous fondés sur la conviction que, puisqu'il y a continuité, l'étude de l'esprit animal est riche en enseignements sur l'esprit humain.

Mais à la même époque en Angleterre une question d'ordre philosophique est soulevée, héritée de la tradition empiriste : comment l'esprit vient-il à l'individu ? John Stuart Mill, le fils de James Mill, est l'un des plus éminents porteurs de cette tradition empiriste, et va proposer d'adjoindre à la réponse empiriste à la question précédente que l'idée composée, qui résulte de l'association de deux idées simples, a des propriétés différentes de celles de ces idées simples, comme le sel, dit-il, a des propriétés différentes du sodium et du chlore, métaphore qui vaut à ces conceptions d'être comparées à une « chimie mentale ». La psychologie empiriste de Stuart Mill, économiste et homme politique influent, va être développée par l'un de ses amis, professeur de logique à Aberdeen en Ecosse : Alexander Bain. Sans recourir à l'expérimentation (bien qu'il en vante les mérites), Bain se propose de découvrir le « germe instinctif de la volition », l'origine de l'acte volontaire, auquel, lui semble-t-il, la tradition empiriste n'a pas donné une explication satisfaisante : en accordant un rôle primordial aux circonstances, elle n'a laissé aucune place à l'initiative individuelle. La question qu'il se pose est précisément la suivante : lorsqu'un individu réalise *pour la première fois* un mouvement, le fait-il en réponse à une sollicitation extérieure ou ce mouvement résulte-t-il seulement du libre exercice de sa volonté (comme l'affirment certains philosophes de l'époque) ? A cette question très importante, qui va diviser par la suite les écoles de psychologie, Bain apporte une réponse originale : c'est par hasard que cette « première fois » se produit ; survient ensuite la « sanction » de l'environnement : si cette sanction est désagréable, l'individu ne réitérera plus son mouvement et en réalisera éventuellement un autre mais si cette sanction est agréable, il le renouvellera. C'est ainsi pour Bain qu'une activité spontanée se transforme en activité volontaire. Pour désigner ce processus, il forge l'expression d' « apprentissage par essais et erreurs », qui restera très utilisée en psychologie. Bien qu'il soit convaincu de la nécessité de faire de la psychologie une science naturelle en se souciant, comme l'avait fait Hartley (voir p. 67) par exemple, des mécanismes physiologiques qui sous-tendent les processus psychologiques, Bain ne donne aucune précision sur le mécanisme nerveux responsable de l'apprentissage par essais et erreurs.

Cette conception rappelle l'utilitarisme (voir p. 108) défendu par James Mill et Jeremy Bentham : une action est jugée, y compris par l'individu lui-même, sur la base de son utilité, du plaisir et de la peine qu'elle procure. Mais elle rappelle aussi la théorie de Darwin, qui paraît au même moment (les livres de Bain paraissent pendant les années 1850), même si Bain comme Stuart Mill n'expriment aucune préoccupation en cette matière : Bain et Darwin affirment que les modifications, au cours du temps, se réalisent par apparition de nouveauté et sanction par l'environnement. Il y a communauté de *mécanisme* entre l'évolution des comportements et l'évolution des espèces. En fait cette parenté révèle que l'une et l'autre de ces théories expriment une « idéologie » déjà présente au moment où elles sont proposées, qui leur préexiste et les influence même si elles vont, à leur tour (celle de Darwin surtout bien sûr) l'alimenter. Un homme est pour beaucoup dans la diffusion de cette idéologie : Herbert Spencer.

Cet ancien ingénieur des chemins de fer, devenu journaliste, est l'ami de Thomas Huxley (qui va devenir l'un des plus fervents darwiniens). Avant même de connaître les thèses de Darwin, il affirme que l'on ne peut répondre à la question de l'origine de l'esprit qu'en étudiant son évolution (entendu au sens du XVIIIe, celui de *développement* au niveau individuel). Spencer soutient que l'esprit des êtres vivants, *comme tout aspect du monde*, est en perpétuel changement *du simple vers le complexe*. Chaque chose évolue d'un état d'homogénéité indifférenciée vers une hétérogénéité croissante. En appliquant cette thèse de l'évolution par différenciation progressive, qui n'est nullement d'ordre biologique, aux capacités mentales, Spencer affirme que l'évolution du système nerveux résulte de la complexité croissante des réactions aux événements extérieurs : l'esprit évolue du simple réflexe à l'instinct, de celui-ci à la mémoire, de la mémoire au raisonnement. La loi d'association est responsable de cette progression, c'est un principe fondamental de la nature. Comme tous les « progressistes » du XIX$^e$, Spencer adhère de plus à la thèse de l'hérédité de l'acquis en vertu de laquelle ce qu'un organisme acquiert grâce à un contact avec l'environnement, ses descendants le savent en faisant l'économie de ce contact : ainsi, ce qui était par exemple réaction réflexe à une génération devient à la suivante instinctif.

C'est cette conception de l'évolution de tout phénomène de l'homogène à l'hétérogène que le siècle qualifie d'*évolutionnisme*. Elle s'exprime dans des théories sur la genèse de l'esprit humain, mais elle va atteindre également les représentations de la société.

### L'application du darwinisme aux phénomènes sociaux

La philosophie de Spencer peut se résumer dans une conviction capitale : tout phénomène obéit à des lois *naturelles* ; le XIX$^e$ siècle va en particulier, devant la nécessité de comprendre les événements qui ont bouleversé la fin du siècle précédent, appliquer cette conviction aux phénomènes sociaux. Un concept promu par Spencer, mais qu'on trouve tout autant chez Malthus et Darwin, va concentrer ce naturalisme : celui de *survivance du plus apte*. Spencer est convaincu que toutes les formes de compétition entre les individus sont la condition même du progrès social et doivent, par conséquent, être libres de tout contrôle et même encouragées. La théorie de Darwin vient à son avis renforcer cette conviction ; théorie de Darwin dont Spencer va diffuser, en matière de sociologie, une lecture qui l'arrange : l'idée de progrès est en effet absente des préoccupations darwiniennes, de même que toute ambition d'appliquer sa théorie biologique à des phénomènes sociaux ; cette lecture, c'est le *darwinisme social*, qui reste attaché au nom de Spencer. Celui-ci affirme ainsi que la méconnaissance de la biologie entraîne certains philanthropes vers une politique d'assistance sociale aux plus démunis, alors que celle-ci contrevient aux lois élémentaires de la nature qui exigent au contraire l'élimination des inaptes.

Le jeu « naturel » ne doit pas être faussé par l'intervention artificielle d'un Etat-providence, qui ralentirait la diffusion des « meilleurs » éléments de la société. Cette conviction, qui s'accompagne bien sûr de considérations sur la supériorité de la race européenne (plus évolués que les primitifs, les Européens résultent d'une longue série de différenciations), s'accorde parfaitement avec l'expansionnisme occidental du XIX$^e$ siècle et exprime en fait magistralement des convictions très partagées. Les thèses de Spencer reçoivent un écho considérable à partir des années 1870 en raison de cet accord, en raison aussi de la très grande productivité du philosophe.

La popularité de Spencer aux Etats-Unis est l'un des facteurs importants de son succès. Au moment des changements sociaux qui suivent la guerre civile, l'œuvre de Spencer semble conforter la confiance dans le progrès social. Alors qu'en Angleterre, Spencer prêche pour une concurrence entre autres économique qui existe déjà, et ne fait donc que la justifier, l'industrialisation des Etats-Unis est trop récente pour que de telles pratiques y soient déjà rationalisées ; l'Amérique de l'époque est comme une caricature de cette lutte pour la vie que prône le darwinisme social ; il est bienvenu d'y justifier par exemple qu'une race, en l'occurrence les descendants des Européens, procède à la décimation radicale d'une autre, les Indiens.

Le darwinisme social recevra, dans les décennies suivantes, de nombreuses applications pratiques et ne restera nullement une « sociologie » non interventionniste comme le souhaitait son inspirateur. Spencer a écrit qu' « il n'y a pas de plus grande malédiction pour la postérité que le fait de lui léguer une population toujours croissante d'imbéciles, de paresseux et de criminels » ; il a ouvert ainsi la voie à des programmes d' « élimination des rebuts ». L'un des inspirateurs de cette politique est Francis Galton, le cousin de Ch. Darwin, qui promeut, en 1883, une science de l'*amélioration de la race*, qu'il appelle *eugénisme* (voir p. 181) : ainsi, dès la fin du XIX$^e$, sont pratiquées des stérilisations d'individus dont on juge qu'ils ne doivent « léguer » aucune descendance (entre 1899 et 1912, par exemple, aux Etats-Unis, 236 vasectomies sont effectuées sur des arriérés mentaux dans l'Etat d'Indiana). La biologie est appelée à résoudre les problèmes sociaux, rôle qu'elle n'a d'ailleurs pas fini de jouer aujourd'hui. Les pratiques eugénistes ont pris différents visages au XXᵉ siècle, du programme systématique d'élimination de la race juive au contrôle des embryons fécondés *in vitro*.

Le darwinisme social et la conviction de l'hérédité des caractères acquis constituent, plus que la théorie biologique darwinienne, les deux éléments fondamentaux de l'évolutionnisme du XIXᵉ siècle. Ils véhiculent la certitude que de l'animal à l'homme la différence est négligeable, que l'étude de l'un éclaire la connaissance de l'autre, que les mécanismes qui affectent l'existence de l'animal, les mécanismes « naturels », affectent également l'existence, sociale tant qu'individuelle, de l'autre. L'homme peut ainsi être comparé à un animal, c'*est* un animal comme les autres. Métaphore lourde de conséquences bien sûr pour tout discours sur l'homme. Pour qu'une psychologie « objective », positiviste, « observationniste » puisse se constituer comme science, il était nécessaire aussi que l'on puisse porter sur l'homme le même regard que sur l'animal.

# VII. La physiologie : l'homme comme organisme

La Révolution française n'a pas reçu partout un accueil aussi enthousiaste qu'en Angleterre ; l'Allemagne en particulier n'a pas suivi cet élan. Si l'épopée napoléonienne n'y a pas suscité, dans un premier temps, de réactions profondes, la défaite de l'armée prussienne à Iéna en 1806 provoque un sursaut, une prise de conscience de l'identité nationale. Le romantisme allemand concourt à ce réveil nationaliste et devient alors conservateur et respectueux du pouvoir. De 1840 à 1857, Frédéric Guillaume IV, chef d'Etat réactionnaire, affiche son goût d'un romantisme exacerbé, comme Louis II de Bavière. D'attitude manifestée par des Illuminés asociaux, le romantisme se rigidifie pour devenir idéologie de pouvoir.

Conformément à la tradition de la *Naturphilosophie*, l'empirisme demeure étranger à la philosophie allemande. La philosophie idéaliste, celle de Hegel et de Fichte, dominante dans les universités prussiennes, préconise, dans l'explication des phénomènes, le recours à la compréhension logique ou au savoir intuitif, la compréhension soudaine (*Einsicht*, ou *insight* traduction anglaise très utilisée en psychologie). Cette philosophie porte d'abord ses fruits dans les domaines de l'histoire et de l'étude comparative des langues jusqu'à ce qu'un changement institutionnel décisif vienne permettre la constitution de nouveaux domaines, faire naître de nouveaux centres d'intérêt.

En 1810 est créé à Berlin un nouveau type d'université qui

va devenir un modèle pour les universités occidentales du XIXe siècle ; il a pour fonction de permettre à la Prusse de regagner, sur le plan culturel, le terrain perdu militairement. Cette nouvelle université est fondée sur des convictions concernant le rôle et le fonctionnement de l'enseignement supérieur, résumées dans la formule : « libertés académiques ». Contrairement à la plupart de leurs concitoyens, les professeurs allemands se voient attribuer le droit d'énoncer librement leurs idées, de faire les cours de leur choix, sans souci des orthodoxies. Corrélativement, une grande liberté est laissée aux étudiants, y compris celle de passer d'une université à l'autre. Cette organisation académique nouvelle s'accompagne d'une multiplication d'universités de qualité dans les pays allemands, ce qui offre des postes d'enseignement et de recherche (puis une grande mobilité professionnelle) aux étudiants qu'elles forment.

Lorsqu'en 1871 la Prusse remporte des victoires militaires sur l'Autriche et sur la France, c'est en partie à l'éducation prussienne qu'on en accorde le mérite. Si bien que de l'Europe entière et bientôt des Etats-Unis on vient faire des études en Allemagne. Ce sont bien souvent les travaux des physiologistes qui exercent la plus forte attraction.

## Le développement des études du système nerveux

A partir de 1829, l'utilité de l'expérimentation scientifique est reconnue dans ces nouvelles universités allemandes : c'est à cette date qu'est créé à Giessen le premier laboratoire de chimie. L'activité scientifique peut dès lors devenir une profession, exercée en groupe, et produire des recherches coordonnées. La physiologie est sans doute la discipline qui bénéficie le plus de ces innovations : pendant les cinquante années qui vont suivre, les plus grandes découvertes en physiologie, en physiologie nerveuse principalement, seront réalisées en Allemagne, même si la France réunit elle aussi une école importante en cette discipline.

### L'école de Berlin

Un événement se révèle décisif pour l'expansion de la physiologie : la nomination, en 1833, de Johannes Müller comme professeur de physiologie à Berlin. Müller a été influencé par la philosophie de la nature lors de ses études à Bonn, mais, par le groupe de chercheurs qu'il va réunir autour de lui, il va entraîner une rupture profonde de la biologie allemande avec l'inspiration romantique.

Müller professe un « positivisme tempéré » : devant l'incapacité de l'attitude mécaniste à résoudre la question de la spécificité de l'ordre vital, il prône un perpétuel recours aux faits et à l'observation scrupuleuse. Ce qui, pour lui, distingue les corps organiques des corps inorganiques, c'est la permanence de leur activité et leur capacité de créer selon les normes d'un plan finalisé, comme dans l'embryogenèse. Dans un corps vivant, les parties sont ordonnées *en fonction de* la totalité, de l'organisme. Ce sont les structures de l'organisme qui commandent l'agencement de ses parties et le propre de cet organisme est d'avoir une activité autonome, non uniquement déclenchée par l'extérieur (cette dernière affirmation rejoint celle de A. Bain (voir p. 140) : il semble en effet que Bain avait été « inspiré », pour formuler son hypothèse, de la lecture d'une traduction des travaux de Müller). En conséquence logique de ses convictions sur l'autonomie des organismes, Müller soutient que nombre des comportements des organismes ne sont pas fortement influencés par leur environnement et que leurs capacités sont innées plutôt qu'apprises (ce qui, par contre, ne se retrouve pas chez Bain).

Müller a réuni à Berlin un groupe de jeunes physiologistes peu enclins à se laisser entraîner à ce qu'ils jugent comme des débordements vitalistes, dont les relents romantiques leur semblent démodés : le romantisme a perdu les attraits de l'attitude sacrilège qu'il opposait jadis au pouvoir des Lumières. Ces hommes vont étudier, en positivistes, la conduction nerveuse sur la base de la loi de l'énergie spécifique des nerfs découverte par Müller en 1838, en vertu de laquelle un nerf donné (le nerf optique par exemple), n'engendre qu'une sorte de sensation (la vision), ce qui différencie les cinq sens principaux.

E. Du Bois-Reymond travaille sur la nature de l'électricité

animale auparavant étudiée surtout par des Italiens, mais aussi par Bell et Magendie qui avaient découvert, dans les années 1810, la différence entre nerfs moteurs et nerfs sensitifs, ce qui avait permis de localiser le siège des réflexes dans la moelle épinière. Du Bois-Reymond découvre que chaque partie du tissus nerveux contient une force électromotrice, qu'il appelle « potentiel de repos ». T. Schwann élabore une théorie cellulaire selon laquelle le développement d'un organisme correspond à la formation de cellules, y compris dans le système nerveux. C. Ludwig et surtout H. von Helmholtz étudient le problème de la vitesse de la conduction nerveuse. Helmholtz isole un nerf moteur de grenouille et le stimule à 5 ou 6 cm de sa jonction avec le muscle qu'il commande ; il mesure le temps qui sépare cette stimulation de la contraction du muscle, mesure qui est la première d'une très longue série de mesures de temps de réaction intégrées à l'étude de phénomènes très divers (voir p. 171 et 213). Helmholtz, chirurgien avant de devenir physicien, affirme des convictions empiristes originales mais peu compatibles avec le nativisme (innéisme) de son maître Müller : pour Helmholtz, nous percevons le monde en procédant à des « inférences inconscientes » qui s'ajoutent à l'analyse nerveuse du donné sensoriel, inférences que nous effectuons sur la base de notre expérience passée. Helmholtz enfin propose une théorie de la vision des couleurs et de la résonance dans l'audition qui inspirent encore des recherches contemporaines (voir vol. *HC*).

Dans toutes ces recherches, l'étude du fonctionnement du système nerveux concerne surtout la moelle épinière et les nerfs ; le cerveau, enjeu de débats philosophiques auxquels ces physiologistes répugnent à se mêler, demeure encore un mystère.

L'école de Berlin acquiert un renom et un pouvoir considérables, en particulier sur les études de médecine dans lesquelles les physiologistes occupent bientôt une position centrale.

### *L'influence de ces travaux sur la physiologie russe*

De nombreux étudiants sont désireux de venir travailler à Berlin, mais aussi dans d'autres universités allemandes. A Leipzig par exemple, Ed. Weber fait en 1845 une découverte surprenante : la stimulation du nerf vague de la grenouille ralentit son rythme cardiaque. C'est la première observation du phénomène d'*inhibition* : l'accroissement de l'activité d'une partie du système neuromusculaire entraîne une diminution ou une cessation de l'activité dans une autre partie de ce système (ainsi la stimulation d'un nerf peut-elle inhiber l'activité intestinale, par exemple). Weber ne dispose d'aucun cadre théorique lui permettant de comprendre l'importance de sa découverte.

Le premier à en percevoir la signification globale est un étudiant en médecine russe, Ivan Sechenov, arrivé à Berlin en 1856 pour suivre (en compagnie d'un de ses compatriotes S. Botkin) les cours de Du Bois-Reymond. Il répète les observations du phénomène d'inhibition puis, après avoir passé quelque temps à travailler avec Helmholtz à Heidelberg, rentre en Russie. Il devient professeur assistant à l'Académie militaire de médecine de Saint-Pétersbourg et y entreprend les travaux fondateurs de la réflexologie (voir p. 176).

C'est en partie à cause de la situation politique de la Russie à la fin du XIXe que les choix théoriques de Sechenov vont être décisifs. Le régime tsariste a fait régner pendant tout le siècle une terreur certes variable avec les tsars mais qui ne s'est jamais véritablement relâchée : les intellectuels ne jouissent pas de la liberté d'expression des intellectuels européens et par ailleurs la religion orthodoxe pèse sur les consciences. L'activité philosophique en Russie est pourtant intense ; il existe en particulier une tendance positiviste, inspirée par les textes très lus de Comte, Mill ou Spencer et fortement teintée de mécanisme. Cette philosophie entretient des liens très étroits (plus que dans l'Europe occidentale) avec le matérialisme, auquel elle est souvent d'ailleurs identifiée. Le milieu médical russe, que Sechenov va influencer en partie, va être gagné par ces tendances philosophiques et c'est dans ce milieu que naît la psychologie russe. Le séjour de Sechenov en Allemagne le mène à refuser, comme Du Bois-Reymond ou Helmholtz, toute conception qui pourrait sembler vitaliste ; il rejette en particulier la thèse de l'apparition spontanée d'une conduite d'un organisme, rejet qui va différencier radicalement la psychologie occidentale de la psychologie russe. La psychologie russe puis soviétique est une psychologie de ré-action, terme plus ou moins heureusement remplacé par celui de réflexe. Sechenov d'autre part revient d'Allemagne convaincu que la physiologie nerveuse doit éclairer l'étude des phénomènes mentaux et que, puisque celle-ci en est à ses balbutiements, il lui faut commencer par étudier les phénomènes les plus simples : ceux des animaux inférieurs. L'école russe et soviétique sera donc physiologique et animale ; le mécanisme d'inhibition, central dans les travaux de cette école, sera préférentiellement étudié chez l'animal avant d'être généralisé à l'homme.

### La persistance du vitalisme

A mesure que grandissent les succès et l'écho de leurs travaux, les physiologistes accentuent leur hostilité à l'égard d'un courant à leurs yeux trop spéculatif, dont leur maître Müller était plus proche, qui persiste à affirmer que l'ordre vital ne peut être réduit à des phénomènes physico-chimiques.

En effet, si la tradition romantique perd de sa vivacité et de son attrait, elle se perpétue néanmoins dans des travaux qui affirment que la physique ou la chimie ne peuvent rien nous apprendre des phénomènes vitaux, ni rendre compte de leur irréductible spécificité.

### *Le vitalisme en France*

De telles affirmations sont le fait en France d'un professeur de médecine expérimentale au Collège de France à partir de 1855, dont les travaux serviront longtemps de modèle : Claude Bernard. Tout en respectant l'exigence positiviste de s'en tenir aux causes secondes (ici de la maladie) puisqu'on ne peut intervenir que sur elles seules, Cl. Bernard n'est pas un « scientiste » en ceci qu'il insiste, contre les physiologistes berlinois, sur l'autonomie et la spontanéité du vital. En définissant l'organisme par son *milieu intérieur*, constitué de sang et de lymphe, doté de mécanismes de fonctionnement identiques pour l'état normal et l'état pathologique, en prônant le recours strict à la méthode expérimentale, Cl. Bernard influença considérablement la physiologie française (voir p. 167).

### Le vitalisme en Allemagne

En Allemagne, c'est à Leipzig que la tradition vitaliste va venir exercer une influence décisive pour l'histoire de la psychologie.
Herman Lotze y enseigne la médecine *et* l'anthropologie philosophique. Tout en se prononçant contre les excès du romantisme, il oppose lui aussi à la science mécaniste la spécificité des phénomènes vitaux en affirmant que les différentes parties du corps produisent, par l'association de leurs forces, la vie de la *totalité*, totalité avec laquelle elles ne possèdent pas l'ombre d'une analogie. L'organisme est une totalité, une structure, il ne peut être analysé, décomposé, pour être connu. En le découpant en parties, on perd sa spécificité ; il ne peut donc être conçu *que* comme totalité. Cette conviction, à l'opposé de la démarche analytique chère au XVIII$^e$ siècle, signe l'appartenance de Lotze au courant romantique et à son monisme.
Un autre homme vient, à Leipzig, joindre ses convictions à celles de Lotze : Gustav T. Fechner ; il va reprendre certains travaux d'E. Weber, qui a été professeur à Leipzig d'anatomie comparée depuis 1818 et a tenté de déterminer les relations quantitatives qui unissent la conscience de la sensation et diverses excitations (la température, la pression, etc.). Fechner, fils de pasteur devenu docteur en médecine en 1822, s'est d'abord tourné vers des recherches de physique-chimie, puis vers l'étude de la vision des couleurs. Entre 1839 et 1842, il traverse une crise de dépression mélancolique, qui s'accompagne de cécité et qui va exacerber des tendances mystiques qui s'étaient déjà manifestées par exemple en 1825 lorsqu'il avait, sous le pseudonyme de D$^r$ Mises, publié une *Anatomie des anges*. Il déclare avoir « vu » dans son sommeil le nombre « 77 » et se persuade qu'après soixante-dix-sept jours d'une cure à base de jambon épicé (dont une de ses amies avait également « vu » en songe les bienfaits), il sera guéri, ce qui ne manque pas de se produire. La pensée de Fechner est désormais tournée vers des

inspirations mystiques et il échange sa chaire de physique pour celle de philosophie. En 1850, une nouvelle vision lui révèle que le monde mental et le monde physique sont bien unis (comme l'affirmaient les romantiques) et le sont par des nombres.

> On retrouve ici les croyances *numérologistes* du Moyen Age en vertu desquelles les mystères du monde peuvent être élucidés par une manipulation des nombres ; on retrouve aussi les croyances contemporaines que des opérations mathématiques effectuées sur la date de naissance d'un individu peuvent permettre de découvrir le numéro qu'il doit jouer dans quelque loterie.
> C'est en grande partie en raison de son intérêt pour la mesure que Fechner est souvent présenté comme le père fondateur d'une psychologie qui n'existerait pas avant lui. La *mesure*, dans l'histoire de la pensée, a en fait été tantôt l'outil d'une recherche alchimiste, mystique, des forces occultes qui gouvernent les phénomènes tangibles, tantôt la garantie peu coûteuse de scientificité (parce qu'objective) d'un programme positiviste si ambitieux qu'il rejoint, à certains égards, celui des alchimistes : comprendre le monde en le résumant dans quelques formules.

Pour démontrer cette union de l'esprit et de la matière, Fechner fonde une discipline, la *psychophysique*, qui est loin de rester spéculative et à laquelle il apporte des méthodes d'expérimentation ; il en détermine la première loi qui met en relation l'intensité d'une sensation avec l'intensité de la stimulation qui la provoque (pour plus de détails sur les méthodes de la psychophysique, voir vol. *HC*).

Après sa guérison, en 1845, Fechner est persuadé que la vie de l'esprit peut être approchée par un principe universel fondamental, dont l'importance égale celui, newtonien, d'attraction, qu'il baptise *Lustprinzip* : principe de plaisir. Dans les recherches sur l'esthétique, qu'il publie en 1873, il essaye de comprendre le sentiment esthétique en termes de ce principe de plaisir/déplaisir et l'applique par la suite aux bons mots et aux jeux d'esprit.

Quand Fechner meurt en 1887, il est devenu un personnage de légende à Leipzig, alors capitale mondiale de la psychologie expérimentale. Freud lui rend un hommage appuyé en lui empruntant quelques-uns des concepts fondamentaux de la psychanalyse, comme ceux de principe de plaisir, celui aussi d'énergie mentale, de principe de constance, de répétition, en le citant dans plusieurs de ses ouvrages.

Des travaux divers qu'effectua Fechner, se dégage son adhésion aux thèses profondes de la biologie des romantiques, en particulier à la conviction que l'homme et le monde forment une totalité qu'il est artificiel de disloquer. L'homme est une partie d'un gigantesque organisme que la science mécaniste ne permet pas de comprendre.

### La société est un organisme

Dans la deuxième partie du siècle, ces conceptions organicistes sont si puissantes, même chez ceux qui s'en défendent, qu'elles atteignent précisément les philosophes les plus positivistes, montrant ainsi que le mécanisme qui leur était traditionnellement attaché commence à perdre, là aussi, de sa vigueur. Des philosophes réactionnaires français comme Joseph de Maistre et Louis de Bonald insistent, après la Révolution, sur l'unité du corps social contre l'individualisme du XVIII$^e$. Plus tard dans le siècle (1876) c'est surtout, sous la plume même de Spencer, qu'on trouve des affirmations exprimant une vision presque « holistique » de la société (le *holisme* s'oppose, dans l'ontologie, à l'atomisme : issu de l'aristotélisme et du thomisme, il affirme que les structures, les totalités — les substances secondes — ont une existence indépendante de leurs parties composantes). On va d'ailleurs trouver, dans les textes des plus fervents positivistes jusqu'à la fin du siècle, des métaphores fréquentes qui proposent, plus ou moins explicitement, la comparaison de quelque phénomène avec un organisme, c'est-à-dire avec une totalité (on peut lire à cet égard l'Introduction de Th. Ribot dans *La psychologie anglaise contemporaine*, Paris, Alcan, 1871). Ces métaphores sont utilisées pour mieux se représenter des relations entre phénomènes que le mécanisme ne permet pas de comprendre, parce qu'elles sont multiples ou trop complexes. Ainsi, la société est-elle constituée de multiples appareils ou groupes d'organes, qui, comme dans les organismes biologiques, assurent des fonctions diversifiées : fonctions d'entretien, de distribution, de régulation, etc. Les organismes sociaux se développent par différenciation croissante de leurs parties. De même, aux espèces biologiques, on peut faire correspondre des types de sociétés elles aussi en évolution, elles aussi soumises à une compétition et à la sélection. La postérité ira dans ce sens très loin : Skinner au XX$^e$ siècle assimilera par exemple l'apparition d'une nouvelle coutume, dans une société, à l'apparition, dans une espèce, d'une nouvelle combinaison de caractères ; l'une comme l'autre sont soumises à la sélection de la plus apte à fournir le meilleur rapport à l'environnement ; les coutumes et donc les sociétés, comme les espèces biologiques, évoluent et la sélection « culturelle » est semblable, en tant que mécanisme, à la sélection naturelle.

Mais, dans le cas de Spencer, comme plus tard dans celui de Skinner, la comparaison entre société et organisme n'est qu'une *analogie*, c'est-à-dire en quelque sorte une méthode de réflexion destinée à faire mieux comprendre la société ; en aucun cas, il ne s'agit d'affirmer que la société *est* un organisme (voir encart 11).

---

ENCART 11

Spencer exprime en 1876 la métaphore entre société en organisme dans les *Principes de sociologie* :

« La société présente une croissance continue ; à mesure qu'elle croît, ses parties deviennent dissemblables ; leurs structures deviennent plus compliquées, les parties dissemblables prennent des fonctions dissemblables ; ces fonctions ne sont pas seulement différentes, mais leurs différences sont unies par des rapports qui les rendent possibles les unes par les autres ; l'assistance mutuelle qu'elles se prêtent amène une dépendance mutuelle des parties ; enfin les parties unies par ce lien de dépendance mutuelle vivant l'une par l'autre et l'une pour l'autre composent un agrégat constitué sur le même principe général qu'un organisme individuel. » (*Principes de sociologie*, Paris, Alcan.)

---

L'organicisme se constitue donc principalement sur la base des travaux allemands au XIX$^e$ siècle, même s'il suscite, en Allemagne aussi, des oppositions qui vont se révéler fécondes. Fondamentalement, il invite à un regard *holistique* sur les phénomènes, au refus de toute démarche qui réduit des phénomènes d'un certain niveau (en physiologie, la vie) à des phénomènes supposés plus simples (le physico-chimique). Dans l'histoire de la psychologie, l'organicisme va constituer l'un des éléments fondateurs d'un des courants les plus déterminants du XX$^e$ siècle : le *gestaltisme*, comme affirmation que l'élément psychologique de base de la perception du réel est une forme globale et non une somme d'éléments composants les objets (voir p. 172 et sq. et vol. *HC*).

# VIII. L'institutionnalisation de la psychologie

A la fin du XIX$^e$ siècle, on assiste à la constitution de divers réseaux de diffusion des connaissances qu'on rassemble maintenant un peu partout sous le terme de « psychologie ». La modernisation des sociétés occidentales, l'émergence progressive d'un corps d'enseignants recrutés et payés par les Etats, la diffusion dans le grand public, par des journaux et revues, des « nouvelles scientifiques » concourent à l'apparition de ces réseaux.

C'est avant toute chose la création d'enseignements d'une discipline qui permet son développement. En Allemagne, aux Etats-Unis, en Russie, en Angleterre et en France se généralise en quelques années la présence de cours de psychologie au sein des cursus universitaires. Le contenu de ces cours varie certes, et surtout d'un pays à l'autre, mais quelque chose qu'on identifie partout comme « de la psychologie » s'enseigne à un nombre d'étudiants qui va partout croissant ; en effet, ces études de psychologie sont « à la mode » ; le problème de l'esprit, du cerveau, de la connaissance... intrigue beaucoup les jeunes étudiants en philosophie ou en sciences naturelles. Ils attendent beaucoup des progrès scientifiques promis par l'approche positiviste de ces questions. En France surtout, des ministres interviennent pour accélérer le développement de la psychologie, attestant que le pouvoir républicain attend lui aussi beaucoup du savoir qu'elle dispense à ses futures élites.

Corrélativement à son apparition dans l'enseignement supérieur, la psychologie fait l'objet de la création, dans des institutions très diverses, de laboratoires de recherches. Pour qu'une discipline soit enseignée dans les universités, il faut un corps d'enseignants qualifiés c'est-à-dire toujours au fait des développements les plus récents de la discipline, ce qui ne s'acquiert que dans les laboratoires de recherches. En France, par exemple, c'est l'Ecole pratique des Hautes Etudes (EPHE) qui va constituer le plus souvent le cadre de ces créations de laboratoires. Mais la constitution d'institutions de recherche pèse sur le type de travaux qui va se développer. Pour la justifier en quelque sorte, pour faire la preuve que la psychologie est scientifique (et que de tels laboratoires sont par conséquent nécessaires : personne ne revendique alors la création de laboratoires de philosophie), on va voir se développer la construction et l'achat d'appareils, le plus souvent inspirés de la technologie et de la psychologie allemandes, et donc des pratiques de mesure. Autrement dit, l'exigence positiviste de la mesure *et* les exigences institutionnelles se mêlent étroitement pour produire un certain type de psychologie, celle qui recourt à un appareillage et à la mesure.

Mais l'institutionnalisation d'une discipline passe aussi par des processus dans lesquels les Etats ne sont pour rien : la naissance de revues de diffusion du savoir et des recherches et la création de sociétés, nationales et internationales, sortes de corporation de chercheurs ou de praticiens qui ont pour but de mettre en commun des informations sur la discipline et d'organiser colloques et congrès. L'*American Psychological Association* est fondée en 1892 et Stanley Hall en est le premier président ; la Société française de psychologie est créée en 1901 ; la *British Psychological Society* en 1912.

Ainsi se tient à Paris, du 6 au 10 août 1889, le premier Congrès international de la discipline, présidé par Charcot. Participent à ce congrès les « sommités » internationales de l'époque parmi lesquelles H. Taine, Th. Ribot, H. von Helmholtz, V. Bechterev, H. Beaunis, A. Bain, W. James, W. Wundt, S. Freud, L. Delbœuf, J. Babinsky, C. Lombroso, F. Galton, E. Durkheim et Ch. Richet (accompagné d'un certain nombre de psychologues pratiquant le spiritisme). Une remarque décisive : il s'appelle « Congrès international de *psychologie physiologique* », ce qui révèle clairement ses orientations souhaitées. Mais le suivant, qui se tient en août 1892 à Londres, s'appelle « Congrès international de *psychologie expérimentale* » et ses actes ne seront pas publiés. Le troisième se tient à Munich en août 1896 et s'appelle seulement, comme les suivants, « Congrès international de *psychologie* » ; on n'y voit plus aucun spiritiste ni métapsychiste : avec Ch. Richet, ils se réunissent plus tard dans un autre Congrès international qui s'appelle « de *psychologie expérimentale* ». Il ne s'agit nullement de querelles superficielles de terminologie ; le choix des mots par lesquels on qualifie une discipline n'est bien entendu pas neutre et traduit des options fondamentales. Les tergiversations de ces années-là (et des suivantes) montrent que la psychologie cherche comment se qualifier pour se distinguer de ce qui la borde (et la menace).

Les revues de psychologie apparaissent également au cours de cette période. Les premiers articles de psychologie « scientifique » paraissent dans la revue anglaise *Mind* (dirigée par A. Bain) à partir de 1876, puis dans l'*American Journal of Psychology* créé par Stanley Hall en 1887, dans l'*Année psychologique* et la *Psychological Review* créées en 1894, les *Psychologische Studien* qui paraissent à partir de 1903, le *Journal de Psychologie normale et pathologique* et le *British Journal of Psychology* dès 1904.

L'institutionnalisation de la psychologie, quelque qualificatif qu'on lui ajoute, se déroule donc à la charnière des deux siècles. Même si elle correspond à une aspiration identique dans chaque pays, même si elle va aboutir à une homogénéisation des problématiques et gommer les spécificités nationales, elle emprunte des voies et revêt des caractéristiques qui diffèrent avec les situations politique, philosophique, scientifique. C'est la raison pour laquelle nous avons choisi de la présenter pays par pays.

## La psychologie en France

### Le rôle de Théodule Ribot

#### La spécificité de la situation française

En France plus qu'ailleurs peut-être, l'histoire de la psychologie semble d'un coup, à la fin du XIX$^e$, converger vers un seul homme, Théodule Ribot. Le centralisme de l'Etat français, déjà plus fort qu'ailleurs, est sans doute pour beaucoup dans cette impression qu'un seul homme concentre sur lui le sort de la discipline ; il fait un bilan sans concession et très informé de ce qui s'est fait jusqu'alors et énonce les conséquences institutionnelles qu'il convient d'en tirer. Bien entendu, cet homme exprime — et n'invente pas — l'ensemble des idées multiples dans lesquelles il a reçu sa formation intellectuelle ; bien entendu, il bénéficie des acquis de ceux, philosophes ou médecins, qu'il étudie ou fréquente. Mais grâce à un caractère opiniâtre et à une grande curiosité, ce jeune provincial apprend à connaître qui il faut, au moment où il faut, pour faire une œuvre novatrice et décisive. Politiquement, socialement, scientifiquement, Ribot correspond parfaitement au type d'hommes auxquels la République française va donner du pouvoir institutionnel.

Ce qu'il va penser de la psychologie de son temps, les conseils qu'il va donner à ses élèves, les orientations qu'il va imprimer aux institutions vont marquer la psychologie française du XX$^e$ siècle, lui donner cette teinte « républicaine », à certains égards ambivalente, qui la distinguera longtemps des autres : la psychologie française qu'institutionnalise Ribot par des chaires d'enseignement, des laboratoires, des revues, reflète *en même temps* le positivisme qui s'allie à l'époque aux convictions progressistes et le spiritualisme hérité de la tradition philosophique à laquelle Ribot n'échappe pas. Ribot, et la psychologie française avec lui, ne seront pas matérialistes comme leurs homologues russes puis soviétiques, pourtant proches d'eux sous certains aspects ; mais ils ne cesseront de se poser la question du matérialisme contrairement aux psychologues des pays de tradition protestante américains ou anglais. D'une part, l'idéologie bourgeoise qui est aux commandes en cette fin de siècle n'appelle pas à la constitution d'une représentation matérialiste de l'individu (ce qui ne signifie nullement qu'il n'y aura pas en France de psychologues matérialistes, mais ils seront toujours menacés par la marginalisation). D'autre part, la pensée dualiste dont le siècle des Lumières (en marginalisant justement La Mettrie, voir p. 70) ne parvint pas à se défaire, continue à peser sur la philosophie française. Lorsque Ribot apporte son importante contribution à ce qu'on appelle « la crise de la philosophie », lorsqu'il propose, comme E. Durkheim, de soustraire les sciences de l'homme au pouvoir de la métaphysique, il le fait en s'appuyant sur le positivisme mais en s'exprimant *contre* une philosophie spiritualiste qui n'a rien perdu de sa vigueur dans l'institution académique. La psychologie positiviste va devoir « composer » avec cette philosophie, et en gardera la trace ; elle sera, comme le déclare Ribot, « ni matérialiste, ni spiritualiste, mais expérimentale » ; elle recourra aux « petits faits », aux observations objectives, à la méthode (toutes choses que Ribot vantera mais ne réalisera jamais lui-même).

Dès lors que Ribot consacre sa réflexion philosophique à l'étude de la psychologie, il est confronté au poids d'une autre tradition : celle des médecins et physiologistes français qui, depuis Cabanis, s'interrogent sur le problème des rapports du physique et du moral chez l'homme ; à la fin du XIX$^e$, ils le font dans la perspective dualiste d'un *parallélisme* entre les deux séries de phénomènes. Mais cette thèse du parallélisme psycho-physiologique, à laquelle Ribot va adhérer, n'est pas la marque de la seule pensée française. Ce qui la caractérise plutôt, c'est la conviction que *l'étude du pathologique éclaire les phénomènes normaux*. Déjà au début du XIX$^e$ siècle se constitue, dans les écrits de Pinel, l'aliéniste de Bicêtre, la démarche qui consiste à appliquer à l'homme normal les connaissances physiologiques et psychologiques acquises sur les aliénés ; cette démarche est reprise par Esquirol et surtout Broussais en 1828 (dont les travaux ont été loués par A. Comte) qui affirme que la maladie fait partie de la réalité physique et morale de l'homme normal. Théodore Jouffroy exprime en 1828 sa conviction que les facultés mentales sont hiérarchisées et dissoutes successivement en cas de suppression du contrôle supérieur, comme dans la maladie mentale. Mais c'est le neurophysiologiste anglais J. H. Jackson qui précise cette idée : il considère la maladie mentale comme une *dissolution* progressive des fonctions mentales, comme une analyse de la vie mentale qui nous révèle des niveaux d'organisation indécelables sur le sujet normal. Jackson écrit en 1884 : « Je pense depuis longtemps que nos recherches seront facilitées si nous considérons les maladies du système nerveux comme des régressions de l'évolution, c'est-à-dire comme des dissolutions : je prends le terme dissolution de Herbert Spencer comme le contraire du processus d'évolution. »

**L'école de la Salpêtrière et les débats sur l'hypnose**

A Paris, en même temps que Ribot reprend les positions de Jackson sur les enseignements de l'étude du pathologique,

J.-M. Charcot affirme quant à lui que la maladie constitue une « expérimentation naturelle » sur la vie mentale. Charcot est professeur d'anatomie pathologique à la clinique des maladies nerveuses de la Salpêtrière. Après avoir travaillé quelques années à l'étude neurologique des convulsions chez la femme, il est amené à étudier l'hystérie sur laquelle, à nouveau, l'attention va se tourner ; probablement sous l'influence de Ch. Richet, grand physiologiste et prix Nobel de médecine en 1913, il utilise l'hypnose comme médication ; sous hypnose, les femmes étudiées traversent pour lui trois stades : la léthargie, la catalepsie et le somnambulisme, chaque stade étant caractérisé par des symptômes déterminés.

Charcot jouit d'un prestige considérable dans les milieux scientifiques français ; il appartient à la haute société, sait imposer aux administrations compétentes la satisfaction des besoins de son service, soigne les grands du monde, fait des cours remarquables. Il donne de plus à la France, comme Pasteur, l'espoir de concurrencer les savants allemands. Son service à la Salpêtrière fascine les jeunes savants-philosophes français qui s'y pressent et y acquièrent la formation d'aliénistes dont Ribot leur vante les mérites.

Au même moment, à Nancy, Liébault puis Bernheim travaillent eux aussi sur l'hystérie et l'hypnose, et entrent dans un conflit avec Charcot dans lequel sont impliqués quelques psychologues européens. Liébault, après avoir pris connaissance de travaux plus ou moins anciens sur le magnétisme animal (voir p. 93), traite ses malades en les hypnotisant et en les convainquant par la parole que leurs symptômes (quels qu'ils soient, rhumatismes, ulcères, bronchites) ont disparu. Tous les médecins le considèrent comme un charlatan jusqu'à ce que Bernheim, professeur de médecine admiré, déclare son intérêt pour les travaux de Liébault et devienne son élève en 1882, alors que Charcot vient de faire connaître à l'Académie des Sciences ses propres recherches sur l'hypnose. S'ensuit une forte rivalité, Bernheim raillant la thèse des trois stades successifs de l'hypnose soutenue par Charcot (qu'il qualifie d'artificiels) et surtout proclamant que l'hypnose n'est pas un état pathologique propre aux hystériques mais un état de « suggestibilité » ; pour Bernheim, cet état peut être obtenu sans recourir à l'hypnose, par une suggestion à l'état de veille qu'il appelle « psychothérapie ».

Après avoir passé quelque temps à Paris avec Charcot en 1884-1885, Freud travaille avec Liébault et Bernheim. Charcot va attirer aussi auprès de lui nombre de ceux qui vont faire la psychologie du début du siècle : Alfred Binet, Louis Delbœuf, Joseph Babinsky, Henri Piéron, Vladimir Bechterev, Pierre Janet bien sûr et plusieurs autres. La plupart des Français viennent là sur le conseil de Ribot : pour que la psychologie devienne scientifique il faut que les jeunes philosophes fassent des études de médecine. Il en résultera, assez tard pendant le XX$^e$ siècle, que nombre de psychologues français acquerront cette double formation : philosophes et médecins.

**L'opposition : la philosophie de Henri Bergson**

Comme Th. Ribot, Bergson est normalien et professeur de philosophie, et comme Ribot, il devient professeur au Collège de France. Mais il obtient aussi le prix Nobel de littérature. Ce n'est pas un esprit de système et il se démarque en particulier du scientisme général de l'époque, en revendiquant une démarche métaphysique et le recours à l'introspection, au sens intime dans l'étude de la conscience. Dans *L'évolution créatrice*, il analyse les rapports de celle-ci avec la vie, en adhérant, comme beaucoup de Français de l'époque, à la thèse transformiste et en cherchant la signification profonde de l'évolution. L'*élan vital* est pour lui un concept central : la philosophie de Bergson participe d'une réaction vitaliste, décisive pour le XX$^e$ siècle, à la pensée mécaniste et réductrice qui se développe et s'impose à la fin du XIX$^e$. Elle est réaction contre la pratique de la mesure dans le domaine de la psychologie du moi et de la conscience : celle-ci est flot continu, ne peut être découpée en états ou événements, elle est durée pure (alors que toute mesure impose le recours à une spatialisation), que nous ne pouvons approcher que par l'intuition. Pour montrer l'impuissance des théories associationnistes, qui découpent la vie mentale, Bergson choisit le thème de la mémoire et surtout de l'oubli : parce que nous sommes faits d'organes, tout notre passé n'est pas continuellement dans notre conscience qui doit aussi assurer nos réactions au monde par une « attention au présent ».

Matière et conscience sont conçues comme indépendantes, et

le spiritualisme de Bergson le mène à réfuter tout parallélisme psycho-physiologique : l'état nerveux, matériel, ne peut imposer sa loi à l'esprit.

La philosophie de Bergson, qui sera très proche de Pierre Janet, partage avec celle de William James (voir p. 184) un refus de toute approche atomiste et la mise en valeur du caractère continu de la conscience.

### L'œuvre de Th. Ribot

L'ambition de Ribot est de détacher l'étude des faits psychiques du domaine de la métaphysique et c'est en philosophe qu'il tente de la réaliser. Il donne pour objet à la psychologie positive, « scientifique », ou « nouvelle », la *conscience*, mot qui, dit-il, exprime de la manière la plus générale les différentes manifestations de la vie psychologique. La conscience est un courant continu, un flot ou un flux de sensations, d'idées, de volitions, de sentiments... qui sont régis par la loi d'association. Conformément à la tradition atomiste, Ribot affirme qu'il n'y a pas de conscience en général mais des *états* distincts et variables de conscience, perçus en continu. La psychologie peut se servir, pour les étudier, de l'introspection, mais aussi du parallélisme psycho-physiologique en vertu duquel tout état de conscience est un événement complexe qui repose sur un état particulier du système nerveux : « A tout état psychique est invariablement associé un état des nerfs. »

En utilisant la méthode pathologique, Ribot se propose d'éclairer le fonctionnement de la mémoire, de la volonté, de la personnalité par l'étude de leurs détériorations. Ses travaux sur ces sujets, qui eurent un rayonnement important, étaient fondés sur des observations faites par d'autres, des travaux de seconde main. C'est parce qu'il était conscient de cette lacune dans sa démarche qu'il conseillait à ses élèves de devenir eux-mêmes médecins aliénistes.

Après avoir fondé, en 1876, avec Félix Alcan (qu'il connut lors de ses études de philosophie à l'Ecole normale supérieure) la *Revue philosophique*, Ribot se voit confier par Louis Liard, directeur de l'enseignement supérieur au ministère de l'Instruction publique (qui joua un rôle décisif sur les institutions de psychologie en France), un cours de psychologie expérimentale à la Sorbonne de 1885 à 1889 ; cours qu'il n'affectionne guère tant la philosophie universitaire spiritualiste est encore vivace à la Sorbonne. Aussi accepte-t-il avec soulagement la chaire de psychologie expérimentale et comparée au Collège de France que Ernest Renan (alors administrateur) fait créer pour lui. Grâce à ces tribunes, Ribot imprima à ses élèves sa volonté de constituer une psychologie objective, comparative et pathologique. Sa notoriété lui permit également de faire obtenir à quelques-uns de ses élèves des postes clés dans les institutions.

### Les élèves de Ribot

L'impact des enseignements de Ribot fut décisif pour la psychologie en France. L'œuvre de certains de ses élèves qui réalisèrent, chacun à sa manière, le programme de leur maître, est révélatrice de ce qu'allait être cette psychologie au XX$^e$ siècle.

#### Pierre Janet et la psychopathologie

Agrégé de philosophie et normalien, Janet enseigne comme Ribot et Bergson la philosophie dans une ville de province, au Havre ; il y fait également des études de médecine, observe les aliénés de l'hôpital psychiatrique de la ville et s'exerce à l'hypnose, pratique à la mode. Soutenu dans les milieux philosophiques et psychologiques par son oncle, le philosophe Paul Janet, il entre en 1890 chez Charcot ; il y poursuit des travaux sur l'hystérie jusqu'en 1902, date à laquelle il remplace Th. Ribot au Collège de France (après avoir fait les cours en l'absence du maître à de nombreuses reprises), chaire qu'il occupa jusqu'en 1935.

Comme Ribot, Janet considère que l'étude clinique des maladies mentales est une voie d'accès à la connaissance de la vie mentale normale. Cependant, comme A. Comte l'avait souligné, l'étude de la psychopathologie ne peut se fonder sur les analyses introspectives ; Janet propose de fonder la psychologie sur l'analyse de la *conduite*, définie comme l'ensemble des actes d'un individu, des plus simples (mouvements) aux plus complexes (raisonnement) orientés vers un but et chargés d'un sens. Ce concept de conduite sera utilisé par les psychologues français en opposition avec celui de comportement promu par la psychologie américaine (voir p. 185). Si le concept de conduite, comme objet de la psychologie, paraît d'emblée moins objectif que celui de comportement, il va être central dans certains courants de la psychologie française parce que plus riche, moins « réducteur » puisqu'il laisse intacte l'idée d'une *structure* de l'ensemble des activités d'un individu, l'idée donc d'une *personnalité*, d'un moi sous-jacent auteur de ces activités, organisant et orientant la conduite ; la maladie mentale est une voie d'accès à cette structure puisque, selon Janet, les fonctions inférieures, automatiques, sont celles qui persistent quand les fonctions supérieures sont déjà affaiblies.

> Dans une telle perspective, comme d'ailleurs dans la psychanalyse qui se constitue à la même époque, les différents comportements ne sont plus alors que l'expression de cette structure sous-jacente qui est déterminante, ils n'en sont que les signes. Immanquablement, cette attitude à l'égard de l'individu rappelle celle des aristotéliciens thomistes du Moyen Age (l'aristotélisme connaît un regain de vigueur à la fin du XIX$^e$ siècle), pour lesquels le monde sensible, observable, n'est constitué que de signes qu'un autre monde, latent, nous envoie et qu'il nous faut interpréter pour connaître cet autre monde. La psychopathologie repose dans certains cas sur cette démarche interprétative puisqu'elle suppose l'existence d'une structure sous-jacente et organisatrice des troubles.

A travers des divergences plus ou moins profondes avec Freud ou avec des aliénistes (voir vol. *HP*), Janet a promu, de façon déterminante, le recours à une méthode très différente de celle du laboratoire, une méthode « *clinique* », par laquelle on se met à l'écoute du sujet, en l'observant au cours de nombreuses séances, de façon approfondie. Cette méthode clinique, étude de « cas » individuels dans une perspective dynamique, utilisée par Janet, l'est en même temps aux Etats-Unis par L. Witmer qui forge l'expression « psychologie clinique ».

### Alfred Binet, les enfants et l'intelligence

Le parcours original d'A. Binet dans l'institution académique fait de lui un homme différent de ses condisciples. Après des études de médecine et de droit, qui semble-t-il ne le passionnent pas, il prend connaissance, dans les années 1879-1880, des textes des associationnistes anglais et français et s'intéresse alors au fonctionnement de la conscience ; c'est à cette époque qu'il fait connaissance de Ribot et publie en 1889, dans la *Revue philosophique*, un article sur « La vie psychique des micro-organismes » consacré aux capacités perceptives des protozoaires ; ce thème, influencé plus ou moins directement par la pensée de Haeckel (voir p. 138), est repris également à l'époque par Fechner dans son ouvrage sur *L'âme des plantes* et par F. Darwin, le fils de Charles, qui attribue une conscience à ces dernières. Pendant cette même année 1889, Jacques Loeb publie aux Etats-Unis une théorie très contestée des tropismes chez les organismes inférieurs (voir p. 187).

Ribot conseille à Binet de reprendre des études scientifiques et l'un des amis qu'il avait au lycée Louis-le-Grand, Joseph Babinsky, l'introduit à la Salpêtrière chez Charcot où il va travailler pendant quelques années durant lesquelles il soutient aussi sa thèse de sciences naturelles : « Contribution à l'étude du système nerveux sous-intestinal des insectes ».

Après s'être engagé à ses dépens aux côtés de Charcot dans le débat qui oppose celui-ci à l'Ecole de Nancy et à Delbœuf, alors professeur à Liège en Belgique, il rompt avec la Salpêtrière et se consacre à ses recherches en sciences naturelles. Sur un quai de gare, il rencontre un jour de 1889 Henri Beaunis, l'un des physiologistes de l'Ecole de Nancy ; peu rancunier, celui-ci lui demande de venir travailler avec lui au nouveau laboratoire de psychologie physiologique qui vient d'être créé à la Sorbonne (laboratoire EPHE).

En 1892, Binet devient directeur adjoint de ce laboratoire et quand Beaunis, en 1894, part à la retraite, il en est directeur. En 1895, il crée *L'Année psychologique* avec Victor Henri, qui, contrairement à la plupart des Français, est allé travailler chez Wundt à Leipzig.

L'apport original de Binet en matière de psychologie de laboratoire est une conception de l'intelligence qui l'oppose aux idées atomistes d'H. Taine par exemple, admiré par Ribot. Alors que, pour Taine, l'intelligence est une collection d'images indépendantes, Binet affirme, par le concept de *pensée sans image*, qu'il faut tenter de la saisir dans son ensemble, sous forme de tendances et de schèmes généraux. Il se propose de les étudier en demandant au sujet de décrire les états mentaux que suscite une question qu'on lui pose ; c'est le recours à *l'introspection expérimentale* qui révèle que la pensée est plus qu'une simple combinaison d'images. Cette méthode est, à la même époque, utilisée à l'Université de Würtzbourg par O. Külpe (voir p. 172).

Après quelque temps, Binet fait preuve d'un intérêt plus grand pour les questions pratiques que pour les recherches de laboratoire, et particulièrement pour la psychologie de l'enfant : depuis plusieurs années déjà, il note minutieusement (comme Darwin et Preyer avant lui) les observations qu'il fait de ses deux fillettes. Dès lors, il laisse plus ou moins péricliter son laboratoire, ne l'ouvre que le jeudi. En 1899, alors qu'il a déjà réalisé ses études sur l'intelligence avec V. Henri, il fait la connaissance de Th. Simon, médecin à l'hospice d'enfants attardés de Perray-Vaucluse. C'est à ce moment que se constitue la véritable carrière de Binet : il adhère à une société animée par des enseignants et administratifs de l'Instruction publique pour discuter des questions pédagogiques qui se posent alors (en France comme aux Etats-Unis par exemple) et sont soulevées par l'afflux d'un très grand nombre d'enfants dans les écoles. Là, Binet est à sa place : il va œuvrer à l'utilisation de la psychologie à des fins pédagogiques. Le ministère de l'Instruction publique crée une commission qui le charge de mettre au point un instrument qui permette de différencier les enfants qui peuvent apprendre normalement de ceux qui ne le peuvent pas. Pour résoudre le problème pratique qui lui est posé, il va tenter d'abord de trouver des indices physiques des différences intellectuelles : études de céphalométrie, graphologie, anthropométrie, de tous les « signes » corporels qui peuvent traduire les capacités non visibles. Aucun de ces indices ne se révèle efficace pour opérer le tri des enfants ; Binet cherche à mettre au point un test constitué par une série de tâches à effectuer en vertu d'une conviction : les individus *sont* ce qu'ils *font*. L'année même où Binet publie, avec Simon, *L'échelle métrique de l'intelligence* (1905), il fonde un laboratoire de pédagogie rue de la Grange-aux-Belles, dans une école primaire de Paris, et publie *Les idées modernes sur les enfants*, destiné aux parents et aux enseignants. Le test de Binet va être traduit, de nombreuses fois remanié et donner lieu, par exemple, à l'utilisation du quotient d'intelligence (QI). Ces instruments, considérés comme efficaces (du point de vue de ce qu'on en attend), furent le début d'une expansion considérable du recours à la « psychométrie », à la mesure par des tests de tout un ensemble, très varié, d'aptitudes ou de caractéristiques, menant à représenter un individu par un *profil*, différent de celui d'un autre individu, et à l'*orienter* dans les institutions scolaires ou professionnelles. La psychologie différentielle doit donc beaucoup aux travaux d'A. Binet (voir vol. *HP*).

Cet investissement de Binet dans les pratiques, dans l'éducation en particulier, ne lui vaut pas une grande carrière universitaire : lorsque, en 1901, il postule à la succession de Ribot au Collège de France, c'est Janet qui est élu (avec le soutien de Bergson) ; et lorsqu'il postule à l'enseignement que Janet laisse ainsi libre à la Sorbonne, c'est la candidature de G. Dumas qui est retenue.

### Henri Piéron et la psychophysiologie

En 1898, Piéron se présente à Alfred Binet pour entrer au laboratoire de la Sorbonne ; l'accueil qu'il y reçoit est peu encourageant et il préfère donc s'adresser à Edouard Toulouse, médecin à l'asile de Villejuif et qui dirige là un laboratoire (EPHE) de psychologie expérimentale, ouvert jour et nuit.

Piéron à l'époque est encore élève à Louis-le-Grand, un élève frondeur comme Ribot, qui se distingue par les bagarres contre les antisémites auxquelles il participe au moment de l'affaire Dreyfus (qui marque profondément les Français). Promis par son père aux mathématiques, il s'oriente vers la philosophie et va bientôt écouter les cours de Ribot au Collège de France, ceux de Janet à la Sorbonne. Grâce à son père, il connaît aussi les plus grands biologistes de l'époque : Alfred Giard, Félix Le Dantec et Albert Dastre, tous néo-lamarkiens convaincus, qui vont beaucoup peser sur la carrière de Piéron : après avoir entendu les conseils réitérés de Ribot et tout en servant de secrétaire à Pierre Janet à la Salpêtrière, Piéron entreprend une thèse de sciences naturelles sur la physiologie de sommeil sous la direction de Dastre (biographe de Cl. Bernard), pour laquelle il expérimente à Villejuif ; il découvre la présence, dans l'organisme, de toxines qui, à partir d'une certaine concentration, nécessitent le sommeil ; il les baptise « hypnotoxines » ; c'est une découverte importante pour la physiologie du sommeil. Les étés de Piéron se déroulent dans le laboratoire de physiologie marine de Giard, ce qui, alors qu'il est professeur de philosophie, complète sa formation scientifique ; c'est à cette époque qu'il entretient une vive polémique avec J. Loeb, au Congrès international de Genève en 1909, sur les tropismes. Cette pluralité d'approches rapporte ses fruits lorsque Binet meurt accidentellement en 1911 : Louis Liard fait nommer Piéron à sa succession contre d'autres candidats (Th. Simon, E. Toulouse, P. Janet entre autres). En 1912, Piéron devient également directeur, pour cinquante-deux ans, de L'Année psychologique.

Grâce à ses longues et nombreuses études, grâce à ses convictions et à son militantisme républicains, mais grâce aussi à son milieu familial (son père, agrégé de mathématiques, était Inspecteur général de l'Instruction publique), Piéron obtient donc, à trente et un ans, une position dans les institutions qui lui confère beaucoup de pouvoir. Il va utiliser ce pouvoir pour créer des organismes de recherche et d'enseignement pour la psychologie : toujours par l'intervention de Louis Liard, il obtient en 1920 la création de l'Institut de psychologie, premier institut d'université en France (il s'y entoure, entre autres, d'E. Rabaud, autre biologiste néo-lamarckien). Dans cet institut qui dispense un enseignement pluraliste de psychologie, la place de la physiologie est importante. Piéron est nommé en 1923 professeur de physiologie des sensations au Collège de France. Il devient, en 1925, directeur du Laboratoire de physiologie des sensations de l'EPHE qu'il réunit au laboratoire de la Sorbonne pour former le « Laboratoire de psychologie expérimentale et de physiologie des sensations », dans lequel seront formés nombre de chercheurs en psychologie au cours du XXe siècle. En 1928, il crée l'Institut national d'orientation professionnelle (INOP).

Depuis ces nombreuses institutions (nous ne citons que les plus importantes pour l'histoire de la psychologie), Piéron a professé la conception d'une psychologie *scientifique*, c'est-à-dire selon lui fondée sur une confrontation avec les théories biologiques, et d'une psychologie *pratique* dans laquelle l'étude du travail (concept d'abord physiologique) tient une place centrale : c'est Piéron, entouré de collaborateurs comme J.-M. Lahy ou H. Laugier, qui a promu une conception de l'ergonomie, de la psychologie du travail qui distingue la France des Etats-Unis, où le taylorisme imposait une attention aux problèmes de rentabilité.

Avant même que ne parût en 1913 le « manifeste du behaviorisme » (voir p. 189), Piéron, dans sa leçon inaugurale à l'EPHE en 1908, assignait à la psychologie le *comportement* pour objet. S'il peut en cela apparaître comme l'un des fondateurs de la psychologie « objective » (et il y en eut partout en Occident à l'époque), il imprima cependant à la psychologie française une spécificité qui n'en fit pas une « psychologie du comportement », en raison de son appel constant à la physiologie, absent des préoccupations behavioristes.

Les travaux de Janet, Binet et Piéron, formés dans les convictions exprimées par Ribot, constituèrent la base de développement de la psychologie française du XX$^e$ siècle. Ce qui la caractérise le mieux est sans doute ce que Ribot avait tant combattu : sur la base d'un souci de ménager toute conviction, une forme d'*éclectisme* dans laquelle précisément la question de l'unité de la discipline ne pouvait qu'être insoluble. Impossible de concilier (ou de réconcilier) les convictions de Janet, si proches de celles de Bergson, et celles de Piéron, à certains égards réductionnistes. La psychologie de laboratoire, celle que les institutions de recherche allaient, à partir de la deuxième guerre mondiale et sous l'impulsion de Piéron, développer, est devenue, au cours du siècle, étrangère dans ses démarches et surtout dans son objet à la psychologie née des travaux de Janet.

## La psychologie en Allemagne

Les succès de la physiologie allemande vont permettre ceux de la psychologie : pendant près d'un demi-siècle, c'est en Allemagne que les psychologues vont apprendre à travailler, c'est en Allemagne que se décident les méthodes mais aussi les objets de recherche qui constituent la psychologie. Cette domination ne concerne pas que la psychologie expérimentale ; elle s'exerce aussi d'un point de vue totalement étranger à cette dernière, celui de la psychanalyse. Quelques années après que Wundt eut imposé la psychologie de la conscience, quelques années après que Brentano eut posé les bases de la phénoménologie, l'Autrichien Freud découvre l'existence de l'inconscient et les moyens de le connaître. Après avoir fait le voyage à Leipzig, les Européens et les Américains iront à Vienne. La pensée allemande conservera cette domination philosophique jusqu'à ce que le nazisme, en provoquant des émigrations massives, étouffe cette pensée.

### La psychologie physiologique de W. Wundt

Wilhem Wundt, élève puis assistant de Helmholtz à Heidelberg en 1857, est un physiologiste ; mais rapidement, en raison de ses intérêts grandissants pour la psychologie, il va être le principal artisan de l'institutionnalisation de la psychologie en Allemagne. A partir de la conviction que la psychologie, parce qu'elle est selon lui une science naturelle, doit prendre pour modèle la physiologie, il affirme qu'elle ne progressera qu'en se pratiquant en *laboratoire*, en mesurant des phénomènes, en décrivant des relations, bref en étant *expérimentale*. C'est pourquoi, après avoir opté pour la chaire de philosophie de Leipzig en 1875, il fonde, dans cette université, le premier laboratoire de psychologie expérimentale au monde, dans lequel nombre de psychologues viendront acquérir leur formation d'expérimentalistes. Cette création exprime la reconnaissance, par une communauté, des phénomènes mentaux comme objets scientifiques possibles : on ne crée pas de laboratoire de philosophie. Désormais, les faits psychiques doivent être étudiés *comme* des faits naturels, avec des appareils, par des savants ; en cela Wundt fait œuvre de positiviste. Mais le laboratoire de Leipzig annonce plus qu'il ne réalise cette mutation du regard porté aux faits psychologiques : on y recourt encore largement à l'introspection, même si l'anatomie et la physiologie y sont également étudiées. En effet, l'objet de la psychologie de Wundt reste le fait mental, la conscience, qui se prête difficilement à l'observation et l'expérimentation directes. Ce qui seul s'observe et se mesure, ce sont les effets physiques extérieurs des phénomènes psychiques, et leurs causes, qui sont manipulables. A partir de ces deux catégories d'observables, et sur la base des dires de sujets entraînés à l'exercice introspectif, le psychologue peut en inférer des connaissances sur les phénomènes internes. On peut recueillir, mesurer, des perceptions attestées par les sujets ; la sensation reste hors de portée de l'observation. La psychologie dès lors n'a pas à se satisfaire de descriptions ; elle explique et interprète, et aucun phénomène ne doit être *a priori* exclu de ses compétences : Wundt traite tout autant de la nature physico-chimique des sensations que du raisonnement complexe, de l'énergie spécifique des nerfs que des sentiments. Wundt consacre même une part importante de son œuvre (10 volumes) à une psychologie des peuples, dans laquelle, conformément à la tradition allemande, il aborde les questions du langage, du mythe, de l'art, les grandes manifestations de la psychologie collective ; Wundt admirait Fechner (voir p. 151), auquel il emprunta des méthodes et le goût de la mesure ; il en hérita aussi une inscription dans cette tradition de la *Natürphilosophie.*

Dans le laboratoire de Leipzig, les psychologues vont généraliser l'étude des *temps de réaction* sur la base de l'hypothèse théorique d'un parallélisme entre les faits psychologiques et les faits nerveux : le temps au bout duquel un sujet produit une réponse est déterminé par des caractéristiques de ce qui lui est demandé (qui sont standardisables) et par son état psychologique. En mesurant ce temps, on peut donc faire des inférences sur son état. Tous les travaux expérimentaux effectués chez Wundt ont été publiés dans la revue qu'il a fondée en 1881, les *Philosophische Studien* et a transformé en 1903 en *Psychologische Studien.*

Le recours à la méthode expérimentale se généralise très rapidement ; parce que tous vont travailler chez Wundt, les grands psychologues américains ou russes l'emploient dans leurs recherches comme une incontestable garantie de la véracité de leurs résultats. La standardisation des situations, la rigueur des relevés d'observation, la « répétabilité » des expériences, tout concourt à certifier la vérité des dires de ces psychologues, à certifier qu'ils sont des scientifiques. A l'origine, le fait mental — donc inobservable — constituait l'objet de cette psychologie ; l'utilisation de la méthode expérimentale (avec ses exigences) va venir modifier cet objet et tourner la psychologie vers l'étude de phénomènes observables, plus propices à l'expérimentation. Il y faudra de longs détours et un autre point de vue, plus pragmatique, moins soucieux de théorisations.

## La psychologie phénoménologique et l'Ecole de Würzbourg

Un courant cependant va résister à cette « mise en extériorité » progressive de l'objet de la psychologie et maintenir que l'esprit et ses activités doivent demeurer sa préoccupation, fût-ce au prix d'un renoncement à la scientificité. Ce courant est inspiré par le philosophe allemand Franz Brentano qui soutient que la conscience est relation à un objet, qu'elle est un « acte », une orientation vers un objet (que Brentano appelle *intention*) : toute conscience est conscience *de* quelque chose ; étudier la conscience, c'est donc constituer une « phénoménologie », une science descriptive des phénomènes tels qu'ils apparaissent à la conscience et non se préoccuper de la genèse des phénomènes conscients, de leur origine dans la sensation ou dans l'image.

Après avoir été théologien catholique, Brentano est professeur à Würzbourg en Autriche ; il a pour élève E. Husserl, qui va développer sa philosophie phénoménologique, et Carl Stumpf, qui étudie, d'un point de vue phénoménologique, la psychologie de la musique et dirige la thèse de Husserl sur le concept de nombre avant d'aller enseigner à Berlin ; il a pour collègue, à partir de 1894, O. Külpe qui a été le collaborateur de Wundt. Külpe réunit autour de lui une école de psychologie, centrée sur l'étude de la pensée *(Denkpsychologie)*, opposée à l'approche associationniste, qui recourt à l'*introspection expérimentale systématique* et dont les affirmations se rapprochent plus ou moins de celles de Brentano et de Stumpf.

Des élèves de Brentano ou de Külpe, de Stumpf à Berlin, parmi lesquels C. von Ehrenfels et Max Wertheimer, vont donner à ce courant une impulsion nouvelle.

## La psychologie de la forme

C'est dans une opposition à l'élémentarisme (atomisme) de la psychologie associationniste traditionnelle que va naître un des courants les plus fondamentaux de la psychologie du XX$^e$ siècle, dont les influences dépasseront largement les frontières des pays germaniques.

L'approche atomiste, analytique, qui permet de rendre compte de phénomènes de composition dans la perception, échoue cependant devant la perception de phénomènes qui se déroulent dans l'espace ou le temps. Pour von Erhenfels, cette perception ne résulte pas de la combinaison de sensations élémentaires : ainsi une mélodie musicale n'est pas une suite de notes, mais une *structure*, une organisation de notes telle qu'elle peut être transposée dans un autre ton sans que nous cessions de la reconnaître (à condition justement que soient conservées toutes les relations entre notes, que demeure la structure). Ce que nous percevons, c'est donc une certaine « forme », une configuration : une *Gestalt*. Cette forme, qualité qui est perçue et conservée, est en fait construite par l'esprit à partir des éléments qui la composent. La forme résulte d'une activité de l'esprit.

M. Wertheimer, Kurt Koffka et Wolfgang Kölher, qui avaient été élèves à Berlin (Kölher succède à Stumpf en 1922), vont développer ces conceptions en affirmant la prégnance du tout, de la totalité de la structure, sur les parties qui la constituent : la forme, à laquelle ne correspond aucune sensation isolable, est une donnée première dans la perception d'un objet, une expérience immédiate qu'il faut décrire, sans la décomposer. Ceux qu'on appelle les gestaltistes, psychologues de la *Gestalt*, formulent des lois d'apparition et de transformation des structures perceptives et développent, avec les travaux de Kurt Lewin (lui aussi élève à Berlin), la notion de *champ* perceptif bientôt étendu à la totalité de l'espace vécu.

Les gestaltistes sont convaincus que leur mission est de se dévouer à un « effort évangélique commun pour sauver la psychologie de l'élémentarisme, du sensualisme et de l'associationnisme ». Ils échangent leurs points de vue pendant de longues années, y compris lorsque Kölher, sur le conseil de Stumpf, entreprend, à partir de 1913, d'étudier l'intelligence chez le singe. Ces études, en opposition radicale avec celles de Thorndike en particulier (voir p. 185), ont une visée comparative : puisque le singe est évolutivement proche de l'homme, son étude est féconde pour la connaissance de l'homme. Les études de l'intelligence animale, qui se développent rapidement au XXe siècle, doivent beaucoup à ces travaux pionniers de Köhler.

Mais Köhler espère également étudier par ce biais l'acte intelligent en lui-même, et dans de meilleures conditions qu'avec l'homme. Il est convaincu qu'une nouvelle approche conceptuelle est nécessaire pour rendre compte d'un phénomène qu'il observe : l'apparition brutale, dans une situation totalement nouvelle pour l'animal, d'une solution ou d'une erreur qui témoigne d'une compréhension de la situation. Il utilise le terme d'*insight* ou *Einsicht*, traduit comme *compréhension soudaine*, pour désigner ce qu'il analyse comme un changement dans la perception de la situation par l'animal : une restructuration perceptive. Les convictions de Kölher sont parfaitement cohérentes avec celles de Wertheimer qui développe, lui aussi, une théorie non empiriste de la pensée autour du concept de *pensée productive* qui désigne l'activité créatrice du sujet conduisant à la résolution d'un problème. Pour Wertheimer, qui enseigne à Francfort, il convient d'établir un parallélisme entre l'acte intellectuel et la démarche de la logique.

Les gestaltistes ont exercé une influence majeure sur la psychologie américaine : à partir de 1933, les psychologues gestaltistes, fuyant le nazisme, émigrent aux Etats-Unis ; certains d'entre eux y sont déjà fort connus, comme Köhler. Leurs convictions trouvent en particulier un écho dans les travaux du behavioriste E. Tolman (voir p. 193), qui oppose lui aussi à l'élémentarisme du behaviorisme watsonien une conception *molaire* du comportement, la nécessité de le considérer dans sa totalité comme différent de la somme de ses composants et doté de propriétés telle l'intentionalité (au sens de la phénoménologie de Brentano).

Lorsque les conceptions de l'épistémologie piagétienne commenceront à se diffuser, lorsque le behaviorisme radical de B. F. Skinner sera critiqué par N. Chomsky, lorsque les théoriciens de la cybernétique se pencheront sur l'intelligence naturelle, les travaux des gestaltistes sur l'activité intellectuelle constitueront le point d'ancrage théorique d'un courant nouveau de la psychologie du XX$^e$ siècle : le *cognitivisme* (voir vol. *HD* et *HC*).

## La psychologie russe

La fin du siècle en Russie est marquée par une opposition croissante au régime tsariste et à l'oppression qu'il continue à faire peser sur le pays. Opposition qui favorise le développement d'une attirance toujours grandissante pour le monde occidental, portée par une bourgeoisie cosmopolite, francophile en particulier, qui voyage beaucoup. Ainsi les ouvrages de Darwin et de Spencer, par exemple, sont-ils très rapidement traduits et deviennent vite populaires ; ces théories semblent conforter une pensée *matérialiste* qui envahit peu à peu l'intelligentsia russe parce qu'elle est porteuse d'une critique radicale du système politique et contredit la transcendance du pouvoir tsariste, héréditaire et de droit divin. Ce n'est d'ailleurs pas tant à la religion que s'oppose ce matérialisme en Russie : l'Eglise orthodoxe met en effet plus l'accent sur le mysticisme et le rituel que sur la théologie, et si les critiques contre l'Eglise augmentent rapidement à la fin du siècle, c'est plus le signe d'une volonté de changement de la société que d'une opposition philosophique ou théorique.

Cette période est secouée par des bouleversements successifs du système éducatif ; en 1866, par exemple, un nouveau climat de réaction est déclenché par la tentative d'assassinat du tsar Alexandre II : le comte Tolstoï, ministre de l'Education, introduit alors dans les écoles supérieures d'Etat un nouveau cursus qui exclut l'enseignement de la science ; mesure qui ne concerne pas les écoles religieuses, dans lesquelles les futurs fondateurs de la psychologie russe, et Pavlov en particulier, font leurs études. Le système universitaire est lui aussi secoué par l'instabilité politique et par l'attitude ambivalente du pouvoir à l'égard de l'enseignement scientifique : s'il joue un rôle vital dans la modernisation du pays, il entraîne bien souvent aussi une attitude critique envers le gouvernement. Tolstoï a donc engagé les professeurs des disciplines scientifiques à imposer à leurs étudiants une pratique de l'expérimentation (pendant qu'ils sont dans un laboratoire, ils n'ont pas d'activités extra-universitaires subversives). Cette politique favorise bien évidemment le développement des sciences expérimentales et, en particulier, au sein des études de médecine. Mais, dès 1884, alors que l'opposition tsariste impose une pression grandissante, le pouvoir supprime les libertés académiques, les universités passent sous le contrôle direct de la bureaucratie de l'Etat et perdent une grande partie de leurs crédits de recherche et de leurs étudiants.

Pour pouvoir continuer leurs recherches, les enseignants d'université doivent trouver un poste dans des instituts privés de recherche. A Saint-Pétersbourg est fondé, par un riche aristocrate admirateur de Louis Pasteur et de son institut parisien, l'Institut de Médecine expérimentale destiné à l'étude des causes microbiennes des maladies. Ivan Pavlov y est, en 1890, directeur du département de physiologie, après avoir été nommé professeur à l'Académie militaire de Médecine. C'est dans ces institutions que la psychologie russe va se développer.

## *Ivan Pavlov et le conditionnement des réflexes*

On présente souvent Pavlov comme le continuateur de l'œuvre de Sechenov. Comme lui, Pavlov s'est intéressé à la physiologie du système nerveux ; comme lui, Pavlov finit par être convaincu qu'on peut rendre compte de l' « activité nerveuse supérieure » en termes de processus biologiques simples ; comme lui, Pavlov est oppposé aux conceptions vitalistes. Mais Pavlov est à bien des égards une personnalité fort différente.

Fils d'un prêtre de campagne, élevé dans une foi orthodoxe qu'il va perdre mais qui déterminera un scientisme profond, Pavlov est d'abord un nationaliste russe aux convictions plutôt conservatrices. S'il admire Spencer et connaît les travaux de Darwin, il considère la science comme un sacerdoce plus que comme une source de libération ou de progrès social. Au cours de ses études de sciences, il rencontre Serguei Botkin, qui, après avoir été étudiant avec Sechenov chez Du Bois-Reymond, a imposé la physiologie expérimentale dans les études de médecine et enseigne la clinique médicale à l'Académie militaire de Saint-Pétersbourg. En 1878, Pavlov devient directeur du laboratoire de physiologie animale créé par Botkin et travaille sur l'innervation du cœur. Lors d'un voyage de deux ans en Allemagne, chez C. Ludwig, son attention se tourne vers les mécanismes de digestion et le rôle des sécrétions glandulaires.

C'est grâce au poste qu'il obtient dix ans plus tard à l'Institut de Médecine expérimentale qu'il peut réellement développer enfin ses recherches. Il trouve là un laboratoire où des chiens d'expérience sont élevés et, convaincu de la nécessité de ne travailler que sur des animaux non mutilés et bien soignés, Pavlov développe avec persévérance ses connaissances en chirurgie animale. Lors de ses études sur la sécrétion des sucs gastriques, Pavlov constate que l'animal ne salive pas seulement en mangeant, mais aussi *à la vue* de la nourriture ou de la personne qui la lui apporte. Ce phénomène, qualifié de *sécrétion psychique*, est considéré comme différent des sécrétions normales et comme provoqué par l'état de faim dans lequel est maintenu l'animal ; jusqu'à la fin des années 1890, Pavlov lui accorde peu d'attention. Ce n'est qu'au début du siècle que, grâce en partie aux travaux de ses étudiants, Pavlov se consacre à l'étude du *conditionnement* psychique de la salivation. En 1904, alors qu'ont commencé les premières grèves ouvrières, il est le premier savant russe à recevoir un prix Nobel, celui de médecine, pour ses travaux sur la digestion (et non sur le conditionnement). Sa notoriété lui permet dès lors de quitter le seul domaine des réflexes élémentaires et d'étendre ses préoccupations à l'ensemble des activités supérieures. Pour Pavlov, l'ensemble des réactions d'un organisme aux stimulus qui lui parviennent est conditionné à partir d'une association de chaque stimulus avec un réflexe primaire : ainsi, si le chien salive en entendant arriver celui qui le nourrit, c'est parce que ce stimulus (le bruit des pas) a été associé, dans le passé, avec la présence de viande dans la bouche (qui lui a succédé). Ce mécanisme simple (appelé *conditionnement répondant* ou *de type 1* — voir vol. *HC*) est censé rendre compte de tout le répertoire comportemental d'un organisme. Pavlov formule quelques hypothèses sur le support physiologique de ce mécanisme mais il sait que l'essentiel est dans le pouvoir de contrôle que confère la connaissance de tels processus et de leurs

---

ENCART 12

Dans ses conférences sur les réflexes conditionnés, Pavlov écrit :
 « La physiologie doit encore parvenir à trouver de vraies solutions aux questions qui ont jusque maintenant tourmenté et embarrassé les hommes. L'humanité disposera d'avantages incalculables et d'un pouvoir extraordinaire de contrôle du comportement humain quand les scientifiques seront capables de soumettre leurs propres amis aux analyses extérieures qu'ils utilisent pour tout objet naturel, et lorsque le cerveau humain pourra se contempler lui-même non pas de l'intérieur, mais de l'extérieur. » (*Lectures on conditioned reflexes*, Londres, Lawrence & Wishart, 1928, p. 95 ; notre traduction.)
 Le souhait de Pavlov rejoint ici celui de l'empiriste anglais John Locke (voir p. 80).

lois de fonctionnement (voir encart 12). C'est pour le remercier d'avoir découvert de tels pouvoirs que Lénine, en 1921, alors que Pavlov a soixante-douze ans, signe un décret lui conférant un traitement exceptionnel et crée des instituts d'études du conditionnement dans lesquels le point de vue mécaniste de la psychophysiologie de Pavlov sera approfondi.

### La réflexologie et l'attitude objective de Vladimir Bechterev

Bechterev est sans doute plus l'héritier de Sechenov que Pavlov, dont il est contemporain. Comme Sechenov, Bechterev fait preuve d'un grand nombre de centres d'intérêt et, comme lui, il se sent concerné par la situation politique et sociale. Diplômé en médecine à l'Académie militaire de Saint-Pétersbourg en 1878, il se consacre à la psychiatrie et étudie les changements de température corporelle au cours de certaines maladies nerveuses. Il voyage en Europe chez Du Bois-Reymond et Charcot, chez Wundt aussi et revient en Russie comme professeur à Kazan jusqu'en 1893, date à laquelle il est nommé professeur de psychiatrie à l'Académie militaire de Saint-Pétersbourg. L'activité institutionnelle de Bechterev rappelle celle de Stanley Hall (voir p. 182) ou celle de Henri Piéron (voir p. 167) : il fonde des institutions, des revues, des sociétés.

Bechterev tente d'imprimer à la psychiatrie et à la psychophysiologie russes une nouvelle approche ; tout d'abord, il est convaincu qu'en matière de maladies mentales, des progrès considérables pourraient être obtenus en renonçant à demander aux malades, lors d'entretiens cliniques, de faire état de leurs sentiments, de leurs troubles, de leur expérience subjective de la maladie ; l'étude *objective* des changements qui surviennent dans la vie des malades serait plus féconde. Il publie en 1914 un article défendant ce point de vue intitulé « La psychologie objective », expression qui reste attachée à son nom même si la volonté d'adopter une telle psychologie est partagée par nombre de psychologues de l'époque. Par ailleurs, il considère le réflexe comme le concept central de cette nouvelle psychologie objective qu'il baptise *réflexologie*.

Malheureusement, une querelle sur la localisation des centres responsables du réflexe de salivation l'oppose à Pavlov dès 1906 ; Pavlov démontre la justesse de son point de vue et Bechterev cesse de s'impliquer dans les travaux sur le réflexe chez l'animal pour travailler sur le développement de l'enfant et poursuivre ses travaux en psychiatrie.

La psychologie russe puis soviétique du XX$^e$ siècle s'est développée, en particulier à l'Institut de Psychologie de Moscou, autour de l'étude du réflexe conçu comme réaction à un stimulus antécédent. Au cours du siècle, certaines contestations très importantes ont été formulées à l'égard de cette approche mécaniste, en particulier celle de L. S. Vygotsky par exemple (voir vol. *HC*). Mais la psychologie russe est restée marquée par la vocation d'instrument de contrôle qu'avait perçue et voulue Pavlov. Les applications de la réflexologie dans les pratiques de contrôle social furent nombreuses, en particulier dans le domaine de la psychiatrie : comme aux Etats-Unis, la *thérapie comportementale* bénéficia largement des études du comportement et de son conditionnement en laboratoire.

### La psychologie anglaise

La révolution darwinienne constitue le cadre de développement de la psychologie anglaise qui connaît, plus qu'ailleurs, des difficultés d'institutionnalisation. La problématique de l'hérédité a fait naître deux grandes catégories de travaux : ceux qui portent sur l'animal dans le but de comparer ses capacités intellectuelles à celles de l'homme, les autres sur l'hérédité de ces capacités chez l'homme et de leurs différences interindividuelles.

#### *La psychologie animale*

A partir du postulat darwinien de continuité de l'animal à l'homme, un certain nombre de chercheurs entreprennent d'étudier l'évolution des capacités instinctives des animaux et en particulier de leurs capacités d'apprentissage. G. Romanes, ami et élève de Darwin, étudie certains animaux familiers, mais son attitude sur la question est teintée d'un anthropomorphisme qui rend très suspectes ses conclusions. C. Lloyd Morgan, un élève de Huxley à Londres, va tenter de débarrasser les études de l'animal de cette attitude qui tendait à chercher d'abord en lui les traces des capacités typiquement humaines. Le principe d'interprétation des aptitudes de l'animal qu'il propose à l'issue de ses observations est connu sous l'expression « canon de Morgan » et recommande de ne jamais attribuer à une faculté supérieure une activité qui peut résulter d'une faculté inférieure, d'un instinct ; l'une de ces facultés inférieures est l'*imitation instinctive* observée par Morgan dans une basse-cour : lorsqu'une poule se met à boire dans une boîte, les autres en font autant même si elles n'ont jamais fait cela auparavant. Il existe aussi une imitation « intentionnelle », qui suppose un processus conscient, par laquelle les animaux apprennent certains de leurs comportements habituels. Pour Lloyd Morgan, l'apprentissage se réalise donc autant par essais et erreurs, conformément au principe de Bain, que par imitation ; cette conception allait entraîner des recherches importantes pour le développement de la psychologie aux Etats-Unis. Au contraire, en Angleterre, les travaux de Morgan connurent peu d'écho. La psychologie ne faisait encore, dans le meilleur des cas, que l'objet de quelques cours dans des cursus de philosophie. McDougall, par exemple, ne parvient pas à devenir professeur en Angleterre et ne pourra le faire qu'à Harvard aux Etats-Unis : il est pourtant l'un des promoteurs d'une psychologie sociale fondée sur une théorie de l'instinct, défini comme disposition innée qui conditionne l'expérience perceptive et émotionnelle et l'activité de l'organisme. Les travaux des premiers psychologues anglais sont en quelque sorte prématurés et ne vont trouver d'écho réel qu'outre-Atlantique. A titre d'exemple, la première chaire de psychologie expérimentale sera créée à Cambridge en 1931 pour F. Bartlett, au moment où Ch. Spearman renonce à sa chaire de « *Mind and Logic* » pour une chaire de psychologie à Londres.

### L'hérédité et les différences interindividuelles

Le cousin de Ch. Darwin, F. Galton, exerce une influence importante en Angleterre. Il est convaincu que le génie, attesté chez certains hommes d'exception dont il est, est héréditaire ; tous les hommes, certes, ne sont pas des génies, il y a même de grandes différences entre les individus, qu'il convient d'étudier et de mesurer. Tout cela dans un but pratique très clair : améliorer la race, opérer une sélection génétique artificielle, scientifique, par laquelle les familles ne pouvant engendrer que de pauvres esprits seraient vivement invitées à s'en abstenir. Ces pratiques devraient être fondées sur une nouvelle science qu'il appelle *eugénisme*, pour laquelle il fait don à l'*University College* de Londres en 1904 d'un laboratoire. Ces convictions, loin de faire scandale, sont rapidement partagées tant elles répondent à l'évolutionnisme spencérien ambiant en vertu duquel les « sauvages » ou les « arriérés » ne sont pas aussi évolués que les Blancs civilisés normaux et doivent donc être éliminés (comme le ferait la sélection naturelle si les Etats-providence ne la contrariaient pas avec des mesures démagogiques). Mais ces convictions vont également permettre de développer d'une part des instruments nécessaires à la mise en évidence des différences : mesure des aptitudes avec mise au point de tests variés, de questionnaires, de mesures anthropométriques ; d'autre part des instruments statistiques permettant de classer les individus par rapport à une *norme*, et surtout de détecter les génies : Galton met au point la méthode des corrélations à partir de l'étude des régressions à la moyenne de la taille des fils par rapport aux pères. Le laboratoire d'eugénisme qu'il a créé est ensuite dirigé par un grand statisticien, K. Pearson, puis par R. Fisher dans les années 1930 qui met au point à cette époque la technique d'analyse de variance. Spearman, formé à l'école allemande, constate, dans ses études de l'intelligence, que les résultats à divers tests de capacités intellectuelles sont corrélés, varient solidairement. Il désigne alors l'intelligence comme une aptitude générale exprimée par un unique facteur, le *facteur g*, dans l'*analyse factorielle* qu'il a mise au point.

    L'enthousiasme fut tel pour les travaux de Galton et les découvertes statistiques importantes faites dans son sillage, que la psychologie anglaise est restée longtemps dans le siècle marquée par la mathématisation et par les questions de l'hérédité (voir par exemple les travaux d'études des jumeaux). La psychologie animale par contre n'y a été que peu étudiée.

## La psychologie aux Etats-Unis

### La situation universitaire

La situation universitaire aux Etats-Unis est bien différente de celles de l'Angleterre ou de la France : sur le modèle des universités allemandes, de nombreuses grandes universités se sont créées, autonomes, modernes, et les universitaires voyagent souvent de l'une à l'autre, « emportant » avec eux leurs convictions : ainsi, en l'absence de centralisation étatique, se constitue une confrontation permanente des idées, sans qu'une véritable orthodoxie philosophique parvienne à s'imposer.

Des philosophes, des biologistes, des médecins créent des laboratoires de psychologie un peu partout sur le territoire, la plupart du temps après être allés chez Wundt à Leipzig apprendre à expérimenter. Ils reviennent cependant de leur voyage en Europe en conservant un point de vue qui ne trouve que peu d'écho chez Wundt : les sciences, et la psychologie en particulier, doivent servir à *résoudre les problèmes pratiques* et surtout les problèmes créés par l'afflux de la population scolaire (résultant des importantes immigrations de populations attirées par les succès économiques des Etats-Unis).

Stanley Hall institue un laboratoire de psychologie à *l'Université Johns Hopkins à Baltimore*, en 1883, dans lequel de prestigieux chercheurs viendront travailler, tels Jennings, Baldwin, McKeen Catell. Ces derniers y fondent en 1893 la *Psychological Review*. James M. Baldwin y développe un laboratoire de psychologie comparative qui accueillera Jennings en 1906 et John B. Watson en 1908.

Stanley Hall vient ensuite à *l'Université de Clark, dans le Massachusetts*, en 1888 ; il y devient président, et y fonde un laboratoire de psychologie. Freud et Jung viendront y faire des conférences en 1909. Stanley Hall, directeur de l'*American Journal of Psychology*, travaille à la constitution d'une psychologie génétique articulée autour d'une théorie de l'hérédité des caractères acquis et de l'hypothèse de récapitulation (voir p. 138). Il fonde, en 1892, la très puissante *American Association of Psychology*.

L'*Université de Chicago* constitue, à partir de la fin du siècle, la plus grande université américaine pour l'étude de la psychologie animale : Jennings et Loeb y étudient les tropismes ; Watson y prépare, avant de partir pour Johns Hopkins, une thèse sous la direction du directeur du laboratoire de psychologie, James Angell (qui revient de Leipzig).

L'*Université Cornell* abrite un laboratoire de psychologie dirigé par Edward B. Titchener, qui a quitté Oxford pour passer son doctorat chez Wundt à Leipzig et restera à Cornell jusqu'à sa mort en 1927, en diffusant sa version de la psychologie physiologique de Wundt, qui deviendra vite marginalisée.

L'*Université Columbia* enfin héberge un laboratoire de psychologie dirigé par McKeen Catell qui veut y développer, à partir de 1891, le recours aux méthodes quantitatives en psychologie, l'usage des tests mentaux et une approche inspirée de celle de Galton. C'est dans cette université qu'arrive Thorndike en 1897 après sa thèse passée à Harvard chez William James.

### Le cadre philosophique

Lorsque les premiers psychologues fondent des laboratoires et des enseignements vers la fin du $XIX^e$ siècle, c'est le *pragmatisme philosophique* qui domine la pensée universitaire américaine. William James, frère du romancier Henry James, est un héritier spirituel et un ami de Ch. S. Peirce ; après plusieurs voyages en Europe et des études de médecine, il est professeur de biologie à l'Université Harvard puis y enseigne, à partir de 1872, la psychologie et la philosophie.

En 1890, il publie les *Principes de psychologie*, dans lesquels il présente une conception psycho-physiologique de la conscience, en adhérant à l'idée d'un parallélisme entre phénomènes mentaux et phénomènes biologiques ; mais il conçoit ce parallélisme sur un mode différent de celui de ses contemporains, comme le révèle sa théorie de l'émotion : il soutient que les émotions primitives (la peur, la colère) sont des sentiments ressentis *à la suite* des modifications corporelles, en sont des conséquences et non des causes : c'est parce que je tremble devant le danger que j'éprouve de la peur (le physiologiste danois C. Lange formule, à la même époque, une idée analogue ; cette position est donc connue sous le nom de « théorie James-Lange de l'émotion »). La conscience que nous avons des changements corporels qui s'opèrent en nous engendre les sentiments que nous appelons émotions. James prend ici parti contre l'idée, très partagée à l'époque, que la *conscience est un épiphénomène*, un produit secondaire. Il distingue différentes formes de moi (corporel, spirituel, social) dont l'unité est exprimée par le concept de « *stream of consciousness* », flot de l'expérience vécue, dans lequel il est impossible, contrairement à ce qu'affirment les conceptions associationnistes, de découper des états, des sensations ou des idées simples qui se combineraient pour former des états, des sensations ou des idées complexes. En cela, la position anti-atomiste de James est très proche de celle de Henri Bergson (voir p. 162). Bien que très informé des développements de la psychologie et de la biologie dans le monde, bien que fondant le laboratoire de psychologie de Harvard (c'est lui qui conseille à son étudiant Stanley Hall d'aller chez Wundt apprendre à expérimenter) et assurant de son soutien de jeunes expérimentateurs, comme Thorndike, James préconise, pour étudier le flot de la conscience, le recours à l'introspection.

Le pragmatisme de James, exprimé en 1907 dans *Pragmatisme*, s'affirme dans une conception particulière, « instrumentale », de la vérité : la vérité n'est pas transcendante, elle n'est pas indépendante des actions, des *opérations* qu'on effectue pour y parvenir. De même, une proposition (une « idée ») est vraie si elle est efficace (pas seulement au niveau matériel), si elle est utile. La position pragmatiste permet ainsi de trancher dans bien des différends philosophiques en ne tenant compte que des « conséquences pratiques » des idées concernées ; les théories deviennent alors des instruments d'action.

Cette conception du monde et de la connaissance du monde fondée sur les expériences qu'on y fait va marquer la psychologie américaine. Elle se prolonge, chez James, de développements sur l'expérience religieuse qui révèlent la double nature de cet étrange philosophe mais qui eurent peu de poids sur le courant qui allait dominer la psychologie aux Etats-Unis. Ce qui influença cette psychologie, c'est sa conception fonctionnelle de la conscience, conception fondée sur la biologie darwinienne :

pour James, la conscience est une activité de l'organisme qui a pour principale fonction de l'adapter à l'environnement ; sans cette fonction, elle n'aurait pas survécu dans l'espèce humaine (en vertu du principe un peu trop radical que ce qui survit, ce qui fait souche, le fait en raison de son utilité). Cette conviction est diffusée par deux étudiants de James : John Dewey et James Angell, qui arrivent tous deux à l'Université de Chicago en 1894. Elle va rencontrer l'opposition de Titchener, qui, conformément à la psychologie de Wundt dont il se fait le porte-parole aux Etats-Unis, développe une conception *structuraliste* de la conscience : la conscience est une structure globale dont on peut étudier les états différents, qui est sous-jacente à toutes les conduites et constitue donc le seul véritable objet de la psychologie. Celle-ci ne doit pas avoir une visée pratique mais seulement permettre, par l'introspection, une meilleure connaissance de la conscience ; dans cette conception, aucune place bien entendu pour une psychologie animale. C'est Titchener qui qualifie la position pragmatiste de James ou Dewey de *fonctionnalisme*.

## Le comportement comme objet d'étude

### Les lois de l'apprentissage

Un élève de W. James à Harvard, Edward L. Thorndike, réalise sous sa direction des travaux qui vont opérer une coupure décisive dans l'histoire de la psychologie et, paradoxalement, la détourner de l'étude de la conscience prônée par W. James.

Thorndike, fils d'un austère pasteur méthodiste, décide, après avoir lu W. James et entendu des conférences de Lloyd Morgan, de travailler sur l'intelligence animale et en particulier sur l'apprentissage, chez le poulet ou le chien, de comportements qui ne font pas partie de leur répertoire instinctif. Dans la cave de W. James et avec les moyens qu'il trouve autour de lui, il construit des cages qui ne peuvent s'ouvrir qu'avec un mécanisme spécial dont l'animal, affamé, doit apprendre la manipulation pour obtenir de la nourriture (ces cages sont appelées

« boîtes à problème »). Expérimentateur et bricoleur de génie, scientiste convaincu aussi, Thorndike procède alors à des expériences standardisées et méticuleuses. Il place un animal dans la cage et note, à chaque essai, le temps qu'il lui faut pour actionner avec succès le mécanisme d'ouverture et trouver sa récompense. Il construit ainsi les premières *courbes d'apprentissage*.

Après quelques expériences, il est convaincu que l'animal apprend à résoudre le problème posé par la cage en associant la bonne réponse à la stimulation visuelle que constitue le mécanisme de la porte ; au fur et à mesure des essais, ces « connections » (c'est le terme même de Thorndike) s'établissent et sont « renforcées » par l'obtention de nourriture *(loi de l'exercice* et *loi de l'effet)*. On voit ici apparaître la première formulation de la psychologie stimulus-réponse (S-R) qui va être considérée, à tort ou à raison, comme le cœur même de la psychologie américaine du XX$^e$ siècle, et la première formulation de la loi du renforcement (d'un lien S-R) par une *récompense*, loi qui sera reprise, quelques décennies plus tard, par Burrhus F. Skinner.

Thorndike est lui-même conscient de la portée pratique de ses convictions et de ses travaux : s'il a raison, l'étude expérimentale de l'apprentissage et du renforcement va permettre à la psychologie de tenir ses promesses et de résoudre des problèmes concrets, par exemple ceux que rencontrent les enseignants dans leurs classes.

Les travaux de Thorndike n'eurent pourtant, à la fin du siècle, que peu d'écho : on lui reprocha d'affamer ses animaux, de procéder à des expériences très éloignées des situations naturelles, etc. Les crédits pour les travaux sur l'animal ne furent pas augmentés, et Thorndike lui-même cessa d'étudier l'apprentissage animal pour se consacrer aux problèmes pédagogiques ; un autre pas devait être franchi pour que ses travaux deviennent vraiment un modèle pour la psychologie humaine.

**La vie psychique des micro-organismes**

En 1910, la psychologie américaine demeure une psychologie de la conscience, certes tournée vers ses applications pratiques, mais encore introspectionniste dans la plupart des cas.

Les travaux de psychologie animale restent marginaux,

exceptés ceux qui concernent les micro-organismes : l'intérêt général pour ce type d'animal vient des découvertes, réalisées grâce à des microscopes de plus en plus puissants, concernant leur rôle dans les maladies. L'intérêt des psychologues concerne le niveau auquel sont supposées apparaître, sur l'échelle phylogénétique, des qualités mentales ou psychiques. L'article de Binet (voir p. 165), qui paraît en 1889, cohérent avec la conviction de Haeckel selon laquelle tous les organismes ont une âme (et donc des qualités « psychiques »), exprimait un tel intérêt. Jacques Loeb apporte à cette question une réponse qui va susciter une importante polémique internationale. Cet étudiant alsacien, devenu assistant à Berlin, travaille tout d'abord sur l'effet de lésions localisées du cerveau sur le comportement de certains animaux. Il acquiert par ailleurs la conviction que les réactions des animaux inférieurs et celles des plantes à des agents comme la lumière sont déterminées par des facteurs chimiques et physiques. En 1889, il propose cette explication mécaniste des *tropismes* (ou réactions d'orientation). Grâce à la notoriété de ses travaux sur les lésions du cerveau, il parvient à quitter l'Allemagne (dans laquelle les juifs ont de plus en plus de mal à trouver des postes stables) et à obtenir un emploi à l'Université de Chicago ; il va y développer ses travaux sur les tropismes avec l'espoir de rendre compte de mouvements plus complexes dans les termes de son explication, considérée par nombre d'autres comme réductionniste. Un conflit l'oppose alors à Herbert S. Jennings : celui-ci, au retour d'une année d'études de biologie à Iéna, soutient une position jugée alors vitaliste, selon laquelle un organisme n'est pas entièrement passif — et donc bouge — même lorsqu'une stimulation ne l'atteint pas (il peut y avoir une activité spontanée non déclenchée, conformément aux convictions de J. Müller et de A. Bain). Il observe qu'une amibe, par exemple, a des activités très différenciées dans un environnement qui reste invariant et ne peut donc les provoquer. Jennings affirme également que l'activité d'un organisme, même inférieur, peut être provoquée par son état interne, par le déficit ou l'excès de telle ou telle substance par exemple.

L'explication de Loeb, pour séduisante qu'elle était aux yeux de biologistes soucieux de se détacher de tout vitalisme et de trouver des principes peu nombreux et très généraux, est cependant jugée trop simpliste par les physiologistes (tels Piéron, voir p. 168) au Congrès international de Genève en 1909, qui affirment que les organismes vivants sont beaucoup plus complexes que ne le suppose le recours à de tels principes. A la suite de ce débat entre deux attitudes inconciliables (non seulement à l'égard des micro-organismes mais surtout à l'égard de la science en général), l'intérêt pour les animaux inférieurs décrût rapidement. Ces études ont cependant contribué à une conviction qui allait bientôt s'imposer aux Etats-Unis : la psychologie animale est une voie d'accès à la connaissance générale des lois de fonctionnement de tous les organismes.

### La psychologie, science du comportement

Le changement profond qui affecte la psychologie américaine au début du siècle est principalement l'œuvre d'un homme : il va faire de la psychologie une science non plus de la conscience (de ses fonctions ou de ses structures) mais du *comportement*.

Pour accomplir une telle « révolution » (la « révolution behavioriste » ; *behavior* signifie comportement), il fallait sans doute que John Broadus Watson fût différent de ses contemporains. Contrairement à eux en effet, il vient du sud des Etats-Unis ; contrairement à eux qui sont fils de pasteur ou de médecin, il est le fils de fermiers pauvres ; contrairement à eux, rien ne le destine à l'université. Après une enfance durant laquelle il « frôle » la délinquance, après quelques études de philosophie dans l'Université baptiste (sa mère, baptiste dévote, voue une profonde admiration au pasteur local, John Broadus), il devient instituteur dans une petite école où il se fait remarquer pour ses talents de dresseur de rats.

> Le rat va devenir l'animal symbole de la psychologie américaine. C'est au début du XIX$^e$ siècle qu'avait commencé la domestication du rat brun en raison de la popularité des combats de rats. Parmi ces rats bruns, naissaient des rats albinos et les éleveurs remarquèrent qu'ils étaient plus faciles à domestiquer, moins agressifs, que les rats bruns. Le rat blanc fit son entrée dans un laboratoire scientifique en France, en 1860 et un peu plus tard aux Etats-Unis grâce à un médecin suisse qui avait fait des études avec H. Jackson en Angleterre : Adolf Meyer. Arrivé à Chicago en 1892, il se fait envoyer d'Europe des rats blancs afin d'étudier leur système ner-

veux. D'autres chercheurs utilisèrent bientôt eux aussi le rat blanc pour leurs expériences, à tel point que certains purent accuser la psychologie américaine d'être une science du comportement du rat.

Watson, qui s'est d'abord adressé à Dewey pour lui demander de diriger ses études de philosophie à l'Université de Chicago, prend alors connaissance des recherches que Loeb mène dans le laboratoire de psychologie de cette université, laboratoire dirigé par James Angell. C'est finalement Angell qui dirige la thèse de Watson sur le rôle de la myélinisation des fibres du cerveau dans l'apprentissage. Dans cette thèse, qui paraît en 1903 sous le titre de *Animal Education*, Watson montre, grâce à une comparaison, à différents âges, entre les différents états des fibres du cerveau et les capacités d'apprentissage, que les animaux peuvent apprendre des comportements bien avant que la myélinisation ne soit achevée. Ces travaux constituent les premières études de *psychobiologie* (d'après un terme inventé par A. Meyer).

Pour pouvoir continuer ses travaux sur les relations entre capacités et états du cerveau, Watson va passer l'année 1905 à l'Université Johns Hopkins et s'y perfectionner en chirurgie. Il y fait la connaissance de James M. Baldwin qui lui demande, en 1908, de venir monter un laboratoire de psychologie comparée et d'être professeur. Lorsque Baldwin est contraint, en 1909, de quitter les Etats-Unis, Watson est appelé à lui succéder à la direction du département de psychologie et de la prestigieuse *Psychological Review* ; Watson a trente et un ans. Sa situation est paradoxale : il exerce dès lors un pouvoir considérable sur des psychologues qui jugent que ses travaux relèvent plus de la biologie que de la psychologie. En 1913, il a l'opportunité de présenter son opinion sur cette situation lors de conférences qu'il est invité à faire à l'Université de Columbia. La première de ces conférences est intitulée *Psychology as the behaviorist views it* ; ce texte constitue ce qu'on considère comme l'acte de naissance de la psychologie behavioriste. C'est un *manifeste*, une profession de foi qui résume et synthétise des positions éparses jusqu'alors, soutenues ici et là par quelques hommes. L'argumentation de Watson est simple : il faut avec l'homme procéder comme avec l'animal en psychologie et ce pour deux raisons ; tout d'abord l'approche subjectiviste (celle de Titchener) n'a pas permis à la connaissance en psychologie de devenir scientifique et de progresser puisque ses données sont invérifiables : elles ne peuvent faire *l'objet d'un accord entre plusieurs observateurs*, critère que Watson érige ici en véritable critère épistémologique de la véracité d'un fait. Ensuite, cette psychologie n'a fourni aucune donnée utilisable hors laboratoire, dans la vie pratique. La psychologie animale a montré la voie : elle se passe de l'introspection, de la conscience, du langage et cependant elle permet de prévoir et donc de contrôler les conduites des animaux. L'étude de l'animal produit des connaissances fiables en considérant l' « esprit » *(mind)* de l'animal comme une « *boîte noire* », sans se préoccuper des traitements que cet « esprit » fait subir aux stimulations avant de produire des réponses. Il faut donc utiliser en psychologie humaine la méthode de la psychologie animale.

Bien entendu, une telle recommandation ne peut qu'avoir des conséquences qui dépassent la stricte méthodologie : utiliser la méthode des études sur l'animal pour étudier l'homme, c'est accepter de n'étudier dans l'homme que ce qui fait qu'il est *aussi* un animal (ce qu'un matérialiste comme La Mettrie exprimait au XVIII$^e$ siècle — voir p. 70). La méthodologie behavioriste, qui se présente comme une garantie de scientificité bienvenue pour la psychologie, impose à celle-ci de réduire son champ d'étude : d'en exclure tout ce qui fait que l'homme n'est pas qu'un animal (ses activités symboliques, sa conscience, sa subjectivité, etc.) ou d'en reconsidérer ce qui fait sa spécificité : ainsi Watson propose-t-il du langage une conception qui le réduit à un comportement « comme les autres ». Ce que le behaviorisme « neutralise », c'est l'espace du dedans, en le postulant comme strictement homogène à celui du dehors, celui du comportement observable : « Nous vous demandons d'abandonner l'idée selon laquelle l'intérieur de votre corps est différent ou plus mystérieux que l'extérieur », écrit Watson (*Le behaviorisme*, p. 17). Le behaviorisme s'affirme comme un *monisme* radical, dont le projet est de soumettre l'intériorité (les idées, les sentiments, toutes ces « fictions ») aux mêmes prédictions et aux mêmes contrôles que les comportements « publics ».

Ce que la psychologie du comportement perd, en conquérant le terrain de la scientificité positiviste (terrain des observables, de l'objectivité, etc.), c'est la capacité d'aborder la question de la *signification* des comportements. En effet, le comportement devient *en lui-même* l'objet de cette psychologie, il n'est plus considéré comme l'expression de structures psychiques ou mentales sous-jacentes que l'autre psychologie voulait connaître. D'ailleurs Watson affirme que la psychologie n'a pas à *expliquer* ; l'observation et la *description* suffisent à la prédiction et au contrôle. Expliquer, c'est dire le sens d'un comportement en le référant à autre chose que lui-même, l'interpréter dans les termes d'une structure, d'un ensemble, dont il dépend, par exemple la conscience (voir encart 13). Dans le behaviorisme, le comportement n'a pas à être interprété, il n'est pas un signe ; ainsi, la névrose est une construction des psychologues (voir encart 3), elle n'existe dans leur esprit que pour expliquer les symptômes observés, elle est donc une fiction, un concept non scientifique, même s'il est commode.

---

ENCART 13

A propos des théories de la conscience, Watson écrit avec son ton habituel de polémiste : « La conscience : oui, tout le monde doit savoir ce qu'est "la conscience" ! Quand nous avons une sensation de rouge, une perception, une pensée, quand nous voulons faire quelque chose, quand nous avons l'intention de faire quelque chose, ou quand nous désirons faire quelque chose, nous sommes conscients. Tous les chercheurs en psychologie introspective sont illogiques. En d'autres termes, ils ne disent pas ce qu'est la conscience, mais commencent simplement à mettre des choses dedans à l'aide de suppositions ; ensuite, lorsqu'ils entreprennent d'analyser la conscience, ils y trouvent naturellement ce qu'ils y ont mis. En conséquence, dans les analyses de la conscience faites par certains psychologues, vous trouverez des éléments tels que les sensations et leurs fantômes, les images ; avec d'autres, vous trouverez non seulement les sensations, mais lesdits éléments affectifs ; chez d'autres encore vous trouverez des éléments tels que le vouloir, lesdits éléments conatifs de la conscience. (...) Littéralement, des centaines de milliers de pages imprimées ont été publiées sur l'analyse minutieuse de ce quelque chose d'intangible appelé "conscience". » (J.-B. Watson, *Le behaviorisme*, Paris, CEPL, 1972, p. 12 ; publié en américain en 1924).

---

La conception behavioriste de la réalité (la réponse à la question ontologique : qu'est-ce qui existe ?) est celle d'un *atomisme* et d'un *nominalisme* appauvris : je ne crois que ce que je vois ; il n'existe que des choses tangibles. Comme le dit Watson, de façon imparable : « Personne n'a jamais touché une âme. » Cet appauvrissement de l'objet de la psychologie fut la source des nombreuses critiques qui lui furent adressées au cours du siècle.

### La postérité behavioriste

Dès 1920, on a coutume de dire parmi les psychologues que tout le monde est devenu behavioriste ; le point de vue de Watson va connaître des développements considérables : expérimentaux tout d'abord avec un grand nombre de recherches sur l'apprentissage et les conditionnements (Watson prend en 1914 connaissance des travaux de Bechterev et de Pavlov et s'en inspire) ; pratiques ensuite puisque le behaviorisme a justement la vocation de prédire et de contrôler tout type de comportement. Ainsi vont se constituer par exemple une approche behavioriste des troubles mentaux : la *behavior therapy* (voir vol. *HP*), ou une approche behavioriste de la pédagogie. Watson affirme lui-même, dans *Le behaviorisme*, que la psychologie du comportement est un instrument très efficace d'éducation : qu'on lui confie une douzaine d'enfants, et il se fait fort de les élever pour qu'ils deviennent médecin, commerçant, mendiant, etc., sans se préoccuper de leurs antécédents familiaux ou de leurs prétendus goûts et capacités.

Cependant Watson est contraint, lui aussi, de quitter Johns Hopkins en 1920.

> La vie privée de ces psychologues américains du début du siècle, de J. M. Baldwin ou de J. B. Watson, ne présenterait aucun autre intérêt qu'anecdotique si elle ne pouvait servir de révélateur du milieu universitaire de cette période. Baldwin fut photographié une nuit alors qu'il sortait d'une maison close ; la photo, gardée sous le coude par les journalistes, fut publiée lorsque Baldwin s'investit dans la politique éducative de Baltimore. Il dut s'exiler immédiatement à Mexico. Quant à Watson, il fut contraint de quitter l'université lorsque sa femme publia les lettres enflammées qu'il échangeait avec son assistante. L'institution universitaire, marquée par le puritanisme, ne pouvait tolérer que ce qu'elle considérait comme des manquements aux valeurs morales fût connu du public.

Il se reconvertit dans la publicité, activité pour laquelle ses talents de conditionneur vont faire merveille. Évincé du milieu des universitaires au sein duquel il était demeuré socialement un marginal, il poursuit cependant ses publications behavioristes (*Behaviorism*, paraît en 1924) et ses polémiques avec des psychologues ; avec McDougall par exemple, devenu professeur aux Etats-Unis.

Ce que le behaviorisme va modifier en quelques décennies, c'est la représentation de l'être humain. Certes, Watson n'a pas tiré toutes les conséquences philosophiques de ses conceptions (ce qui l'intéressait vraiment, c'était expérimenter avec ses rats) et cela sans doute les a exposées à des retours du mentalisme : des psychologues (comme E. Tolman) influencés plus ou moins directement, à partir des années 30, par les théoriciens de la Gestalt exilés d'Allemagne (voir p. 174) tentent de remplir à nouveau la boîte noire en proposant des théories du traitement ou de la résolution de problèmes. Mais le behaviorisme constitue, pendant une grande partie du siècle, la philosophie dominante des Etats-Unis en matière de conception de l'individu. Burrhus F. Skinner, étudiant puis professeur à Harvard, entreprend d'exprimer cette philosophie avec un radicalisme qui la clarifie et révèle que sa puissance provient de son articulation profonde avec l' « idéologie » et le mode de vie américains.

> Ainsi s'est installée une division fondamentale entre deux attitudes constitutives de la psychologie : d'un côté l'interprétation des conduites et des dires, à la recherche de leur source, un sujet unique, structure invisible mais pourvoyeuse de sens ; cette psychologie-là, en un siècle où « La Science », si possible biologique, est devenue maîtresse de la vérité, s'est heurtée à ses exigences positivistes et donc, bien souvent, s'est trouvée dépréciée ; elle a été considérée par les spécialistes et par les institutions comme proposant « des vérités moins vraies », moins sûres que l'autre psychologie dont elle a été finalement l'antidote ; cette autre psychologie, celle qui mesure et valide, celle qui vérifie et n'affirme rien de suspect, n'explique rien, celle qui dans l'homme voit d'abord l'animal, ses comportements ou même ses capacités sans que le sens de ces activités soit établi par rapport à l'individu lui-même, cette autre psychologie s'est imposée comme « scientifique », et a été reconnue comme telle par les institutions. Comme l'avaient prévu et souhaité tant Hobbes que Bentham, Pavlov que Piéron, elle a proposé une représentation de l'être humain compatible avec (sinon fondatrice) des systèmes de gouvernement des hommes qui ont dominé le siècle.

Le XX$^e$ a été, pendant une large partie de son cours, traversé par l'affrontement politique entre deux idéologies souvent considérées comme incompatibles : celle du libéralisme, celle du communisme (de l'artificialisme étatique). Le plus surprenant en apparence face à cette incontournable opposition, c'est que ces deux systèmes se sont établis sur une même conception de l'individu, qu'ils ont diffusée, généralisée, répandue de telle manière qu'elle semble aujourd'hui naturelle, incontestable et inévitable : celle d'un organisme malléable à volonté, telle une cire molle, *objet* de contrôles et de maîtrises et jamais *sujet* de lui-même. Pour Pavlov comme pour Watson, rien ne peut entraver le pouvoir de la science sur cet homme-là, pas plus que sur la nature. Comme l'écrira Skinner avec la plus grande lucidité, le monde est comme un immense laboratoire dans lequel toute expérience de psychologie est possible et finalement permise. L'utopie dans laquelle s'expriment si souvent des projets de contrôle d'une société peut devenir réalité dès lors qu'elle est fondée sur une approche scientifique ; approche défendue, illustrée, poursuivie à l'Ouest comme à l'Est. L'utopie est un genre littéraire pour ambitions de pouvoir, et le pouvoir, à l'Est comme à l'Ouest, est installé toujours sur la même conception de l'individu, que la psychologie behavioriste et la réflexologie ont exprimée.

Ce qui est absent de ces scènes politiques, c'est ce que les Lumières avaient appelé à gouverner, ce qu'elles avaient universalisé, ce que la psychologie, tard encore dans le XIX$^e$ siècle, avait pris pour objet avec l'espoir de le maîtriser : la *conscience*. Dans la réflexologie comme dans le behaviorisme, la conscience est superflue, c'est un *accessoire*, le plus souvent embarrassant. L'homme de ces psychologies-là peut bien être conscient, c'est sans intérêt ; cet homme-là n'est plus un citoyen.

D'autres d'ailleurs, et à la même époque, et avec le même succès, ont chassé la conscience individuelle : Freud comme Marx l'ont dénoncée comme mensonge, fausse conscience, faux semblant avec la conviction que la *conscience de classe* ou l'*inconscient*, inaccessibles l'un et l'autre à la conscience individuelle donc transcendants à cette conscience, recèlent plus de vérité.

# DEUXIÈME PARTIE
## Méthodes

# IX. Démarche scientifique et psychologie

**Discours profane, discours savant, discours scientifique**

Comme il ressort de l'aperçu historique qui précède, la psychologie, ayant atteint son statut scientifique, partage normalement avec d'autres sciences ses règles générales de méthode. Celles-ci se trouvent aujourd'hui abondamment analysées et codifiées dans les traités de logique et de méthodologie scientifique. Il importe, si nous voulons évaluer correctement les apports de la psychologie, de connaître et de comprendre les méthodes qui ont servi à les constituer. Cependant, pour en dégager les principes essentiels, plutôt que de les exposer dans leur forme abstraite et pour ainsi dire normative, il est à la fois plus simple et plus vivant de suivre en ses cheminements l'activité des hommes de science, de voir comment ils s'y sont pris pour accumuler peu à peu les connaissances scientifiques.

Nous prenons ainsi une voie qui relève de la psychologie plutôt que de la logique de la découverte. C'est là une distinction sur laquelle insistait Karl Popper (voir encart 14), au seuil de son ouvrage classique, *La logique de la découverte scientifique* qui constitue l'une des contributions les plus influentes à la philosophie des sciences. Popper y fait clairement le partage entre la recherche des *propriétés distinctives* du discours scientifique — affaire de l'épistémologie et de la logique des sciences — et l'étude psychologique et sociologique de l'*activité* scientifique. S'en tenant lui-même au premier de ces domaines, il propose de voir dans la *réfutabilité (falsifiability)* le trait distinctif de l'énoncé scientifique. Une théorie, ou une hypothèse, est scientifique si elle est formulée de telle sorte qu'il soit possible de la mettre à l'épreuve, par l'observation ou l'expérimentation. Aisé à appliquer aux exposés scientifiques du passé, ce *critère de démarcation*, comme l'appelle Popper, ne va pas sans soulever certains problèmes lorsqu'on cherche à l'appliquer à la science qui est en train de se faire. Les chercheurs scientifiques ne sont pas toujours en mesure de formuler leur hypothèse sous cette forme idéale avant de se mettre au travail, comme nous le verrons plus loin (voir chap. XI), particulièrement lorsqu'ils en sont encore à défricher le terrain, comme c'est le cas des psychologues.

---

ENCART 14

Karl Popper (né en 1902), philosophe des sciences, d'abord associé au cercle de Vienne, a poursuivi sa carrière en Grande-Bretagne. Il a marqué l'épistémologie moderne et influencé nombre de scientifiques principalement par son ouvrage sur *La logique de la découverte scientifique*, publié d'abord à Vienne en allemand en 1934, puis à Londres en anglais en 1959 (traduit en français en 1968, Paris, Payot ; une édition ultérieure est précédée d'une préface de Jacques Monod, prix Nobel de médecine), où il propose le critère de réfutabilité (on dit parfois en français *testabilité*), évoqué ci-dessus. Dans un ouvrage plus récent, *Objective Knowledge* (1972), il développe une conception évolutionniste de la science. Processus d'accroissement des connaissances dans l'espèce humaine, la science se constitue, à l'image des espèces vivantes à travers l'évolution biologique, par sélection, parmi les hypothèses et théories, de celles qui survivront aux autres, parce que plus résistantes aux tentatives de réfutation, sans que cela leur garantisse jamais la pérennité. La connaissance scientifique se présente ainsi comme objet distinct des hommes qui la font, accessible à l'examen de la communauté scientifique, et formant avec les autres produits de la création humaine un univers (Monde 3) irréductible à l'univers physique (Monde 1) aussi bien qu'à l'univers de l'expérience psychologique subjective (Monde 2). Popper a repris et affiné ses thèses dans un dialogue avec John Eccles, neurophysiologiste couronné du prix Nobel, savant qui a fait retour au dualisme spiritualiste, dans un volume intitulé *The Self and its Brain* (Londres, Springer, 1977), qui s'inscrit d'autre part parmi les contributions au débat sur les rapports entre cerveau et esprit. On se reportera, sur ce thème, à X. Seron (Ed.), *Psychologie et cerveau*, Paris, PUF, 1989.

---

La science, se plaît-on à dire, n'est qu'une forme de discours, une façon parmi d'autres d'user du langage. Mais c'est un discours sur le réel, qui s'appuie sur des faits et se soumet à une perpétuelle mise en question par les faits. L'homme de science ne se contente donc pas de discourir, il recueille les faits, qui étaieront son discours et auxquels son discours se réajustera sans cesse. La recherche des faits ne se réduit pas, tant s'en faut, à une activité langagière : elle implique des *actions*, plus ou moins systématiques, et l'élaboration de plus en plus poussée d'*outils*, d'instruments capables de suppléer aux limitations de nos sens et de nos organes moteurs.

D'une certaine manière, le discours scientifique prend le relais du discours quotidien : les hommes n'ont pas attendu la constitution des disciplines scientifiques pour traduire dans leur langage naturel leur connaissance du monde qui les entourait, voire de leur monde intérieur. La structure même de la langue traduit cette activité d'observation, de catégorisation, de mise en relation des données du réel : le lexique d'une langue renvoie à une certaine manière de découper la réalité, de circonscrire des objets, qui renvoie à son tour aux caractéristiques de la culture. Les termes désignant les comportements et les usages du chameau sont nombreux et différenciés dans les langues des nomades du désert, rares chez les Lapons, et inversement pour ce qui concerne les rennes. Morphologie et syntaxe reflètent pareillement les activités cognitives de mise en relation des choses ou des événements : sous des formes diverses, le discours quotidien comporte des outils linguistiques propres à exprimer des rapports de causalité (« parce que », « à cause de »), de temporalité (temps des verbes, adverbes et conjonctions « avant (que) », « après (que) », « pendant que », etc.), de conséquence (« si... alors »), etc., qui tiennent une place capitale dans le discours scientifique. Dans beaucoup de ses manifestations, le discours profane du sens commun repose sur un préalable d'adéquation au réel, sur le souci de communiquer sans équivoque ce que l'on en dit, et sur des visées pratiques qui trouvent leur vérification dans l'action. Des jardiniers peuvent aisément se mettre d'accord par l'épreuve sur la validité des propositions « Ces plantes n'ont pas besoin d'eau » et « Si nous laissons ces plantes sans eau, elles meurent ». La vie quotidienne est pleine de ce type de discours, à vrai dire très proche du discours scientifique dans son principe, et à certains égards les discours propres aux différentes disciplines peuvent apparaître comme une spécialisation de plus en plus raffinée de l'usage courant. Mais au gré de cette spécialisation, le discours scientifique s'écarte généralement de plus en plus des formulations initiales du langage courant : à la faveur à la fois du progrès de ses outils (voir chap. IX, p. 207 sq.), et de l'élaboration de ses concepts théoriques (voir chap. XI), chaque science aboutit à des descriptions et des explications souvent fort éloignées de celles dont elle était partie ; elle élabore à cette fin son propre langage.

Une évolution analogue s'est produite dans d'autres langages spécialisés, eux aussi fort éloignés du langage courant, mais qui n'en sont pas pour autant langages scientifiques. Certains de ces langages spécialisés méritent sans conteste la qualification de savants : ainsi en va-t-il du langage juridique, ou du langage philosophique de la morale ou de la métaphysique. Le premier n'est certes pas exempt de références à la réalité (sociale), non plus d'ailleurs que le second, mais il ne s'agit pas de cette recherche systématique, caractéristique de la démarche scientifique, qui vise à contrôler dans le réel, et par d'autres moyens que proprement discursifs, la validité du discours.

### Recherche logico-mathématique et recherche empirique

Il convient cependant de clarifier le statut particulier d'un type de discours auquel on ne refuse pas la qualité de scientifique, mais qui ne cherche pas dans la confrontation au réel ses critères de validité. Il s'agit des discours propres aux disciplines formelles (logique et mathématique), distinctes des sciences du réel ou sciences empiriques. L'une et l'autre ayant sa place dans les méthodes de travail des psychologues ou dans leur arsenal conceptuel (voir chap. XIII et XI), elles appellent ici quelques commentaires.

La logique s'attache à mettre en formules, aussi sobres que possibles, les règles du raisonnement correct. Ces règles sont valables indépendamment des objets, réels ou imaginaires, vérifiés ou seulement supposés, sur lesquels porte le discours. En elle-même, la logique ne cherche pas sa validation dans la réalité : elle se borne à définir et à codifier ce qui fonde un raisonnement valide pour ce qui concerne sa consistance interne. Il va de soi que le contrôle dans le réel propre aux disciplines empiriques doit, pour être convaincant, s'appuyer sur un raisonnement logique. Il est donc élémentaire pour tout scientifique d'en connaître et d'en respecter les règles, et mieux vaut, à cette fin, en prendre une connaissance explicite, même si une part importante s'en trouve implicitement pratiquée dans notre raisonnement courant.

La mathématique, science des nombres, des quantités, pour sa part s'adonne à la construction d'objets inédits, mais assurément non quelconques : en partant de propositions admises comme axiome, elle dérive des propositions de plus en plus complexes, en respectant avec une absolue rigueur les règles du raisonnement et en veillant à démontrer chaque nouvelle proposition avancée. La démonstration d'un théorème renvoie toujours à des choses démontrées antérieurement ou aux axiomes de départ. La construction mathématique ne trouve donc pas sa vérification ou sa validation dans la réalité empirique. Sa validité est tout interne.

A un certain niveau de généralité, logique et mathématique tendent à se confondre, et soulèvent par ailleurs les mêmes problèmes épistémologiques difficiles, demeurés sans solution définitive.

> Comme il y a été fait allusion dans la première partie à propos du débat entre réalistes et nominalistes (voir p. 21 et encarts 1 et 3), deux questions importantes se posent, en effet, à propos des constructions des logiciens et des mathématiciens. La première est celle du statut de ces constructions : sont-elles pures constructions, « inventées » par les mathématiciens, accumulant siècle après siècle, depuis l'aube de leur discipline, des élaborations de plus en plus riches sécrétées par leur propre cerveau, ou sont-elles, au contraire, « découvertes » d'objets pré-existants, faisant partie d'un univers accessible seulement par la voie très particulière du raisonnement du mathématicien, mais indépendant de lui ? Les mathématiciens se divisent encore aujourd'hui en constructivistes et réalistes, les premiers se percevant comme les auteurs de leurs constructions, tout comme les architectes ou les compositeurs le sont de leurs édifices ou de leurs symphonies, les seconds comme de simples déchiffreurs d'entités peuplant un univers immatériel, inaccessible à nos sens, mais à sa manière bien réel. Chacun apporte ses arguments, plus intuitifs que contraignants, et le choix reste, jusqu'à nouvel ordre, un choix philosophique.

La seconde question est d'intérêt plus direct pour le psychologue et, si elle est indépendante de la question précédente, elle prend un sens plus clair si l'on penche plutôt pour la position constructiviste. Elle concerne les origines ou la genèse des constructions logiques et mathématiques : leur état actuel hautement formalisé, sur lequel opère aujourd'hui l'esprit du spécialiste, et même dans une certaine mesure de l'adulte « civilisé » dont le bagage culturel comporte des éléments plus ou moins importants de ces savoirs, n'a-t-il pas une histoire, tant chez l'individu que dans la civilisation ? L'apparent détachement de toute réalité concrète où semble se mouvoir la mathématique n'est-il pas un aboutissement raffiné et abstrait d'une démarche originellement beaucoup plus terre à terre ? Cette question est évidemment au centre des préoccupations des historiens de ces disciplines devenues formelles, qui débusquent les échanges commerciaux aux origines des nombres ou les arpentages de terrains à la source de la géométrie. Une autre voie d'attaque consiste à s'interroger sur les origines et le développement des opérations logiques et mathématiques à travers l'évolution ontogénétique, autrement dit à travers le développement cognitif de l'enfant. C'est la voie qu'a prise Piaget, dans son œuvre fondatrice d'épistémologie génétique, telle qu'il la qualifiait lui-même, et qui fut tout à la fois, peut-être avant tout, une contribution à la psychologie de la cognition. L'idée maîtresse de Piaget, faisant écho aux recherches historiques auxquelles il vient d'être fait allusion, rattache la pensée logique la plus abstraite, le raisonnement mathématique le plus épuré aux activités sensori-motrices du nourrisson, débouchant progressivement, au titre encore d'actions intériorisées, sur des opérations déjà proches des formes plus achevées de raisonnement logico-mathématique, mais néanmoins liées à des supports concrets — au stade dit, précisément, des opérations concrètes —, pour s'en détacher enfin à un niveau purement formel.

L'œuvre de Piaget illustre l'un des points de jonction entre psychologie et logique ou mathématique : c'est à la psychologie que revient la tâche de décrire comment se constituent chez l'individu les compétences logico-mathématiques, et plus largement comment fonctionne le sujet lorsqu'il met en œuvre ces compétences, se conformant plus ou moins strictement à des règles formalisées, ou s'en écartant pour des raisons à identifier. C'est là un des domaines privilégiés de la psychologie cognitive contemporaine, dont on devine sans peine qu'il exige du psychologue une information solide en logique et en mathématique. On trouvera aux volumes *HD* et *HC* de nombreux exemples de recherches ressortissant à ce courant.

Il est naturellement une autre forme de rencontre entre disciplines formalisées et psychologie. Construits ou découverts, les objets formels du mathématicien présentent cette propriété curieuse de convenir parfaitement, dans certains cas, à la description des certains aspects du monde réel. Ainsi au fil de son histoire la physique s'est-elle de plus en plus mathématisée, au point que la physique théorique d'aujourd'hui se présente presque comme un exercice de mathématique pure. La psychologie n'en est point là, mais comme toutes les sciences empiriques, elle tente chaque fois que c'est possible de mesurer ses objets, ou de leur appliquer un outil mathématique. Nous reviendrons plus en détail au chapitre XIII sur la mesure et la mathématisation en psychologie. Il suffira de souligner, dans ce contexte, l'importante coopération qui s'instaure entre science empirique et science formelle dans l'exploitation d'instruments formels de description et d'analyse de la réalité. De souligner aussi que l'instrument formel ne se substitue jamais à l'objet auquel il s'applique, qu'il aide seulement à le mieux cerner.

## Reproductibilité et communicabilité

Les données empiriques auxquelles les scientifiques confrontent leur discours, selon des méthodes d'observation ou d'expérimentation dont nous examinerons plus loin les caractéristiques les plus importantes, doivent être reproductibles : un autre chercheur, pourvu qu'il se place exactement dans les mêmes conditions, doit aboutir aux mêmes données. Celles-ci pourront recevoir des interprétations théoriques diverses, mais elles ne trouvent leur place dans une construction théorique que si, au préalable, elles ont été correctement établies, ce qui suppose qu'elles puissent être reproduites.

Il y a à cette exigence des conditions évidentes : tous les aspects utiles de la situation d'observation ou d'expérimentation doivent être clairement précisés, qu'il s'agisse des caractéristiques des sujets, de l'équipement et du matériel utilisé, du déroulement de l'expérience ou de l'observation, des modalités d'enregistrement des données, des outils d'analyse des résultats, etc. Cela suppose d'une part que le chercheur ait pour son propre usage précisé tous ces points, et d'autre part qu'il en fournisse une description dépourvue d'équivoque.

La science se construit sur ses propres acquis antérieurs. Il est donc essentiel que le chercheur puisse se fier à ses confrères, et tenir pour reproductibles les données qu'il publie. Cette confiance s'est assez généralement installée au point que beaucoup de résultats servent de base à des travaux ultérieurs avant d'avoir jamais été repro-

---

ENCART 15

*Un modèle d'honnêteté scientifique*

Neal Miller, psychophysiologiste américain, rattaché à l'école de Yale, alors dominée par Clark Hull, participa dans les années 1940 aux efforts de ce groupe pour rapprocher les théories de l'apprentissage des théories psychodynamiques d'inspiration freudienne. Il se signala par des travaux expérimentaux de grande qualité sur l'apprentissage, la motivation, l'anxiété. Dans les années soixante, rattaché au Rockefeller Institute, il entreprit avec son équipe un important programme de recherche sur la possibilité de conditionner selon le modèle dit opérant des réactions viscérales, telles que l'accélération ou le ralentissement du rythme cardiaque, l'accroissement ou la réduction des contractions intestinales, etc. Dans ces expériences, réalisées sur des rats, l'augmentation ou la diminution du rythme cardiaque, par exemple, entraînait un renforcement positif sous forme de stimulation électrique dans les « zones cérébrales du plaisir ». Les résultats sur divers organes se révélèrent entièrement positifs. Ils revêtaient une portée théorique considérable, apportant une solution à un vieux débat sur les territoires physiologiques propres aux deux types de conditionnement. En outre, ils ouvraient une nouvelle voie de recherche à une psychosomatique expérimentale, dans laquelle s'engagèrent aussitôt plusieurs chercheurs désireux de cerner, dans un modèle animal peut-être transposable à l'homme, les rapports entre facteurs psychologiques et fonctionnement, éventuellement pathologie des organes internes. Malheureusement, ils échouèrent tous à reproduire les résultats de Miller. Ils se prirent dans un premier temps à douter de leur propre compétence d'expérimentateur, face à un scientifique de la renommée du maître américain. Celui-ci se heurta lui-même à l'impossibilité de retrouver ses propres données. Là où, hélas, bien d'autres chercheurs auraient discrètement pris une autre voie, laissant aux malchanceux leur doute sur leur propre compétence, Miller et son collaborateur Dworkin s'acharnèrent à cerner les raisons de cet échec, ou les raisons de l'apparente réussite initiale. Ils publièrent l'issue négative de leurs travaux dans un article qui pourrait figurer dans une anthologie des questions d'éthique scientifique. (B. R. Dworkin et N. E. Miller, Failure to replicate visceral learning in the acute curarized rat preparation, *Behavioral Neuroscience*, 100, n° 3, p. 299-314, 1986.)

duits. Il est vrai que les exercices de reproduction ne sont pas toujours gratifiants, en raison du temps qu'ils requièrent et du renoncement à l'originalité qu'ils impliquent. Ils sont peu compatibles par ailleurs avec le rythme de publications originales imposé par les institutions de gestion de la recherche. Dans la plupart des cas, on peut espérer que le sérieux et la compétence des chercheurs garantissent la reproductibilité et dispensent de la vérifier comme il était d'usage de le faire au siècle passé. Chaque discipline connaît pourtant ses exceptions, dues tantôt à des erreurs du chercheur, tantôt à des écarts à sa déontologie. Les errances ne guettent pas que les débutants ou les négligents. On citera en exemple, dans le double sens du terme, la rétractation d'un des plus éminents psychophysiologistes américains, Neal Miller, qui, après avoir publié des travaux remarquables sur le conditionnement des réponses viscérales chez le rat, non seulement ne les vit jamais confirmées par d'autres chercheurs tentant de les reproduire, mais ne parvint pas à les reproduire dans son propre laboratoire (voir encart 15). On doit sans doute regretter qu'il n'y ait guère actuellement de place pour les travaux de reproduction de résultats, notamment dans la formation des psychologues.

La reproductibilité implique que non seulement chacun puisse reproduire l'observation ou l'expérience, mais que chacun en perçoive les résultats de la même manière. Il doit y avoir accord entre observateurs différents, ainsi qu'y ont insisté plusieurs des grands fondateurs des sciences expérimentales, ainsi qu'on l'a vu dans la première partie de cet ouvrage, parmi lesquels, en psychologie, Watson, après Claude Bernard en physiologie (voir p. 190). Cet accord, si on le veut absolu, n'est peut-être qu'un idéal inaccessible. Certaines conceptions de la physique théorique mettent en question la possibilité même de construire une théorie physique qui ne soit dépendante de l'observateur. Sans aller jusqu'à ces vertiges épistémologiques de la cosmologie moderne, les psychologues ont de bonnes raisons de se méfier des biais de l'observateur, comme nous le verrons ci-dessous. A toutes fins pratiques, cependant, l'accord entre observateurs est souvent adopté comme outil commode dans la recherche psychologique. On parlera de fidélité interjuges lorsque, sachant l'enregistrement des données par l'observateur délicate, on fera appel à plusieurs observateurs indépendants dont on mesurera après coup la convergence. Si la fidélité interjuges est tenue pour insuffisante, on devra modifier la situation pour rendre l'observation plus objective, ou améliorer la préparation des observateurs à leur travail, en précisant les critères de notation des données et en les entraînant à les appliquer. Le recours à plusieurs observateurs est courant, par exemple, dans les recherches de psychologie sociale où l'observation des interactions au sein de groupes se révèle particulièrement difficile techniquement (en raison même de la richesse des événements à observer) et entachée des biais de l'observateur. Cette stratégie se recommande particulièrement lorsque la notation comporte un aspect évaluatif. Ainsi en va-t-il dans des situations où l'observateur ne doit pas se borner à enregistrer l'apparition d'une réaction émotionnelle par exemple, mais doit en apprécier l'intensité (sur une échelle ordinale à cinq échelons par exemple). Ou encore dans les situations pratiques — enseignement, embauche — où il s'agit d'évaluer des savoirs, des compétences, des qualités pour lesquels on ne dispose pas vraiment d'un instrument de mesure objectif. La docimologie, ou science de l'évaluation des rendements scolaires, suggère que l'on fasse appel à cet accord interjuges chaque fois que les performances à évaluer ne peuvent faire l'objet d'une notation objective : la solution d'un problème arithmétique se prête à une notation non équivoque, mais pas l'essai sur une question de théorie psychologique.

L'exigence de reproductibilité est étroitement liée à celle de communicabilité. S'il est vrai qu'un écrivain, voire un philosophe, peut, à la limite, écrire pour lui-même, le travail du scientifique s'inscrit par définition dans une communauté, qui ne peut accueillir — encore cette condition n'est-elle pas toujours suffisante — données et théories nouvelles que si elles ne prêtent pas à interprétations diverses. Les textes qui constituent aujourd'hui le champ de la psychologie ne satisfont pas tous à ce critère de communicabilité. Certains semblent se prêter à des exercices d'interprétation plus qu'imposer sans ambiguïté un sens intelligible.

La communicabilité n'est pas, malheureusement, affaire de tout ou rien, ou que l'on puisse aisément mesurer. Il va de soi qu'elle dépend non moins du lecteur (du récepteur) que de l'auteur (l'émetteur). On doit donc s'attendre à ce qu'un texte scientifique soit mal compris par un lecteur qui ne dispose pas du même arrière-plan que l'auteur, qui ne possède pas les outils verbaux techniques requis pour le comprendre, ou encore qui n'entre pas dans sa problématique théorique. La place que tiennent les divergences, parfois les conflits théoriques en psychologie contemporaine explique sans doute les nombreuses difficultés qui persistent encore dans la communication entre psychologues.

## L'accès à l'objet : a / la place des techniques

### Progrès technique et progrès scientifique

Toute science empirique se heurte, dans sa démarche de vérification dans le réel, à un problème de techniques. Elle ne progresse que si elle dispose d'instruments appropriés pour observer et expérimenter ce qu'elle s'est donné pour tâche d'étudier. Hypothèses et théories demeurent en suspens, modèles formels restent vains si les procédés concrets ne sont pas disponibles, qui permettront de vérifier et de mettre à l'épreuve les premières, d'appliquer les seconds. La mise au point de tels procédés dépend à la fois de l'ingéniosité des expérimentateurs et des développements, selon leurs voies propres, de diverses technologies. Le chercheur scientifique est fabricant et utilisateur d'outils, non moins que formulateur d'hypothèses ; bricoleur, artisan, technicien non moins que producteur de discours raisonnés ; *homo faber* tout autant que *homo loquens*. Une technique est un instrument concret de contrôle de l'objet à étudier, et l'une des conditions *sine qua non* de la découverte. Toutes les sciences nous offrent, à travers leur histoire, d'innombrables exemples du rôle qu'ont joué les nouveautés techniques. En physiologie, quantité de problèmes n'auraient pu être abordés et résolus sans les techniques d'anesthésie qui ont permis les opérations les plus délicates et les plus longues *in vivo* (et désarmé les objections, en partie justifiées, à la vivisection). Les progrès technologiques en matière d'électricité ont donné accès à l'activité électrique des tissus vivants, tels que le système nerveux, par l'enregistrement de surface de l'électro-encéphalographie classique, puis, grâce aux descentes d'électrodes, par l'enregistrement en profondeur, et enfin, par l'enregistrement au niveau d'un neurone singulier à l'aide de micro-électrodes.

Les progrès des sciences biologiques ont été aussi solidaires de progrès réalisés dans les instruments d'optique. Une part de l'exploration scientifique vise à suppléer aux limitations de nos sens, à franchir les frontières de notre vision, de notre audition, de notre toucher, à amplifier, à discriminer, à transposer, des aspects du monde réel qui échappent à notre perception directe de façon à les y faire entrer — c'est à leurs sens, en effet, que s'en remettent toujours, en dernier ressort, l'observateur ou l'expérimentateur. Le signal électrique du neurone est amplifié et enregistré de façon à apparaître sur l'écran de l'oscilloscope, ou sur le tracé d'un graphique, ou traduit en chiffre, sur les affichages de compteurs, etc. La lentille grossissante, puis le microscope optique ont révélé dans l'organisme vivant un univers jusque-là inaccessible et généralement insoupçonné, bientôt dépassé par un nouveau dévoilement de l'infiniment petit grâce au microscope électronique.

Faute de techniques nouvelles, une science empirique piétine, demeure fixée aux mêmes problèmes. Faute de techniques de large application, elle reste étriquée, les problèmes abordés demeurant circonscrits aux limites assignées par les procédés disponibles. C'est sans doute la pauvreté de ces techniques qui a longtemps confiné la psychologie expérimentale dans l'étude de certains problèmes — psychophysique, questions élémentaires d'apprentissage, mémoire, etc. — au point qu'elle apparaît encore souvent aujourd'hui comme un domaine de la psychologie plutôt que comme voie d'approche applicable, idéalement, à tous les objets auxquels les psychologues s'intéressent.

### Extension d'application des techniques

Il est rare, dans la pratique, qu'une technique naisse dans le vide. Le chercheur développe une technique nouvelle, ou a l'idée d'emprunter une technique et de l'appliquer à son domaine de psychologue, parce qu'il se pose un problème. Il serait donc artificiel d'exposer les techniques du laboratoire de psychologie sans faire mention des problèmes à propos desquels elles ont été mises au point. Mais, une fois qu'elles existent, les techniques se révèlent souvent, et parfois longtemps après, utiles à d'autres choses. On pourrait multiplier les exemples de techniques répondant initialement à l'étude d'un problème particulier puis ultérieurement récupérées pour aborder des problèmes tout différents, souvent d'une portée plus générale. Nous en prendrons deux illustrations, choisies parmi les phénomènes les plus élémentaires qui s'offrent à l'étude des psychologues, et pourtant exploités ensuite dans des recherches sur les processus perceptifs ou cognitifs supérieurs : l'habituation d'une part, le temps de réaction de l'autre.

### L'habituation : de l'apprentissage élémentaire à la compétence linguistique précoce

Le phénomène d'habituation, sans doute la forme la plus élémentaire d'apprentissage, a été mis en évidence à l'aide de techniques qui ont été plus tard exploitées pour étudier les capacités perceptives, voire cognitives et linguistiques des bébés humains (voir encart 16).

On voit le chemin parcouru, et comment les auteurs les plus récents, qui ne s'intéressaient nullement à l'habituation, non plus qu'à déterminer si un bébé présente des troubles de l'audition, ont su exploiter à d'autres fins une technique élaborée avant eux dans un tout autre contexte. Notons au passage que la dernière des expériences évoquées supposait aussi l'appareil capable de produire avec précision les décalages temporels critiques tant dans les zones fréquentielles des sons du langage que dans celles des sons contrôles. Un tel appareil est récent et quiconque se serait posé la même question il y a cinquante ans n'aurait pu y apporter de réponse expérimentale, faute d'une technologie adaptée.

### Du temps de réaction à la chronométrie mentale

Le temps de réaction est le temps minimal qui sépare une stimulation spécifiée, à laquelle le sujet a été invité à réagir, d'une réponse motrice volontaire, généralement fort simple, telle que l'appui sur un bouton-poussoir. Cette définition distingue le

## ENCART 16

L'habituation est la réduction d'une réaction à un stimulus provoquée par la présentation répétée dudit stimulus. Elle représente la forme la plus élémentaire de la vie de relation, type d'apprentissage très simple, dit préassociatif par contraste avec les apprentissages par conditionnement. Le phénomène a été mis en évidence déjà chez les organismes les plus primitifs en enregistrant une réponse motrice élémentaire à une stimulation répétée. Ainsi un stimulus tactile provoque une contraction chez les protozoaires. Si l'on répète la stimulation, au terme de quelques essais, la réaction n'apparaît plus (fig. 1). Il y a eu habituation, c'est-à-dire réduction puis disparition de la réponse à la suite de la présentation répétée du stimulus. Il ne s'agit pas d'un simple mécanisme de « fatigue » de la réaction, comme on peut l'observer au cours de la période réfractaire d'un réflexe par exemple. Il s'agit plutôt d'un processus d'économie de la réaction à un stimulus qui se révèle sans importance, sans signification pour l'organisme.

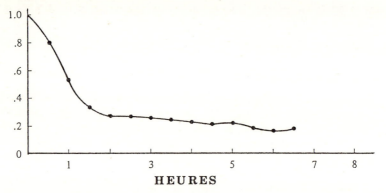

*Fig. 1* — Habituation chez un organisme élémentaire, l'hydre d'eau douce (*Hydra pirardi Brien*). La réponse étudiée est la contraction à un stimulus mécanique. La courbe correspond (ordonnée) au pourcentage, calculé toutes les demi-heures (abscisse), d'animaux (au total 1000 sujets) présentant la contraction en fonction des stimulations répétées toutes les seize secondes. (Résultats obtenus par N. B. Rushforth, Behavioral studies of the coelenterate *Hydra pirardi Brien*, Animal Behaviour, 1965, Suppl. 1, p. 30-42 ; d'après Razran, 1971.)

Observable chez les organismes les moins évolués, phylogénétiquement ou ontogénétiquement, l'habituation se met aisément en évidence chez le nouveau-né humain. Parmi les techniques utilisables, la succion dite non nutritive a été particulièrement employée. Le bébé mâchonne de façon ininterrompue une tétine placée dans sa bouche. Les mouvements de succion, facilement enregistrables, s'interrompent si un stimulus auditif (par exemple la note *mi*) survient dans l'environnement du bébé. La répétition du stimulus entraîne une habituation : les mouvements de succion se poursuivent malgré la présentation du stimulus. Que l'on présente cependant un stimulus différent du premier, par exemple par la hauteur tonale (la note *ré*), et l'interruption des mouvements buccaux se manifestera de nouveau, attestant que ce stimulus est perçu comme distinct du premier (fig. 2). Cette méthode mise au point par Bronshteyn et Petrova (qui la publièrent dans la revue de l'Institut Pavlov dès 1952) a été mise à profit pour mesurer les seuils différentiels de l'audition chez le très jeune enfant notamment dans le but de détecter précocement les troubles de l'ouïe, et de prévenir les répercussions sur le développement, particulièrement de la communication et du langage.

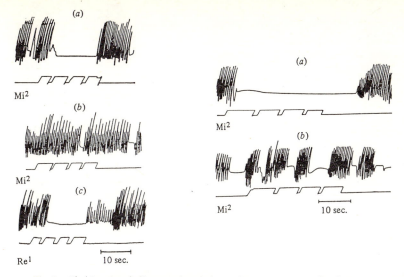

*Fig. 2* — L'habituation de l'interruption de la succion non nutritive chez le nouveau-né. Dans chaque couple de tracés, le graphique supérieur correspond à l'enregistrement de l'activité spontanée de succion non nutritive, le tracé inférieur à la présentation du stimulus sonore (la note *mi* de la deuxième octave ou *ré* de la première). A gauche, données obtenues chez un bébé de quatre heures et demie ; en (*a*), réaction d'interruption de la succion lors de la première présentation du stimulus ; en (*b*), habituation observée au neuvième essai ; en (*c*), déshabituation à la présentation de la note *ré*, attestant que celle-ci est bien discriminée du *mi*. A droite, résultats d'un sujet de sept jours ; en (*a*), interruption de la succion à la première présentation ; en (*b*), habituation au septième essai. (D'après A. I. Bronshteyn et E. P. Petrova, *Revue de l'Activité nerveuse supérieure I. P. Pavlov*, 1952, 2, p. 333-343, cité par Razran, 1971.)

On voit comment une technique à la fois simple et circonscrite, à l'origine, à un problème précis, le phénomène d'habituation, se transforme en un instrument adapté à un autre problème, ici la psychophysique chez les sujets incapables de rapporter verbalement leurs « jugements » sur les stimulations présentées, lequel trouve par ailleurs une application pratique dans l'examen audiométrique du nourrisson.

On peut aller plus loin encore. La même technique a été reprise, par exemple, par des expérimentateurs s'interrogeant sur la nature des prédispositions innées ou précoces au langage. Les langues naturelles sont toutes fondées sur des combinaisons d'un nombre assez limité de sons. Les *phonèmes*, unités sonores constitutives de la chaîne verbale, ne sont guère plus d'une cinquantaine, pour l'ensemble des langues naturelles, et chacune de celles-ci n'en utilise généralement qu'une quarantaine. Le système phonologique propre à chaque langue exploite les *traits distinctifs* entre phonèmes. Ainsi, l'opposition sourde-sonore distingue entre elles les consonnes [p], [t], [k], d'une part, et [b], [d], [g], d'autre part. L'opposition se ramène à un décalage temporel entre les deux principaux formants des sons en cause. En-dessous de 25 millisecondes, le son est perçu comme sonore [b], au-dessus de 25 millisecondes, le son est perçu comme sourd [p].

Le système perceptif humain est-il doté d'une capacité élective de discrimination de cette opposition ? Pour tenter de répondre à cette question, Eimas et ses collaborateurs (P. D. Eimas, E. R. Siqueland, P. Jusczyk, et J. Vigorito, Speech Perception in Infants, *Science*, 1971, 171, p. 303-306) ont soumis des bébés d'un mois à une épreuve d'habituation à l'un des deux sons [p] ou [b] à l'aide de la technique décrite ci-dessus, puis ont présenté l'autre son, [b] ou [p] (fig. 3). Les sons présentés étaient produits par un synthétiseur de sons vocaux, appareil capable de produire les sons du langage. La déshabituation attestait la discrimination. Pour s'assurer que celle-ci porte électivement sur l'opposition sourde-sonore propre au langage, il fallait évidemment procéder à un contrôle, et voir si un écart physiquement équivalent mais dans une région différente des bandes de fréquence, étrangère aux bandes utilisées par le langage, donnait lieu, lui aussi, à une discrimination. Des sons se distinguant par un décalage temporel identique à celui qui sépare sourdes et sonores, mais dans des régions fréquentielles tout à fait différentes de celles qui caractérisent les consonnes [b], [p], [d], [t], furent présentés. Ici les expérimentateurs n'enregistrèrent pas la déshabituation. Ces résultats ont apporté un résultat intéressant à l'hypothèse de l'existence de prédispositions neuroperceptives spécifiques à l'égard des caractéristiques sonores des langues naturelles

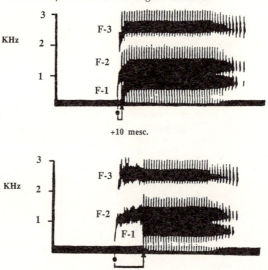

*Fig. 3* — Le décalage temporel entre consonnes sonores [b] et sourdes [p]. Les sonogrammes sont des enregistrements des sons complexes, tels ceux que produit la voix humaine dans la parole, ou ceux qui constituent le chant des oiseaux. L'ordonnée, en Hertz, correspond aux fréquences sonores composant le son ; l'abscisse correspond au temps. Les phonèmes se composent de plusieurs bandes de fréquence appelées formants (F1, F2, F3). Le décalage temporel entre le début de F2 et le début de F1 caractérise l'opposition entre sonore [b] (graphique du haut) et sourde [p] (graphique du bas). (Graphiques simplifiés d'après Eimas *et al.*, 1971, cité dans le texte.)

temps de réaction de la latence du réflexe, qui n'est pas une réponse volontaire (nous négligerons ici les problèmes que pourrait soulever le terme volontaire, que nous prendrons dans un sens tout pragmatique : réponse que le sujet est en mesure de produire pour se conformer aux instructions données par l'expérimentateur). On imagine difficilement, sur le versant des efférences motrices, phénomène plus élémentaire, mis à part les réflexes décrits par les physiologistes.

L'histoire veut que l'intérêt pour le temps de réaction remonte à l'aventure, bien antérieure à la naissance de la psychologie expérimentale, de l'astronome Kinnebrook de l'observatoire de Greenwich qui, à la fin du XVIIIe siècle, se vit congédier par son directeur, Maskelyne. Les observations faites par Kinnebrook étaient constamment en désaccord avec celles de Maskelyne, accusant sur ces dernières un retard de l'ordre de 0,1 seconde. Malgré les avertissements qui lui furent donnés, et malgré ses efforts, Kinnebrook ne parvint pas à réduire l'écart. L'incident intrigua Bessel, un astronome allemand, qui, ne voyant pas de raison de soupçonner le sérieux du jeune astronome, s'interrogea sur les causes possibles de la discordance. Il mit ainsi en évidence ce que les physiciens ont appelé l'*équation personnelle* de l'observateur, c'est-à-dire l'erreur systématique liée aux caractéristiques de fonctionnement de l'individu.

Helmholtz (voir p. 148) tenta d'exploiter la mesure du délai minimal entre stimulation et réponse pour estimer la vitesse de conduction dans les fibres nerveuses chez l'homme. Le sujet, les yeux bandés, était invité à appuyer sur une presselle aussi rapidement que possible après une stimulation cutanée survenant tantôt à la cheville, tantôt à l'épaule. Sachant la distance séparant la cheville de l'épaule, et la différence de temps de réaction, Helmholtz pensait en déduire la vitesse de conduction. Le procédé, grossier si on le compare aux mesures précises de l'électrophysiologie moderne, fournit pourtant des approximations assez valides. C'est notamment dans le laboratoire de Wundt que se développèrent les recherches de base sur le temps de réaction, analysé en lui-même.

C'est au psychologue hollandais Donders, en cela précurseur des expérimentateurs modernes, que revient le mérite d'avoir, dès 1868, vu le parti que l'on pourrait tirer de la mesure du temps de réaction pour estimer la complexité des opérations mentales intervenant dans des tâches de difficultés diverses. Ses

> **ENCART 17**
>
> *Chronométrie mentale*
>
> Un exemple d'utilisation du temps de réaction/temps de traitement nous est fourni dans des expériences classiques de Noizet. Ce chercheur français a plus spécialement employé le temps de compréhension d'énoncés en vue d'inférer, par exemple, la sensibilité du sujet à l'ambiguïté syntaxique, ou le degré d'ambiguïté d'un énoncé pour les sujets qui traitent l'information verbale.
>
> Noizet présente, à l'aide d'une bande enregistrée, des phrases du type : *Frédéric racontait que [l'avarice/l'héritage] de son cousin ferait de lui un homme riche*.
>
> Dans la première version, avec [l'avarice], la phrase est sans ambiguïté (l'avarice fera le cousin riche) ; elle est ambiguë dans la seconde version, avec [l'héritage], où le pronom *lui* peut aussi bien renvoyer à *Frédéric* (héritant de son cousin) qu'au *cousin* (bénéficiaire d'un héritage). Dès la fin de la phrase-stimulus, un chronoscope se met en marche. Le sujet est invité à appuyer sur une pressele — qui arrête le chronoscope — lorsqu'il estime avoir compris la phrase. On aura au préalable expliqué au sujet que « comprendre » implique qu'il soit en mesure non seulement de restituer la phrase, mais d'en fournir une paraphrase amorcée par un mot fourni par l'expérimentateur. Cette amorce est choisie de telle sorte que le sujet ait à opérer une restructuration syntaxique et, dans le cas des phrases ambiguës, à révéler son interprétation. Ainsi, dans l'exemple ci-dessus, l'amorce inductrice est *Le cousin de Frédéric*... Noizet obtient un temps de compréhension de 4,4 secondes pour les phrases ambiguës et de 2,97 secondes pour les phrases non ambiguës, différence significative statistiquement. De plus, le degré d'ambiguïté diffère d'une phrase à l'autre : certaines phrases ambiguës, tout en donnant lieu à un temps de compréhension plus long que les phrases non ambiguës, sont interprétées de la même façon par tous les sujets (ambiguïté minimale) tandis que d'autres phrases reçoivent les deux interprétations, éventuellement à parts égales, c'est-à-dire 50 % des sujets chacune (ambiguïté maximale). Le temps de compréhension est fonction du degré d'ambiguïté ainsi défini. On peut raisonnablement penser que le temps est fonction du nombre et/ou de la difficulté des opérations intervenant dans le traitement de l'information linguistique présentée. (G. Noizet, *De la perception à la compréhension du langage*, Paris, PUF, 1980.)

travaux, venus trop tôt dans une époque où les psychologues espéraient encore élucider les opérations mentales par l'introspection, furent vivement critiqués et restèrent méconnus. Son idée a été reprise et abondamment exploitée par les spécialistes de la psychologie cognitive. Celle-ci s'intéresse, comme on l'a vu, aux processus de traitement de l'information qui surviennent entre le stimulus et la réponse. Ces processus ne sont pas directement observables. Il faut donc les inférer, d'une manière aussi plausible que possible, à partir de mesures indirectes. Le temps de réaction, ou d'une manière élargie le temps de traitement, constitue à cet égard une donnée précieuse. La mesure de ce temps de traitement de l'information pourra, par exemple, prendre la forme d'un temps de reconnaissance d'un élément mis en mémoire, d'un temps d'identification d'un visage, d'un temps de vérification de la qualité grammaticale d'un énoncé, ou de sa valeur sémantique, d'un temps de compréhension d'une phrase, etc. La chronométrie mentale constitue l'une des techniques les plus largement utilisées en psychologie cognitive. On en trouvera un exemple dans l'encart 17.

## L'accès à l'objet : *b* / découper le réel

### L'unité pertinente

La première démarche d'une science empirique, dans son exploration du réel, est l'observation. En sa forme la plus élémentaire, celle-ci est d'abord un simple constat. Nous regardons un secteur de la réalité et tentons d'en dresser l'inventaire : l'astronome établit la carte du ciel, le botaniste relève les plantes dans un territoire, l'ethnologue repère les divers ustensiles en usage chez une population étrangère. Il s'agit là, à première vue, d'un exercice fort simple. A le pratiquer cependant, on en éprouve sans peine la complexité.

L'observateur se trouve d'emblée confronté à un problème difficile. Quelles unités descriptives adopter ? Comment découper le réel observé, d'une manière qui soit à la fois commode et utile pour l'exploitation ultérieure des faits recueillis ? En certains domaines, ces unités descriptives semblent s'imposer assez naturellement. Le botaniste qui inventorie la flore de la région n'a pas trop de peine à décider de ce qu'il appelle une plante (même sur ce point, il se trouvera parfois devant des cas difficiles). Mais souvent l'unité significative ne se livre pas aussi aisément, il faut de longs tâtonnements pour la dégager. Ainsi en a-t-il été, dans l'histoire de la biologie, de la cellule constitutive des organismes vivants ; dans l'histoire de la linguistique, de l'unité phonétique, puis phonématique constitutive de la chaîne verbale.

Il a fallu attendre le début du XIX$^e$ siècle pour que s'impose peu à peu aux biologistes, informés par l'usage toujours plus efficace du microscope, l'idée que tout être vivant, plante ou animal, est constitué d'une combinaison d'unités élémentaires, de cellules, présentant des apparences diverses, participant à des ensembles aux fonctions variées, mais construites, pourtant, selon un plan fondamental commun. La diversité des organismes et, au sein de ceux-ci, la diversité des organes trouvent leur principe unificateur fondamental dans la cellule, véritable siège de la vie. L'importance de cette découverte de l'unité de description pertinente n'a cessé de se confirmer à travers les progrès de la biologie moderne, depuis la formulation par Schwann en 1839, de la théorie cellulaire.

La découverte de l'unité minimale pertinente dans la chaîne parlée n'est pas moins éclairante, dans le champ de la linguistique, que celle de la cellule en biologie. On peut faire remonter au moins aux origines de l'écriture phonétique la prise de conscience par l'homme des sons — consonnes et voyelles — constitutifs du langage. L'analyse des multiples réalisations de ces sons et de leur évolution à travers l'histoire des langues a permis aux linguistes du XIX$^e$ siècle d'élaborer une phonétique descriptive et historique. Mais il fallut attendre le second quart du XX$^e$ siècle pour que, avec les linguistes de l'école de Prague, Troubetzkoi et Jakobson notamment, on s'avise du fait que les sons n'ont de valeur dans la langue que par les rapports qu'ils entretiennent avec les autres sons. La distinction [t]/[d] n'importe que dans la mesure où *ton* et *don* ont des sens différents. Pour l'anglophone, [s]/ [θ] se distinguent comme dans *sick* et *thick*, alors que le francophone prononçant [θ*ac*] pour [*sac*] manifestera simplement un léger défaut de prononciation risquant peu d'entraîner une véritable confusion de sens. Au son pris comme unité phonétique, s'est substitué le son pris comme unité phonologique, chargée de valeur significative.

Mais, pour le psychologue, quelles sont les unités pertinentes ? Les conduites s'enchaînent le plus souvent comme un flux continu ; comment le subdiviser pour y voir clair ? Et faut-il le subdiviser ? Nous verrons au chapitre suivant comment les méthodes d'observation ont tenté de résoudre ce problème. Il s'inscrit cependant dans quelques interrogations fondamentales pour le psychologue qu'il convient au moins d'évoquer, sinon d'approfondir — ce qui nous emmènerait dans des débats qui ont traversé toute l'histoire de la psychologie et ne sont pas près de se clore. Nous en simplifierons les données en les ramenant à trois thèmes : celui du niveau de résolution de l'analyse ; celui de la distinction entre unités structurales et unités fonctionnelles ; celui enfin de l'observable et de l'inférable.

## Niveau « molaire » et niveau « moléculaire »

La question du niveau de résolution de l'analyse des comportements revient à se demander jusqu'en quels détails il convient de les fragmenter pour les décrire et les comprendre. Deux exemples simples permettront de saisir l'importance et la difficulté de ce problème à première vue anodin. Un animal sauvage, un renard, se met en chasse, à la recherche d'une proie. Il quitte son terrier, il entreprend un trajet, guidé par des indices olfactifs, auditifs, visuels qui le renseignent sur la localisation du gibier éventuel, il traque une proie et finalement fonce sur elle et la mange. Deuxième exemple : un pianiste s'assied devant son clavier, se recueille un instant, puis attaque une sonate de Beethoven, qu'il exécute jusqu'au bout.

Qu'il s'agisse du renard ou du pianiste, nous pouvons appréhender le comportement en cause en sa globalité ou au contraire le réduire en ses éléments successifs les plus menus ; d'un côté, n'envisager que la chasse alimentaire, ou l'exécution complète d'une œuvre pianistique ; de l'autre, analyser dans chaque cas la succession de gestes, voire, à la limite, d'actions musculaires élémentaires, et de prises d'informations sensorielles venant les déclencher ou les moduler. La première manière de procéder rend d'emblée justice à l'organisation générale des conduites observées, à leur signification dans la vie de l'individu, sans se préoccuper des détails d'exécution ; la seconde accentue au contraire ceux-ci, éventuellement au point de perdre de vue la signification d'ensemble. Pour reprendre l'opposition discutée depuis longtemps chez les psychologues, la première est molaire, la seconde moléculaire. Certains ont proposé de faire du niveau molaire le niveau propre de la psychologie, le moléculaire étant réservé à la physiologie. Cette subdivision des tâches n'est pas justifiée, car si cela a un sens d'envisager les conduites dans leur totalité, il faut bien que la machinerie physiologique qui les sous-tend obéisse elle-même à des schémas de fonctionnement global. C'est d'ailleurs aux psychophysiologistes que nous devons l'une des démonstrations les plus convaincantes de la notion de schéma global d'action, dans ce que l'on appelle le programme moteur. Revenant à l'exemple de notre pianiste, il apparaît impossible de rendre compte de l'organisation de son jeu en le réduisant à un enchaînement de petits mouvements des doigts et des mains dont chacun constituerait en quelque sorte le déclencheur du suivant — comme le suggérerait une explication en termes de stimulus-réponse. Compte tenu de la rapidité que peut atteindre son exécution, cette explication défierait les contraintes de l'appareil neuromusculaire (et notamment la durée de la conduction de l'influx nerveux). Il faut donc invoquer une organisation centrale anticipée de l'exécution, un programme moteur qui soit mis en œuvre comme un projet d'action, dont chaque étape ne doit pas attendre, pour se réaliser, l'achèvement de l'étape antérieure, mais simplement la commande centrale qui l'a situé dans l'ensemble dès le départ. C'est notamment à Lashley que l'on doit ce concept devenu central en psychologie et en psychophysiologie contemporaine (voir encart 18).

S'il est injustifié de distinguer le molaire et le moléculaire comme correspondant aux territoires respectifs de la psychologie

---

ENCART 18

Bien que son nom ne soit pas attaché à une grande théorie dominante, Karl Lashley (1890-1958) a été l'un des esprits les plus féconds de la psychologie du milieu de siècle. Psychophysiologiste à l'Université Harvard, il consacra une partie importante de ses travaux à la recherche du substrat nerveux de la mémoire. Procédant patiemment à des lésions plus ou moins étendues du cortex cérébral chez des rats soumis à des apprentissages discriminatifs visuels, il conclut avec quelque désenchantement que les traces mnésiques ne se trouvaient nulle part, ou qu'elles se trouvaient partout, les apprentissages de l'animal n'étant entamés qu'à raison de la taille des lésions plutôt que de leur site. De cette vaine recherche de l'engramme, il concluait à la loi d'action de masse du cortex cérébral. La neurobiologie de la mémoire a fait depuis lors d'autres progrès, mais l'œuvre expérimentale de Lashley avait déblayé la voie de façon magistrale.

Parmi ses vues théoriques pénétrantes, sa réflexion sur l'organisation anticipée de l'action motrice, livrée dans un article classique intitulé « The serial order of behavior » figure non seulement comme l'une des sources majeures de la notion de programme moteur, mais comme l'une des intuitions qui conduisirent aux problématiques de la psychologie cognitive.

et de la physiologie, le psychologue doit-il néanmoins faire un choix entre ces deux niveaux extrêmes ? Rien, évidemment, ne l'y contraint, et il est plus simple de concevoir les deux approches comme complémentaires.

### Structure et fonction

Vue sous un autre angle, la distinction qui vient d'être discutée rejoint la distinction classique dans toutes les branches des sciences du vivant entre approche structurale et approche fonctionnelle. Le découpage en petites unités fait songer à une dissection anatomique du comportement, et par là à une approche structurale. La prise en considération du comportement dans sa globalité correspond à une approche fonctionnelle. Celle-ci met l'accent sur la signification de la conduite dans l'existence du sujet, la rattache au besoin qu'elle vise à combler, en souligne le déroulement finalisé. Elle reprendra à son compte en certains cas l'ancienne distinction entre comportements préparatoires et comportements consommatoires — aisée à appliquer à notre renard, mais non au pianiste ! Elle soulève le problème de l'orientation vers un but, problème déjà souvent abordé par les psychologies philosophiques et resté, sans conteste, l'un des plus difficiles de la psychologie scientifique. La remise à la mode de la notion d'intentionnalité ne peut dissimuler la difficulté qu'entraîne, pour une approche scientifique, l'appel à une causalité interne correspondant à l'intention, si celle-ci n'est à son tour l'objet d'une explication.

### Comportements ou processus mentaux ?

Reste à s'interroger sur ce qu'est, exactement, le matériau auquel s'intéresse le psychologue, et où il se situe ? Nous abordons ici un débat qui est au centre de la psychologie contemporaine, après avoir pendant longtemps été mis en veilleuse, à la faveur d'un apparent consensus pour définir la psychologie comme la science du comportement. Comme on l'a vu dans la première partie de ce volume, cette conception ne s'est pas imposée aux origines de la psychologie scientifique, qui en dépit de ses ambitions de rigueur expérimentale et de ses soucis de mesure n'avait pas cessé de se donner pour objet ce que l'on pourrait appeler le psychisme ou la vie mentale et à recourir à l'introspection. Le mouvement behavioriste devait, au début du siècle, déplacer l'accent, en proposant de s'en tenir à des méthodes objectives, et puisque la vie intérieure ne semblait pas accessible par le moyen de ces dernières, de s'en tenir aux événements observables, aux comportements. Cette position, dans sa forme stricte, souvent ramenée au schéma stimulus-réponse, c'est-à-dire à l'analyse des entrées et des sorties, des *input* et des *output*, a paru à d'aucuns trop restrictive, et

---

ENCART 19

*Cognition, psychologie cognitive, cognitivisme*

Depuis près d'un quart de siècle ces termes ont envahi la psychologie ; le cognitif ou la cognition sont devenus de mode dans d'autres champs du savoir : on parle de sciences cognitives ou de cogniscienes.

Le mot cognition remplace souvent le mot connaissance. Malgré sa racine latine, il nous vient de l'anglais. On le rencontre très rarement dans les écrits des auteurs français jusqu'à sa diffusion à la faveur de l'essor de la psychologie cognitive. Son succès s'explique sans doute par le fait qu'il comporte une référence à l'activité du sujet qui connaît, qui acquiert des connaissances, alors que le mot connaissance, désignant aussi bien, et même avant tout, le produit de ces activités — « toutes nos connaissances de la physique se trouvent dans cette bibliothèque » —, ne renvoie pas assez nettement au sujet qui intéresse le psychologue.

Au sens strict, cognition désigne donc les activités contribuant chez les organismes à l'accroissement, au maintien et à l'utilisation des connaissances. On y rangera normalement les activités perceptives, les apprentissages et la mémoire, les modalités de représentation symbolique, les activités de résolution de problème, le langage. Emotions, motivations, affects appartiennent à un autre registre. Jusqu'à un certain point, on peut ne voir dans l'usage actuel de cognition qu'un substitut du terme intelligence, ou des termes activités intellectuelles, encore que ceux-ci désignaient plus étroitement les activités de résolution de problèmes.

La cognition, ainsi définie, ne suppose pas la conscience : même chez l'homme, nombre de conduites ou activités mentales qui ressortissent à la cognition ne sont pas conscientes. Bien qu'exploitant des capacités plus limitées, les animaux sont dotés de cognition.

Est cognitif tout se qui se rapporte à la cognition. La psychologie cognitive serait donc une branche spécialisée de la psychologie qui étudie la cognition. Depuis l'ouvrage de Ulrich Neisser, *Cognitive Psychology*, publié en 1967, la psychologie cognitive se présente comme beaucoup plus que cela, comme une réorientation de la psychologie vers l'étude des activités internes à l'organisme,

au sein même du behaviorisme se sont développés des courants théoriques visant à réinstaurer, sous le nom de variables intermédiaires notamment, des processus internes non directement observables, mais qu'il fallait, semble-t-il, invoquer, ou inférer, pour rendre compte des relations observées entre stimulus et réponses. D'autre part, dans la mesure où le behaviorisme pouvait être considéré avant tout comme une démarche méthodologique et non comme un dogme, ses progrès même ne pouvaient que conduire à revenir à des problèmes mis entre parenthèses faute de moyen de les attaquer efficacement. Beaucoup de recherches actuelles sur des processus dits mentaux, dans le domaine de la

mentales, par opposition aux activités externes directement observables que sont les comportements définis au sens strict (beaucoup d'auteurs adoptent en effet une définition plus large du terme comportement, y englobant des activités non directement observables ; on a souvent relevé la parenté entre cette définition large et celle du mot conduite, mis en honneur par Janet et largement utilisé depuis par la plupart des psychologues de langue française). La célèbre revue *Cognition* reflète bien la portée du concept, qui accueille des articles empiriques ou théoriques relatifs à l'*esprit*. La psychologie cognitive s'affiche donc comme une position épistémologique concernant l'objet même de la psychologie, position mieux caractérisée encore par le terme cognitivisme, qui s'oppose généralement à behaviorisme. Le cognitivisme apparaît généralement comme le paradigme, comme le cadre conceptuel désormais dominant, qui s'est substitué au behaviorisme considéré par les uns comme un paradigme qui a servi, mais s'est essouflé, par les autres comme une impasse dans laquelle les psychologues auraient erré pendant plus d'un demi-siècle.

Il ne fait pas de doute que l'essor de la psychologie cognitive, et aussi des modèles cognitivistes, a été fortement favorisé par le développement des ordinateurs et de l'informatique, sources de métaphores suggestives et d'hypothèses de travail exploitables par les psychologues. Les spécialistes de l'intelligence artificielle se considèrent de leur côté, à juste titre, comme des spécialistes de la cognition, dans ce sens qu'ils cherchent à mettre au point des machines qui engrangent, traitent, restituent et exploitent des connaissances et qui résolvent des problèmes. Ils sont partie prenante dans le regroupement pluridisciplinaire que désignent les termes sciences cognitives, où se retrouvent aussi, outre les psychologues, les neurobiologistes, logiciens, linguistes, sociologues, etc.

L'expansion récente de la psychologie cognitive ne doit pas masquer ses origines multiples dans le passé de la psychologie, que seule une simplification peut réduire au mouvement behavioriste. De nombreux maîtres du passé, et de nombreuses écoles, en ont été les précurseurs. On citera, entre autres, les Gestaltistes (voir p. 172 sq), Piaget, Lashley, Hebb, au sein même de la génération des néo-behavioristes, Tolman, et plus près de nous G. Miller.

mémoire par exemple, ou des images mentales, témoignent de la possibilité, liée à nos procédures d'investigation, de faire à leur sujet des inférences plausibles, que l'introspection de jadis n'autorisait pas. Le courant moderne de la psychologie cognitive est né de la convergence de ces deux rameaux, et est à cet égard beaucoup plus une évolution qu'une révolution, comme on le présente souvent (voir encart 19). Il est vrai qu'une certaine forme de cognitivisme insiste sur une redéfinition de la psychologie comme science de la vie mentale, par opposition au comportement, et affirme une rupture radicale par rapport à l'ère behavioriste, jusqu'à ne voir dans les comportements que de simples indicateurs des processus mentaux, quant à eux véritables objets de la psychologie. Cette position extrême ne peut faire ignorer que les activités, qu'elles soient perceptives, motrices, verbales, sont l'étoffe même de la vie de relation qu'entretiennent les organismes avec leur milieu physique et social, et que, quelles que soient l'importance et la nature des processus internes que l'on est amené à invoquer pour en rendre compte, ces processus n'ont de sens qu'insérés dans ces activités.

# X. Observation et expérimentation

**Inventaire et classement du réel**

Toute science empirique commence tout naturellement par l'observation de la réalité qu'elle se donne pour objet d'étude. Nous verrons au chapitre XI que l'observation n'est jamais exempte de présupposés théoriques, alors même que l'observateur se croirait totalement ingénu ; mais nous laisserons cette question momentanément de côté.

A son stade le plus simple, l'observation vise à inventorier le réel, à en faire le relevé. Nous avons vu, au chapitre précédent, que déjà à ce niveau le chercheur se heurte au problème difficile de découper la réalité qui l'intéresse en unités pertinentes. Un second problème, non sans lien avec le premier d'ailleurs, a trait au choix des propriétés des objets dignes d'être retenues. L'observateur qui ambitionnerait de décrire et de restituer la réalité telle qu'elle est — ou apparaît — en tous ses aspects et en tous ses détails se rendrait vite compte du caractère insensé de l'entreprise : non seulement il s'y épuiserait, mais il s'apercevrait au bout du compte qu'il se retrouve exactement au point de départ, avec une réplique du réel à observer. Il comprendrait alors qu'observer c'est abstraire, c'est dégager certaines propriétés et en ignorer d'autres. Lesquelles retenir ? Il n'est pas de moyen de le savoir *a priori*. Ce sont celles qui se révéleront ultérieurement utiles à mettre de l'ordre dans les faits et à les comprendre. L'histoire de la science, comme le développement de la pensée enfantine d'ailleurs, montre que les conquêtes de la connaissance sont pour une part liées au repérage de certaines propriétés essentielles, invariantes, parmi les propriétés accessoires et variables, quoique souvent plus frappantes (voir encart 20). La couleur des champignons retient d'emblée l'attention ; c'est cependant une propriété changeante et qui ne peut

---

ENCART 20

*Les invariants, et faisons connaissance avec Piaget*

Le repérage d'un invariant représente toujours une conquête importante dans l'histoire d'une science, comme c'est aussi le cas dans le développement cognitif de l'individu. Guidé par l'idée d'un parallélisme entre l'histoire de la science et l'ontogenèse de la pensée, Piaget nous a fourni de remarquables observations sur les conservations chez l'enfant. Un exemple classique concerne la conservation des quantités continues, illustrée dans le schéma suivant :

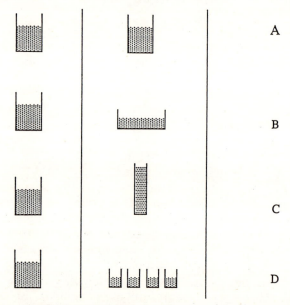

*Fig. 4* — Schéma d'une expérience classique sur la conservation des quantités continues réalisée par Piaget. On fait d'abord (A) constater à l'enfant l'égalité des quantités versées dans deux récipients identiques ; puis on lui demande d'apprécier si le transvasement du contenu de l'un des vases dans un récipient plus large (B) ou plus étroit (C), ou dans plusieurs récipients, (D) modifie cette égalité.

guère servir de critère pour distinguer et classer les espèces. Quelles sont, pour le psychologue, les propriétés des conduites qui méritent d'être retenues ? Il n'y a pas de réponse simple et universelle à cette question, mais à travers l'histoire de la discipline, on a vu les chercheurs adopter, en fonction des problèmes traités, telle ou telle propriété ou dimension qui s'est révélée

> Avant 6-7 ans, c'est-à-dire avant d'accéder au stade des opérations concrètes selon Piaget, l'enfant qui a reconnu en A que les deux récipients contiennent exactement la même quantité de liquide, affirme que cette quantité a changé après transvasement en B, C ou D. Il n'affirmera la conservation à travers ces transformations accessoires, que lorsqu'il aura compris que l'on n'a rien ajouté ni retranché (argument d'identité), que l'on peut revenir à l'état initial (réversibilité) et que les modifications apparentes dans une dimension sont compensées par des modifications dans une autre dimension (compensation). (Pour plus de détails sur l'approche de Piaget, voir vol. *HD*.)
>
> Jean Piaget (1896-1980) est l'une des figures les plus marquantes de la psychologie du XX$^e$ siècle, tout en tenant une place éminente dans le cadre plus général de la philosophie des sciences et de l'épistémologie. Biologiste, philosophe, psychologue expérimentateur, il enseigna dans plusieurs universités suisses et à Paris. Son nom reste principalement attaché à Genève, où il participa, aux côtés de Claparède dès 1924, au développement de l'Institut Rousseau, qui devait se transformer plus tard en Faculté de Psychologie et des Sciences de l'Education. Son œuvre expérimentale et théorique visa essentiellement à répondre à la question d'ordre épistémologique plutôt que psychologique : quelles sont les origines des structures et des opérations de la pensée ? Il entreprit à cette fin une enquête empirique aussi imaginative que cohérente à travers le développement de l'enfant, observant d'abord chez le bébé, expérimentant ensuite dès que cela est possible, en multipliant les situations expérimentales les plus ingénieuses. Les résultats de ses travaux constituent la matière d'une œuvre exceptionnellement prolifique, dépassant les 50 ouvrages et les 500 articles. Par la richesse de ses données empiriques, elle constitue une contribution majeure à la psychologie du développement, bien que ce ne fût pas là la préoccupation prioritaire de Piaget, qui définissait son apport comme une épistémologie génétique. C'est d'ailleurs cette expression qu'il retint pour dénommer le Centre international d'Epistémologie génétique qu'il anima pendant les vingt-cinq dernières années de sa vie, et qui consacra le rayonnement international de ses recherches, auxquelles furent associés de nombreux collaborateurs, parmi lesquels se détache le nom de Bärbel Inhelder.
>
> Sa théorie constructiviste présente l'accession aux formes les plus élaborées de la pensée comme une succession de stades, marqués chacun par un palier d'équilibre atteint au terme d'un échange dynamique entre le sujet et son milieu. Théorie interactionniste, elle fait appel aux concepts d'accommodation et d'assimilation, empruntés à la biologie, pour caractériser des processus par lesquels le sujet se modifie pour s'ajuster aux facteurs extérieurs, ou au contraire les incorpore dans ses schèmes intérieurs. (Pour plus de détails sur l'approche de Piaget, voir vol. *HD*.)

utile. Nous avons déjà rencontré l'exemple de la chronométrie mentale, où la durée séparant la prise d'information et le résultat observable de son traitement a été utilisée avec succès pour inférer la complexité des processus mentaux en cause. Dans un tout autre domaine, la psychologie de l'apprentissage, Skinner a proposé de prendre comme dimension privilégiée la fréquence d'une réponse motrice spécifiée par unité de temps, ou débit de réponse. Ce choix s'est révélé fécond puisqu'il a permis d'analyser de multiples relations fonctionnelles entre le comportement et ses conséquences, ou renforcements. Les spécialistes de l'acquisition du langage ont retenu la longueur moyenne des énoncés (en anglais, MLU pour *Mean Length of Utterances*) parce que cette propriété des productions verbales enfantines semble très étroitement liée au niveau de développement du langage. Chacun de ces choix se justifie par sa fécondité, mais la propriété retenue n'en a pas moins ses limites. La chronométrie mentale repose sur le double postulat que les processus mentaux de traitement de l'information s'enchaînent séquentiellement (opèrent en série) et que leur durée est directement corrélée à leur complexité. De nombreuses données empiriques ne confirment pas ces conditions, et les modèles, dits connexionnistes, faisant appel à des processus fonctionnant en parallèle ont vu le jour, qui rendent mieux compte des données, mais ne tiennent plus le temps de traitement comme un indice généralement valide (voir *HC*, p. 52-54). Le débit de la réponse opérante ne peut masquer longtemps l'importance des structures des réponses, notamment en rapport avec les répertoires propres à l'espèce : les expérimentateurs utilisant les techniques de Skinner ont été amenés à compléter leurs analyse d'un examen de ces structures. La longueur moyenne des énoncés constitue un indicateur précieux, mais non suffisant du développement langagier : celui-ci comporte des aspects plus subtils, qui exigent que l'on prenne en compte les caractéristiques lexicales et syntaxiques que recouvre trop grossièrement l'aspect purement quantitatif du MLU.

Ces deux questions, du choix de l'unité descriptive et des propriétés à retenir, indiquent bien que l'observation débouche très tôt sur tout autre chose qu'un simple constat, sur une mise en ordre, une classification. Cette mise en ordre aboutit, par exemple, aux *systématiques*, ou *taxonomies* des sciences naturelles, où plantes et animaux sont rangés en familles, genres, espèces.

La description dépasse ici singulièrement le simple enregistrement des faits : elle implique une activité de comparaison, un repérage et une hiérarchisation des différences et des ressemblances. Une classification raisonnée des faits correspond toujours à une hypothèse sur l'organisation du réel, et il arrive sou-

---

ENCART 21

*A propos de l'empreinte, faisons connaissance avec Lorenz*

Observé déjà à la fin du XIX$^e$ siècle par Spalding chez le poussin domestique, le phénomène d'empreinte a été abondamment étudié par Lorenz et son école. L'observation naturaliste indique que les canetons ou oisons fraîchement éclos suivent leur mère et répondent en se rapprochant d'elle à ses cris. Si la mère naturelle fait défaut au moment de l'éclosion, ces conduites caractéristiques peuvent s'accrocher à un objet de substitution, pour autant qu'il présente certaines propriétés (notamment le mouvement). On connaît les images légendaires de Lorenz, fondateur de l'éthologie objectiviste, suivi par une bande d'oisons pour lesquels il avait servi d'objet d'empreinte.

Cette substitution par un être humain dépasse naturellement le niveau de la simple observation pour passer à celui de l'expérimentation. Des expériences plus systématiques sont venues confirmer le phénomène et en préciser la nature. Ainsi a-t-on procédé à des empreintes artificielles sur des stimulus visuels ou sonores différents de ceux fournis par la mère. Les jeunes animaux manifestent leur conduite de poursuite envers les sources de ces stimulus « contre-nature », pour autant qu'ils y aient été exposés dans une période brève, suivant de peu l'éclosion, dénommée *période critique*. La notion, élargie à celle de *période favorable* ou *privilégiée*, est devenue un concept central de la psychologie du développement, y compris de l'espèce humaine.

Konrad Lorenz (1903-1989), biologiste autrichien, longtemps à la tête d'un centre de recherche d'un Institut de la Max Planck Gesellschaft à Seewiesen en Allemagne, consacra sa carrière à l'étude des conduites des animaux dans leur milieu naturel et fut l'un des maîtres fondateurs de l'éthologie moderne. Il en fit reconnaître la place au sein de la biologie, dans les classifications de la systématique et dans la dynamique de l'évolution, et, plus important pour nous, il l'imposa à l'attention des psychologues, qui devaient y trouver non seulement des leçons de méthode observationnelle mais des sources d'inspiration théorique dont l'étude de l'homme a tiré profit. Ainsi, les recherches sur l'empreinte ont stimulé les travaux des psychologues sur les origines de l'attachement affectif chez le bébé ; les données éthologiques sur l'agression ont éclairé bien des aspects de l'agressivité humaine.

L'influence de Lorenz fut sans doute servie par la qualité de ses œuvres écrites, dont certaines, notamment *Il parlait avec les mammifères, les oiseaux et les poissons* (Paris, Flammarion, 1968), initient le grand public à l'analyse scientifique des mystères du comportement animal, dont d'autres constituent autant de contributions magistrales à la théorie psychologique générale (on signalera notamment *L'Agression, une histoire naturelle du mal*, Paris, Flammarion, 1969 et *Les fondements de l'éthologie*, Paris, Flammarion, 1984).

vent qu'elle suggère une hypothèse nouvelle. On mesurera l'importance de cette étape de la démarche scientifique si l'on songe, par exemple, à la classification des éléments chimiques de Mendeleïev, ou à la classification des sons du langage dans les systèmes phonologiques évoqués ci-dessus.

Mais là ne s'arrête pas la tâche de l'observateur scientifique. Relevant et classant les faits, il ne tarde pas à être frappé par la coïncidence entre certains d'entre eux, à repérer des régularités. Des données observées, il s'agit donc de dégager des lois. C'est la récurrence périodique des phénomènes observés qui conduit l'astronome à formuler des lois sur le mouvement des astres. La constatation répétée d'une coïncidence entre maladies et certaines conditions de vie conduit à des hypothèses quant à l'enchaînement causal entre les dernières et les premières. L'observation des oies et des canards peu après l'éclosion suggère que s'installe une liaison préférentielle très étroite avec la mère, se manifestant entre autres par le fait que les jeunes suivent systématiquement celle-ci, la rejoignent s'ils en ont été momentanément séparés, réagissent à ses appels, etc. Elle conduit à l'hypothèse de l'empreinte, explorée par les éthologistes (voir encart 21).

## *Procédures d'observation en psychologie*

### Observation directe et observation armée

Les procédures d'observation utilisées dans la recherche psychologique ont résolu à leur manière, pour des raisons pratiques, les difficultés évoquées ci-dessus. Elles peuvent être directes, l'observateur regardant de ses yeux le ou les individus observés, ou indirecte (ou armée), un instrument technique procédant à l'enregistrement des données à recueillir. Les enregistreurs de sons et d'images dont nous disposons aujourd'hui offrent évidemment la tentation de recueillir *in extenso,* de façon continue, les comportements soumis à l'observation. Mais la réplique complète ainsi obtenue doit à son tour être analysée et l'on retrouve alors les mêmes problèmes de découpage du flux comportemental, de choix des propriétés pertinentes, de classement des données.

L'observation peut aussi s'armer de procédés visant à provoquer l'apparition d'un matériau comportemental qui ne se présente pas spontanément. Le clinicien qui soumet son client à un test projectif, tel que les taches d'encre de Rorschach, qu'il l'invite à interpréter librement, crée les conditions pour que se manifestent certaines catégories de comportement verbal qu'il exploitera dans sa propre analyse du problème posé.

**Echantillonnage d'événements
et échantillonnage par unité de temps**

L'observation directe du comportement spontané ou suscité, ou le dépouillement des enregistrements vidéo-sonores complets, exige un découpage en unités identifiables, et un système de notation que l'observateur puisse maîtriser. Il n'est pas en effet capable de noter des événements qui se succéderaient à très grande vitesse, non plus que de prêter attention à l'apparition d'une quantité de catégories comportementales différentes, ou d'observer simultanément sans discontinuer plusieurs sujets qui se déplacent les uns par rapport aux autres. La pratique impose des simplifications et des conventions. Parmi les procédures habituellement en usage, on trouvera les échantillonnages d'événements et les échantillonnages par unité de temps.

Illustrons-les par un cas simple. Une personne présente un tic de clignement des paupières. Nous désirons nous faire une idée claire de la fréquence de ce mouvement parasite et des variations de cette fréquence en fonction du moment de la journée, des activités dans lesquelles le sujet est engagé, de la présence ou l'absence d'autres personnes, etc. Le phénomène est simple à observer et à noter chaque fois qu'il se présente. Il sera probablement difficile, dans la pratique, de poursuivre l'observation vingt-quatre heures sur vingt-quatre. On choisira donc des périodes d'une durée raisonnable à différents moments de la journée et on y enregistrera les tics en fonction du temps qui s'écoule. On procédera ainsi à un échantillonnage d'événements *(events sampling)* où chaque occurrence du phénomène sera retenue. S'il s'agit, comme dans notre exemple, d'un phénomène bref et de durée assez constante, et si d'autre part on ne porte attention qu'à ce seul phénomène, cette méthode est à la fois la plus simple et la plus riche d'information. Mais elle peut devenir impraticable si les événements sont de durée variable, ou se répètent si rapidement qu'il devient difficile de les suivre, ou s'il faut simultanément porter l'attention à d'autres phénomènes — autant de circonstances qui accroissent les risques d'erreurs. On aura alors recours à une méthode moins précise, mais plus commode, dite d'échantillonnage par unité de temps *(time sampling)* : on décide d'une unité temporelle, par exemple, dix secondes, et l'on se borne à noter la présence ou l'absence du tic au cours des tranches successives de dix secondes pendant chaque période d'observation ; que le tic se présente une fois ou dix fois, la notation sera la même (1 opposé à 0).

Dans un cas comme dans l'autre, si l'on veut garder trace de la répartition temporelle avec quelque précision, il faudra s'armer d'un dispositif, si simple soit-il, qui permette à l'observateur de regarder le sujet et de noter les conduites choisies sans se soucier de contrôler le temps. Un simple enregistreur à déroulement de papier constant peut faire l'affaire — comme une bande magnétique — l'observateur n'ayant qu'à appuyer d'un doigt sur une commande chaque fois que survient l'événement ou chaque fois que l'événement est présent dans la tranche de temps en cours.

Généralement, l'observateur s'intéressera à plusieurs catégories de comportement. Par exemple, dans une situation de jeu libre, un bébé tantôt *manipulera* des objets à sa disposition, tantôt se *déplacera* en rampant, tantôt *portera* des objets à la bouche, tantôt *sucera son pouce*, tantôt *regardera* sans agir autrement, tantôt *vocalisera*, tantôt *pleurera*, etc...

Pour enregistrer tous ces comportements, dont certains peuvent être simultanés, et garder trace de leur durée, on aura recours à une grille de notation, où les catégories retenues seront codées, ou encore, mettant à profit les techniques actuelles, on disposera d'un clavier dont chaque touche correspondra à une catégorie de comportements et commandera la mise en mémoire de l'information dans un ordinateur, où elle sera disponible pour subir les traitements analytiques souhaités. Les heures de travail de dépouillement et de traitement des données qu'exigeait jusqu'ici l'observation des comportements se trouvent désormais réduites à quelques secondes. Il reste néanmoins que, à l'entrée, il faut bien qu'un observateur intervienne, repère et code les conduites.

On devine qu'il existe des limites au nombre de comportements dont un seul observateur peut maîtriser pendant une certaine période l'enregistrement (un observateur entraîné peut aller jusqu'à une douzaine). Si l'on doit dépasser cette limite, il sera nécessaire de recourir à plusieurs observateurs qui se répartiront la tâche, éventuellement avec le recouvrement partiel des catégories observées, qui permettra d'apprécier la fidélité inter-observateurs.

Dans le cas où plusieurs sujets sont à observer par un seul observateur, il peut prendre le parti de balayer en succession la série des sujets, en leur consacrant à chacun une période définie. Par exemple, un psychopharmacologue qui souhaite noter, de façon assez expéditive, les effets d'une substance psychotrope sur les comportements moteurs du rat administrera une dose choisie de la substance à dix rats, placés devant lui en cages individuelles voisines, et notera leurs conduites pendant un temps total de quinze minutes, réparties à raison de périodes de trente secondes consacrées à chaque sujet en succession, observé ainsi trois fois.

### Domaines d'élection de l'observation directe

Certaines branches ou orientations de la psychologie ont particulièrement développé les procédures d'observation directe. Celles-ci continuent de féconder la psychologie contemporaine. La psychologie moderne, dans un mouvement légitime, avait cherché à élaborer des instruments permettant une analyse plus scientifique du comportement : les tests en psychologie appliquée, les épreuves projectives en psychologie de la personnalité, les questionnaires en psychologie sociale, les appareils en psychologie de laboratoire constituent, dans des contextes divers, des outils visant à cerner avec plus de rigueur et plus de pénétration la réalité psychologique. Ces outils destinés à accroître notre information, par rapport à ce que nous livre l'observation directe, sont apparus dans certains cas et jusqu'à un certain point, comme des écrans venant obscurcir notre appréhension du réel, ou la rétrécir plutôt qu'ils ne l'enrichissent. Combinés aux explications théoriques prématurées, ils sont parfois devenus des obstacles majeurs à une véritable compréhension des conduites, obstacles d'autant plus efficaces qu'ils s'installent souvent très tôt dans la formation du psychologue. Ainsi a-t-on pu rencontrer le psychologue pour lequel l'intelligence se ramène à la mesure du quotient intellectuel, la personnalité à la lecture de la formule du Rorschach, la dynamique sociale au déchiffrement d'un sondage d'opinion, le comportement animal à une courbe cumulative obtenue dans une cage de conditionnement opérant. Le retour à l'observation indique que les psychologues ont pris conscience de cette distorsion et désirent la corriger.

### L'éthologie

La remise en honneur de l'observation se réclame souvent de l'éthologie. Née dans le sillage des sciences biologiques, l'éthologie est l'une des branches de l'étude du comportement essentiellement fondée sur l'observation, puisqu'elle privilégie l'étude de l'animal dans son milieu naturel, aussi intact que possible. Elle a, dans ce but, élaboré des méthodes d'observation systématiques, tel l'établissement d'un éthogramme, qui rendent compte dans le détail des comportements de l'animal et fournissent le matériau à une analyse fonctionnelle. Déjà pratiquée, sans qu'ils se soient souciés d'en codifier les règles, par les anciens naturalistes, la méthode éthologique a été systématisée par les maîtres modernes de l'école objectiviste d'abord (K. Lorenz), puis illustrée par de multiples chercheurs européens et américains. Elle a été étendue depuis quelques années à l'espèce humaine — l'homme n'est après tout qu'un animal parmi d'autres — laissant parfois à penser que jusque-là les spécialistes des sciences humaines avaient négligé d'observer. Il n'en est évidemment rien. L'observation du comportement humain a d'autres racines.

### La psychologie de l'enfant

En premier lieu, la psychologie de l'enfant, que la mode de l'étiquette éthologie tend à faire passer pour peu ouverte à l'observation, a été dès l'origine, et n'a cessé d'être dans certaines écoles, largement fondée sur l'observation directe et minutieuse. Que l'on se reporte aux remarquables observations des travaux de Piaget relatifs au stade sensori-moteur, ou à celles de Wallon, ou encore aux recherches classiques du groupe de Gesell, on se convaincra que l'apport éthologique n'est pas aussi neuf qu'on le laisse entendre (voir encart 22).

> **ENCART 22**
> *Observation en psychologie de l'enfant*
> Voici une observation faite par Piaget sur l'un de ses propres enfants, à l'âge de 10 mois et 29 jours. Il s'agit d'une illustration de conduites d'exploration spontanée de la nouveauté, qui s'affirme à ce moment-là.
> « Obs. 142. — Laurent examine une chaîne de montre suspendue à mon index. Il la touche d'abord très délicatement, sans la saisir et en l' "explorant" simplement. Il déclenche alors un léger balancement et le continue d'emblée, retrouvant ainsi une "réaction secondaire dérivée" déjà décrite dans l'obs. 138 (schème du balancement). Mais, au lieu de s'en tenir là, il saisit la chaîne de la main droite et la balance de la gauche en essayant de quelques combinaisons nouvelles (ici commence la "réaction tertiaire") : il la fait glisser en particulier le long du dos de sa main gauche, pour la voir retomber lorsqu'elle arrive au bout. Ensuite, il retient une extrémité de la chaîne (de son index et de son pouce droits) pour la faire glisser lentement entre les doigts de sa main gauche (la chaîne est maintenant horizontale et non plus oblique comme précédemment) ; il étudie avec soin le moment où la chaîne tombe ainsi de sa main gauche et recommence une dizaine de fois. Après quoi, en retenant toujours de sa droite une extrémité de la chaîne, il la secoue violemment, ce qui lui fait décrire en l'air une série de trajectoires variées. Il en vient ensuite à ralentir ces mouvements pour voir comment elle rampe sur son édredon lorsqu'il la tire sans plus. Enfin, il la lâche de différentes hauteurs et retrouve ainsi le schème acquis au cours de l'observation précédente.
> Dès son douzième mois, Laurent a multiplié ce genre d'expériences avec tout ce qui lui tombait sous la main : mon carnet, des "plots", des rubans, etc. Il s'amuse, soit à les faire glisser ou tomber, soit à les lâcher dans différentes positions et à différentes hauteurs pour étudier leur trajectoire. Il met ainsi, à 0 ;11 (20), un "plot" à 3 cm au-dessus du sol, puis à 20 cm environ, etc., en observant chaque fois la chute avec une grande attention ». (Piaget, *La naissance de l'intelligence*, Neuchâtel-Paris, Delachaux & Niestlé, 1948, p. 236-237.)
>
> On voit la minutie de cette description, l'une parmi des centaines sur lesquelles Piaget a fondé son analyse du stade sensori-moteur, couvrant *grosso modo* les deux premières années. L'observation est détaillée et précise ; elle est aussi guidée par les hypothèses de travail qui se constituent chez l'observateur à mesure que l'observation s'enrichit, et qui, chez Piaget, ont pris corps très tôt dans sa démarche, pour se consolider, parfois se nuancer, avec le temps.

**L'observation clinique**

En second lieu, il faut rappeler le rôle de la psychopathologie clinique dans la mise au point de méthodes d'observation approfondie des comportements. Aujourd'hui encore, le recours aux outils sophistiqués rivalise difficilement avec la

ENCART 23

*Une observation clinique*

Voici l'observation de Mlle F..., publiée par Esquirol (1772-1840), élève de Pinel, et avec lui véritable fondateur de la psychiatrie française. La précision de la description des conduites, servie par un style net et concis, n'est pas sans rappeler La Bruyère.

« Un jour, à l'âge de dix-huit ans, sans cause connue, en sortant de chez cette tante, elle est saisie de l'inquiétude qu'elle pourrait bien, sans le vouloir, emporter dans les poches de son tablier quelque objet appartenant à sa tante. Elle fit désormais ses visites sans tablier. Plus tard, elle met beaucoup de temps pour achever des comptes et des factures, appréhendant de commettre quelque erreur, de poser un chiffre pour un autre, et par conséquent de faire tort aux acheteurs. Plus tard encore, elle craint, en touchant à la monnaie, de retenir dans ses doigts *quelque chose de valeur*. En vain lui objecte-t-on qu'elle ne peut retenir une pièce de monnaie sans s'en apercevoir, que le contact de ses doigts ne peut altérer la valeur de l'argent qu'elle touche. Cela est vrai, répond-elle, mon inquiétude est absurde et ridicule, mais je ne peux m'en défendre. Il fallut quitter le commerce. Peu à peu les appréhensions augmentent et se généralisent. Lorsque Mlle F... porte ses mains sur quelque chose, ses inquiétudes se réveillent : elle lave ses mains à grande eau. Lorsque ses vêtements frottent contre quelque objet que ce soit, elle est inquiète et tourmentée. Est-elle quelque part ? Elle apporte toute son attention pour ne toucher à rien ni avec ses mains, ni avec ses vêtements. Elle contracte une singulière habitude : lorsqu'elle touche à quelque chose, lorsque ses vêtements ont été en contact avec un meuble ou avec un autre objet, lorsque quelqu'un entre dans son appartement, ou qu'elle-même fait une visite, elle secoue vivement ses mains, frotte les doigts de chaque main les uns contre les autres, comme s'il s'agissait d'enlever une matière très subtile cachée sous les ongles. Ce singulier mouvement se renouvelle à tous les instants de la journée et dans toutes les occasions.

« Mademoiselle veut-elle passer d'un appartement dans un autre, elle hésite, et pendant l'hésitation, elle prend toute sorte de précautions pour que ses vêtements ne touchent ni aux portes, ni aux murs, ni aux meubles. Elle se garde bien d'ouvrir les portes, les croisées, les armoires, etc., quelque chose de valeur pourrait être attaché aux clefs ou aux boutons qui servent à les ouvrir et rester après ses mains. Avant de s'asseoir, elle examine avec le plus grand soin le siège, elle le secoue, même s'il est mobile, pour s'assurer que rien de précieux ne

richesse de l'observation clinique traditionnelle. Les œuvres des grands psychiatres et neurologues du XIXe siècle offrent une infinité d'illustrations de leurs talents d'observateurs, doublés de ceux de descripteurs ; la finesse d'une observation a en effet pour limite la finesse du langage de l'observateur. On notera

s'attachera à ses vêtements. Mademoiselle découpe les ourlets de son linge et de ses robes, crainte que quelque chose ne soit caché dans ses ourlets. Ses souliers sont si étroits que la peau dépasse la bordure des souliers, ses pieds gonflent et la font beaucoup souffrir, cette torture a pour motif d'empêcher quelque chose de s'introduire dans le soulier. Les inquiétudes sont quelquefois, pendant les paroxysmes, poussées si loin qu'elle n'ose toucher à rien, pas même à ses aliments ; sa femme de chambre est obligée de porter les aliments à sa bouche... Elle se lève à six heures, l'été comme l'hiver ; sa toilette dure ordinairement une heure et demie, et plus de trois heures pendant les périodes d'excitation. Avant de quitter son lit, elle frotte ses pieds pendant dix minutes pour enlever ce qui a pu se glisser entre les orteils ou sous les ongles ; ensuite elle tourne et retourne ses pantoufles, les secoue et les présente à sa femme de chambre pour que celle-ci, après les avoir bien examinées, assure qu'elles ne cachent pas quelque chose de valeur. Le peigne est passé un grand nombre de fois dans les cheveux pour le même motif. Chaque pièce des vêtements est successivement un grand nombre de fois examinée, inspectée dans tous les sens, dans tous les plis et replis, etc. ; et secouée vivement. Après chacune de ces précautions, les mains sont vivement secouées à leur tour et les doigts de chaque main frottés les uns contre les autres : ce frottement des doigts se fait avec une rapidité extrême et se répète jusqu'à ce que le nombre de ces frottements, qui est compté à haute voix, soit suffisant pour convaincre Mademoiselle qu'il ne reste rien après ses doigts. Les préoccupations et inquiétudes de la malade sont telles pendant cette minutieuse exploration qu'elle sue et qu'elle en est excédée de fatigue ; si par quelque circonstance, ces précautions ne sont point prises, Mademoiselle est mal à l'aise pendant toute la journée... Mademoiselle fait des visites, en entrant elle se garantit de tout contact, se balance autour d'un siège, l'examine, le secoue et elle fait tout cela avec assez d'adresse pour qu'on ne s'en aperçoive pas d'abord. Reçoit-elle des visites, elle approche un fauteuil, mais aussitôt elle secoue et frotte ses doigts. Elle fait des voyages dans sa ville natale, mais elle s'arrange de manière à arriver très grand matin, afin d'avoir le temps de changer de linge, de vêtements et de se laver avant d'embrasser ses parents à leur lever.

« Mademoiselle ne déraisonne jamais ; elle a le sentiment de son état, elle reconnaît le ridicule de ses appréhensions, l'absurdité de ses précautions, elle en rit, elle en plaisante ; elle en gémit, quelquefois elle en pleure ; non seulement elle fait des efforts pour se vaincre , mais elle indique les moyens, même très désagréables, qu'elle croit propres à l'aider pour triompher de ses appréhensions et de ses précautions. » (Etienne J. D. Esquirol, *Des maladies mentales*, Paris, 1838.)

que ces cliniciens étaient singulièrement démunis, face à l'objet peut-être le plus déroutant qui se puisse présenter à nos yeux, tant d'outils simplificateurs (tests, échelles d'évaluation systématique, etc.) que de systèmes théoriques dans lesquels on se réfugie aujourd'hui complaisamment (psychanalyse, antipsychiatrie, psychiatrie biologique). C'est précisément pour cela sans doute qu'ils pratiquèrent si brillamment l'observation (voir encart 23, et vol. *HP*).

**Les leçons de l'anthropologie**

Enfin, une place toute particulière, et bien plus importante que celle de l'éthologie, revient à l'anthropologie culturelle. Elargissement de l'ethnologie (comme l'éthologie le fut de la recherche naturaliste), cette branche centrale des sciences humaines, et qui en rassemble tous les aspects, s'est élaborée dès le début du siècle, sur les matériaux recueillis dans les sociétés les plus diverses à l'aide de méthodes d'observation d'une grande finesse. Les principes et les difficultés en ont été admirablement formulés par Malinowski, parmi d'autres. On mesurera l'ampleur de la tâche de l'observateur si l'on sait qu'il ambitionne de décrire aussi exhaustivement que possible les traits culturels propres à la société qu'il étudie, ce qui recouvre aussi bien les objets, ustensiles, procédés technologiques que les mythes et les rituels, les habitudes alimentaires et les règles de mariage que les productions artistiques et les usages politiques. L'accès à une grande partie de ces données suppose l'apprentissage de la langue véhiculaire et la mise en confiance des membres de la culture en cause. L'anthropologue ne peut espérer recueillir le matériel qui l'intéresse que s'il adopte une attitude de participation, s'il accepte de vivre parmi les gens qu'il étudie en s'y intégrant assez pour accéder à des éléments non directement apparents à l'observateur extérieur, tout en conservant assez de recul pour poursuivre son investigation scientifique. Cette position n'est pas sans rappeler celle des éthologistes qui, bien plus tard, se risquèrent courageusement au sein d'une société de grands singes pour en étudier les mœurs. Mais, s'agissant d'un être humain parmi les humains, elle exige de l'observateur une forme d'engagement qui dépasse toujours les buts strictement scientifiques : un étranger ne fait pas irruption dans une société humaine prise comme objet d'étude sans qu'il lui soit demandé quelque chose en échange et sans qu'il lui soit demandé de s'expliquer. L'anthropologue de terrain s'est trouvé confronté le premier à ce que l'on appelle aujourd'hui, dans les recherches éducationnelles par exemple, recherche-action, la juxtaposition de ces deux termes mettant bien l'accent sur les implications du travail scientifique et la tension inévitable entre deux pôles parfois difficilement conciliables. Nous reviendrons plus loin (chap. XIV) sur ce problème dans le contexte de la déontologie du psychologue (encart 24).

L'enseignement commun à ces quatre domaines, c'est que l'observation directe en psychologie est de nature à nous révéler une extraordinaire richesse de matériau auquel des instruments plus ou moins compliqués ne nous donnent pas nécessairement un accès plus aisé, et qu'ils peuvent au contraire, dans leurs limitations actuelles, nous dissimuler. Même en ces secteurs où des techniques expérimentales raffinées sont devenues irrempla-

---

ENCART 24

L'un des fondateurs de l'anthropologie culturelle moderne, B. Malinowski, a jeté les bases d'une méthode observationnelle des sociétés primitives qui préfigure, par sa minutie et sa prise en compte des attentes réciproques entre sujets observés et observateur, les approches les plus actuelles au travail de terrain en sciences humaines et notamment aux exigences de la « recherche-action » (voir aussi chap. XVII).

Dans son ouvrage *Les Argonautes du Pacifique occidental* (1922 ; trad. franç. 1963, Paris, Gallimard) il consacre un chapitre à la discussion des problèmes de méthode que l'anthropologue de terrain doit résoudre. Voici quelques extraits de cette magistrale introduction à l'observation de terrain, qui mérite d'être lue en entier :

« Mais si l'on arrive en observant bien à déterminer le comportement réel, le degré de vitalité de l'acte apparaîtra aussitôt avec netteté. Il n'est pas douteux que, pour tous les points d'une analyse sociologique et psychologique, ou pour toute question de théorie, la manière d'agir et ses faces diverses ne revêtent une importance extrême. Le comportement constitue donc un fait, un fait utile, que l'on ne saurait négliger. Et insensé et myope serait l'homme de science qui, omettant toute une classe de phénomènes qu'il trouve à sa portée, les laisserait se perdre sous prétexte qu'au moment même il n'aperçoit pas l'usage théorique qui pourrait en être fait ! » (p. 77)

« Il n'est pas mauvais non plus dans ce genre de travail que l'ethnographe abandonne quelquefois son appareil photographique, son bloc-notes et son crayon, pour se joindre à ce qui se passe. Il peut prendre part aux jeux des indigènes, les accompagner dans leurs visites et leurs promenades, s'asseoir, écouter, participer à leurs conversations... De ces plongeons dans la vie indigène... j'ai rapporté chaque fois le sentiment très net que leur conduite, leur manière d'être à l'occasion de toutes sortes de transactions tribales me devenaient plus claires et plus intelligibles qu'auparavant » (p. 78).

çables, l'observation demeure un exercice fécond, et sa pratique devrait faire partie de la formation de base de tout psychologue, quelle que soit sa spécialisation future.

### L'intrusion expérimentale

Les conclusions que l'on peut tirer de l'observation laissent malheureusement souvent l'homme de science insatisfait. Il est rare qu'il puisse les tenir pour vérifiées, qu'il soit en mesure de les soutenir face à certaines objections. Il faudrait, pour cela, les soumettre à des épreuves que la nature ne lui fournit pas, quelque sagacité qu'il mette a l'observer. C'est ici qu'entre en scène la démarche expérimentale.

En passant à cette démarche plus élaborée, le chercheur ne se borne plus à scruter la nature, il la provoque pour lui arracher une réponse à une question précise, et pour cela il la manipule, de façon limitée certes, mais rigoureuse. Il ne se contente pas de laisser se dérouler les phénomènes sous ses yeux, il les contrôle afin d'en cerner les conditions d'apparition, il crée une situation permettant de tester l'hypothèse à laquelle l'aura conduit le raisonnement sur les données de l'observation. Cette intervention n'a de sens que si elle est rigoureuse, ce qui implique, entre autres, la mise en œuvre de procédures et de techniques aussi parfaitement adaptées que possible au problème posé. L'expérimentateur a, sous cet angle, quelque chose de l'artisan : pour arriver à ses fins, il se forge des outils, des instruments qu'il saura ensuite employer correctement.

Expérimenter, c'est donc placer un phénomène sous contrôle rigoureux, dans le but d'en déterminer les conditions d'apparition.

### Variables indépendantes et dépendantes

Dans toute expérience, on aura défini la variable *dépendante*, le phénomène auquel on s'intéresse, dont on cherchera à observer les variations en fonction de certaines conditions, la ou les variables *indépendantes* que l'on tient sous contrôle, que l'on modifie à volonté. Si nous voulons savoir si une tige de métal change de longueur en fonction de la température, nous la soumettons à des températures différentes et en mesurons chaque fois la longueur. Celle-ci est notre variable dépendante, la température la variable indépendante. L'encart 25 propose un exemple d'expérience psychologique faisant bien apparaître la distinction.

---

ENCART 25

*Variables expérimentales*

Nous avons vu que le Temps de Réaction [TR] se définit comme le temps minimum nécessaire pour fournir une réponse motrice volontaire à un stimulus spécifié. Ce dernier est dénommé stimulus impératif. Pour ne pas prendre le sujet au dépourvu, car l'on vise à obtenir la performance la meilleure possible, on fait précéder le stimulus impératif d'un stimulus avertisseur qui lui permet de se préparer. Demandons-nous si le TR varie en fonction de l'intensité du stimulus impératif, choisi dans le domaine auditif, un son pur. Cette intensité sera, dans notre expérience, la variable indépendante. Le TR lui-même est évidemment la variable dépendante. Nous procéderons à une série de mesures du TR en réponse à des niveaux d'intensité différents du stimulus auditif. Nous aurons naturellement choisi notre équipement : le son sera produit par un générateur de sons permettant de calibrer parfaitement la fréquence et l'intensité, et sera transmis aux oreilles du sujet par des écouteurs ; on choisira plusieurs valeurs d'intensité (disons six valeurs), depuis une valeur proche du seuil absolu, c'est-à-dire à peine audible, jusqu'à des valeurs très largement supérieures ; la réponse requise sera l'appui de l'index droit sur un bouton poussoir, la main du sujet étant soigneusement positionnée selon un repère avant chaque mesure afin de maintenir constant le trajet des phalanges ; le TR sera mesuré par l'intermédiaire du chronomètre fourni par la base de temps d'un ordinateur qui enregistrera les mesures faites en mémoire en vue de leur traitement.

On voit que, à côté de la variable indépendante, que l'on fait varier systématiquement, on veille à tenir aussi constantes que possible plusieurs autres conditions, telles l'amplitude du mouvement impliqué dans la réponse, la préparation, la réception acoustique. Ces facteurs pourraient vraisemblablement avoir leur influence sur le TR, mais ils ne nous intéressent pas dans cette expérience, et nous pouvons les neutraliser en les maintenant constants. D'un autre côté, il est d'autres variables qui pourraient également jouer un rôle, mais que nous supposons nul ou négligeable — nous pourrions toujours revenir sur cette estimation ultérieurement : la pression barométrique, le degré d'humidité de la pièce, la couleur des murs, etc. Enfin, il est des variables dont nous avons des raisons de penser qu'elles pourraient être importantes mais que nous ne sommes pas en mesure de contrôler. Ce sont notamment les variables inhérentes à la physiologie du sujet, son rythme cardiaque, son rythme respiratoire, les fluctuations de son attention liées à son état de fatigue, etc. On choisira de les neutraliser en prenant, non pas une mesure unique du TR pour chaque valeur d'intensité de notre variable indépendante, mais une série de mesures dont nous prendrons la valeur moyenne comme expression de notre variable dépendante. Nous reviendrons plus loin sur cet usage de la statistique dans l'expérimentation psychologique.

## Les résistances à l'expérimentation

### Expérimentation naturelle et expérimentation scientifique

Avant de poursuivre plus avant cet examen de la méthode expérimentale, arrêtons-nous un instant pour nous demander comment il se fait que cette démarche qui prolonge si naturellement l'observation n'a été systématiquement utilisée que si tardivement dans l'histoire de la pensée humaine, puisqu'elle ne s'est imposée, à quelques exceptions près, qu'à partir du XVI$^e$ et XVII$^e$ siècle en physique et au XIX$^e$ siècle en psychologie. Il est évident pourtant que, comme l'observation, l'expérimentation plonge ses racines dans des conduites très anciennement présentes dans l'espèce humaine, sans lesquelles nombre d'acquis décisifs de l'évolution culturelle seraient impensables. L'émergence et le développement des techniques artisanales supposent une exploration expérimentale du réel. On peut admettre une part de hasard dans l'origine de la métallurgie, mais qui n'explique pas le développement diversifié de la technologie des métaux qui a surgi lors de la révolution néolithique : il faut invoquer une intervention systématique, orientée, de l'homme dans les processus naturels pour expliquer la mise au point des alliages de métaux. Un exemple non moins convaincant est celui de l'art culinaire : l'accident ne peut suffire à rendre compte de la mise au point des innombrables recettes de la cuisine française ou chinoise.

C'est bien dans l'artisanat, dans les progrès de la technologie empirique que les historiens de la science repèrent aujourd'hui les origines de la méthode expérimentale comme instrument de choix de la vérification scientifique. Elle n'est pas issue du discours philosophique, savant, mais est venue le féconder de l'extérieur. Le discours savant s'en était tenu à l'observation raisonnée — avec des succès remarquables tels que les connaissances astronomiques des civilisations anciennes — avec le risque de laisser aller les spéculations verbales sans les soumettre sans cesse à l'épreuve de la réalité, en se satisfaisant de leur cohérence logique. Or, il ne suffit pas qu'un discours soit logique pour être en accord avec le réel qu'il prétend cerner. Une confiance excessive dans les vertus du verbe, confiance qui remonte peut-être aux pratiques magiques — nommer c'est posséder, ou dominer —, a fait longtemps obstacle au contrôle expérimental, qui implique que l'on tourne le dos au discours, pour agir sur les choses et le mettre par là en question (voir p. 24).

### Raisonnement verbal et respect de l'autorité

La valorisation du raisonnement verbal se trouvait encore accentuée par la soumission à l'autorité des maîtres du passé, sans égard pour les démentis que les faits pourraient infliger à leur façon de voir. On connaît l'anecdote de cette assemblée de moines savants qui s'interrogèrent un jour sur le nombre de dents du cheval. Ils répartirent l'examen des sources les plus prestigieuses, qui se plongeant dans Aristote, qui dans Platon, qui dans saint Augustin, qui dans l'Ecriture sainte. Toutes ces recherches furent vaines, ils n'y trouvèrent pas de réponse à leur question, et la proclamèrent donc insoluble. Aucun d'eux ne songea à aller aux écuries, à ouvrir la bouche d'un cheval et à y compter les dents. L'histoire est caricaturale, et un peu injuste sans doute pour ses héros, mais elle illustre bien une attitude qui a entravé le recours à l'expérimentation.

La psychologie n'est pas entièrement délivrée de ce type d'entraves. La croyance au pouvoir magique du discours et l'argument d'autorité sont encore chose courante. Ainsi, dans certaines branches de la psychanalyse, on passe plus de temps à s'interroger sur ce que Freud a dit ou voulu dire qu'à se demander si ce qu'il dit se vérifie. Le travail d'exégèse a pris la place de la critique par les faits. Il ne manque pas en soi d'intérêt, mais il ne peut tenir lieu de mise à l'épreuve de la validité de la théorie.

Complaisance et croyance au discours sont évidemment des voies tentantes quand le réel ne se laisse pas contrôler facilement, comme c'est le cas en psychologie. C'est une raison de plus pour chercher à développer des stratégies expérimentales, qui ne sont rien d'autre en somme que des moyens de prendre en défaut le discours (voir chap. XI). Cette ambition se heurte pourtant à certaines limitations, en vertu desquelles il faut bien s'en tenir à la seule observation.

## Limitations à l'emploi de la méthode expérimentale

### La dimension spatio-temporelle des phénomènes

Une première limitation tient simplement à la dimension des phénomènes. Elle n'est pas propre à la psychologie : pas plus que le géologue ne peut expérimenter sur la formation de la croûte terrestre, le psychologue ne peut le faire sur les phénomènes de groupe importants, de l'ordre d'une culture entière par exemple. La sociologie et l'anthropologie culturelle restent, pour cette raison, essentiellement sciences d'observation. Certains événements survenant au début du développement peuvent avoir des répercussions beaucoup plus tard. Si la longévité de l'organisme est de l'ordre de un à deux ans, il est possible d'expérimenter. Si elle est proche de celle de l'expérimentateur, ou la dépasse, l'expérimentation n'est guère praticable. De nombreux problèmes de psychologie développementale portant à la limite sur la vie entière des individus échappent ainsi à la méthode expérimentale.

**Limitations morales**

La morale impose un second type de limitation à l'expérimentation psychologique, spécialement sur l'espèce humaine. Sans entrer ici dans des domaines plus subtils de relations entre éthique et recherches sur le comportement qui seront abordés plus loin (chap. XVII), on admettra que l'expérimentation ne doit entraîner chez le sujet qui s'y soumet — le plus souvent volontairement — aucune atteinte physique ou morale. La définition de l'atteinte physique ou morale prête à de nombreuses discussions, mais pour notre propos nous pouvons nous en tenir à des exemples sans équivoque : on ne songera pas à provoquer une lésion cérébrale pour étudier le rôle des structures lésées dans les conduites d'un être humain ; non plus qu'à le priver d'oxygène pour juger des effets de cette variable sur sa mémoire ; ou à l'exposer à des explosions de bombes pour analyser ses émotions.

Rien n'interdit cependant de tirer parti des cas mis à notre disposition par les accidents de la nature ou les imperfections de la société. Les accidents de la route ou du travail, les guerres produisent, hélas, un contingent suffisant d'atteintes cérébrales pour occuper les chercheurs qui s'intéressent à la neuropsychologie (voir encart 26) et leur permettre d'élucider peu à peu les rapports entre cerveau et comportement. Assez d'êtres humains sont exposés à des stress violents de tout genre pour nous permettre d'en étudier les effets sur leurs émotions. On a recours ici à ce que Claude Bernard appelait les *expériences invoquées*, faute de pouvoir se servir des expériences *provoquées*. On parle aussi de *méthode pathologique* pour désigner cette manière de suppléer à l'impossibilité morale d'expérimenter en utilisant les accidents ou maladies qui se présentent sans notre intervention. La mala-

---

ENCART 26

*La neuropsychologie*

La neuropsychologie est une branche de la psychologie vouée à l'étude de l'articulation cerveau-conduites. Elle se situe au point de convergence de la neurologie, de la psychophysiologie et de la psychologie expérimentale. Fondée essentiellement sur la méthode pathologique — l'examen des cas d'atteintes cérébrales dues à des maladies, ou consécutives à des accidents —, elle comporte un volet clinique et un volet « fondamentaliste » étroitement imbriqués l'un dans l'autre. Le volet clinique, à son tour, comporte un aspect diagnostique, l'examen neuropsychologique s'imposant de plus en plus comme une partie de l'examen neurologique, et un aspect thérapeutique ou rééducatif, où le neuropsychologue met au service du patient les ressources de sa spécialité pour restaurer, tant que faire ce peut, les conduites perturbées par l'atteinte cérébrale ou aider le patient à les compenser par de nouveaux ajustements. Le volet « fondamentaliste » constitue en quelque sorte, au niveau humain, la réplique de la partie de la psychophysiologie expérimentale qui aborde, chez l'animal, le problème des rapports entre conduites et cerveau à l'aide des méthodes lésionnelles, inconcevables chez l'homme pour des raisons morales évidentes. Ce n'est pas par hasard, sans doute, que la neuropsychologie a particulièrement porté son attention sur les aspects les plus spécifiquement humains des conduites : langage, processus intellectuels, processus mnésiques, gnosies et praxies. La neuropsychologie connaît aujourd'hui un développement exceptionnel, bénéficiant des progrès parallèles des neurosciences (c'est ainsi que de nombreuses questions ont été entièrement renouvelées par la technique du cerveau dédoublé), de la psycholinguistique (source d'approches inédites aux troubles aphasiques), de la psychologie expérimentale (l'analyse des processus de traitement de l'information offrant des instruments d'investigation de plus en plus raffinés des troubles gnosiques divers).

Spécialité aussi difficile que fascinante, la neuropsychologie exige, plus qu'aucune autre branche de la psychologie, une formation combinée d'expérimentateur et de clinicien, quelle que soit la perspective, clinique ou fondamentaliste, que l'on adopte. En effet, quiconque veut expérimenter sur des patients atteints de lésions cérébrales ne peut aborder ceux-ci qu'en clinicien. Et l'on ne peut être bon neuropsychologue praticien si l'on ne pénètre pas dans les problématiques des expérimentateurs.

Il faut noter encore que l'extension du domaine de la neuropsychologie laisse place, de plus en plus, à des recherches sur sujets normaux, non seulement à titre de contrôle, mais parce que les techniques actuelles permettent de cerner sérieusement certains aspects du rapport cerveau-comportement en dehors de la pathologie (voir H.P., ch. VII).

die n'est pas étudiée ici pour elle-même, elle n'est qu'un moyen de comprendre certains phénomènes. Il va de soi, néanmoins, que cette démarche s'accompagne toujours d'un intérêt pour le malade ou pour la victime, et que si l'on éclaire le normal à partir du pathologique, on éclaire aussi ce dernier, et que par là on contribue, à échéance brève ou longue, à le traiter. La méthode dite pathologique n'est nullement une astuce douteuse imaginée pas les scientifiques pour contourner une règle morale — n'a-t-on pas accusé parfois ceux qui y recourent de se faire les complices des responsables des atteintes étudiées — ; elle s'insère dans une perspective de recherche qui vise à venir en aide non moins qu'à comprendre, à venir en aide en comprenant, et elle apparaît dès lors d'un point de vue éthique comme un véritable devoir.

### Limitations d'ordre épistémologique

Une troisième limitation est d'ordre épistémologique. La psychologie, comme toute science de la nature (ou de la culture, qui la prolonge), se donne pour objet d'étudier les phénomènes tels qu'ils se déroulent d'eux-mêmes. Or l'intervention expérimentale fait irruption dans ce déroulement, lui fait violence et crée à la limite un objet différent de celui qu'on se proposait d'étudier.

Ce problème n'a pas échappé aux physiciens eux-mêmes, mais on peut dire qu'il ne les a pas empêchés de poursuivre leur travail ; il les a plutôt conduits à ajuster en conséquence l'idée qu'ils se faisaient de leur démarche ; il les a amenés à réfléchir sur le statut épistémologique de leurs méthodes, non à les changer, moins encore à les abandonner. Le problème est demeuré aigu en psychologie. Le sujet, animal ou humain, ne devient-il pas un sujet artificiel dès l'instant où il franchit les portes du laboratoire ? Ne devient-il pas radicalement différent de celui que nous nous proposions d'étudier ? L'objection a été maintes fois soulevée, pour ce qui est de l'animal, par les éthologistes, et pour ce qui est de l'homme, par les psychologues cliniciens.

Les éthologistes se situent dans la tradition biologique, qui les habitue à envisager les êtres vivants par référence aux pressions sélectives du milieu, qui retient ou élimine, favorise ou exclut telle ou telle morphologie. Le comportement, qui est par essence interaction de l'organisme avec son environnement, ne peut se comprendre que si on l'observe là où il se déroule normalement, dans le milieu naturel. Cette insertion dans le milieu naturel est indispensable pour saisir les véritables structures et fonctions des conduites propres à chaque espèce animale. Pour peu que l'on s'en écarte, par exemple en transférant l'animal dans un zoo ou dans un laboratoire, les comportements deviendront anormaux et perdront leur signification adaptative. Il est clair que le milieu naturel fournit à des activités vitales comme la nidification, la reproduction, les soins aux jeunes, l'accouplement, la recherche de la nourriture, non pas un simple décor, mais un réseau de stimulations caractéristiques qui tantôt les déclenche, tantôt en régule le décours temporel, tantôt en assure le substrat matériel — telle espèce creuse un terrier (il y faut la terre), telle autre construit un nid de branchages (il y faut des fragments de végétaux), etc.

Les éthologistes donneront donc la préférence aux méthodes d'observation de terrain, et veilleront à perturber le moins possible par leur présence les animaux qu'ils regardent. Cependant, comme tout spécialiste d'une discipline qui se fonde exclusivement sur l'observation, ils viennent tôt ou tard à souhaiter expérimenter, pour trancher plus rapidement, ou avec plus de rigueur, un problème issu de l'observation. Une première voie se présente à eux, qui consiste à introduire la manipulation expérimentale dans le milieu naturel, en infligeant à celui-ci une distorsion minimale. Les travaux de von Frisch sur les communications chez les abeilles offrent des exemples classiques de cette expérimentation de terrain (voir encart 27). Cependant, cela n'est pas toujours réalisable, soit parce que l'équipement requis ne se prête pas à une installation dans le milieu naturel, ou que le plan d'expérience ne s'accommode pas des aléas de l'évolution des sujets dans leur environnement habituel. Faut-il alors renoncer à poursuivre, sous prétexte que l'on violerait un principe ? Un tel dogmatisme méthodologique serait évidemment ridicule, et les éthologistes n'hésitent pas à amener l'animal dans une situation expérimentale qui, selon les cas, sera une réplique acceptable du biotope ou l'ambiance aseptisée du laboratoire de psychophysiologie. Cette artificialisation plus ou moins poussée n'exclut nullement, comme le démontrent les recherches de l'éthologie contemporaine, les découvertes intéressantes, susceptibles, insistons-y, de résoudre des problèmes posés sur le terrain. Nous reviendrons plus loin sur les différentes perspectives dans l'étude du comportement des animaux (chap. XIV) et sur les rapports entre milieu naturel et milieu artificiel (chap. XVII).

L'objection du clinicien porte exclusivement sur le sujet humain, mais elle n'est pas dans son principe vraiment différente, à ceci près que l'écart entre la situation de laboratoire et la situation de vie réelle y est perçu en termes d'opposition entre simplification outrancière et complexité, plutôt que d'opposition entre artificiel-naturel. En effet, le milieu humain est si diversifié, si polymorphe, qu'on serait bien en peine de définir un milieu naturel. On doit concéder au clinicien, comme à l'étholo-

---

ENCART 27

*Une expérimentation sur le terrain*

Le démontage des mécanismes de communication de l'information chez les abeilles reste un exemple classique de l'expérimentation en milieu naturel. En aménageant les ruches pour permettre l'observation des éclaireuses, préalablement marquées, Karl von Frisch, puis son élève Martin Lindauer ont pu montrer la façon dont se code, dans l'activité motrice, les informations utiles aux compagnes ouvrières sur la direction et sur la distance d'une source de nourriture. Une danse circulaire, décrivant un cercle sur la surface des alvéoles, signale une source proche ; une danse dite frétillante correspond à une source éloignée. Dans cette danse, la direction, par rapport à la position du soleil, est indiquée par l'orientation prise par la messagère dans le plan du rayon d'alvéoles, ce qui suppose une transposition du plan horizontal au plan vertical, l'orientation vers le haut correspondant à la direction du soleil, et les écarts angulaires simulant des écarts comparables sur le terrain. La vitesse de la danse traduit la distance. Cette activité de l'éclaireuse déclenche une activité associée chez ses « interlocutrices », qui recueillent en outre des informations olfactives par frottement d'antennes.

Ces découvertes des éthologistes allemands sont classiquement invoquées dans les débats sur les systèmes de communication et les langages, et plus précisément sur la spécificité du langage humain. La danse des abeille présente en effet des propriétés intrigantes : elle est faite d'éléments codés, symboliques, qui fonctionnent comme des outils lexicaux ; elle porte sur des événements absents au moment où se tient l'échange d'informations. Il lui manque cependant d'autres caractéristiques du langage humain, et notamment la richesse combinatoire, qui autorise la construction d'énoncés nouveaux à l'infini. Elle montre néanmoins comment, chez d'autres espèces que la nôtre, et d'une manière plus locale, plus strictement liée à un contexte d'action, la nature a résolu le problème de la transmission de l'information entre congénères (voir HC., ch. IX).

giste, que certaines conduites ne se prêtent pas à une analyse en dehors des situations de vie habituelles et appellent par conséquent la mise en œuvre de techniques adéquates d'observation : ainsi la genèse de la communication non verbale puis verbale chez le jeune enfant est si subtilement intégrée dans le déroulement quotidien des interactions avec la mère à l'occasion de la toilette, des repas, des jeux, qu'il est vain de vouloir la saisir dans une situation de laboratoire. On concédera aussi que, dans certains cas, un certain état du sujet peut rendre infiniment difficile voire impossible la rupture momentanée avec le milieu habituel qu'exige une expérimentation, même limitée à un domaine très accessible du comportement. Voici un exemple, bien connu des psychologues de l'enfant qui sont amenés à étudier des bébés à l'époque (aux environs de huit mois) où se manifeste l'angoisse de séparation : le bébé a peur des étrangers et présente, en leur présence, une émotion si intense que toute expérimentation est impossible ; la présence de la mère ne suffit pas toujours à neutraliser la peur et de toute manière introduit dans la situation une variable perturbatrice. Ceci dit, il reste une infinité de problèmes de psychologie humaine où l'étude en laboratoire se révèle instructive, même décisive, et où, moyennant certaines précautions techniques et éthiques (voir chap. XV et XVII), l'extrapolation au milieu réel est parfaitement fondée. On ajoutera que le sujet humain, par sa bonne volonté et son aptitude à comprendre des consignes verbales, constitue à certains égards un sujet d'expérimentation idéal, véritable collaborateur parfois du psychologue, plutôt que sujet. Ceci entraîne des avantages et des inconvénients qui seront discutés plus loin.

## Causes et effets

La science opère sur le postulat de la causalité : les phénomènes de la nature n'obéissent pas au caprice, ils sont ordonnés et explicables par des relations de causes à effets. Les sciences psychologiques partagent ce postulat de base. Dans la mesure où l'on admet que les phénomènes, y compris les conduites ou pensées humaines, ont des causes, on adopte, d'une certaine manière, une position déterministe. Ce terme peut cependant revêtir des valeurs très différentes. En un sens strict, et caractéristique d'une conception très assurée de la science, qui prévalait notamment au XIX$^e$ siècle dans le sillage du positivisme, le déterminisme affirme que tout phénomène peut trouver son explication dans ses causes, et que celles-ci connues, il peut être, en principe, prédit et contrôlé. Cette conception repose sur une idée de la causalité très simplifiée par rapport à celle que s'en fait la science actuelle.

### De la causalité simple à la boucle rétroactive

Dans l'enthousiasme des travaux expérimentaux de jadis, on concevait volontiers la causalité comme un enchaînement simple de causes et d'effets, tout effet ayant sa cause, elle-même explicable par sa cause, et ainsi de suite. L'identification d'agents microbiens comme sources de maladies a contribué à conforter cette conception d'une causalité simple : la tuberculose a pour cause le bacille de Koch. Transposé dans l'univers psychologique, ce genre de proposition donnerait lieu, par exemple, aux énoncés suivants : la dépression a pour cause l'échec professionnel, ou la réussite scolaire a pour cause une bonne hérédité intellectuelle.

A examiner les choses de plus près, cette conception se révèle très vite insatisfaisante, car la causalité apparaît comme infiniment plus complexe. S'il reste vrai que la tuberculose implique toujours une attaque par le bacille de Koch, et que ce dernier constitue par conséquent une cause nécessaire, elle n'est pas pour autant cause suffisante. En effet, beaucoup de personnes ont pu être en contact avec le même agent microbien sans contracter la maladie. C'est donc que d'autres facteurs sont en jeu, que l'on identifiera par exemple dans le terrain, l'état de santé général, dans les conditions d'habitat, d'alimentation, de climat, etc.

Cette complication du tableau s'impose plus encore dans les exemples psychologiques. L'échec professionnel peut être l'une des causes de la dépression, mais il n'en est pas la cause nécessaire : des gens font une dépression alors qu'ils ne connaissent

> **ENCART 28**
> *Claude Bernard (1812-1878)*
> Le nom de Claude Bernard ne peut être passé sous silence lorsqu'on traite de causalité ou de méthode expérimentale dans les sciences du vivant. Venu à la célébrité mondiale en physiologie, après quelques vicissitudes personnelles, Claude Bernard a consacré sa carrière à la pratique et à la défense de la médecine expérimentale, combattant pour une recherche fondamentale qui éclaire la pratique clinique et rende la thérapeutique réellement efficace. Dans la mesure où la psychologie se borne souvent à reproduire, avec un décalage dans le temps, ce qui se passa en médecine, la leçon de Claude Bernard peut encore éclairer la réflexion des psychologues sur l'articulation de la recherche fondamentale à l'application (voir chap. XV). Son *Introduction à la médecine expérimentale* (Paris, 1965) reste une lecture obligée pour quiconque s'aventure dans les sciences de la vie.
> Sa démarche expérimentale portait sur des mécanismes physiologiques dont, de son temps, il était encore possible de rendre compte en examinant en succession l'effet d'une variable à la fois. D'où le concept d'une causalité, qui nous apparaît aujourd'hui simpliste, où à chaque cause correspond un effet, et à chaque effet une cause. La complexification de nos idées sur les relations causales ne doit pas masquer ce que cette formule comportait de positif quant à la rigueur de la recherche empirique et dans l'administration de la preuve.
> Ses travaux de physiologie devaient l'amener à préciser les notions de milieu intérieur et d'équilibre interne, qui préfigurent les théories homéostasiques de Cannon, dont se sont inspirés dans le second quart du $xx^e$ siècle les psychologues de la motivation, avec les théories basées sur la réduction du besoin.
> L'une des grandes découvertes de C. Bernard, qui le conduisit à cette conception, fut celle de la fonction glycogénique du foie : si l'organisme souffre d'une insuffisance d'apport de sucre extérieur, le foie assure une compensation de cette carence en modifiant ses fonctions métaboliques habituelles pour produire le sucre manquant.
> Claude Bernard appartient sans doute à la grande tradition scientifique française, marquée par le positivisme d'Auguste Comte, confiante dans le progrès de la science et dans son rôle dans le bonheur de l'humanité. Si les conceptions actuelles de la science sont moins optimistes qu'autrefois, il reste que les bénéfices de la science médicales qui sont à présent partie de notre vie quotidienne n'existeraient pas sans l'œuvre de Claude Bernard.

aucun échec professionnel, et d'autres qui en font l'expérience ne réagissent pas par une dépression ; celle-ci par ailleurs peut découler, comme une tuberculose, de l'association de plusieurs facteurs, tels l'épuisement physique, les difficultés relationnelles avec l'entourage familial, un deuil mal assumé, une altération de la chimie cérébrale. La réussite scolaire dépend peut-être jusqu'à un certain point du facteur héréditaire, mais celui-ci n'est pas une condition suffisante, et d'autres « causes » peuvent être invoquées et démontrées, renvoyant au milieu socioculturel, aux caractéristiques de l'institution, des enseignants, des méthodes didactiques, aux relations sociales avec les compagnons de classe, etc.

De la relation de causalité simple liant un effet à sa cause, on en vient donc à un tableau plus complexe, où les causes sont multiples, et peuvent se trouver en interaction : leur combinaison ne se ramène pas à une simple addition des causes prises isolément.

L'ensemble des causes à prendre en considération peut se révéler si riche et si complexe qu'il n'est plus possible d'assigner à chacune d'elles son poids précis, non plus que de caractériser son importance particulière dans un cas individuel. Les relations de cause à effet ne peuvent plus s'exprimer que de façon probabiliste, et il en va de même pour les prédictions. L'estimation des risques divers par les compagnies d'assurance se fonde sur ce type de modèle. Quantité de phénomènes auxquels s'intéresse le psychologue ne se laissent saisir que de cette façon. Revenant à l'exemple de la dépression, il est possible, du moins en principe, d'identifier tous les facteurs qui prédisposent à la dépression et qui la déclenchent, et d'en tirer des conclusions du type « un Français sur cinq est exposé à faire dans sa vie un épisode dépressif », mais nul ne se hasardera à prédire à tel individu X qu'il fera une dépression à tel moment de son existence.

La notion de causalité s'est encore enrichie du concept central dans toutes les sciences du vivant de causalité rétroactive, ou feed-back. La boucle rétroactive se rencontre, en technologie, dans les dispositifs dits autorégulés étudiés par la cybernétique. De tels dispositifs, appelés encore servomécanismes, sont construits de telle sorte que leur fonctionnement soit soumis aux résultats de ce fonctionnement même. L'exemple familier à tous, et le plus simple, est le thermostat d'ambiance, dont le capteur de température déclenche l'arrêt de l'appareil producteur de chaleur dès qu'une température déterminée est atteinte. Les effets réagissent ici sur leur cause dans une boucle rétroactive. Ce schéma est quasi omniprésent dans les systèmes biologiques. La notion d'homéostasie proposée par Cannon en physiologie en fournit une illustration classique : l'organisme est conçu comme une machinerie dont les activités entraînent des dépenses d'énergie qui, une fois atteint un certain niveau de déficit, déclenchent des signaux d'alarme provoquant à leur tour des activités visant à rétablir l'équilibre rompu. Transposé à l'organisation des comportements, ce modèle s'applique à la mise en œuvre de toutes les conduites destinées à combler un besoin biologique, à satisfaire la faim, la soif, la pulsion sexuelle. Le besoin satisfait, une information en feed-back met normalement fin aux comportements qui visaient à le combler. Dans un tout autre contexte, on rencontrera la boucle en feed-back dans des activités cognitives lorsque, par exemple, le sujet d'une expérience d'apprentissage verbal ou moteur recevra une information en retour à chaque étape de sa performance. Celle-ci permettra éventuellement (mais non toujours) de mieux ajuster la suite de l'action (voir encart 35).

Les questions de causalité prennent encore une autre tournure dans le cadre des conceptions évolutionnistes en biologie, conceptions qui se sont largement répandues dans la pensée psychologique moderne. La transformation des formes vivantes, l'émergence d'espèces nouvelles trouve son explication dans le jeu de la sélection qu'exercent les facteurs de milieu sur les variations du matériau génétique, variations dues aux mutations et aux recombinaisons au sein d'une population à travers la reproduction sexuée. Les facteurs de milieu ne provoquent donc pas les changements, ils se bornent à opérer des tris. Ce modèle de causalité a été repris en psychologie dans l'explication du développement cognitif par Piaget, de l'apprentissage individuel par Skinner, et en histoire des sciences pour expliquer la constitution du savoir scientifique par Popper (voir encart 14, p. 198, et chap. XIV).

## Causalité vers le bas et causalité vers le haut

Il est un autre débat, autour de la notion de causalité, que le psychologue ne peut éluder. Une certaine vue réductionniste, héritée elle aussi du positivisme, tend à rechercher la cause des phénomènes complexes dans les plus simples, et à ramener les observations faites à un certain niveau à des explications par ce qui se passe au niveau inférieur. Cette vue trouve naturellement ses arguments dans la découverte de ce que le vivant est fait de matière, analysable dans les termes de la chimie, et en dernier ressort dans ceux de la physique. Il reste que les organismes vivants en se complexifiant développent des structures présentant une organisation hiérarchisée (l'ensemble des muscles et viscères d'un mammifère se trouve sous commande d'un système nerveux central) et des fonctions cognitives singulièrement distinctes de leurs supports anatomiques, même si elles en dépendent encore étroitement (l'usage des symboles et des langues naturelles ne se produit pas sans cerveau, mais il est permis de l'analyser à son niveau propre). Ces niveaux « supérieurs » n'apparaissent plus aujourd'hui comme de simples épiphénomènes, comme des dérivés de la chimie organique, dotés de leurs causes mais dénués d'effets. Ils sont au contraire souvent tenus pour responsables de certains aspects du fonctionnement des niveaux inférieurs, ou plus strictement « organiques ». Tous les cancérologues admettent aujourd'hui que les conditions psychologiques, et notamment les représentations que le patient se fait de sa maladie et de ses chances de guérir, constituent un facteur important dans le pronostic. A côté de la causalité du bas vers le haut, *bottom-up causation*, correspondant à des déterminismes à partir des événements physico-chimiques vers les événements psychologiques, à partir des événements périphériques vers les événements centraux, on admet des causalités du haut vers le bas, *top-down causation*, en sens opposé. L'organisation perceptive en fournit des exemples aussi frappants que convaincants.

Notre œil perçoit comme uniforme une surface garnie de points minuscules juxtaposés, qu'il ne discrimine plus les uns des autres, au-delà d'une certaine densité. La gravure jadis, la télévision aujourd'hui exploitent cette propriété essentiellement périphérique de notre système visuel : l'image sur écran est constituée d'une quantité de petits points lumineux que nous percevons comme des plages colorées homogènes. Le niveau périphérique détermine le niveau supérieur d'intégration *(bottom-up)*. Par contre, si l'on nous montre un visage en creux, nous le percevons comme s'il était en relief. Notre habitude des visages est si forte que nous redressons spontanément — et même si nous « savons » qu'il s'agit d'un masque en creux — le stimulus « contre-nature » (l'habitude étant ici la nature, comme le soulignait Pascal). Le niveau supérieur, cognitif, élaboré par l'expérience, détermine l'organisation perceptive *(top-down)*.

## L'observateur observé

Le psychologue qui étudie les conduites de ses semblables se heurte à la difficulté très particulière d'appartenir à la même espèce que l'objet de son étude. Les traits du physique et de la personnalité de l'astronome, du chimiste ou du botaniste n'ont pas d'importance pour son travail scientifique. Il n'en va pas de même, malheureusement, pour le psychologue. Qu'il observe ou expérimente, et *a fortiori* qu'il interagisse avec autrui dans une activité clinique ou une situation d'entreprise, sa personne constitue un ensemble de variables de nature à se répercuter sur ses données ou sur les résultats de son action. Les seuls traits physiques, taille, apparence du visage, timbre de la voix, peuvent influencer les réactions des sujets, constituant tantôt un avantage dans l'installation d'un climat favorable au but poursuivi, tantôt un handicap, dans les deux cas un biais. Un enfant soumis à une expérience pourra se trouver bloqué par l'aspect physique d'un expérimentateur de grande taille aux sourcils broussailleux et à la moustache de hussard, et au contraire mis en confiance par la seule apparence extérieure d'une expérimentatrice au visage ouvert. Les caractéristiques psychologiques ont des effets plus déterminants et plus subtils encore. La personne qui observe ou expérimente est perçue, qu'elle le veuille ou non, comme ayant un certain statut, jouant un certain rôle : le sujet la verra comme un supérieur, un enquêteur, un allié ou un adversaire, un juge, un examinateur se délectant des erreurs de ses sujets.

De son côté l'observateur a sa propre perception de ses sujets et ses propres anticipations, ses propres attentes sur leurs comportements. Elles sont le plus souvent inconscientes et par conséquent d'autant plus difficiles à contrôler et à neutraliser. Or elles peuvent peser très fort sur les résultats de l'expérience ou de l'observation. Ces distorsions ou biais liés aux attentes du chercheur sont souvent désignées « effet Rosenthal », du nom d'un chercheur qui les étudia en détail dans les années 1960. Il les mit en évidence, ce qui montre bien leur importance, même dans des expériences sur des animaux. Dans l'une de celles-ci, des étudiants de travaux pratiques en psychologie expérimentale se virent invités à étudier les performances de rats dans un labyrinthe. Ils furent prévenus cependant de ce que les rats appartenaient à deux souches contrastées, élevées à partir des expériences de Tryon, qui avait procédé à des croisements sélectifs d'une part des animaux qui excellaient dans le parcours d'un labyrinthe, d'autre part de ceux qui fournissaient les résultats les plus médiocres. Cette expérience classique de génétique du comportement avait donc abouti à la création de deux souches, l'une de rats « intelligents » (du moins pour ce qui est du parcours en labyrinthe), l'autre de rats « bêtes ». Les sujets confiés aux étudiants de Rosenthal furent donc clairement étiquetés. Les résultats obtenus confirmèrent significativement l'appartenance à l'une des deux souches, confirmant donc les critères de la sélection opérée par Tryon. Mais voilà ! en réalité, les animaux ne provenaient pas du tout des élevages sélectifs de Tryon, ils appartenaient à la population mélangée de l'animalerie du département et s'étaient vu attribuer leur étiquette au hasard ! Cela avait suffit pour créer chez les expérimentateurs certaines attentes que les résultats confirmèrent. Comment, s'agissant, de plus, d'animaux, expliquer cette influence ? On pourrait d'abord songer à une simple fraude, les étudiants maquillant leurs résultats pour qu'ils correspondent à ce que leur professeur aurait normalement attendu si l'expérience n'avait été truquée. On voit comment les attentes peuvent s'enchevêtrer ! On peut aussi invoquer une distorsion, peut-être naïve et de bonne foi, des observations de sorte que les résultats aillent dans le sens attendu. Mais la mesure des performances dans un labyrinthe sont relativement objectives et se prêtent mal à ce genre d'erreur. Plus vraisemblablement, les attentes des étudiants vis-à-vis de leurs sujets ont influencé les comportements de ceux-ci : admettons que, nous approchant souvent des animaux avec nos préjugés humains, avertis de ce que nous avons affaire à un animal intelligent ou bête, nous aborderons le premier avec confiance (entre gens intelligents, on peut s'entendre !), les seconds avec méfiance, donc avec crispation (que peut-on attendre de ces idiots !). Il n'en faut pas plus, comme le savent les amateurs de chiens ou de chevaux aussi bien que les chercheurs travaillant sur l'animal, pour susciter chez les sujets des réactions émotionnelles influençant les performances. On peut imaginer, pour faire simple, que les rats tenus pour idiots avaient été stressés par des étudiants méfiants, et par conséquents avaient parcouru le labyrinthe dans un état d'émotion défavorable à la réussite. Il s'établit entre l'homme et l'animal des rapports de tension, d'agression non manifeste, ou au contraire de connivence, dont l'exemple le plus célèbre dans les annales de la psychologie est celui de cheval savant Hans (encart 29).

Ce qui vaut pour les interactions avec des sujets animaux est évidemment plus aigu s'agissant de sujets humains. Il ne se limite pas à la situation de recherche : il est au contraire plus important, et plus difficile à résoudre, dans les interventions pratiques de la psychologie appliquée. Partout, la personnalité de

---

ENCART 29

*Hans, le cheval savant : une leçon de méthodologie*

Au début de ce siècle, la presse berlinoise se fit l'écho des prouesses intellectuelles d'un cheval appartenant à un certain Herr von Osten. L'animal témoignait d'une compétence surprenante en arithmétique. A des additions ou des soustractions posées au tableau noir par son maître il donnait la réponse correcte, non bien sûr en l'écrivant à la craie, mais en martelant le sol du nombre approprié de coups de sabot. Des experts furent commis afin de vérifier le prodige ou de démasquer la supercherie. Parmi eux, un directeur de cirque, un dresseur de chevaux, et des savants réputés, le D$^r$ Heinroth, directeur du zoo de Berlin, et le D$^r$ Stumpf, professeur de psychologie (voir p. 172). Ils conclurent à l'honnêteté du maître et au génie de l'animal. Ils écartèrent le recours à des indices intentionnels ou involontaires dans le chef du premier.

Un étudiant de Stumpf, Oskar Pfungst, poussa cependant l'enquête plus avant. Il contrôla les performances en l'absence du maître, mélangeant des essais dont l' « interrogateur » présent ignorait la réponse à des essais dont il connaissait la réponse. Les premiers ne donnèrent lieu qu'à 10 % de réponses correctes, contre 90 pour les seconds. Soupçonnant des indices subtils, Pfungst les décela non en cours de présentation de la question mais en cours de réponse, sous forme d'un léger mouvement de redressement de la tête lors du coup de sabot complétant correctement le nombre attendu. Le cheval ramenait alors le sabot au repos, avec un délai correspondant au temps de réaction simple. D'autres indices — respiration, sourcils —, à peine perceptibles et passés inaperçus aux yeux des experts, pouvaient intervenir conjointement. A titre de contrôle supplémentaire, Pfungst produisit intentionnellement ces indices, avec plein succès. Il reproduisit un scénario voisin en laboratoire en prenant la place du cheval et donna l'illusion d'un phénomène de télépathie en devinant le nombre que son « montreur » avait dans la tête ! Le maître avait pourtant été de bonne foi. Il était instituteur retraité, convaincu de la toute-puissance de l'éducation...

l'expérimentateur, avec ses caractéristiques physiques et psychologiques propres, avec ses propres attentes conscientes et inconscientes, intervient à titre de variable qu'il faudrait idéalement contrôler.

Une première précaution pour se prémunir contre ces biais consiste à en neutraliser au maximum les sources en adoptant une procédure absolument rigide, strictement observée par le chercheur : si des consignes sont fournies au sujet, elles le seront en des formules claires n'appelant normalement aucune question de la part des sujets ; tous les détails de l'accueil du sujet, de sa mise en confiance, des instructions qui lui sont données, des interventions en cours d'expérience, etc., seront soigneusement codifiés d'avance.

Une seconde précaution, plus difficile à respecter, consistera à contrôler toute réaction émotionnelle ou affective dans le chef de l'expérimentateur qui pourrait être interprétée par le sujet comme signe d'approbation ou comme sanction, à moins de prévoir systématiquement pour les besoins de l'expérience de telles manifestations (par exemple dans des cas où l'on vise précisément à étudier l'effet de l'approbation ou de la désapprobation sur les performances). Ce contrôle de tous les indices gestuels, mimiques, vocaux ayant valeur de communication ne s'obtient qu'au terme d'un long entraînement, où continue à tenir sa place l'imitation par l'apprenti chercheur d'une personne déjà rompue à cette rigueur, enrichie éventuellement par les apports de l'autoscopie. Celle-ci consiste à amener le chercheur (ou, dans un autre contexte, le futur praticien) à analyser son propre comportement enregistré sur bande vidéo en cours d'expérience ou d'intervention ; il faut savoir que cette analyse porte sur des manifestations observables intimement liées à des aspects profonds de la personnalité, et qu'il convient de n'y procéder qu'en demeurant attentif à la possible fragilité du candidat chercheur ou praticien. On signalera au passage que l'autoscopie trouve également sa place, avec les mêmes recommandations déontologiques, dans la formation des enseignants et du personnel d'entreprise.

On peut tourner la difficulté en isolant le sujet, une fois les consignes données, dans un compartiment d'expérience, voire en lui fournissant les consignes par la voix d'un haut-parleur, et en automatisant l'ensemble de la procédure expérimentale. A la limite, dans certains cas, on ira jusqu'à laisser au sujet le soin de découvrir par lui-même ce qu'on attend de lui, comme font généralement les animaux placés en situation expérimentale auxquels il n'est évidemment pas question de donner des instructions verbales. On souhaitera cependant, le plus souvent, garder accès, au moins visuel, au sujet en cours d'expérience, par l'intermédiaire d'un dispositif quelconque d'observation à sens unique, permettant d'observer sans être vu (il existe à cette fin divers procédés de vitrage spéciaux) ; cette procédure soulève d'ailleurs quelques questions d'éthique qui seront évoquées plus loin (voir chap. XVII).

L'isolement du sujet n'est évidemment pas une solution généralisable. S'il est banalement réalisable pour des expériences courantes sur la perception ou la mémoire, par exemple, avec des sujets volontaires auxquels on explique aisément l'avantage de cette procédure, il est souvent exclu pour des raisons tenant à la nature même de l'expérience entreprise. Ainsi l'étude des capacités cognitives de l'enfant dans la perspective mise en honneur par l'école genevoise implique une interaction vivante entre expérimentateur et sujet (voir encart 30). Dans d'autre cas, l'isolement du sujet risque d'entraîner des perturbations affectives qui rendraient caduques les observations : il n'est guère recommandé, sauf à s'octroyer le luxe d'une patiente familiarisation avec la situation dans un contexte quotidien naturel, d'isoler un jeune enfant de la présence d'un adulte ou d'un partenaire ; il est parfois impossible de l'isoler de sa mère (ainsi beaucoup d'enfants manifestent, au cours d'une période située dans la seconde moitié de la première année, une véritable angoisse de la séparation).

> L'effet Rosenthal intervient, non seulement dans les situations expérimentales mettant en cause des sujets animaux ou humains, mais dans des situations d'intervention pratique, particulièrement dans le contexte de la clinique psychologique, et plus largement dans celui de l'enseignement. Les spécialistes de l'éducation l'ont abondamment analysé sous le nom d'effet Pygmalion — allusion à la pièce de Bernard Shaw, où un professeur de linguistique entreprend la métamorphose d'une jeune fille de milieu populaire en une dame de bonne société. Les attentes d'un enseignant vis-à-vis de ses élèves entachent presque immanquablement son évaluation de chacun d'eux, non pas nécessairement par une distorsion de son

ENCART 30

*Méthode d'exploration critique*

La méthode d'exploration critique est une stratégie expérimentale mise en honneur par Piaget et l'école genevoise dans l'étude du développement cognitif. Jadis appelée méthode clinique, elle a été rebaptisée, le terme clinique entraînant de multiples confusions avec les méthodes en usage en psychologie appliquée ou avec les approches privilégiant l'étude de l'individu dans sa globalité. Elle s'écarte à plus d'un titre des canons habituels de l'expérimentation de laboratoire, ce qui n'enlève rien à sa fécondité ni à son véritable esprit expérimental.

L'épreuve classique de la conservation du nombre nous fournit un exemple simple. Le sujet en est un enfant de quatre ans. On l'invite à fournir un nombre d'éléments, des fourchettes par exemple, égal au nombre d'une rangée modèle de couteaux étalés devant l'expérimentateur. L'enfant vérifie aisément l'égalité en constatant la correspondance terme à terme entre les deux rangées. L'expérimentateur modifie alors la configuration de sa propre rangée en augmentant ou en réduisant l'espace entre les éléments et demande à l'enfant s'ils « ont encore chacun la même chose, ou si l'un a plus ou moins que l'autre ». L'enfant de quatre ans, qui n'a généralement pas maîtrisé la conservation du nombre, répondra qu'il a plus, ou qu'il a moins, parce que sa rangée occupe plus ou moins de place (le raisonnement pouvant d'ailleurs aller indifféremment dans les deux sens : la rangée occupant le plus d'espace peut être perçue comme ayant « plus » parce que plus longue, ou « moins » parce que moins dense). L'expérimentateur, selon les réponses de l'enfant, modifiera la disposition, puis la nature des objets afin de bien cerner les arguments invoqués, leur résistance aux contre-suggestions, leur généralisation à des ensembles différents — tels des jetons par opposition à des objets habituellement appariés comme des couverts de table.

Les interventions de l'expérimentateur ne sont pas strictement définies à l'avance : elles s'ajustent aux réactions de l'enfant, tantôt pour en préciser le sens ambigu, tantôt pour en recueillir les justifications, tantôt pour en éprouver la solidité face à des arguments prêtés à un autre enfant. On devine ce qu'a de délicat la conduite d'un tel entretien, dont les détails ne sont pas strictement codifiés. C'est peut-être pourquoi son apprentissage est resté longtemps artisanal dans le cadre de l'école genevoise. Bien appliquée, la méthode a fait ses preuves, car les principaux résultats se sont généralement montrés reproductibles. De plus, ce qu'elle nous a appris sur le fonctionnement de l'intelligence au cours du développement est sans commune mesure avec ce que nous ont appris, par exemple, les résultats des tests mentaux appliqués dans une perspective psychométrique (lesquels ont certes des assises méthodologiques légitimes par rapport à une finalité très différente). S'agissant des conduites intelligentes, il y a plus d'enseignements à tirer, naturellement, d'une analyse minutieuse des tâtonnements du sujet, de ses corrections et régulations, de son activité réflexive sur ses propres cheminements que de l'enregistrement d'une performance en son aboutissement.

jugement au moment de décider des notes, mais plus subtilement en infléchissant ses propres comportements en classe dans un sens qui donne aux meilleurs des occasions plus nombreuses d'exhiber leurs savoirs et leurs qualités et laisse les moins bons à leur médiocrité. Des aspects très simples de l'interaction maître-élèves permettent de déceler les mécanismes de cet engrenage : si le maître interroge l'un des élèves qui lèvent spontanément le doigt à la suite d'une question, et félicite pour la bonne réponse tout en sanctionnant la mauvaise, il ne court guère le risque de cerner les incompréhensions ou les ignorances de ceux qui, très vite, renoncent à se manifester ; les quelques élèves qui fournissent les bonnes réponses se trouvent récompensés, et monopolisent bientôt leur privilège de bons élèves, d'autant plus qu'un enseignant est normalement lui-même plus sensible aux bonnes réponses qu'il interprète comme des signes de son succès.

La seule connaissance des résultats antérieurs des élèves peut entraîner des attentes que le comportement de l'enseignant conduira, en toute bonne foi et inconscience, à confirmer.

# XI. Hypothèses, modèles et théories

**Ascèse et aventure**

*Eloge de la sérendipité*

Si nous avons traité d'observation et d'expérimentation, d'exploration du réel, comme de démarches essentielles dans une science empirique telle que la psychologie, il convient de ne pas se méprendre en imaginant que cette étape est préalable à tout exercice théorique, ou qu'elle soit jamais totalement ingénue, libre de toute idée préconçue (le terme étant ici dénué de toute connotation péjorative). L'homme de science qui entreprend une observation ou une expérience cherche toujours à répondre à une question. Celle-ci peut être extrêmement simple, et se ramener à une exploration aussi naïve que possible du réel : « Que se passe-t-il si l'on fait ceci ou cela ? » Il s'agit déjà, si l'on veut, d'une hypothèse, mais formulée de façon très rudimentaire. Elle conduit à l'expérience pour voir, où le chercheur n'est pas guidé par une vue théorique cohérente et complexe, mais par une curiosité que l'on pourrait comparer à une sorte de flânerie scientifique.

Ce genre d'expérience pour voir n'est nullement inutile, même si les travaux modernes des logiciens et philosophes des sciences ont communiqué aux chercheurs l'obsession plus ambitieuse de l'expérience cruciale venant confirmer ou mieux encore infirmer d'un seul coup une construction théorique. Au contraire, par leurs liens relativement insignifiants avec les hypothèses favorites du moment — les paradigmes de Kuhn (encart 31), les expériences pour voir jouent un rôle capital d'ouverture des frontières admises dans un domaine de la science. Ne s'y engagent généralement que les esprits indifférents aux systématisations théoriques en vogue et qui abordent la nature avec une curiosité éternellement naïve, qui admettent que des territoires entiers du réel restent à découvrir et qu'il faut s'y aventurer sans y amener les présupposés théoriques que l'on s'est forgés dans des territoires mieux connus. Peu leur importe que les résultats des expériences aillent dans un sens ou dans un autre : ils n'ont au départ aucune préférence, aucune attente. Ils ne sont donc jamais frustrés par des résultats négatifs.

---

ENCART 31

Thomas Kuhn (né en 1922), historien et philosophe des sciences, doit sa notoriété, en dehors du cercle des spécialistes de l'histoire des sciences, à son ouvrage sur *La structure des révolutions scientifiques* (1962, trad. franç. 1970, Paris, Flammarion) où il développe le concept de paradigme dans la dynamique historique des sciences. S'écartant des conceptions évolutionnistes de Popper (voir encart 14), il en propose une vision beaucoup plus chaotique. Un paradigme est une conception dominante dans un champ du savoir, par exemple la physique, à laquelle se rallie la communauté scientifique à un moment donné. Il est fait évidemment d'un ensemble cohérent de faits et d'interprétations théoriques, consolidé par des facteurs extra-scientifiques, et notamment ceux qui ressortissent à la sociologie de la science — installation dans les postes clés de savants adhérant au paradigme en cause, financement privilégié de la recherche, etc. La mécanique newtonienne a longtemps été le paradigme de la physique, jusqu'à son ébranlement vers la fin du $XIX^e$ siècle par les nouvelles conceptions en thermodynamique et par la théorie de la relativité.

Les paradigmes ne se muent pas spontanément, pour Kuhn, en paradigmes modifiés ou différents, comme les espèces succèdent aux autres dans l'évolution. Ils sont pour ainsi dire renversés, à la manière des gouvernements dans les révolutions, par l'œuvre de scientifiques marginaux, souvent poursuivie pendant un certain temps sans le soutien de la communauté scientifique, parfois rejetée par elle. Prise à la lettre, la thèse de Kuhn ne rend pas compte de l'accroissement cumulatif des savoirs scientifiques. Elle a séduit cependant, particulièrement dans les sciences humaines et en psychologie, qui se sont reconnues dans cette description de leur propre cheminement, où aujourd'hui encore les scientifiques s'identifient fortement au modèle théorique auquel ils adhèrent. On rencontre fréquemment la notion de paradigme à propos de la révolution behavioriste, ou de la révolution cognitiviste (voir encart 19).

Les amateurs d'expérience pour voir constituent ainsi, en quelque sorte, un contingent de marginaux qui préparent les renouvellements, les mutations méthodologiques et théoriques qui jalonnent l'histoire des sciences. Il faut craindre que l'organisation contemporaine de la recherche qui impose au chercheur une planification détaillée de ses intentions pour plusieurs années d'avance sous peine de se voir refuser toute ressource, n'entraîne peu à peu la disparition des expériences pour voir, et, avec elles, d'un aspect de la curiosité scientifique dont il est difficile de mesurer l'incidence, mais qui semble à l'origine de bon nombre de découvertes. On désigne souvent cette réceptivité à l'inattendu, cette disponibilité curieuse du terme sérendipité, transposé de l'anglais *serendipity*.

Tout bon expérimentateur, quelque précision qu'il ait mise à prévoir la suite de ses démarches, doit être ouvert aux imprévus, et prêt à orienter sa recherche dans une direction nouvelle, parfois très différente de celle qu'il s'était d'abord tracée. Cette disponibilité est souvent plus décisive que le respect scrupuleux des règles de procédure que décrivent abondamment les manuels de méthode expérimentale, et qui laissent à penser au débutant qu'il suffit de s'y soumettre pour faire de la bonne recherche. Dans la pratique du laboratoire l'expérience se présente comme une aventure, dont l'aboutissement est parfois à mille lieux de ce que l'on attendait. Il ne manque pas d'exemples, dans l'histoire de la psychologie, de découvertes qui eurent pour origine un incident dans le cours normal de l'expérimentation, un accident accessoire dans le plan établi, ou simplement l'attention prêtée à un phénomène qui n'avait jusque-là frappé personne.

### Salivation psychique et centre du plaisir

C'est de cette manière que Pavlov découvrit le conditionnement.

> Déjà connu mondialement pour ses travaux sur la physiologie de la digestion, Pavlov eut l'attention attirée par un fait banal, mais auquel personne avant lui n'avait attaché d'importance. Ses chiens d'expérience se mettaient à saliver avant même que la nourriture

ait été placée dans la bouche, lorsque les pas du préparateur qui l'apportait se faisaient entendre dans le couloir. Cette activation prématurée des glandes salivaires constituait un incident fâcheux pour un physiologiste de la digestion, et le premier mouvement l'eut normalement poussé à s'en débarrasser. Pavlov aurait pu, par exemple, faire déposer la nourriture à portée de main dans la salle d'expérience avant d'y introduire le sujet, ou encore munir les pieds de son préparateur de chaussons silencieux. Il sut saisir, au contraire, la signification du phénomène — véritable « salivation psychique » comme il l'appela — et sa carrière de chercheur prit une direction nouvelle. Bien que lauréat du prix Nobel au début du siècle pour ses travaux sur la digestion, il est connu aujourd'hui essentiellement pour ses recherches sur le conditionnement et l'un des auteurs les plus cités des manuels de psychologie (voir p. 176 sq.).

Dans d'autres cas, une malchance ou une erreur est à la source d'une découverte. Un exemple classique en psychologie est celui de la découverte de l'autostimulation cérébrale par Olds et Milner en 1953. Olds étudiait, sur des rats munis d'électrodes cérébrales implantées chroniquement et reliées à un stimulateur, l'effet d'une stimulation électrique d'une région cérébrale sur le comportement moteur renforcé par la nourriture. Malgré la précision de la localisation des électrodes, déjà remarquable à l'époque à l'aide des appareils stéréotaxiques, des erreurs étaient possibles. Olds, qui visait la formation réticulée du tronc cérébral dont la fonction activatrice faisait l'objet de nombreuses recherches, commit une erreur de 4 mm. Le rat, stimulé au cours d'une déambulation libre, manifesta une tendance à retourner à l'endroit où il avait été stimulé. Le phénomène intrigua Olds, qui chercha à le reproduire, et établit bientôt le caractère renforçant de la stimulation électrique dans certaines régions cérébrales : l'animal apprend à produire un comportement — appuyer sur un levier, franchir un obstacle, etc. — pour obtenir la stimulation. Cette découverte des « centres du plaisir », fruit d'une erreur, fut à la source de multiples recherches sur les aspects neurophysiologiques des systèmes motivationnels et de renouvellements théoriques en psychologie des motivations.

Il ne suffit pas, évidemment, d'accumuler les négligences pour faire de grandes découvertes ! La réceptivité aux imprévus ne dispense pas de la rigueur, elle la complète. Si nous en avons souligné l'importance, c'est pour ôter de l'esprit l'idée que l'expérimentation se ramène à une routine asséchante, s'opposant au contact toujours rafraîchissant avec le sujet individuel de l'approche clinique, par exemple l'idée que d'un côté se trouve l'austérité de la science, de l'autre le charme de l'art. La science est création, et en cela participe des mêmes sources que l'art, et comme lui fait surgir la nouveauté à travers la maîtrise rigoureuse d'un matériau et de l'outil.

---

ENCART 32

Ivan Petrovitch Pavlov (1849-1936), physiologiste russe, formé auprès des maîtres de la physiologie allemande, consacra la première et déjà brillante partie de sa carrière à l'étude du système digestif, où il s'illustra par l'élégance de ses préparations d'animaux munis de fistules chirurgicalement installées à demeure laissant par ailleurs l'animal intact, en conditions de vie normale. Ayant réorienté ses travaux, comme l'indique le récit de sa découverte de la salivation « psychique », vers les processus de conditionnement, il ne cessa jamais de se considérer comme un physiologiste étudiant le fonctionnement du système nerveux central. Ses méthodes cependant furent, mise à part l'installation des fistules salivaires, exclusivement comportementales, ce qui justifie qu'on le considère comme l'un des maîtres de la psychologie du xx$^e$ siècle. Ses études sur le conditionnement rassemblées dans son ouvrage de 1927, *Leçons sur l'activité nerveuse supérieure*, devaient le conduire à s'interroger sur la psychopathologie, à élaborer une typologie, à explorer les liens entre viscères et contrôles corticaux supérieurs, enfin à chercher les rapports entre mécanismes associatifs présents chez l'animal et langage, spécifique à l'homme, qu'il aborda sous les termes « second système de signalisation ».

Si l'on en a corrigé des détails et dépassé certaines interprétations théoriques, les données accumulées par Pavlov constituent encore aujourd'hui une base importante de la psychologie de l'apprentissage.

---

## L'élaboration de l'hypothèse

Revenons à l'hypothèse. Le plus souvent, elle prend une forme plus élaborée que dans les expériences pour voir. Elle articule en une proposition ou une série de propositions cohérentes des données déjà connues et en déduit par le raisonnement certaines conséquences qu'il s'agit de vérifier. Elle pose entre les phénomènes certaines relations qu'il s'agit de démontrer.

Le degré d'élaboration de l'hypothèse peut être extrêmement variable. Selon le cas, l'hypothèse portera sur un champ limité et bien circonscrit ou sur un ensemble théorique très vaste. Elle n'aura d'intérêt que si l'on peut aisément en transposer les termes dans la réalité concrète, c'est-à-dire s'ils se laissent traduire en variables indépendantes et dépendantes observables, contrôlables et si possible mesurables. Ceci sera naturellement plus facile pour les hypothèses limitées que pour les propositions très ambitieuses.

Ainsi, on peut se demander quel niveau de bruit empêcherait l'intelligibilité d'une conversation normale, l'écoute des émissions de radio, la perception de la sonnerie d'entrée dans une ambiance domestique. Ce genre de question peut être posée à des fins tout à fait pratiques par un fabricant d'appareils électro-ménagers soucieux de maintenir le bruit de ses réfrigérateurs ou de ses ventilateurs à un niveau compatible avec le confort. Il peut d'ailleurs s'enquérir, indépendamment des risques de masquage des informations sonores, de la tolérance/confort du sujet moyen au bruit des appareils. Il n'est pas difficile de transposer ces questions en situations expérimentales, la première sur le modèle des expériences classiques en matière de masquage perceptif, la seconde en soumettant les sujets à un questionnaire, ou en objectivant leurs réactions attentionnelles et émotionnelles à différents niveaux de bruit. La réalisation de ces expériences sera affaire de précision technique, sans plus.

Il sera beaucoup plus difficile de transposer en expérience l'hypothèse selon laquelle le développement intellectuel de l'enfant se ferait à travers une succession obligée d'étapes où l'on pourrait reconnaître des jalons privilégiés, des « paliers d'équilibre ». On reconnaît là l'une des hypothèses de la théorie de Piaget (voir *HD*). La notion de palier d'équilibre est beaucoup moins aisée à transposer dans des opérations expérimentales concluantes que celle de masquage sonore ou de tolérance au bruit. En outre, le choix des situations que l'on décidera de prendre comme révélatrices du développement cognitif est pratiquement infini, et l'on doit admettre qu'un choix différent pourrait déboucher sur des conclusions différentes.

Il n'y a pas de relation entre le degré d'élaboration de l'hypothèse et l'intérêt de l'expérience qui en découle. Une hypothèse très compliquée peut aboutir à des résultats insignifiants, comme une hypothèse aux termes très simples peut déboucher sur des faits d'une grande portée.

## Statut et rôle des théories

### Synthèse de la vérité ou systématisation du doute

L'hypothèse se rattache le plus souvent à un ensemble plus vaste, à une théorie. Il importe de nous arrêter un instant sur ce que sont les théories scientifiques, et sur leur rôle dans la recherche des données empiriques. Pour Claude Bernard, une théorie n'était qu'une hypothèse vérifiée par un nombre plus ou moins considérable de faits. Ce qui revient à dire qu'elle est une proposition ou un ensemble de propositions sur le réel qui n'a pas encore été pris en défaut. Elle est un discours cohérent, une formulation de relations entre phénomènes, s'appuyant sur les faits connus et qu'aucun fait connu ne contredit.

> Cette conception de la théorie scientifique repose sur la conviction que la science se construit par un processus d'induction à partir des faits, lesquels, une fois établis, s'imposent sans équivoque, et imposeraient le cadre théorique où les inscrire. Cet inductionnisme radical, ou ingénu, se heurte à des difficultés logiques et à des objections historiques ou psychologiques qui n'ont pas cessé d'occuper les philosophes des sciences. L'objection majeure vient de ce que les faits d'observation ou les faits expérimentaux ne sont jamais neutres, en ce sens qu'ils ne sont jamais établis dans un vide théorique. Ils sont toujours recherchés et recueillis par un scientifique doté de sa propre histoire, à un moment particulier de l'évolution de sa propre culture, et par là immanquablement guidé par cet acquis antérieur dès le choix de ses techniques d'investigation, et dans l'orientation de ses interprétations. En outre, s'ils peuvent être établis, techniquement parlant, de façon solide, ils ne tirent leur portée scientifique que de leur mise en relation avec d'autres faits, mise en relation qu'ils ne portent pas en eux-mêmes, mais qui est le fruit de l'activité théorique du chercheur. Enfin, il est banal, dans l'histoire de toute science, qu'un fait « établi » change de statut quant à son explication, autrement dit ne soit pas infirmé mais interprété autrement.

A cette conception simple et rassurante de la théorie scientifique, qui lui confère d'ailleurs implicitement une validité définitive, il faut bien préférer une vue moins idéale, plus modeste, mais à tout prendre sans doute plus enthousiasmante pour ceux qui pratiquent la science. Une théorie scientifique est plutôt un discours organisé à propos d'une partie de la réalité, certes basé, plus ou moins fermement, sur des données déjà acquises, mais qui demeure ouvert à la confirmation ou à la mise en question. Cherchant à codifier cette notion, Popper (voir chap. IX et encart 14) a proposé de faire de la réfutabilité le critère distinctif de la théorie scientifique : celle-ci devrait être formulée de telle sorte que l'on puisse procéder à des épreuves (observations, expérimentations) ayant pour objet de la réfuter. Cette exigence apparaît sans doute excessive au regard des nombreuses théories scientifiques qui se sont développées à travers l'histoire de façon beaucoup plus aventureuse, se voyant confirmées (et aussi corrigées) par touches successives, par accumulation d'arguments convergents, plutôt que par leur résistance à des tentatives précises de « falsification » (pour traduire plus littéralement que par réfutation le terme *falsifiability* dont use Popper). La théorie de l'évolution constitue un exemple de ce type de théorie, demeurée longtemps non réfutable au sens de Popper. En psychologie, on pourrait accorder le même statut à la théorie psychanalytique, que Popper tenait pour non scientifique selon son critère de démarcation.

En accord avec Popper, cependant, on admettra que la théorie scientifique n'a jamais de véritable prétention à la vérité définitive. Elle n'est jamais qu'une étape, une approximation meilleure, mais dont on s'attend à ce qu'elle soit à son tour dépassée, dans un processus où les erreurs d'aujourd'hui apparaissent cependant comme la condition des vérités de demain.

Il n'est pas rare que des théories différentes et opposées coexistent longtemps. Dans certains cas, il s'agit de théories inconciliables qui rendent compte d'un même ensemble de phénomènes sans qu'il soit possible de trancher en faveur de l'une plutôt que l'autre, faute de moyens techniques pour réaliser les expériences décisives, faute d'accès aux phénomènes cruciaux. En d'autres cas, il s'agit de théories qui se présentent comme adverses mais qui se révèlent plus tard simplement partielles et complémentaires. Leurs propositions parfois présentées comme inconciliables par leurs auteurs respectifs, sont ultérieurement reprises et intégrées les unes aux autres en une synthèse à un niveau plus général. L'apparente contradiction aura été due, par exemple, à une différence d'éclairage et d'accent, ou encore à une simplification des vues de l'autre par chacun des théoriciens.

### Paradigme théorique et stagnation

La théorie scientifique est donc l'indispensable ferment du progrès de la connaissance dans la mesure même où elle est mise en question. « Chaque fois que nous tentons de donner une solution à un problème, disait Popper, nous devrions essayer de la dépasser plutôt que de la défendre. » La théorie devient obstacle à ce progrès lorsque les recherches qu'elle suscite ne visent qu'à la perpétuer. C'est sur cet aspect qu'insistait Kuhn dans sa notion de paradigme (voir encart 31). On pourrait se demander pourquoi la théorie peut ainsi devenir facteur de stagnation si la science est bien ce dialogue, ce va-et-vient dialectique entre le discours réflexif et l'examen des faits. Comme les paragraphes précédents nous ont déjà permis de le signaler, il y a à cela d'abord des raisons d'ordre psychologique et sociologique : la théorie a un auteur, qui souvent s'identifie à elle, qui y a mis une part de ses options métaphysiques, et voudrait en elle se survivre ; l'auteur de la théorie ou ses adeptes peuvent avoir acquis un pouvoir qui les met en mesure de la propager, voire de l'imposer. Le cas de Lyssenko, biologiste officiel, imposant pendant de nombreuses années en URSS ses conceptions erronées de la transmission génétique, est sans doute exceptionnel. Mais la sociologie de la science démasque des prises de pouvoir plus subtiles par certaines écoles qui garantissent l'expansion d'une théorie en mettant pratiquement les autres dans l'impossibilité de s'exprimer. Le seul jeu des nominations académiques ou la longévité d'un maître peuvent suffire à créer les conditions de cet exclusivisme. Ce sont là des facteurs externes à la pratique scientifique proprement dite, mais qui ne manquent pas de se répercuter sur elle.

La psychologie échappe d'autant moins à ce travers que les psychologues vivent encore souvent avec passion et en les personnalisant leurs conflits d'écoles. On a ainsi, au cours de ce siècle, vu noyauter dans certains pays la psychologie clinique par les psychanalystes, ou la psychologie expérimentale par les comportementalistes, ou la psychologie éducationnelle par les non-directivistes. Ces exclusivismes ont pu avoir parfois une fonction de dynamisation d'un domaine, mais plus généralement il l'ont stérilisé pour longtemps. Nous y reviendrons à propos des problèmes de formation au chapitre XVI.

Il est aussi des facteurs internes à la perpétuation des théories. Lorsque l'homme de science proclame sa soumission aux faits, il ne peut ignorer qu'il regarde ceux-ci, qu'il les recueille, qu'il les cherche à travers ses formulations théoriques, comme au travers d'une lentille teintée qui, par ses propriétés mêmes, découpe et colore la réalité d'une certaine manière. Si la théorie guide la recherche des faits, elle l'oriente aussi inévitablement, elle suggère ou dicte la procédure expérimentale, à la limite d'une façon qui maximise les chances de ne recueillir des faits que favorables à la théorie. Ainsi s'instaure, en toute bonne foi, une véritable restriction des faits, par subordination des méthodes de recherche à la position théorique.

> Certaines recherches piagétiennes sur le développement cognitif nous offrent un exemple de cette circularité : théorie → méthode → faits → théorie. Après avoir longtemps négligé l'étude précise des facteurs d'apprentissage dans l'élaboration des structures de la connaissance chez l'enfant, l'école genevoise en avait finalement, dans les années 1960, reconnu l'intérêt notamment pour l'analyse des passages d'un stade de développement cognitif à l'autre. Il peut être éclairant, pour comprendre comment un enfant qui ne présente pas la conservation du nombre (voir encart 30, p. 258 et vol. *HD*), par exemple, finit par l'acquérir, de le soumettre à une expérience d'apprentissage, où l'on manipule systématiquement certaines variables dans l'hypothèse qu'elles entraîneraient éventuellement l'accès à la conservation. On pourrait ainsi songer à l'effet possible d'une explication verbale, d'un enrichissement concerté des données, d'un surcroît d'exercice, de la mise en présence d'un enfant plus avancé, etc. Ce genre de situation expérimentale viserait à synthétiser en laboratoire des facteurs qui, peut-être, sont à l'œuvre dans la vie réelle de l'enfant, mais mêlés à de nombreuses influences chaotiques dont il est très difficile de les distinguer, et qui en freinent de toute manière l'efficacité.
> 
> Ceci admis, reste le choix des procédures. Ici, les psychologies de l'apprentissage offrent deux possibilités, ou plutôt une série de possibilités échelonnées entre deux extrêmes : d'un côté on peut

placer le sujet dans un milieu quelconque, auquel on n'a apporté aucune structuration particulière, et observer comment il se débrouille, comment il apprend (on peut le jeter à l'eau pour voir comment il apprend à nager ; l'expérimentateur qui place un rat dans un labyrinthe fait à peu près la même chose, en ayant pris le soin cependant de structurer le milieu d'une manière qui, sans favoriser l'apprentissage du sujet, facilite sa qualification par l'observateur). A l'autre extrême il est possible d'aménager le milieu de telle sorte que le sujet apprenne progressivement en s'ajustant à des difficultés soigneusement échelonnées, réciproquement ajustées, en somme à la performance du sujet ; à la limite, un tel apprentissage « programmé » se réaliserait sans erreur (cette stratégie, peu en honneur dans les apprentissages intellectuels, s'est imposée empiriquement, sans qu'il fût besoin d'une analyse scientifique, aux instructeurs chargés d'enseigner des métiers ou des sports dangereux, tel le pilotage d'un avion ou l'escalade en montagne ; en laboratoire elle a été utilisée et analysée par des spécialistes du conditionnement opérant et, dans la pratique pédagogique, par ceux de la didactique assistée par ordinateur). Les chercheurs genevois, tout en reconnaissant l'intérêt des méthodes de la psychologie de l'apprentissage pour aborder ce problème, ont écarté délibérément cette dernière voie d'approche, au nom de leurs conceptions théoriques de départ. Dans leur ouvrage, par ailleurs remarquable, *Apprentissage et structures de la connaissance* (1974), Inhelder, Sinclair et Bovet écrivent, dans l'exposé de leurs méthodes : « Insistons sur le fait que nous ne procédons nullement selon ce que l'on appelle en général une programmation ; au contraire, nous cherchons à éviter que la situation expérimentale suscite par elle-même les réponses correctes, ce qui irait à l'encontre du principe de la nécessité d'une activité constructive de la part de l'enfant. » Or, l'enjeu théorique de telles expériences porte précisément, entre autres choses, sur la nécessité (ou la non-nécessité) des déséquilibrations dans le développement cognitif, déséquilibrations qui paraissent évidemment exclues d'un apprentissage programmé. La méthode adoptée a été subordonnée à la théorie et les faits qu'elle permettra de recueillir ne pourront que la confirmer. Notons que la stratégie opposée, qui consisterait à utiliser des apprentissages programmés, précisément parce qu'ils auraient plus de chance de prendre en défaut la théorie, pourrait fort bien ne pas aboutir à cette conclusion. La théorie sortirait corroborée de cette tentative de réfutation.

On peut aussi donner à tout prix raison à une théorie en sélectionnant les faits, en retenant ceux qui lui sont favorables,

ENCART 33

*Le débat sur l'hérédité de l'intelligence*

La question de la part des facteurs héréditaires dans les comportements est une question importante lorsque l'on cherche à rendre compte des différences observées entre individus au sein d'une même espèce (psychologie différentielle) ; elle fait l'objet d'une branche spécialisée de la psychologie, ou plutôt d'une discipline frontière entre génétique et science du comportement. Les recherches les plus solides portent sur des animaux à reproduction rapide, comme la souris, chez lesquels on procède aisément à des croisements sélectifs ou à des comparaisons approfondies des comportements chez des souches différentes et bien connues. S'en tenant chez l'homme aux expériences invoquées, on a mis à profit les jumeaux pour tenter de cerner la part de l'hérédité dans l'intelligence, ou plus modestement le quotient intellectuel (QI), ou certaines maladies mentales. Cette voie de recherche difficile techniquement a également donné lieu à des controverses passionnées, en raison des implications idéologiques, en sens divers, d'une étude débouchant sur le constat de différences entre certaines catégories d'êtres humains. Une polémique s'installa, notamment, à la suite de la publication en 1969 par un psychologue américain, Arthur Jensen, d'un rapport critique sur les résultats de programmes d'éducation compensatoire, c'est-à-dire de mesures visant à faire rattraper à des populations défavorisées leur retard scolaire. Prenant le quotient intellectuel comme mesure des progrès réalisés, Jensen s'interrogeait sur la possibilité de modifier sérieusement les performances intellectuelles, si, comme certaines données des recherches réalisées sur des jumeaux l'indiquaient, le QI dépendait pour une part non négligeable de l'hérédité. Dans le contexte social de l'Amérique de l'époque, où il était délicat de parler de possibles différences entre sexes, entre groupes ethniques ou raciaux, le seul fait d'aborder le problème souleva les passions, et provoqua une explosion d'ouvrages dont la sérénité scientifique ne fut pas toujours la qualité principale. Les faits accentués n'étaient pas les mêmes chez les partisans et les adversaires de l'héréditarisme ; les distorsions des données et des concepts de la génétique, et plus particulièrement de la génétique des comportements se multiplièrent ; les accusations de présupposés idéologiques prirent le pas sur une véritable recherche de l'objectivité. Ainsi, on perdit souvent de vue que les comportements, ou les performances intellectuelles sont toujours des résultantes de l'interaction entre un organisme doté de son patrimoine génétique et son milieu, jamais la simple actualisation du premier ; que la mesure que l'on faisait de la part de l'hérédité, l'indice (mathématiquement défini) d'*héritabilité*, n'a pas de valeur absolue, mais est toujours relatif au trait étudié, au procédé utilisé pour le mesurer, à la population sur laquelle il a été mesuré ; et que, en tout état de cause, l'égalité entre les hommes n'est pas une donnée de fait, mais comme le soulignait le grand généticien Dobzhansky, une conquête morale de l'humanité (voir vol. HB.).

et en négligeant les autres. Ce procédé est évidemment contraire aux principes les plus élémentaires de la méthode scientifique. Il s'infiltre souvent dans les travaux scientifiques lorsque, pour des raisons quelconques, le débat théorique se charge d'éléments passionnels. La psychologie, plus proche par son objet des préoccupations quotidiennes de la vie sociale que la physique, est particulièrement exposée à ce glissement.

La sélection peut s'opérer parmi les faits déjà disponibles. S'il est vrai qu'une théorie ne devrait être en contradiction avec aucun fait connu, encore faut-il que les « faits connus » soient reconnus pertinents par rapport à la théorie. Dans le foisonnement de faits éparpillés qui caractérise certains domaines de la psychologie, il se présente souvent plusieurs manières de trier, de rapprocher ou de hiérarchiser les données et chaque théoricien choisira celle qui se conforme à sa théorie. Ces faits seuls seront présentés comme significatifs, intéressants, dignes d'être retenus, qui corroborent l'interprétation théorique.

Le débat sur la part d'hérédité et du milieu dans l'intelligence, débat qui rejaillit dans les années 1970 suite à la publication du rapport Jensen (1969), offre une belle illustration de la manière dont les partis pris, dans ce cas idéologiques, peuvent conduire les scientifiques à pondérer différemment les mêmes données, pour aboutir à des conclusions opposées, en faveur, tantôt d'un innéisme, tantôt d'un environnementalisme également simplistes (encart 33).

Une forme plus subtile de sélection des faits au nom d'une option théorique consiste à interrompre la recherche au moment où ses résultats sont favorables à la théorie, sans envisager la possibilité qu'une poursuite de l'exploration aboutisse à des conclusions différentes. La récolte des faits se trouve tronquée de certains contrôles, qu'un chercheur moins attaché à prouver une théorie entreprendrait spontanément. Par bonheur, il adviendra généralement que d'autres chercheurs procéderont à cette mise en question, attestant que le travail scientifique est affaire collective, non seulement en ce sens qu'il exige souvent, en raison de sa complexité technique, la coopération au sein d'une équipe, mais surtout dans le sens où des chercheurs différents ont plus de chance d'assurer le dépassement des théories que leurs concepteurs individuels s'acharnent souvent à défendre comme ils feraient de leur propriété.

Toutes ces manières de fausser, le plus souvent, répétons-le, en toute bonne foi, l'interaction entre faits et théorie au profit de cette dernière font partie des tâtonnements et des travers inhérents aux cheminements de la science. Celle-ci est une activité humaine et comme telle, elle n'est pas à l'abri des imperfections. Il n'y a pas lieu de s'en alarmer dans la mesure où des correctifs interviennent naturellement au sein de la communauté scientifique. Il peut arriver, cependant, que le parti pris théorique en vienne à soustraire les propositions à toute démarche scientifique. A la théorie hypothèse, heuristiquement indispensable, se substitue alors la doctrine, affaire de croyance plus que de vérification. La doctrine débouche sur une recherche de type exégétique (ou herméneutique) qui vise à en clarifier les termes et à en approfondir l'interprétation, mais qui tourne le dos à toute vérification rigoureuse par référence au réel. C'est dans ce sens, incontestablement, qu'ont évolué certains courants de la psychologie moderne. On ne peut s'empêcher de songer, par exemple, à certaines écoles de psychanalyse dans lesquelles l'interprétation prend le pas sur l'explication.

## Modèles et modélisations

### Le modèle maquette

Le terme modèle est l'un des plus en vogue dans le discours scientifique contemporain. On aurait de fortes chances de le rencontrer pour peu que l'on feuillette un ouvrage spécialisé ou, plus sûrement encore, que l'on écoute quelques minutes un orateur relatant ses expériences dans un congrès. Il apparaîtra dans des contextes fort divers avec des sens parfois très différents. Tantôt il semblera synonyme d'hypothèse, tantôt il aura la prétention d'une théorie, tantôt il se ramènera à une formalisation mathématique. Cette multiplicité de sens — une caractéristique à laquelle certains mots à la mode doivent leur succès — expose aussi aux glissements d'un sens à l'autre et par conséquent aux confusions, notamment lorsque des interlocuteurs ne se font pas la même idée du modèle. Puisqu'on ne lutte pas contre la mode des mots, il faut sauver la précision en clarifiant les divers sens qu'ils peuvent prendre.

Le scientifique use du mot modèle, comme le profane, pour désigner une reproduction concrète, mais généralement réduite et éventuellement simplifiée, d'une réalité. Comme l'amateur construira des modèles réduits d'avions ou de bateaux, l'ingénieur fabriquera le modèle d'un barrage ou d'un nœud ferroviaire. Le premier agit par jeu, le second est guidé par le souci de mieux analyser sur sa maquette des facteurs difficiles à maîtriser dans la réalité : ainsi on ne peut attendre des incidents improbables mais prévisibles pour évaluer la résistance qu'y opposera l'ouvrage d'art, non plus que le vieillissement et l'usage répété pour apprécier l'usure. Le modèle, dans de tels cas, est bien une situation expérimentale, où l'on simule la réalité, du moins les éléments de la réalité que l'on juge pertinents.

Le modèle maquette est souvent aussi un projet, plutôt qu'une simple transposition miniaturisée d'une réalité déjà existante. Les prototypes d'avions, d'automobiles sont des essais successifs dans l'élaboration d'un objet technique nouveau. Dans un cas comme dans l'autre, le modèle implique que l'on maîtrise certaines relations entre les éléments qui le composent, ou si l'on veut, qu'on y comprenne quelque chose. Faire un modèle de bicyclette, c'est avoir fait certaines hypothèses sur la manière de transformer l'énergie musculaire en un mouvement des roues. Et la meilleure démonstration de la validité de l'hypothèse, c'est que cela marche. A ce niveau très concret, on voit de quelle valeur explicative est déjà chargé le modèle.

C'est ce qui a conduit les scientifiques à se bricoler des modèles — toujours ici conçus comme substituts concrets — non plus en relation avec des problèmes d'application, mais dans le seul but de comprendre. Le modèle se confond alors avec le dispositif expérimental sur lequel on opérera des manipulations systématiques visant à dégager des lois. Dans de tels cas, le modèle et ce à quoi il renvoie présentent entre eux des correspondances évidentes ; ils appartiennent au même univers, le modèle étant plus commode parce que de taille plus maniable ou/et de structure épurée.

Mais ce type de modèle, familier à l'ingénieur, relève essentiellement de l'univers technologique, l'univers des objets artificiellement construits.

### Le modèle analogique

Autre chose est le recours à un dispositif emprunté à l'univers technologique pour représenter et comprendre un système vivant. Le modèle, toujours concret, devient ici analogique : l'appareil photographique est pris comme modèle de l'œil. Certaines ressemblances de structure et de fonctionnement peuvent être utilement mises en évidence, ne serait-ce qu'à des fins didactiques. Un tel modèle révèle rapidement ses limites si l'on se donne la peine d'inspecter en détail le système oculaire : ce n'est que très superficiellement que l'on peut comparer la rétine à la surface photosensible du film. On ne risque donc guère de se méprendre sur ce qui distingue le modèle et le système qu'il représente, si ce dernier est assez accessible à l'examen. Mais, souvent, un modèle analogique sera invoqué pour expliquer le fonctionnement de systèmes fort peu accessibles. Ainsi, Lorenz a appliqué à la dynamique sous-tendant l'expression des conduites instinctives un modèle hydraulique (fig. 5). Aujourd'hui, l'ordinateur fournit un modèle du fonctionnement cognitif. La correspondance est ici plus lointaine, et surtout plus difficile à tester, que dans le cas de l'appareil photographique pris comme modèle de l'œil. Le risque est grand de donner au modèle une valeur explicative excessive, voire abusive, par rapport à sa valeur heuristique, c'est-à-dire sa capacité à fournir des hypothèses vérifiables et réfutables.

---

ENCART 34

La figure 5 présente le fameux modèle hydraulique utilisé par Konrad Lorenz pour rendre compte de la dynamique motivationnelle des comportements. L'énergie interne sous-tendant une action spécifique est représentée par un flux s'accumulant dans un réservoir d'eau. Le dispositif d'obturation au bas de celui-ci est constitué d'une sorte de valve à ressort, dont l'ouverture dépend de la pression de l'eau d'une part, d'autre part de la traction exercée par les poids simulant les stimulations extérieures pouvant contribuer à déclencher le comportement spécifique en cause. La force de ce dernier peut s'apprécier à la trajectoire du jet sortant du réservoir vers une sorte de répartiteur. Ce modèle rend compte — c'est-à-dire, simplement, fait comprendre de façon analogique — de l'expression de comportements spécifiques, dépendant de mécanismes innés de déclenchement, dont la régulation conjugue des facteurs internes, l'énergie motivationnelle, et des facteurs externes, sous forme de stimulus spécifiques, déterminant le seuil de déclenchement.

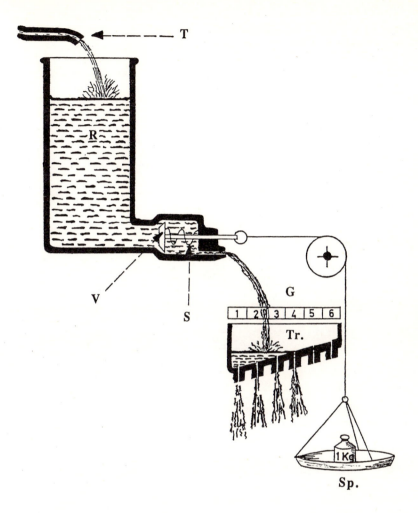

*Fig. 5* – Le modèle hydraulique de Lorenz. L'énergie interne s'accumule dans le réservoir R, pour se libérer, lorsque la pression se fait trop élevée sur le ressort S, par l'ouverture de la valve V. Selon la force du jet, l'intensité de la réponse, symbolisée par les graduations G et Tr, sera plus ou moins forte. Le déclenchement de la réponse dépendra, outre la pression dans le réservoir, du poids des stimulations extérieures Sp.

ENCART 35

*Le modèle de Broadbent et celui de Kosslyn*

La figure 6 présente le modèle classique de Broadbent représentant les processus de traitement de l'information. De gauche à droite, l'information captée par les récepteurs sensoriels est stockée pour un temps très court dans une mémoire à court terme, d'où elle transite, pour un traitement plus élaboré, pour autant que l'admette un filtre sélectif, qui l'achemine, par un canal à capacité limitée, vers la mémoire à long terme et vers des étapes de traitement qui aboutissent dans l'action des effecteurs, à laquelle la mémoire à long terme n'est pas elle-même étrangère. Cette dernière, qui rassemble toute l'expérience passée du sujet, détermine d'autre part largement les caractéristiques du filtre sélectif (exemple de boucle rétroactive, voir pp. 250-251).

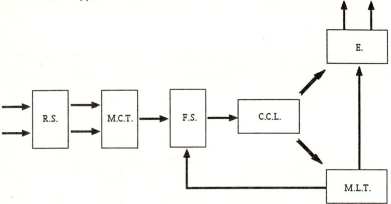

*Fig. 6* — Le modèle de Broadbent montrant le processus d'attention sélective. Les informations extérieures, captées par les récepteurs sensoriels (RS), sont momentanément stockées en mémoire à court terme (MCT), puis filtrées par le filtre sélectif (FS) pour être ensuite traitées dans le canal à capacité limitée (CCL), d'où partiront les commandes des effecteurs (E) et les données à stocker en mémoire à long terme (MLT), d'où partent aussi directement des instructions aux effecteurs et des spécifications vers le filtre sélectif.

Ce schéma a servi à conceptualiser les processus de traitement de l'information et plus particulièrement les processus attentionnels, et a pu être soumis à des tests empiriques, qui ont conduit à en nuancer et en enrichir la structure, démontrant par là sa valeur heuristique.

La figure 7 (adaptée de J. M. Kosslyn, *Ghosts in the Mind's machine*, New York, Norton, 1983) est d'allure plus ambitieuse. Le modèle vise à représenter la manière dont sont produites *(generated)* les images mentales — un modèle non moins complexe concerne leur récupération (retrieval). Les différentes cases du modèle ne sont certes pas quelconques, et leur analogie avec la représentation graphique d'un programme d'ordinateur ne doit pas surprendre. Mais dans l'état actuel de nos connaissances, le modèle est trop compliqué pour se prêter à des vérifications empiriques.

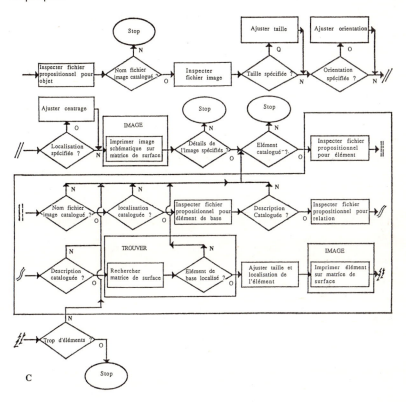

*Fig. 7* — Modèle de production des images mentales, d'après Kosslyn.

Donald Broadbent, attaché à un laboratoire réputé de l'Université d'Oxford, représente une tradition propre à la psychologie expérimentale britannique, déjà affirmée dans les travaux de Frederic Bartlett, dont le double mérite est d'avoir ouvert la voie aux courants contemporains de la psychologie cognitive et d'avoir inscrit la recherche expérimentale dans une interaction permanente avec les situations concrètes de l'application (voir vol. HC).

### Modèles « schémas de fonctionnement »

Beaucoup de modèles avancés actuellement par les psychologues ne sont que des représentations, à la manière de l'informatique, d'une séquence d'opérations que l'on suppose à l'œuvre dans une activité de traitement de l'information, par exemple le décodage d'un énoncé, l'évocation d'un souvenir, la solution d'un problème, la production d'une image mentale, etc. Ces représentations se situent à des niveaux très différents de plausibilité. Tantôt elles schématisent des opérations clairement attestées par les données empiriques ou qu'il serait en principe possible de vérifier ; tantôt elle précisent des enchaînements d'étapes dont aucune ne se prête réellement à une transposition expérimentale. L'encart 35 fournit deux illustrations contrastées. Le schéma, très sobre, proposé par Broadbent renvoie très directement aux recherches expérimentales sur les processus attentionnels. Celui plus ambitieux et plus complexe de Kosslyn à propos de la production et de la récupération de l'image mentale est, pour la plupart de ses cases, purement spéculatif (voir encart 35).

### Modèles mathématiques

Dans une acception fort différente des précédentes, le terme modèle renvoie à des formalisations mathématiques que l'on estime s'ajuster à des relations entre données du réel. L'outil mathématique n'est pas dans ce cas simple instrument de description claire (comme lorsque l'on établit la distribution des données et en calcule la moyenne et l'écart type — voir chap. XIII), non plus que technique d'analyse des données (telle qu'à travers, par exemple, une analyse de variance destinée à dégager la part qui revient aux diverses variables indépendantes et à leurs interactions). Il vise, plus ambitieusement, à une interprétation ou une explication de la manière dont le réel fonctionne ou est structuré. Ainsi, l'analyse factorielle, qui a été abondamment appliquée aux données recueillies à l'aide des tests mentaux, a fourni de véritables théories de l'intelligence, faisant une part plus ou moins grande à un facteur général (facteur *g*), sous-tendant toutes les activités intellectuelles, et à des facteurs de groupes, intervenant dans certaines activités seulement (verbales, spatiales, numériques, etc.).

La Théorie de la Détection du Signal (TDS) nous fournit une autre illustration, plus nettement liée au domaine de la psychologie expérimentale, d'un modèle mathématique appliqué au fonctionnement du sujet. Dérivée de la théorie statistique de la décision, la TDS, introduite par Tanner et Swets en 1954, proposait une nouvelle approche de la psychophysique. L'approche traditionnelle mettait l'accent sur la sensation, qu'elle reliait essentiellement aux pouvoirs de résolution du système sensoriel. La TDS attache une importance capitale aux critères de décision que se donne le sujet, et qui résultent de processus cognitifs, intégrant des éléments tels que la probabilité d'apparition de l'événement à détecter, ou le rapport coût/bénéfice entre erreurs et réponses correctes. Ce critère de décision ne suppose aucunement que le sujet procède à une évaluation consciente de la situation. Il s'applique d'ailleurs aussi bien à l'animal. L'expression biais de réponse *(response bias)* est à cet égard plus neutre, et peut-être préférable.

**Situations**

| | | Signal+Bruit (S+B) | Bruit (B) | |
|---|---|---|---|---|
| **Réponse** | Oui | Détection P(Oui/S+B) | FA P(Oui/B) | P(Oui) |
| | Non | Omission P(Non/S+B) | Rejet correct P(Non/B) | P(Non) |
| | | P(S+B) | P(B) | |

*Fig. 8* – Matrice à double entrée montrant les quatre catégories de réponses possibles à un stimulus dans la théorie de la détection du signal.

Considérons une situation dans laquelle le sujet est appelé à détecter un signal sur fond de bruit permanent (si l'on est dans le domaine auditif, le bruit peut s'entendre au sens propre ; il pourrait, par exemple, s'agir d'un « bruit blanc » d'une certaine intensité, c'est-à-dire d'un bruit composé de toutes les fréquences audibles ; mais le terme bruit s'applique aussi bien, techniquement, par extension, à toute autre modalité sensorielle). Le sujet peut, lorsqu'un signal lui est présenté, détecter correctement ; ses réponses *oui* au signal sont les détections. S'il rapporte la présence d'un signal alors qu'objectivement il n'y en a pas eu, il commettra un type d'erreur, les fausses alertes. En l'absence de tout signal, s'il rapporte correctement qu'il n'y en a pas, il fournit un rejet correct. Enfin, s'il ne rapporte pas la présence d'un signal, il commet une omission. Ces quatre catégories de réponses épuisent les possibles et se prêtent à une présentation sous forme de matrice à double entrée, où l'on porte en chaque case la probabilité de réponse correspondante (fig. 8).

On suppose que le signal (stimulus), physiquement constant, se traduit dans le système récepteur de l'organisme par un événement présentant des valeurs variables obéissant à une distribution normale, avec sa moyenne et son indice de dispersion ; on fait la même hypothèse concernant le bruit. Ces deux distributions peuvent se représenter comme on l'a fait à la figure 9.

Dans cet exemple, on voit qu'elles se recouvrent partiellement. Si elles se recouvraient complètement, on serait dans une situation particulière où le sujet ne pourrait discriminer le signal du bruit, et ne pourrait que répondre au hasard. Plus l'écart s'accroît entre les deux distributions (que l'on suppose par ailleurs de même dispersion), plus le signal sera discriminable du bruit. Cet écart ou cette distance entre les deux moyennes, $d'$, constitue l'indice de discrimination (ou *sensitivity*). Le sujet se comporte comme s'il situait son critère de décision ou biais de réponse à un point déterminé de l'axe d'abscisse. Dans l'exemple fourni par la figure, on voit que le critère de décision justifie des réponses *oui* pour une part importante de la distribution des signaux situés à droite de $\beta$ (détections), mais aussi pour l'extrémité droite de la distribution du bruit (fausses alertes). Pour une valeur donnée de $d'$, la position de $\beta$ impliquera une proportion plus ou moins élevée de fausses alertes, mais aussi, par conséquent, d'omissions. Si l'on déplace le critère vers la droite, il apparaît plus sévère dans ce sens qu'il tolère moins de fausses alertes au prix, naturellement, d'omissions plus nombreuses. Inversement, si le critère se déplace vers la gauche, il se fait plus tolérant aux fausses alertes tout en réduisant les omissions.

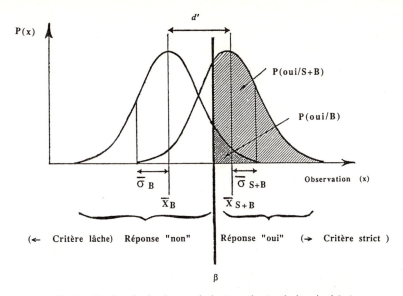

*Fig. 9* — Courbes de distribution du bruit et du signal, dans la théorie de la détection du signal : l'indice $d'$, distance entre les moyennes, traduit la discriminabilité du signal et du bruit. A gauche du critère de démarcation β, les réponses « non », réunissant les omissions et les rejets corrects ; à droite, les réponses « oui », réunissant les fausses alarmes et les détections. Le σ définit la dispersion de chaque distribution. (D'après G. Tiberghien, *Initiation à la psychophysique*, Paris, PUF, 1984.)

On comprend aisément que, à indice $d'$ égal, un même sujet adopte un critère différent selon que le bénéfice attaché aux bonnes réponses et que les pénalisations frappant les fausses alertes varient : le rapport coût/bénéfice déterminera un biais de réponses plus ou moins cohérent. Ceci se traduit bien dans le graphique de la figure 10, construit en portant la proportion des détections (ordonnée) en fonction de celle des fausses alertes (abscisse). Chaque point du graphique correspond à différentes conditions de coût/bénéfice. La courbe qui s'ajuste à ces points reflète les caractéristiques de fonctionnement du sujet : c'est la courbe ROC, pour *Receiver Operating Characteristics*, expression transposée en français par Courbe d'Efficacité du Récepteur.

Pour le point $β_1$ la proportion des FA est faible, mais la proportion de détection n'est pas très élevée : les FA sont fortement pénalisées, et les détections modestement récompensées, le sujet se mon-

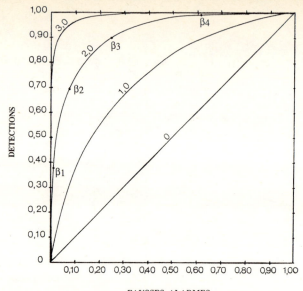

*Fig. 10* – Courbes d'efficacité du récepteur (courbes ROC) mettant en relation la probabilité des détections (ordonnée) et des fausses alarmes (abscisse), pour des valeurs différentes de l'indice de discrimination $d'$, indiquées sur la courbe. A l'indice de discrimination 0, le sujet ne peut que répondre au hasard, et la probabilité des détections égale celle des fausses alarmes. Chaque courbe est générée à partir de points obtenus avec des critères de décision β différents, indiqués sur la seule courbe $d' = 2,0$, du plus exigeant $β_1$ au plus tolérant $β_4$.

tre extrêmement prudent. En $β_4$, la proportion de détections est plus élevée, mais va de pair avec de nombreuses FA : celles-ci sont peu pénalisées par rapport aux bénéfices attachés à chaque détection. Les points $β_2$ et $β_3$ correspondent à des rapports coût/bénéfice intermédiaires.

D'autres facteurs sont de nature à faire varier le critère de décision, par exemple la probabilité d'apparition du signal (plus elle est élevée, plus le critère se fera tolérant). A une même valeur de discriminabilité $d'$ peuvent être associés des critères de décision différents. Si l'on veut voir dans les critères de décision une sorte d'équivalent du seuil, force est d'admettre que le seuil varie selon des facteurs qui ne sont pas exclusivement inhérents aux mécanismes de réception sensorielle.

Les données empiriques de la psychophysique se laissent assez généralement décrire élégamment à l'aide du modèle de la TDS. Il a donc statut d'outil d'analyse — applicable à de nombreux phénomènes de discrimination, de vigilance, voire de mémoire — et d'hypothèse fort plausible d'un mode de fonctionnement du sujet. Un examen plus technique des travaux auxquels la TDS à donné lieu révélerait cependant des limitations liées tantôt à ses conditions mathématiques, tantôt à la réalité des conduites qui n'obéissent pas toujours à ce que prescrit le modèle. On est ainsi, selon la démarche habituelle de la science, amené à aménager le modèle ou à en changer.

### Modèles animaux

Un autre usage encore, infiniment plus flou, du terme modèle nous est fourni par les expérimentateurs qui, s'intéressant à tel problème psychologique humain, l'étudient au niveau de l'animal, pour des raisons techniques ou éthiques. C'est ainsi que le psychopharmacologue adoptera tel modèle animal de la dépression, ou de l'anxiété. Les problèmes que soulève cette forme particulière de transposition analogique seront discutés plus loin au chapitre XIV.

### Les simulations

Le développement des ordinateurs a mis en honneur, dans tous les domaines des sciences, un type de modèle inédit et qui donne lieu à une forme de validation très particulière, les modèles simulés. Ils correspondent en général au type de modèles que nous avons distingués ci-dessus sous l'étiquette « modèles-schémas de fonctionnement », mais conçus de telle sorte qu'ils se prêtent à une simulation sur ordinateur. Le but de celle-ci est de vérifier si, du moins dans l'univers artificiel des contraintes de fonctionnement de l'ordinateur, le modèle « marche ». Ceci suppose que l'on puisse, à titre d'exercice, assigner des valeurs hypothétiques aux différents paramètres qu'il comprend, et voir comment il se comporte. Si les valeurs concrètes, relevées dans la réalité que l'on cherche à simuler, correspondent à des valeurs hypothétiques testées, le modèle gagnera en plausibilité. Mais en soi, le fait qu'il marche sur l'ordinateur ne lui confère aucune validité externe, c'est-à-dire par rapport à la réalité simulée.

La mise en œuvre du modèle simulé sur l'ordinateur peut elle-même se heurter à des difficultés qui conduiront à en modifier la conception. C'est ici sans doute que le modèle simulé trouve sa principale valeur heuristique pour une science empirique. Il y est d'abord, en effet, généralement inspiré d'une certaine hypothèse sur le fonctionnement de l'objet réel, par exemple le fonctionnement de la mémoire. S'il se trouve que, au cours de la simulation, le fonctionnement tel qu'il a été conçu soulève des problèmes, on pourra naturellement se dire que l'on se situe dans un autre univers, celui de l'ordinateur et non de la machine psychologique, et que les problèmes rencontrés concernent l'ordinateur et non la mémoire humaine. Mais on peut aussi se demander si les difficultés auxquelles on s'est heurté ne suggèrent pas une modification du modèle de la mémoire lui-même, et vérifier si ce modèle modifié ne s'accorde pas mieux aux données empiriques que le modèle dans sa forme initiale. En somme, à la démarche traditionnelle, basée sur le va-et-vient entre réflexion théorique et données empiriques, on substitue une démarche à trois termes, où s'ajoute la simulation. Celle-ci constitue une sorte de mise à l'épreuve empirique, mais dans un autre univers, artificiel, de certains résultats de la réflexion théorique, susceptible de réorienter celle-ci et de conduire à interpréter autrement les données empiriques.

La pratique des modèles simulés inspirés du fonctionnement psychologique tient une place importante dans l'intelligence artificielle, lorsqu'il s'agit par exemple de construire une machine, un robot, capable comme le système visuel humain de reconnaître les objets, voire des objets très particuliers que sont les visages. Sur base des données empiriques disponibles, les psychologues construisent leur modèle, ou leurs modèles, de la reconnaissance visuelle des objets et des visages. Le spécialiste de la robotique le transpose dans son univers informatique, où il en simule le fonctionnement à des fins pratiques d'imitation : il souhaite construire une machine dotée au moins des mêmes performances. S'il n'aboutit pas, c'est peut-être que son univers robotique présente des contraintes particulières que ne connaît pas la machine perceptive humaine ; il lui appartient alors de chercher un autre modèle, compatible avec les contraintes propres à son domaine, et qui aboutisse aux mêmes performances. Mais c'est peut-être aussi bien que le modèle proposé par les psychologues n'est pas le bon ; dans ce cas, ceux-ci trouveront tout naturellement intérêt à le revoir, en fonction des suggestions que pourrait leur faire le roboticien. C'est précisément cet échange réciproque qui fait la fécondité des rapports entre spécialistes de l'intelligence artificielle et de l'intelligence naturelle, bien plus que l'idée assez naïve que les machines devraient, pour rendre les services que rend le cerveau humain, obéir aux mêmes règles de fonctionnement.

# XII. Individu, échantillon, population

**Où se passent les conduites ?**

Un vieux conflit oppose encore souvent chercheurs et praticiens de la psychologie, les premiers affirmant leur intérêt exclusif pour les lois générales, et laissant aux seconds le souci de débrouiller les problèmes individuels ; les seconds rétorquent, non sans quelque raison, que si l'on veut qu'ils éclairent leur pratique des données de la recherche il conviendrait que celle-ci n'ignore pas l'individu. Le débat comporte des aspects qui portent spécifiquement sur les différences d'approche entre clinicien, cherchant à comprendre son client, et chercheur visant à expliquer le fonctionnement psychologique, aspects dont nous traiterons plus en détail au chapitre XV. Il comporte néanmoins aussi une face méthodologique plus triviale, qui appelle un bref commentaire parce qu'elle est souvent à la source d'un malentendu.

Il est vrai que les travaux de recherche en psychologie se présentent le plus souvent comme des observations ou des expériences sur des groupes, aboutissant à des conclusions d'allure générale, portant sur telle ou telle caractéristique du fonctionnement psychologique, éventuellement à l'énoncé de lois. Le recours à des groupes s'impose pour des raisons diverses dont certaines ont été discutées au chapitre X, et les conclusions que l'on tire des données ainsi obtenues se justifient notamment par les instruments de traitement statistique employés (voir chap. XIII). Pourtant, il importe de rappeler que les phénomènes qui intéressent le psychologue se situent au niveau de l'individu, et que, chercheur fondamentaliste ou clinicien, le psychologue ne peut le perdre de vue. Ceci implique, pour le premier, que les recherches sur des groupes ne sont jamais que des moyens indirects de cerner le fonctionnement de l'individu, s'il se révèle impossible ou difficile de le faire directement au niveau de celui-ci. On peut craindre que certains chercheurs aient perdu de vue cette évidence, perdant du même coup toute attention pour les différences interindividuelles, qui leur apparaissent comme un bruit masquant les phénomènes importants. Nous reviendrons sur les différences interindividuelles ci-dessous, mais évoquerons ici l'importance qu'a revêtue, dans les progrès de la psychologie scientifique, la recherche sur les sujets individuels.

Plusieurs des grands maîtres qui ont forgé la psychologie scientifique depuis ses origines ont porté leur travail d'observation ou d'expérimentation sur des sujets individuels. La psychophysique, depuis Helmholtz et Fechner (voir p. 148 et 151), a poussé l'étude des seuils absolus et différentiels, la construction des échelles de sensation, jusqu'à nos jours, à partir de mesures faites sur des sujets peu nombreux, généralement volontaires bien entraînés à des expériences souvent fastidieuses, et où la collaboration et la bonne volonté du sujet sont généralement favorables à la précision recherchée. Ebbinghaus, à qui nous devons la mise au point de la plupart des procédures expérimentales encore en usage aujourd'hui dans l'étude de la mémoire, et nombres de résultats qui ont servi de points de départ solides à l'un des champs les plus développés de la psychologie cognitive actuelle, réalisa la majorité de ses expériences sur lui-même.

L'apport décisif de Pavlov dans le développement initial des travaux sur l'apprentissage par conditionnement fut basé sur une succession d'expériences individuelles minutieusement analysées et enchaînées les unes aux autres par un raffinement constant des hypothèses. De l'autre côté de l'Atlantique, et dans le même domaine des apprentissages chez l'animal, Thorndike dégageait la loi de l'effet à partir d'expérimentations sur des chats dont il décrivait les courbes d'apprentissage individuelles ; après lui, Skinner adoptait la même démarche pour dégager les propriétés du conditionnement opérant, tournant le dos aux travaux menés par ses prédécesseurs behavioristes sur des groupes de rats parcourant des labyrinthes.

De son côté, Lorenz procédait à des observations minutieuses du comportement individuel de l'animal, qui devaient alimenter la première grande théorie éthologique. Piaget, dont l'œuvre a marqué toute la psychologie du développement et toute la psychologie de l'intelligence, ne s'est jamais encombré de grands nombres. Ses analyses du stade sensori-moteur reposent essentiellement sur les observations minutieuses des conduites de ses trois enfants. Ses expériences, toujours étonnamment ingénieuses, sur les stades ultérieurs du développe-

---

ENCART 36

Sigmund Freud (1856-1936), médecin neurologue viennois, est le fondateur de la psychanalyse. Après quelques travaux de neurologie, parmi lesquels une étude sur l'aphasie et des recherches sur les propriétés de la cocaïne, il s'intéresse à l'hystérie, stimulé par la rencontre à Paris de Charcot et à Nancy de Bernheim, opposés à l'époque dans une vive polémique sur l'hypnose. Il publie en 1895, avec Breuer, les *Etudes sur l'hystérie*, où sont jetées les bases de la cure et de la théorie analytiques, développées ensuite dans les trois grands ouvrages classiques : *L'interprétation des rêves* (1900), *Psychopathologie de la vie quotidienne* (1901) et *Trois essais sur la théorie de la sexualité* (1905). L'œuvre écrite, monumentale, devait se poursuivre dans la direction clinique, l'analyse de cas fournissant par ailleurs la matière aux remaniements théoriques, mais aussi dans une réflexion généralisant les explications psychanalytiques aux phénomènes culturels, mythes, arts, religion, structures de parenté [parmi beaucoup d'autres écrits, *Totem et tabou* (1912) et *Malaise dans la civilisation* (1929)].

Freud attribue l'origine des névroses à des défenses psychologiques, sous la forme notamment de refoulement, contre la manifestation des pulsions sexuelles, la cure psychanalytique visant à ramener à la conscience le refoulé, déchiffré à travers les rêves, les associations libres, les actes manqués du patient.

La théorie freudienne s'articule autour de trois axes principaux : le déterminisme sexuel des conduites, le concept d'inconscient, et la structure dynamique de l'appareil psychique, constitué des trois instances du ça, du moi et du surmoi.

Freud ne s'est pas limité à une œuvre écrite. Il a fondé son école de psychanalyse qui a rapidement attiré des adhérents de partout, et fut très vite la proie de dissensions internes marquées plus d'une fois par les ruptures retentissantes (celles de Jung et d'Adler, notamment). Son influence, qui reste grande dans certains secteurs de la psychologie clinique, dépassa largement les frontières de la médecine et de la psychologie, pour marquer toute la réflexion de l'homme sur lui-même à l'aube du xx$^e$ siècle, dans l'ensemble des sciences humaines — anthropologie, sociologie, philosophie — aussi bien que dans les arts et la littérature.

ment cognitif se sont généralement limitées à une demi-douzaine d'enfants, ce qui ne l'a nullement empêché d'identifier des phénomènes d'une grande généralité, et surtout de poser des problèmes tout à fait neufs. On pourrait allonger la liste, citant par exemple Harlow (voir encart 37), pour ses travaux décisifs sur la curiosité d'abord, ensuite sur les facteurs précoces de l'attachement chez les jeunes singes ; les chercheurs qui se sont illustrés dans l'étude des potentialités symboliques et linguistiques des grands singes, les Gardner, les Rumbaugh, Terrace, Premack et Paterson (voir chap. XIV) ; ceux qui, dans le sillage de Sperry, ont fait les premières études sur des sujets au cerveau dédoublé.

Leur contribution au savoir psychologique ne s'ancre pas moins dans l'étude individuelle que celle des grands cliniciens qui, de Freud (voir encart 36) à Winnicott ou de Janet à Bandura, ont élaboré leurs conceptions des origines, de la nature et du traitement des troubles psychologiques sur l'observation de leurs patients.

Il peut arriver que les observations faites par ces maîtres se

---

ENCART 37

Harry F. Harlow (1905-1981), psychologue américain, n'a attaché son nom à aucune théorie, mais il n'a cessé de stimuler la psychologie de ses questions provocantes et de ses expériences ingénieuses. Dans les années 1950, il ébranla la psychologie de la motivation, dominée par les modèles de la réduction du besoin empruntés à la physiologie, en rappelant aux psychologues que l'homme et aussi les animaux ne devenaient pas inactifs lorsque leurs besoins biologiques primaires étaient satisfaits. Au contraire, ils s'adonnent à toutes sortes d'activités qui semblent bien trouver leur gratification en elles-mêmes. Il ouvrait ainsi la voie à des recherches qui réhabilitèrent des conceptions hédonistes de la motivation, recherches auxquelles il contribua lui-même en montrant que l'on pouvait récompenser des singes en leur proposant de nouveaux problèmes manipulatoires à résoudre, ou en leur permettant de contempler un instant le monde extérieur de la cage obscure où ils étaient enfermés. L'idée s'imposa que le jeu, les stimulations, l'activité, l'exploration, la nouveauté, trouvaient en eux-mêmes leur finalité, et suffisaient à entretenir les conduites.

Il s'engagea plus tard dans des études sur la genèse des liens affectifs chez le jeune singe, dans des expériences connues aujourd'hui du grand public. Jouant sur des substitutions de mères artificielles à la mère naturelle, il montra que des mannequins de peluche, bien que non nourriciers, garantissaient des conduites normales, à la différence d'un mannequin nourricier, mais rugueux. Il analysa en détail les conditions de l'attachement et de la sécurisation, les conséquences pathologiques à long terme d'un attachement manqué, et leurs possibilités de traitement.

soient à la longue révélées moins généralisables qu'ils ne l'avaient pensé. Cependant, paradoxalement, elles le restent souvent plus que celles qui ont été accumulées dans le cadre d'une démarche de recherche sur des groupes de sujets, lesquelles, comme nous allons le voir, ne résolvent nullement de façon simple et définitive le problème de la généralisation des données d'observation ou d'expérimentation.

## La représentativité des observations

Le chercheur qui étudie un groupe limité de sujets dans son laboratoire vise à décrire des phénomènes, à dégager des lois qui s'étendent à une population plus vaste. De l'échantillon qu'il a choisi, il entend généraliser à un ensemble de sujets dont l'échantillon est réputé représentatif. La méthodologie scientifique, assistée de la statistique, fournit des règles, exigeantes et précises, pour la constitution des échantillons et, par voie de conséquence, pour la généralisation des observations à la population de laquelle ils sont extraits. Ainsi, le sociologue qui procède à un sondage d'opinions se doit, s'il veut prétendre à un reflet de la population globale du pays, de faire figurer dans son échantillon une proportion de citoyens des différents âges, des différentes catégories sociales, des différentes tranches de revenus, des différents sexes, des différentes entités régionales, etc., correspondant à la répartition de ces caractéristiques dans la population générale. Encore sera-t-il toujours exposé à oublier telle ou telle caractéristique qui pourrait bien avoir, dans le problème particulier qui l'intéresse, une importance cruciale. Par exemple, il pourrait avoir pris soin d'équilibrer son échantillon quant au sexe, mais avoir négligé, parmi les femmes, la distinction entre les femmes au travail et femmes au foyer, de sorte qu'il ne s'en trouve pas de chaque catégorie en même proportion que dans la population générale. Il n'en faut pas plus pour que le sondage perde sa représentativité.

De même, le psychologue qui met au point un test se donnera la peine de l'étalonner, c'est-à-dire d'établir une norme de référence, sur un échantillon représentatif de la population à laquelle il sera appliqué. Selon la finalité du test, cette population sera plus ou moins vaste. S'il s'agit de procéder à l'affectation grossière des recrues d'une armée nationale, un échantillon unique de jeunes gens de vingt ans, correctement équilibré pour représenter la population générale de cet âge, fera l'affaire. Par contre, s'il s'agit d'évaluer la profondeur d'un déficit intellectuel ou verbal suite à une atteinte cérébrale, il faudra disposer d'outils beaucoup plus discriminatifs, et constituer des échantillons distincts, par exemple, pour les différents niveaux de scolarisation, les différents âges, les différents groupes culturels ou professionnels. Si, d'autre part, il s'agit d'évaluer le développement mental, on sera naturellement amené à constituer des échantillons représentatifs des groupes d'âges.

Les mêmes règles d'échantillonnage s'appliquent aux travaux de laboratoire, où l'expérimentateur constituera, avec la plus grande minutie, ses groupes contrôles et expérimentaux, affectant les sujets au hasard aux uns et aux autres, ou les appariant avec rigueur.

Malgré ces précautions, il n'est pas rare que les chercheurs psychologues, ou ceux qui utilisent leurs résultats, fassent preuve d'une certaine légèreté, en conférant à leurs observations une portée générale, voire universelle. Ils n'hésitent pas à discuter des conséquences de leurs résultats sur une théorie de la mémoire, de la perception, de l'intelligence, de l'apprentissage, implicitement présentée comme applicable à l'espèce humaine toute entière, voire à toutes les créatures animales. Or, en quoi consiste, le plus souvent, les échantillons étudiés ? Comme on l'a souvent noté, la psychologie scientifique s'est construite sur l'étude d'un nombre limité d'espèces, et au sein de celles-ci de quelques sous-groupes privilégiés. L'espèce humaine tient, certes, une place importante, mais presque exclusivement dans sa variété culturelle occidentale. Les sujets d'expérience sont, en proportion écrasante, des étudiants et étudiantes, le plus souvent en psychologie, dont on hésiterait à faire les témoins de l'espèce humaine dans son ensemble. Ils sont simplement les plus accessibles. Il en va de même des enfants, sujets obligés de quiconque s'intéresse au développement, certes, mais privilégiés sans doute en raison de leur disponibilité. Ce n'est pas par hasard si les études sur les enfants, faciles à soumettre à des expériences parce que regroupés dans des écoles, sont plus nombreuses que celles sur le vieillard, par exemple. Mais les enfants qui se sont illustrés en fournissant leurs données aux grands psychologues appartiennent à des catégories particulières : enfants bien scolarisés, gravitant, dans des grandes villes, autour des instituts universitaires où l'on mène les recherches. C'est ainsi que le travail de Piaget et de son équipe s'est élaboré pendant très longtemps presque exclusivement sur des enfants genevois.

Quelques autres espèces ont connu les faveurs des psychologues, à commencer par le rat — le plus souvent albinos et appartenant à quelques variétés sélectionnées (voir p. 188). Au hasard des domaines et des écoles, on trouvera aussi le pigeon domestique (en faveur chez les spécialistes du conditionnement opérant depuis que Skinner l'avait adopté pour des raisons de commodité), le chien, presque toujours bâtard (sujet de prédilection de Pavlov, en raison simplement de l'habitude qu'il en avait acquise dans ses expériences sur la physiologie digestive), les singes, inférieurs (macaques rhésus, relativement peu coûteux, et d'élevage courant pour de nombreux besoins des laboratoires de biologie) ou supérieurs (chimpanzés, plus faciles à « apprivoiser ») pour ceux qui souhaitent se situer au plus près de l'homme. On pourrait y ajouter diverses espèces introduites plus occasionnellement au laboratoire, parce que propres à aborder un problème précis, ou quelquefois par un caprice de l'expérimentateur, ou encore dans des intentions plus précises de psychologie comparée (voir chap. XIV).

Au total, c'est assez peu de chose, et l'on peut se demander de quel droit les expérimentateurs se hasardent à généraliser à l'espèce entière, quand ce n'est pas d'une espèce à l'autre et, outrecuidance suprême, de l'animal à l'homme. La réponse est double. En premier lieu, les généralisations n'ont jamais que valeur d'hypothèse ; il reste toujours à vérifier si des adultes non étudiants, des enfants non genevois ou non parisiens, des membres de cultures autres qu'occidentale, des animaux d'autres souches ou d'autres espèces fourniraient les mêmes conclusions. En second lieu, bien que les contrôles sur de nouvelles populations aient souvent abouti à nuancer les interprétations avancées, parfois à les infirmer, le miracle est que, en bien des cas, les recherches menées avec rigueur, parfois sur très peu de sujets, se révèlent étonnamment valides et reproductibles, du moins dans leurs aspects essentiels. Ceci n'est pas une raison pour se dispenser de vérifier la généralisation. C'est cependant une indication de ce que le travail expérimental correctement mené sur un échantillon restreint, fût-il peu représentatif, est la stratégie heuristiquement la plus féconde et d'ailleurs la seule réaliste. Il serait vain de tenter de prévenir toute restriction éventuelle à la généralité de nos résultats en constituant d'emblée des échantillons ambitieux vraiment représentatifs de toute l'espèce humaine, de tous les mammifères, etc. On peut interroger 3 000 citoyens français sur leurs intentions de vote, ou soumettre à un test d'aptitude 5 000 recrues américaines ; on imagine mal que l'on introduise dans le laboratoire un nombre équivalent de sujets d'expérience pour établir des échelles de sensations, explorer la signification comportementale d'une onde électroencéphalographique particulière, ou approfondir l'analyse des mécanismes de la mémoire sémantique. Il faut sans hésiter faire choix de l'investigation d'un nombre restreint de sujets, en y mettant le temps et les moyens nécessaires, car une expérience détaillée et précise constituera de toute manière une référence solide dans les mises à l'épreuve sur d'autres populations, alors qu'une expérience superficielle sur une population incontrôlable par sa taille ne nous apprendra rien.

Nous en tenant pour l'instant à l'espèce humaine, la démarche la plus simple est de faire l'hypothèse que les conclusions d'une expérimentation de laboratoire sont universelles. Cette hypothèse est facile à mettre à l'épreuve, et éventuellement à réfuter, en étudiant ensuite des groupes très différents de la population à laquelle appartenait l'échantillon de départ. Evidemment, l'hypothèse d'universalité n'est qu'une hypothèse. Il serait ridicule d'en faire l'axe d'une théorie très élaborée, que l'on exposerait d'avance à l'effondrement pour peu qu'une autre population vienne contredire les résultats initiaux. Il serait d'autre part inexcusable de fonder sur elle des applications qui risqueraient de porter préjudice à des individus que l'échantillon ne représentait pas — membre d'un groupe social, culturel différent par exemple.

### Eloge des variations

#### *Psychologie différentielle et psychologie générale*

L'obsession des lois générales et, pour les dégager, de l'étude sur des groupes de sujets a entraîné un effet pervers quant au traitement des différences entre individus. Beaucoup de psychologues s'adonnant à la recherche fondamentale en sont venus à prendre les variations interindividuelles pour des impuretés dont ils n'ont pas à se soucier. Ils les abandonnent à la psychologie appliquée, qui doit bien s'en accommoder et les prendre en compte lorsqu'il s'agit de donner des conseils en matière d'orientation scolaire ou professionnelle, de traitement psychothérapique, d'adaptation culturelle ou d'éducation spéciale. Il est significatif, à cet égard, que la psychologie différentielle, qui se donne précisément pour tâche d'étudier ces variations entre individus, n'ait trouvé aucune place dans le traité de psychologie expérimentale, publié sous la direction de Fraisse et Piaget, qui servit de référence en français dans la seconde moitié de ce siècle, tout en se voyant consacrer un volume dans le traité parallèle de psychologie appliquée dirigé par Piéron.

Cette attitude découle de l'idée, erronée, selon laquelle les variations interindividuelles représentent soit des phénomènes accessoires, et que l'on peut par conséquent négliger lorsqu'on souhaite s'en tenir aux lois générales, soit des phénomènes parasites, des écarts par rapport à une norme, qu'il convient donc de neutraliser si on ne peut les éliminer. Il est plus conforme à la pensée biologique et sociologique contemporaine de voir dans les variations un aspect essentiel de la réalité que l'on cherche à comprendre. Dans cette perspective, elles ne sont plus traitées comme des accidents juste bons à être pris en compte dans la pratique, mais bien comme une manifestation fondamentale du réel que toute théorie explicative générale se doit d'intégrer.

Les courants récents de la psychologie différentielle tendent heureusement à lui conférer cette portée qui lui fut refusée dans le passé. Ainsi, dans le domaine de l'intelligence, l'examen fin des stratégies de résolution de problèmes mises en œuvre par divers sujets révèle des particularités individuelles qui ne correspondent ni à des niveaux hiérarchisables distincts, ni à des écarts par rapport à un sujet idéal, que postulaient implicitement ou explicitement les théories traditionnelles (voir le sujet « épistémique » de Piaget, ou le sujet doté d'un quotient intellectuel de 100 et quelques unités de la psychométrie), mais bien à des variantes dont l'existence même au sein d'une population, au sein de l'espèce humaine en général, constitue la source et la garantie de l'adaptation à des problèmes sans cesse nouveaux.

Donner aux différences interindividuelles le statut qu'elles requièrent, c'est substituer une vue populationnelle à une vue normative. La diversité n'apparaît plus alors comme une complication venant brouiller l'appréhension des lois générales, mais comme la condition majeure de la dynamique adaptative à l'échelle psychologique aussi bien qu'à l'échelle biologique et culturelle.

Cette pensée populationnelle s'est évidemment imposée dans une branche de la psychologie étroitement liée à la biologie, la génétique du comportement, qui étudie la part des facteurs héréditaires dans les conduites.

### Psychologie interculturelle

Mais les différences interindividuelles au sein de l'espèce humaine sont pour une part non négligeable dues aux différences de milieu social et culturel. La psychologie différentielle est à cet égard proche de certaines branches de la psychologie sociale, et à l'échelle des cultures entières, de l'anthropologie culturelle. La psychologie interculturelle ou transculturelle — *cross cultural psychology* — s'intéresse spécifiquement aux comparaisons entre membres de cultures différentes quant à leurs caractéristiques psychologiques. Elle est amenée, en reprenant systématiquement les données fournies par la psychologie scientifique à partir de l'homme occidental, à en établir ou au contraire en mettre en question l'universalité.

On s'est rapidement avisé de ce que les épreuves psychologiques, qu'il s'agisse de tests mentaux ou de matériel employé au laboratoire de psychologie cognitive, mises au point dans un pays occidental, n'étaient pas transposables sans plus dans d'autres cultures. Mots, ou dessins d'objets, à mémoriser ou à classer, par exemple, n'ont pas une valeur indépendante du contexte culturel familier ; il ne suffit pas de traduire, il faut transposer, et substituer *chameau* à *renne* si l'on passe d'une population lapone à une population saharienne. La forme même de l'épreuve utilisée, parfois propre aux usages scolaires, peut constituer une bizarrerie, à laquelle le sujet ne s'adapte pas d'emblée, dans une culture peu scolarisée. Pour répondre à ces différences irréductibles, on a d'abord songé à construire des situations totalement indépendantes des contextes culturels, qui atteindraient des aspects assez fondamentaux des comportements, non entachés des habitudes propres à chaque culture, qui seraient proprement universelles, *culture-free*. Cette ambition s'est révélée illusoire : il n'est pas possible d'analyser les conduites d'un être humain en faisant abstraction de son appartenance à une culture, pas plus qu'il n'est pas possible d'analyser le comportement d'un animal en faisant abstraction de son appartenance à une espèce particulière (voir chap. XIV). Au lieu de s'entêter à rechercher des épreuves *culture-free*, il est plus raisonnable de mettre au point des épreuves *culture-fair* qui tiennent compte « loyalement » des particularités culturelles. Il y faut naturellement, de la part du psychologue, une connaissance approfondie de la culture à laquelle appartiennent ses sujets, une compétence d'anthropologue de terrain alliée à celle de psychologue.

L'approche conjuguée de l'anthropologie et de la psychologie montre à quel point les conduites individuelles, qu'il s'agisse de l'expression des émotions, des rapports sociaux ou des représentations cognitives, dépendent des règles et des représentations collectives. Les anthropologues classiques, comme Malinowski, Margaret Mead ou Ruth Benedict, avaient déjà battu en brèche les théories de la personnalité à prétention universelle. Ainsi, Malinowski, étudiant les populations des îles Trobriand, mettait en question les affirmations freudiennes quant à l'universalité du complexe d'Œdipe ; Mead contrastait nos conceptions occidentales, où sont valorisées l'affirmation de soi et la compétition, avec les styles de personnalités forgées par des cultures non compétitives ; Benedict mettait en évidence les différences entre structures de personnalité engendrées par des cultures amérindiennes, allant des formes les plus exacerbées de compétition agressive jusqu'aux formes les plus harmonieuses de rapports sociaux, fondées sur la négociation (tribus Kwakiutl opposées aux Navajos, par exemple). Au plan cognitif, si l'on peut penser que les mécanismes de l'esprit humain sont pour l'essentiel les mêmes partout au monde, les contenus sur lesquels ils portent peuvent différer. Ainsi, les métaphores à travers lesquelles nous concevons la structure même de notre pensée, ou de nos relations au monde, sont souvent empruntées à des objets qui dominent les activités quotidiennes, ou qui fascinent par leur efficience, leur élégance, leur mystère. Les Occidentaux que nous sommes sont depuis plusieurs siècles émerveillés par les automates, et des poupées en mouvement du XVII$^e$ siècle aux ordinateurs d'aujourd'hui, nous en avons fait les modèles de notre propre fonctionnement ; d'autres cultures ont d'autres modèles, tel, chez les Bambaras du Mali (étudiés par Y. Cissé), le métier à tisser artisanal dont les différents éléments renvoient, par leur fonction ou par leur désignation verbale, à divers aspects de la personne et de ses relations à l'univers social, véritable modèle de la personnalité.

Le constat des différences interculturelles n'est pas moins intéressant que celui d'universalité. Si, dans le second cas, on peut penser atteindre une sorte de fond commun d'origine strictement biologique, on saisit, dans le premier, les variantes que peuvent présenter les conduites humaines selon les influences du milieu. Cette variabilité ne définit pas moins la nature humaine que les traits apparemment universels, et elle n'a d'ailleurs pas moins de signification biologique.

Il est donc fallacieux d'opposer psychologie générale et psychologie différentielle. On voit mal ce que serait une psychologie générale qui ne tiendrait pas compte, comme d'un aspect essentiel, des différences interindividuelles.

### Stabilité et changement

C'est un rêve de beaucoup d'hommes que de voir se figer les choses dans un état qui leur convient, et qu'ils tiennent pour l'ordre idéal. C'est un rêve de beaucoup de penseurs de définir la nature de l'homme, une fois pour toutes. Ce rêve n'a pas quitté nombre de psychologues qui cherchent dans la science les moyens de cette définition. Ils s'accommodent mal d'une incontournable évidence : l'homme vit dans l'histoire. Individu, il se développe, passe par une longue phase de croissance, parcourt une période plus longue encore de l'âge adulte, pour achever sa course par une vieillesse plus ou moins brève. Membre d'une société, à un moment donné de l'histoire, il partage la plus grande partie de ses conduites avec ses contemporains, et avec eux il se distingue des hommes du passé et de ceux du futur. Où est la « vraie » nature humaine ? Dans le nourrisson, l'enfant, l'adolescent, le quadragénaire, le vieillard que seul son âge distingue de l'adulte, le sénile porteur de tous les signes de l'involution ? Dans l'homme du III$^e$ millénaire, dans le sujet que j'étudie aujourd'hui dans mon laboratoire ou que j'écoute dans mon cabinet de clinicien, dans ce chasseur préhistorique taillant ses silex ou décorant Lascaux ?

Dans la tentation de la stabilité, il fut longtemps de tradition, dans l'étude du développement individuel, de ne chercher dans l'enfant que l'adulte en raccourci, de voir en ce dernier une sorte d'achèvement auquel se subordonnerait par avance tout ce qui précède, et que la vieillesse, venant après, ne pourrait que détériorer. C'est encore, malgré toute la minutie mise à suivre le décours développemental, la perspective d'un Piaget lorsqu'il entreprit de retracer les origines de la pensée logique à travers les étapes de leur construction chez l'enfant : l'état final était un aboutissement, un équilibre définitif, sauf à le voir ébranlé par la dégradation de la vieillesse.

Or, un examen plus attentif de la croissance a montré que l'enfant n'est pas un adulte en raccourci, qu'il n'apparaît tel que parce que nous le regardons d'un point de vue d'adulte. Pour peu que nous nous en détachions, nous apercevons l'organisation de ses conduites comme dotée de sa propre logique adaptative. De même l'âge adulte n'apparaît pas comme un état stable prolongé mais comme une succession de progrès, de crises, d'acquisitions, de remaniements, qui peuvent se poursuivre jusqu'au cœur d'une vieillesse chronologique avancée, qui se révèle parfois la période la plus créative de l'individu. C'est bien cet être en perpétuel devenir que doit saisir le psychologue, au lieu de se forger une sorte de modèle synthétique dont les différents stades de la croissance puis de l'involution ne fourniraient que des approximations.

Il n'en va pas autrement de l'homme perçu comme chaînon dans l'histoire de son espèce, qui se confond naturellement avec l'histoire de la culture. Le psychologue ne peut espérer rendre compte d'une nature humaine intemporelle. Quelque importance que l'on attache au matériau biologique relativement stable dont l'homme est fait, les propriétés de son corps et de son cerveau l'ouvrent à de telles potentialités d'adaptation au changement que ce serait le rétrécir que de ne voir dans celles-ci que des caractéristiques accessoires et négligeables. L'homme ne sera plus le même après le développement de l'agriculture à l'époque néolithique ; ou après l'invention de l'écriture, qui multipliera, en lui donnant un support extérieur, sa capacité de stocker et de transmettre l'information ; ou après la découverte des systèmes de communication auditive, puis visuelle, à distance que nous connaissons aujourd'hui. Ces jalons culturels se sont à chaque fois accompagnés d'une véritable réorganisation de l'univers cognitif des individus, sinon dans ses mécanismes de base, du moins dans ses contenus. Plus profonds peut-être sont les bouleversements qui atteignent l'ensemble de la personnalité et des relations à autrui : l'homme exposé sur une planète rétrécie aux contacts entre cultures et à leur nivellement n'est pas l'homme inséré dans une société géographiquement limitée et pour cela fortement structurée ; l'homme de la bourgeoisie européenne du XIX$^e$ siècle, chez qui Freud donnait tant de place au refoulement, n'est plus l'homme de la fin du XX$^e$, qui vit autrement, avec d'autres types de problèmes, les rapports entre sexualité et société ; l'homme de la société industrielle se distingue de celui des sociétés artisanales. Il appartient au psychologue de s'ajuster à chaque fois à ces changements. Certes, spécialiste d'une science jeune, il ne peut que jeter un regard rétrospectif sur le long passé de l'humanité, et ce qu'il pourra en dire n'aura guère d'incidence sur sa pratique. Sa curiosité scientifique pourtant le poussera à s'interroger sur ce qu'était le fonctionnement psychologique des hommes du passé. Ainsi, aux côtés des archéologues et paléontologues, cherchera-t-il à inférer les capacités cognitives des hommes préhistoriques, dans une spécialité qui se donne pour nom *paléopsychologie* : quelles devaient être les capacités d'anticipation représentative des fabricants d'outils de pierre à partir du matériau brute ? Quel devait être chez eux le rôle de l'activité que nous dénommons aujourd'hui artistique ? Quel niveau d'élaboration syntaxique devait posséder leur langage ?

Mais les changements que l'homme a connus au cours du bon siècle d'existence de la psychologie scientifique ne sont pas pour autant négligeables. Le phénomène des mégapoles est inédit, et il soulève des problèmes neufs, engendre des conduites nouvelles ou multiplie des conduites exceptionnelles.

Les inventions technologiques s'accompagnent de remaniements des comportements quotidiens, des conceptions du monde, donnent aux tendances pathologiques des formes nouvelles d'expression. Le psychologue doit prendre en compte ces défis sans cesse renouvelés. L'évolution des transports en offre un exemple simple et convaincant. Les véhicules inventés depuis l'aube de l'ère industrielle ont radicalement modifié notre appréhension des distances et du temps ; la mise à disposition banal de chacun d'une automobile a provoqué une chaîne de problèmes jusque-là inconnus, et qui vont s'accroissant, malgré les efforts de divers spécialistes, psychologues compris — que l'on écoute peut-être trop peu en cette matière : problèmes relatifs à la sollicitation de nos processus cognitifs, processus perceptifs, attentionnels et décisionnels, anticipation, estimation des risques, problèmes de stress, d'agressivité, de responsabilité, d'affirmation de soi, problème de tendances suicidaires, d'isolement social, etc. Le psychologue du Moyen Age, s'il avait existé, n'aurait pas eu à se demander si l'homme était capable de s'adapter à des machines requérant des réactions extrêmement rapides, non plus qu'à s'interroger sur sa capacité à des acquisitions nouvelles à l'âge adulte en vue d'une reconversion professionnelle imposée par l'évolution technologique, non plus qu'à s'inquiéter de la façon dont il réagirait au port d'un pacemaker cardiaque, d'un rein greffé ou, pour prendre un exemple à peine au futur, d'un cœur de singe. C'est de tous ces problèmes propres à leur temps que sont faits les hommes, et c'est des hommes ainsi faits que s'occupent les psychologues. Leur programme de travail n'est donc pas limité : par définition, ils n'auront jamais fini.

C'est dire aussi que la psychologie est par nécessité une science de l'évolution, du changement, une science diachronique, par opposition au synchronique, qui découpe une tranche dans le temps et s'y tient. Les conceptions et approches structurales ne peuvent donc, en psychologie, n'avoir d'autre valeur que de méthode. Il n'est pas interdit de procéder à l'analyse de la personnalité à un moment donné et de rendre compte de son organisation en tant que système structuré. C'est autre chose de voir dans la description de ce système quelque chose d'immuable, qui renverrait sans autre à une origine congénitale, voire génétique, où se trouverait déjà le germe, sinon la manifestation de la structure achevée. Il n'est pas pour le psychologue de structure sans histoire. Comme il n'est pas de vraie psychologie scientifique en dehors d'une perspective différentielle, il n'en est pas non plus en dehors d'une perspective diachronique, c'est-à-dire, au niveau des espèces, phylogénétique ; au niveau de l'homme, historico-culturelle ; au niveau de l'individu, développementale.

# XIII. Mesure et mathématisation

**Fascination des chiffres**

C'est un trait commun sans doute à toutes les sciences que l'ambition de mesurer les choses qu'elles étudient et d'aboutir, pour les décrire, voire pour les « expliquer », à des formules mathématiques. La psychologie n'a pas échappé à cette tendance ; au contraire, elle l'a partagée presque avec excès. Les mathématiques, principalement la statistique, y ont pris, dans la formation des futurs psychologues, une place qu'elles sont encore souvent loin de tenir dans des disciplines où elles jouent cependant un rôle aussi important dans la construction du savoir.

On peut spéculer sur les raisons de cette fascination. Elles sont sans doute en partie historiques. Il faut se souvenir (voir chap. VII) que les premiers travaux de la psychologie scientifique s'inscrivirent dans le champ de la psychophysique, avec l'ambition d'établir la relation entre les phénomènes psychiques, les sensations, et les phénomènes du monde physique. La science physique servait donc de référence. Ses progrès avaient permis de préciser, et de mesurer, les propriétés des phénomènes physiques responsables de nos sensations auditives, visuelles, tactiles. Le même souci de mesure devait normalement se porter sur le versant psychologique de cette mise en relation entre stimulus et sensation. Cela était dans la logique même de la recherche entreprise, et les succès de cette branche de la psychologie naissante ne firent que confirmer le bien-fondé de la démarche. Mais par-delà la solution d'un problème de recherche, on peut supposer que l'attraction pour la mesure et la mathématisation, à l'instar de la physique, traduisait la hantise de la psychologie d'affirmer sa scientificité. Cette hantise existe encore de nos jours, et il n'est pas rare que le chercheur en psychologie ne se sente de plain-pied avec ses partenaires scientifiques d'autres disciplines que s'il leur propose un modèle mathématique de ses découvertes. On retrouve ici en toile de fond, et confusément, un problème épistémologique classique qu'il n'est pas inutile d'évoquer brièvement.

La manière élégante dont les constructions mathématiques, du moins certaines d'entre elles, s'appliquent à la description du monde réel, en particulier du monde physique qui fait l'objet de la science physique, relève encore du mystère. Mathématiciens et utilisateurs de la mathématique continuent de se diviser en deux camps : ceux pour qui la construction mathématique est un outil, sans plus, dont le physicien, le biologiste, le sociologue, l'économiste, et pourquoi pas le psychologue, usent, à la façon des bons bricoleurs, parce qu'il les aident à mettre de l'ordre dans leurs affaires, et ceux qui voient dans cette adéquation un signe de ce que les entités mathématiques correspondent à une sorte de représentation idéale de l'univers, dotée d'existence propre en dehors du cerveau des mathématiciens (voir encart 1), la vocation de la science n'étant autre que de trouver les points de rencontre entre la réalité sensible et sa réplique mathématique. Nous ne trancherons point ici ce débat, déjà évoqué précédemment. Il ne revêt en effet son acuité qu'au niveau de sciences qui, comme la physique théorique, se meuvent dans une zone où les frontières se font incertaines entre l'objet mathématique et l'objet physique qu'il décrit, et où l'esprit prend quelque vertige. La psychologie n'en est pas là, et nous admettrons comme plus raisonnable de partager, pour ce qui la concerne, la position de ceux qui ne voient dans les mathématiques que des outils commodes, dont il faut user en bons bricoleurs.

L'insistance sur la mathématisation et la référence au modèle de la physique se retrouve aussi à l'intérieur de la psychologie chez ceux qui y défendent le statut scientifique de leur discipline face à ceux qui se rattachent ouvertement à des orientations non pas nécessairement anti-scientifiques, mais différentes (on pourrait dire « philosophiques » à condition de donner à ce terme l'acception bien délimitée, et non péjorative, de « qui relève d'un mode de connaissance faisant appel à la réflexion systématique et au raisonnement, mais ne se conforme pas aux méthodes de vérification adoptées par les sciences »). Dans la mesure où cette assimilation de la scientificité à l'importance de l'appareil mathématique dissimule parfois de véritables distorsions dans l'usage même des nombres, cette position contribue paradoxalement à creuser le fossé entre psychologues qui se veulent scientifiques, donc « mathématisant » à outrance, et ceux qui ne se soucient trop de l'être, ou pensent, non toujours à tort, l'être autrement. Il importe donc, si nous voulons réduire plutôt qu'accentuer les ruptures à l'intérieur de la psychologie, de clarifier le rôle, ou plutôt les rôles, de la mesure et de la mathématisation. Nous discuterons de l'adéquation entre procédé de mesure choisi et données à mettre en ordre et à traiter. Nous verrons par quelques exemples comment les problèmes rencontrés, et notamment les problèmes de preuve et de contrôle, ont conduit à faire appel à l'outil mathématique. Nous verrons à quoi se ramènent, pour l'essentiel, et intuitivement, les procédés les plus courants de la statistique descriptive et inférentielle. Enfin, nous évoquerons, très allusivement, les modèles mathématiques plus sophistiqués que, dans quelques cas, les psychologues utilisent, tout à fait légitimement. Ce chapitre ne se substitue pas à un précis, même introductif, de statistique ou de mathématique appliquée à la psychologie, auquel le lecteur se reportera évidemment. Il s'en tient à une réflexion générale destinée à dédramatiser la place faite à la mathématisation dans la formation psychologique, en en éclairant les raisons et en en situant les limites.

### Les niveaux de mesure

Si l'on prend bien conscience des différents niveaux de mesure, comme le recommande d'ailleurs tout bon usage des mathématiques appliquées aux sciences empiriques, on verra que l'opposition, souvent accentuée en psychologie, entre une approche mathématisante et une approche qui ne le serait pas perd tout sens. En effet, il n'est guère possible de raisonner sur des données empiriques sans faire usage d'un des niveaux de mesure que nous proposent les mathématiciens, et qu'ils assortissent chacun d'outils appropriés à l'analyse des données.

### *Echelle nominale*

Rejoignant nos remarques sur l'observation, la première manière de mettre de l'ordre dans les choses est de les classer, et de compter combien il s'en trouve dans chaque catégorie. C'est le niveau de l'échelle nominale, où nous devons nous borner, mais c'est déjà beaucoup, à préciser des effectifs de classe, ou fréquences absolues, convertibles en pourcentage de l'effectif d'ensemble ou fréquences relatives. Lorsque l'on classe les habitants d'un pays selon leur religion, leur profession, leur sport favori, etc., on applique, à chacune de ces caractéristiques, une échelle nominale (on aura, par exemple, pour la religion les classes : musulman, protestant, catholique, orthodoxe, israélite, bouddhiste, divers). C'est ce que fait le clinicien qui utilise le test des taches d'encre de Rorschach lorsqu'il classe les réponses selon qu'elles sont déterminées par la forme de la tache, par sa couleur ou par son mouvement ; ou selon une autre dimension, par l'ensemble, par une partie, par un petit détail ou un blanc séparant des aires de la tache. C'est ce que fait l'éthologiste qui range les comportements observés chez un animal dans les diverses catégories prévues par son éthogramme, ou le spécialiste de la personnalité qui range ses sujets dans l'un des types psychologiques que lui propose une théorie typologique. Les catégories choisies ne sont pas ordonnées entre elles : si l'on représente les données sous forme graphique, on peut placer ces catégories dans n'importe quelle disposition.

### *Echelle ordinale*

Chaque fois qu'il est possible, on souhaitera évidemment aller plus loin dans la mesure, et dans un premier temps, on verra si les catégories ne se laissent pas ordonner. On passera alors à une échelle ordinale. Le sergent qui range ses recrues en ordre de taille, sans s'encombrer de leur taille précise, mais sans se tromper sur leur rangement, applique une échelle ordinale. Le psychologue développementaliste qui classe ses sujets soumis à une expérience piagétienne dans l'un des stades ou sous-stades décrits par Piaget applique une échelle ordinale : ces stades et sous-stades ne peuvent être mis dans un ordre quelconque sans faire violence à l'idée même de stade ; ils s'ordonnent, comme des objets du plus petit au plus grand. Il en va de même pour le psychométricien appliquant un test d'âge mental : les tests qu'il emploie sont hiérarchisés selon un ordre ici encore développemental. Lorsque, dans un questionnaire, on demande au sujet de cocher sur une échelle en cinq points, celui qui correspond à son évaluation subjective d'un trait psychologique le concernant (« Comment estimez-vous votre capacité de communiquer : exceptionnelle, très bonne, moyenne, pauvre, très déficiente ») ou concernant autrui (« Le président de la République mérite-t-il : une confiance aveugle, une confiance vigilante, une confiance mitigée, une certaine méfiance, une méfiance totale »), on pratique de même une mesure qui ne dépasse pas le niveau ordinal. Le trait mesuré varie selon une gradation évidente. On ne peut rien dire de plus, et même, dans ces exemples un peu caricaturaux, pourrait-on discuter du recouvrement possible de certaines des catégories ordonnées, telles la « confiance mitigée » et la « certaine méfiance ». On devine que la mise au point sérieuse d'un questionnaire de ce type, qu'il vise à l'examen de la personnalité ou au sondage d'opinion, requiert des opérations minutieuses dont les spécialistes ont élaboré les règles.

Le recours, plutôt qu'à des descriptions verbales, à des chiffres ou à un positionnement sur une droite graduée ne doit pas faire illusion : il n'ajoute, quant au procédé de mesure, rien de plus qu'un rangement ordonné. On ignore en effet la distance qui sépare les échelons voisins, faute de disposer d'une unité de mesure que l'on puisse appliquer à l'étendue totale de la dimension considérée. Si un psychologue évalue l'état d'anxiété d'un patient sur une échelle en cinq points, et lui attribue 4, rien ne permet de décider si ce score présente par rapport au 3 attribué deux mois auparavant une aggravation égale à celle qui l'avait fait passer d'abord de 2 à 3.

## Echelle à intervalles et échelle proportionnelle

Il faut pour cela passer à un niveau plus raffiné qu'offre l'échelle à intervalles (on dit aussi échelle d'intervalles). Elles nous sont familières dans la vie courante par les calendriers, par exemple. Prenant pour référence par convention le calendrier grégorien courant, nous pouvons affirmer que le temps qui s'est écoulé entre l'an 1240 et l'an 1265 est égal au temps qui s'est écoulé entre 1910 et 1935 ou qui s'écoulera entre 2000 et 2025. L'unité de mesure du temps — année, divisée en mois, semaines, jours — est précisée et constante (le rattrapage de l'année bissextile ne changeant rien à l'affaire !). Nous pouvons aisément convertir une période exprimée dans ce calendrier en une période équivalente du calendrier de l'hégire ou du calendrier juif : les unités y sont différentes mais la transposition de l'un dans l'autre ne pose aucun problème, alors que l'évaluation de l'anxiété sur l'échelle en cinq points ne nous assure même pas que le 4 attribué par le psychologue X correspond au 4 octroyé par son confrère Y.

Le psychologue n'est pas souvent en mesure d'appliquer à ses données une échelle à intervalles. S'il fait passer un test de logique visuo-perceptive comportant 40 questions en ordre de difficulté croissante, et leur attribue à chacune 1 point, rien ne garantit que la distance, l'écart de difficulté entre la question 38 et la question 39 soit égal à l'écart entre les questions 5 et 6. Moins encore peut-on inférer que l'écart entre le sujet qui obtient un résultat de 35 diffère de celui qui obtient 30, comme celui qui obtient 15 diffère de celui qui obtient 10. Les psychométriciens ont élaboré des techniques pour contourner ces difficultés, et faire en sorte que leurs instruments s'approchent des qualités requises d'une échelle à intervalles, mais il faut savoir que c'est souvent au prix de manipulations mathématiques sophistiquées. On peut alors admettre qu'entre des sujets présentant respectivement des quotients intellectuels de 60, 100 et 140 l'écart est de même grandeur, à savoir 40 points, pris conventionnellement comme unité de l'échelle.

On ne se hasardera pas pour autant à conclure que le troisième est largement deux fois plus intelligent que le premier, pas plus que nous ne songerons à déclarer que l'an 2000 correspond à « deux fois plus de temps » que l'an mil. En effet, si nous convertissons dans le calendrier musulman, ce rapport ne vaut plus (on fera le même raisonnement sur les thermomètres Fahrenheit et Celsius). Pour que nous puissions opérer des rapports de ce genre, il faut que l'échelle possède un point zéro, comme c'est le cas pour les longueurs ou les poids : 2 m sont 2 fois 1 m, et ce rapport reste vrai si nous transposons les longueurs en pouces. Nous atteignons là le niveau le plus perfectionné d'échelle de mesure, dite échelle de rapport, ou proportionnelle. Le matériau dont dispose le psychologue ne l'autorise pour ainsi dire jamais à appliquer ce type d'échelle, sauf dans le cas de phénomènes très élémentaires mesurés par des grandeurs physiques auxquelles elle s'applique (le temps de réaction), ou, après manipulations mathématiques adéquates, et une fois établies certaines conventions, dans les cas des échelles de sensation construites par les psychophysiciens.

## Echelles de mesure et outils statistiques correspondants

Ces quatre niveaux d'échelle s'accommodent d'opérations de complexité croissante : au simple étiquetage de la première se substitue la relation d'ordre de la seconde, suivie de la possibilité d'ajouter et de retrancher, d'additionner et de soustraire, propre à l'échelle à intervalles, et enfin l'application, en outre, de la multiplication et de la division au niveau de l'échelle proportionnelle. Leur correspondent aussi des outils statistiques propres, liés tant à la description des données (statistique descriptive : respectivement mode, médian, moyenne, moyenne géométrique, par exemple, pour ce qui est de l'indice dit de tendance centrale) qu'à l'estimation de la signification à accorder aux effets des variables qu'elles font apparaître (statistique inférentielle : tests de l'hypothèse nulle par le $\chi^2$, le U-test de Mann-Whitney, le $t$ de Student ou l'analyse de variance ANOVA). Ces techniques se trouvent décrites dans les ouvrages de statistiques, et nous nous en tiendrons à fournir ci-dessous une vue intuitive de leur raison d'être.

### Eléments de statistique intuitive

Nous avons attiré l'attention dans un chapitre précédent sur le fait que ce à quoi s'intéresse le psychologue se situe chez le sujet individuel. Ceci à première vue devrait lui permettre de se dispenser de l'intrusion de la statistique, dont pourtant il est de gré ou de force généralement tenu de pénétrer les arcanes au cours de sa formation. Qu'est-ce qui justifie la place de cette branche des mathématiques dans nos disciplines ?

### Neutraliser les variables parasites

Contrairement à ce qu'on serait tenté de penser, la statistique n'intervient pas uniquement lorsque l'on travaille sur des groupes de sujets. Dans l'étude des phénomènes les plus simples chez un même individu, telle l'étude des temps de réaction ou des seuils absolus, on s'aperçoit vite qu'une mesure unique ne peut suffire. En effet, si on répète la mesure, on n'obtient pas rigoureusement le même résultat. La mesure fluctue, vraisemblablement d'une part parce que nous n'avons pas identifié et contrôlé toutes les variables influant sur le phénomène considéré, et d'autre part parce que le système que constitue l'organisme chez lequel nous le mesurons ne présente pas une stabilité parfaite. L'organisme vivant, que le psychologue est bien forcé d'aborder dans son intégrité et sa globalité alors même qu'il n'analyse qu'un aspect très parcellaire de son fonctionnement, est le siège de perpétuelles variations. On ne pallierait donc que partiellement cette difficulté en tentant de contrôler toutes les variables imaginables, ce qui serait d'ailleurs pratiquement irréalisable et fort coûteux (voir encart 38) : on ne se débarrasserait pas de la variabilité intrinsèque au système étudié. Il vaut mieux se résoudre à compenser celle-ci, en même temps qu'à neutraliser les variables parasites, par l'accumulation de mesures. Ceci explique que, dans la mesure d'un temps de réaction ou la détermination d'un seuil sensoriel, on procède toujours à une série de mesures, dont on établit la distribution, dont on calcule la moyenne, retenue conventionnellement comme valeur du TR ou du seuil.

### Statistique descriptive

L'établissement de cette distribution des valeurs recueillies est l'affaire de la statistique descriptive. Celle-ci nous offre l'outil approprié, c'est-à-dire correspondant au type d'échelle de mesure employée, pour analyser les phénomènes que nous avons classés ou mesurés. Prenons l'exemple d'une distribution de valeurs obtenues à l'aide d'une échelle à intervalles — qui s'applique légitime-

ENCART 38

Il est loisible au chercheur de cerner, idéalement, toutes les variables, externes ou internes, responsables des fluctuations du phénomène étudié. Certaines d'entre elles peuvent présenter un très grand intérêt, d'autres paraître assez triviales. On peut estimer que ni les unes ni les autres ne méritent qu'on les prenne en compte dans une expérience donnée, et préférer la voie économique, de toute manière incontournable, de la neutralisation par la multiplication des mesures.

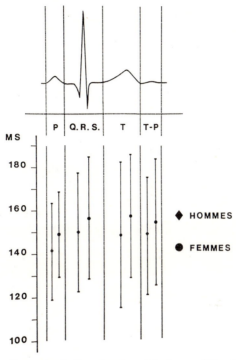

*Fig. 11* — Temps de réaction, chez des sujets de sexe différent, selon le positionnement du stimulus impératif dans le décours du battement du cœur. Le graphique du haut schématise les phases successives de l'onde cardiaque. Le graphique du bas fournit les temps de réaction moyens, en millisecondes (ordonnée) mesurés à partir de stimulus impératifs situés dans les différentes phases de l'onde cardiaque. Le trait vertical de part et d'autre de chaque point traduit l'indice de dispersion, expression de la variabilité entre sujets. (D'après Requin.)

Dans une expérience déjà ancienne, Requin avait pu montrer que l'une des sources de fluctuation du temps de réaction simple se trouvait dans le positionnement temporel du stimulus impératif (stimulus auquel le sujet doit répondre le plus rapidement possible) par rapport au décours du battement cardiaque. Comme on le constate dans la figure 11, le temps de réaction est plus court dans la phase initiale étiquetée P de l'onde cardiaque que dans les phases suivantes Q, R, S et T. On notera d'autre part les importantes variations interindividuelles. (J. Requin, Rôle de la périodicité cardiaque dans la latence d'une réponse motrice simple, *Psychologie française*, 10, 155-163.)

ment au TR. Elle se présenterait graphiquement selon le schéma de la figure 12. Elle a l'allure classique d'une distribution dite normale ou gaussienne, symétrique autour de la valeur moyenne, qui correspond par ailleurs au mode (effectif le plus élevé) et au médian (valeur correspondant au rang central : la cinquantième de 100 mesures, le cinquantième de 100 sujets) si l'on traite cette distribution comme nominale ou ordinale, ce qui n'est pas interdit, puisque chaque niveau d'échelle possède les propriétés des niveaux inférieurs. Moyenne, mode et médian sont des indices de tendance centrale. On voit comment cette description statistique des données permet de situer l'une d'entre elles par rapport aux autres. Si les données consistent, par exemple, en notes obtenues par divers sujets à un examen, ou à un test psychologique, on pourra situer tel sujet par rapport à la tendance centrale. Pour ce faire, il faudra cependant tenir compte d'une autre caractéristique, non moins essentielle, de la distribution : son étalement autour de la tendance centrale, exprimé par un indice dit de dispersion, déviation standard ou variance pour le cas qui nous occupe. Sans entrer ici dans les formules, on comprendra sans peine que deux distributions de même moyenne peuvent présenter une dispersion différente.

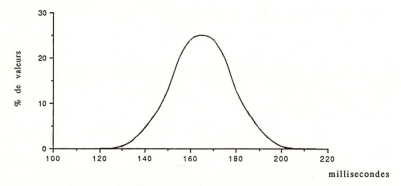

*Fig. 12* — Distribution des temps de réaction simple à un stimulus sonore nettement audible chez l'homme. En ordonnée, les fréquences relatives ; en abscisse, les valeurs du TR en millisecondes.

Voilà qui nous fournit une vue claire de nos données, mais ne suffit évidemment pas à nous instruire sur les effets des variables indépendantes qui nous intéressent.

### Statistique inférentielle

Pour cela, nous serons amenés à comparer les observations faites dans plusieurs conditions. Supposons que nous nous demandions si la mémoire traite plus facilement des mots de la langue, dotés d'un sens, que de mots artificiellement forgés et dénués de sens (*lac* ou *soc* par opposition à *nac* ou *cos*). Nous devrons soumettre nos sujets (supposons que nous en prenions 100) à une épreuve de mémorisation des deux types de matériel, sous forme, par exemple, de deux listes de 20 éléments chacune. Nous obtiendrons deux distributions de résultats, une pour chaque matériel, ayant leur moyenne et leur dispersion propres. Ces valeurs seront vraisemblablement différentes, en faveur des mots dotés de sens. Mais devons-nous faire confiance à cette différence ? Devons-nous la prendre au sérieux, lui accorder une signification ? C'est ici qu'intervient essentiellement la statistique inférentielle, en nous procurant des techniques propres à nous indiquer si la différence observée est ou n'est pas significative. Ces techniques reposent sur des opérations mathématiques plus ou moins complexes, chaque fois adaptées, comme on l'a vu ci-dessus, au niveau de mesure utilisé dans la récolte des données. Elles se ramènent toutes, cependant, à un raisonnement commun : compte tenu des caractéristiques des distributions des données, quel risque y a-t-il pour que la différence observée puisse n'être que l'effet du hasard ? On fait généralement l'hypothèse qu'il en est bien ainsi, que la différence n'est pas significative. C'est ce que l'on appelle l'hypothèse nulle, que les tests de signification statistique appropriés permettent de rejeter ou de retenir. La rejeter, c'est établir la signification de la différence, signification qui ne sera cependant jamais exprimée qu'en termes de probabilité. On choisira ici ses critères d'exigence : on ne se satisfera pas d'une chance sur deux d'obtenir la différence observée ; généralement, on n'accordera de signification que si l'on atteint un seuil de probabilité de 0.05, voire 0.01, ce qui veut dire qu'il n'y a pas plus de 5 chances sur 100, voire 1 chance sur 100 d'obtenir la différence observée « par hasard ».

Il faut insister sur le fait que cette notion de signification est d'ordre purement statistique, et qu'elle s'applique aux données telles qu'elles sont. Elle ne nous dit rien de la validité de ces données, de leur « signification » proprement psychologique, non plus que de la qualité des moyens mis en œuvre pour les recueillir. Il ne faut pas confondre les démarches techniques assurant une bonne observation ou une bonne expérimentation et les démarches statistiques assurant une bonne exploitation des données. Ces deux ordres de démarches, pour être distincts, ne sont pas pour autant indépendants : pour appliquer des tests statistiques concluants, le chercheur doit concevoir son travail d'observation ou d'expérimentation, dès le départ, en fonction des exigences de leur utilisation. C'est à quoi répondent les plans d'expérience.

### Contrôle et plans d'expérience

La notion de plan d'expérience est étroitement liée aux outils statistiques à mettre en œuvre et au problème plus général du contrôle. Celui-ci peut se formuler fort clairement de façon intuitive, sans s'encombrer des instruments de la statistique. Il se ramène à une mise en question constante des « explications » proposées aux phénomènes que l'on étudie, des relations de causalité que l'on prétend y déceler. Une grande part de l'effort scientifique de la psychologie vise à se dégager d'attributions causales admises sans esprit critique, sans souci de contrôle. On trouve dans Maupassant une leçon sur le contrôle dénuée de tout académisme (voir encart 39).

#### *Contrôle intrasujet et groupe de contrôle*

On distinguera les cas où le contrôle de l'effet de telle ou telle variable peut se réaliser sur le(s) même(s) sujet(s), et les cas où nécessairement ou par commodité, on procédera au contrôle sur des sujets différents. Dans le premier cas, on pourra procéder à une expérience concluante sur un sujet unique, quitte à vérifier que les relations mises en évidence se retrouvent chez d'autres sujets. Dans

ENCART 39

*Maupassant donne une leçon de contrôle des données*

Dans l'une de ses nouvelles, Maupassant met en scène un groupe d'amis discutant de magnétisme et autres phénomènes paranormaux. Ces thèmes alimentaient les conversations, la fascination des miracles se mêlant à la publicité faite aux travaux de Charcot, dont Maupassant d'ailleurs avait été écouter les leçons. L'un des convives se montre sceptique et rapporte à ses interlocuteurs les arguments de ses réserves à l'endroit des rêves prémonitoires :

« Dans le village d'Etretat, les hommes, tous matelots, vont chaque année au banc de Terre-Neuve pêcher la morue. Or, une nuit, l'enfant d'un de ces marins se réveilla en sursaut en criant que son "pé était mort à la mé". On calma le mioche, qui se réveilla à nouveau en hurlant que son "pé était neyé". Un mois après, on apprenait en effet la mort du père enlevé du pont par un coup de mer. La veuve se rappela les réveils de l'enfant. On cria au miracle, tout le monde s'émut ; on rapprocha les dates ; il se trouva que l'accident et le rêve avaient coïncidé à peu près ; d'où l'on conclut qu'ils étaient arrivés la même nuit, à la même heure. Et voilà un mystère du magnétisme. »

Le conteur s'interrompit. Alors un des auditeurs, fort ému, demanda : « Et vous expliquez ça, vous ?

— Parfaitement , monsieur, j'ai trouvé le secret. Le fait m'avait surpris et même vivement embarrassé ; mais moi, voyez-vous, je ne crois pas par principe. De même que d'autres commencent par croire, je commence par douter ; et quand je ne comprends nullement, je continue à nier toute communication télépathique des âmes, sûr que ma pénétration seule est suffisante. Eh bien, j'ai cherché, cherché, et j'ai fini, à force d'interroger toutes les femmes des matelots absents, par me convaincre qu'il ne se passait pas huit jours sans que l'une d'elles ou l'un des enfants rêvât et annonçât à son réveil que le "pé était mort à la mé". La crainte horrible et constante de cet accident fait qu'ils en parlent toujours, y pensent sans cesse. Or, si une de ces fréquentes prédictions coïncide, par un hasard très simple, avec une mort, on crie aussitôt au miracle, car on oublie soudain tous les autres songes, tous les autres présages, toutes les autres prophéties de malheur, demeurés sans confirmation. J'en ai pour ma part considéré plus de cinquante dont les auteurs, huit jours plus tard, ne se souvenaient même plus. Mais, si l'homme, en effet, était mort, la mémoire se serait immédiatement réveillée, et l'on aurait célébré l'intervention de Dieu selon les uns, du magnétisme selon les autres. » (Maupassant, « Magnétisme », 1882.)

L'engouement pour le parapsychologique, comme on dit aujourd'hui, n'a pas baissé, si l'on en juge, non seulement par sa place dans les médias, mais par le recours de plus en plus fréquent à l'astrologie, la numérologie et autres pratiques de même ordre dans les prises de décision en entreprise ou en politique. Sans doute l'explication doit-elle en être cherchée dans la force de conviction de la coïncidence pour celui qui en fait l'expérience. Le contrôle en effet impose un détachement difficile par rapport au cas singulier.

Les psychologues se doivent d'ailleurs de procéder à un examen de conscience, car toutes les pratiques qu'ils offrent au public n'ont pas toujours été validées de façon plus sérieuse que les horoscopes.

le second, on sera généralement amené à recourir à des groupes de sujets, constitués en groupes contrôle et groupes expérimentaux.

Le sujet peut être utilisé comme son propre contrôle lorsque la variable dont on cherche à tester l'effet n'a pas de conséquences irréversibles. Par exemple, on peut étudier de cette manière l'effet de la privation de sommeil sur les performances dans une tâche attentionnelle, car la fatigue est un état réversible, et il est donc loisible d'examiner le même sujet à plusieurs reprises sans privation de sommeil et avec privation de sommeil. Par contre, si l'on souhaite savoir si l'alcool affecte l'apprentissage d'une tâche motrice nouvelle pour le sujet, par exemple, dessiner le contour d'une étoile en voyant sa production réfléchie dans un miroir, et donc visuellement inversée, il faudra recourir à un groupe contrôle, car il n'est pas possible à un même sujet d'apprendre « pour la première fois » dans les deux conditions.

La constitution des groupes de sujets, qui serviront de groupes contrôle ou expérimentaux, appelle quelques précautions élémentaires. On ne pourra rien conclure de l'expérience si les groupes comparés ne sont pas équivalents. L'équivalence doit être garantie par le procédé d'échantillonnage des sujets. Deux procédés principaux s'offrent au chercheur : ou bien il constitue ses groupes en prenant les sujets au hasard dans une population réputée homogène, ou bien il veille à ce que figurent dans chaque groupe des sujets présentant les mêmes caractéristiques.

> Si un expérimentateur se propose de voir si une tâche de résolution de problèmes se trouve affectée par la présence d'un bruit intense, il pourra choisir une population de 100 étudiants en psychologie de dix-huit à vingt-cinq ans et tirer au sort dans cet ensemble les 50 sujets qui exécuteront la tâche dans le silence, et les 50 qui l'exécuteront dans une ambiance bruyante.
>
> Si un clinicien désire mettre à l'épreuve l'efficacité d'un traitement psychologique donné sur l'agressivité d'enfants vivant dans une institution, il risque de ne pouvoir réunir deux groupes équivalents en les tirant au sort dans la population dont il dispose, en raison de l'hétérogénéité de celle-ci quant à diverses variables qu'il a des raisons de croire importantes, tels l'âge, la durée du séjour en institution, le niveau de scolarité atteint, etc. Il adoptera dès lors la procédure d'appariement, qui consiste à faire correspondre à chaque sujet du groupe expérimental (le groupe qui recevra le traitement) un sujet du groupe contrôle présentant les mêmes caractéristiques quant à ces variables.

## Plans d'expérience

Les plans d'expérience ne sont rien d'autre que la mise au point préalable à l'expérience de l'organisation de celle-ci de façon à satisfaire aux exigences de contrôle. Il existe de nombreux plans expérimentaux typiques, adaptés à la nature et au nombre des variables étudiées ; ils peuvent atteindre un très haut degré de complexité. Il n'est pas utile d'encombrer l'esprit du débutant de leur description détaillée ; il pourra y venir s'il est un jour amené à les pratiquer. On s'en tiendra donc ici aux cas de figure les plus simples, et à quelques indications, encore une fois intuitives, concernant les cas plus complexes.

Dans le cas le plus simple, on a affaire à une seule variable indépendante, présentant deux états possibles, soit qualitativement distincts, soit choisis sur un continuum de variation. Par exemple, on peut s'intéresser au rendement à un test en fonction du sexe, la variable indépendante présentant deux états : garçons et filles ; ou à la valeur du temps de réaction en fonction de la modalité sensorielle du stimulus impératif : visuelle, auditive, tactile. Par contre, la durée du stimulus impératif constitue une variable continue, dont on peut choisir deux valeurs ou plus, 100, 200, 300, 400 et 500 millisecondes par exemple. Il en va de même de l'âge, par opposition au sexe : étudier un rendement en fonction de l'âge, c'est prendre une série de valeur sur une variable continue. On voit sans peine comment s'appliqueront les tests de signification qui permettront de tester l'effet de la variable considérée. Le principe reste le même si la variable indépendante présente plus de deux états.

L'effet d'une variable unique présentant un seul état se met en évidence le plus simplement à l'aide d'un plan d'expérience dans lequel deux groupes sont soumis d'abord à un prétest ; ensuite l'un des deux est soumis à la variable dont on cherche à préciser l'effet ; les deux groupes sont enfin soumis à un post-test (voir schéma dans l'encart 40). Cette procédure a en outre le mérite de tenir compte de l'évolution possible des sujets entre prétest et post-test, indépendamment de l'action de la variable étudiée. En voici quelques exemples d'application.

## Méthodes

> **ENCART 40**
>
> |  | Phase A | Phase B | Phase C |
> |---|---|---|---|
> | Groupe contrôle | Pré-test | ... | Post-test |
> | Groupe expérimental | Pré-test | Variable V | Post-test |
>
> L'inhibition rétroactive : la rétention d'une liste de mots, par exemple, est affectée par l'exécution d'une tâche similaire, survenant entre l'apprentissage initial et le test de rétention. Groupes contrôle et expérimental apprennent une liste de 20 mots, leur performance étant mesurée dans le pré-test (phase A). Le groupe expérimental apprend en phase B une liste différente, cependant que le groupe contrôle est invité à accomplir une tâche tout à fait différente qui n'a d'autre but que de l'empêcher de répéter intérieurement le matériel appris en A. Les deux groupes sont enfin invités à reproduire autant d'éléments que possible de la liste apprise en A (phase C). On conclura à une inhibition rétroactive (de la tâche interférente sur la tâche initiale) si les résultats du groupe contrôle en C sont inférieurs à ceux obtenus en A, corrigés par la différence éventuellement observée entre A et C dans le groupe contrôle, sous l'effet de l'oubli par exemple.
>
> Le même schéma s'appliquera dans l'évaluation d'un traitement psychologique : l'évaluation du trouble sera effectuée dans les deux groupes, puis le traitement appliqué au seul groupe expérimental, et son effet estimé par une nouvelle évaluation. L'amélioration constatée sera non seulement rapportée à l'évaluation initiale, mais comparée à une seconde évaluation du groupe contrôle, effectuée après une période identique ; en effet, le groupe contrôle peut très bien accuser une aggravation, ou une amélioration spontanée. L'emploi de ce plan d'expérience dans l'étude de l'efficacité des traitements ou des interventions éducatives soulève des problèmes déontologiques (voir chap. XVII), que l'on peut contourner en utilisant des plans quasi expérimentaux (voir ci-dessous).

### Méthodes transversale et longitudinale

Le choix de l'âge comme variable indépendante est évidemment à la base de la démarche propre à la psychologie développementale (voir encart 41). On peut, en principe, opter pour l'une de deux procédures, transversale ou longitudinale, mais la première s'impose le plus souvent pour des raisons pratiques. Dans la méthode transversale, on vise à fournir une image du développement en constituant simultanément des groupes équivalents d'âges différents. On fait l'hypothèse que les sujets des différents âges font partie d'une population générale, c'est-à-dire que les sujets qui ont aujourd'hui quinze ans auraient été les mêmes il y a trois ans que ceux qui ont aujourd'hui douze ans. On ignore conventionnellement le temps historique différent dans lequel ont grandi les sujets des différents âges. Cette convention n'est pas toujours légitime, et l'on a décrit des effets de cohorte qui montrent l'importance du temps historique dans les études développementales. Par exemple, on pourra fausser une courbe de développement du poids et de la taille si l'on ne s'avise pas de ce que, au moment de l'étude, les effets d'une privation alimentaire liée à une guerre affectent les sujets de plus de six ans, et parmi ceux-ci ceux qui subirent les privations au cours de la prime enfance plus que les autres.

La méthode longitudinale suit les mêmes sujets à travers leur développement. Elle exige une planification à long terme de la recherche, et une possibilité économique de la mener jusqu'au bout. Ces conditions ne sont malheureusement pas toujours réunies dans une politique de la recherche marquée par les échéances à court terme. On en trouve pourtant quelques exemples célèbres, notamment l'étude de Terman sur le devenir d'enfants de quotient intellectuel supérieur.

---

ENCART 41

*La psychologie du développement*

Cette branche de la psychologie est l'une des plus anciennes et aussi des plus importantes, tant au plan théorique que pratique, ne serait-ce que par son incidence dans le domaine de l'éducation. Elle s'est d'abord confondue avec la psychologie de l'enfant, le développement n'étant abordé que dans la phase de croissance physique des organismes. Depuis environ un quart de siècle elle s'est élargie pour englober toutes les phases de la vie, l'âge adulte et surtout la vieillesse, qui requiert une attention croissante dans les sociétés modernes. A une philosophie qui insistait sur le contraste entre phases d'évolution de l'enfance et de l'adolescence et phase d'involution de la vieillesse s'est substituée la notion de la poursuite à travers toute la vie humaine du développement de la personne. On parle de psychologie du développement, vie entière ou cycle de vie entier *(life-span development)*. Le volume HD est entièrement consacré à cette branche de la psychologie, et fournira le détail de ses apports et de ses problématiques.

### Interaction entre variables

Très souvent, on a affaire à plusieurs variables indépendantes. On pourrait, à première vue, rétorquer qu'il suffit de les prendre séparément les unes après les autres, de telle sorte que le problème se ramène au cas plus simple d'une variable indépendante unique. Ainsi, si l'on s'intéresse au rôle possible, dans la mémoire verbale, du sens, de la longueur, de la structure phonétique et de la fréquence d'usage des mots à retenir, on pourrait mener une première expérience où l'on s'occupe de la variable « sens », une seconde où l'on traite de la longueur, une troisième de la structure phonétique, une quatrième de la fréquence du mot dans la langue. Cette démarche pas à pas se heurte à deux objections majeures. La première est qu'elle n'est applicable, de toute manière, que lorsque l'on travaille sur des variables manipulables par l'expérimentateur : ce dernier peut en effet construire un matériel correspondant à chaque état de chaque variable envisagée. Mais très souvent, les variables considérées sont telles que leur contrôle direct est exclu, il passe nécessairement par l'échantillonnage des sujets. Si nous nous intéressons à l'influence de l'âge, du sexe, du milieu socio-économique, du niveau scolaire sur les résultats à des épreuves piagétiennes, nous ne pouvons le faire qu'en choisissant nos sujets sur base de ces critères. La seconde objection vient de ce que les effets des différentes variables ne sont pas nécessairement indépendants ; on observe souvent des interactions entre variables, que ne dévoilera pas leur examen en succession. Ainsi, on peut concevoir que la difficulté d'une tâche prolongée influe sur la qualité de la performance soutenue, et qu'il en va de même pour le degré de fatigue au moment d'aborder la tâche (degré de fatigue que l'on contrôlera aussi objectivement que possible par une certaine durée de privation de sommeil) ; on peut évaluer ces deux effets séparément. Mais il est vraisemblable que les deux variables interagissent, et que la fatigue et la difficulté n'additionnent pas simplement leurs effets, mais les multiplient.

**Plans factoriels**

Les plans dits factoriels sont précisément destinés à résoudre les problèmes à plusieurs variables et à mettre en évidence non seulement leurs effets respectifs mais aussi leurs éventuelles interactions. Les premiers comme les secondes se dégageront des analyses statistiques appropriées, notamment, quand elle est applicable, l'analyse de variance (ANOVA), d'où l'importance de concevoir le plan d'expérience de façon à pouvoir appliquer aux données recueillies l'outil statistique qui convient, et si possible l'outil le plus puissant. On cherchera idéalement à constituer autant de groupes que nécessaire pour que soient représentées toutes les combinaisons possibles entre valeurs des différentes variables.

Si nous avons affaire à deux variables ayant chacune deux états possibles, un simple tableau à double entrée convaincra que nous aurons besoin de 4 groupes ; qu'une des variables ait 3 états, nous passerons à 6 groupes. Imaginons 3 variables, et 3 états pour chacune, nous montons à $3 \times 3 \times 3$ soit 27 groupes, et ainsi de suite (fig. 13). On devine que tant la conduite de l'expérience que le traitement des données croîtront rapidement en complexité et en durée, encore que, s'agissant du traitement des données, l'ordinateur ait singulièrement réduit la lourdeur du travail. C'est cependant le prix à payer. Dans certaines limites, il est possible de simplifier sans perdre des informations essentielles. Un procédé classique de simplification est offert par le plan en carré latin. Supposons que nous voulions étudier les performances en lecture (variable dépendante : vitesse de lecture à haute voix) en fonction de trois variables indépendantes — âge, méthode d'apprentissage de la lecture, niveau de complexité du texte — à trois états chacune, respecti-

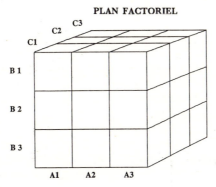

*Fig. 13* — Schéma d'un plan factoriel pour une expérience impliquant trois variables à trois états chacune.

vement six, huit et dix ans ; méthode globale, analytique ou mixte ; complexité basse, moyenne et élevée. Un plan factoriel classique demanderait 27 groupes expérimentaux. Le plan en carré latin permet de se borner à 9 selon le schéma suivant où la troisième variable a été injectée dans les rangées et colonnes en faisant l'économie de 18 des 27 groupes (fig. 14).

**CARRE LATIN**

|     | A 1 | A 2 | A 3 |
|-----|-----|-----|-----|
| B 1 | C 1 | C 2 | C 3 |
| B 2 | C 2 | C 3 | C 1 |
| B 3 | C 3 | C 1 | C 2 |

*Fig. 14* — Plan en carré latin permettant une économie par rapport au plan factoriel de la figure 13. La troisième variable est injectée dans les groupes de telle sorte que ses trois états se retrouvent dans chaque colonne et dans chaque rangée.

**Effets d'ordre**

Le chercheur réalisant une expérience où les mêmes sujets sont soumis à plusieurs états d'une ou de plusieurs variables au cours de phases successives doit se méfier des effets d'ordre, c'est-à-dire des effets découlant de l'ordre dans lequel les sujets sont exposés aux différents états desdites variables. Si l'on veut comparer par exemple l'effet de la signification sur la rétention mnésique, et que l'on décide de soumettre les mêmes sujets à une épreuve portant sur des mots de la langue et à une autre épreuve sur des logatomes ou mots artificiels qui pourraient exister dans la langue, on peut imaginer que l'apprentissage des premiers favorise, ne serait-ce que par habituation à la situation expérimentale, l'apprentissage des seconds. On évitera ce biais en utilisant un plan contrebalancé, comportant une rotation d'ordre : une partie des sujets sera soumis à l'apprentissage des mots significatifs en premier lieu, l'autre partie en second lieu. Le procédé s'applique, même s'il se complique, à des plans mettant en jeu plusieurs variables à plus de deux états.

### Plans quasi expérimentaux

Les conditions de travail ou les contraintes déontologiques ne permettent pas toujours de contrôler les variables et l'échantillonnage des sujets de telle sorte que l'on satisfasse parfaitement à toutes les exigences des plans expérimentaux les plus rigoureux. Il serait alors déraisonnable de renoncer à toute recherche par purisme obsessionnel. Il vaut mieux s'accommoder de règles moins exigeantes et recueillir néanmoins des données intéressantes. C'est ce que l'on fait quand on a recours aux plans dits quasi expérimentaux, c'est-à-dire presque expérimentaux, dans ce sens qu'ils ne satisfont pas à toutes les exigences des plans idéaux évoqués ci-dessus. Reprenons l'exemple utilisé plus haut de la mesure de l'effet d'un traitement : il est discutable de priver d'un traitement la moitié des patients sous prétexte que l'on a besoin d'un groupe contrôle. On peut tourner la difficulté en prenant comme contrôle des sujets qui n'auraient de toute façon pas accès au traitement, parce qu'il n'est pas disponible dans leur lieu de résidence, ou parce qu'ils s'y refusent. L'exigence d'équivalence des échantillons n'est de toute évidence pas respectée, mais une analyse prudente des données permettra néanmoins de tirer des conclusions. On peut aussi ne priver aucun patient de traitement et étudier sur des groupes différents des traitements différents, hypothétiquement tous aussi efficaces ou inefficaces, et comparer les améliorations relatives d'un groupe à l'autre.

Les plans à séquences temporelles interrompues proposent une stratégie applicable elle aussi à l'étude des interventions thérapeutiques. Ils consistent à opérer une série d'observations successives (A) — dans une perspective de type longitudinale — à titre de contrôle, que l'on interrompt pour y introduire la variable traitement (phase B) ; cette phase terminée, on reprend la séquence des observations contrôles (phase A'). Si les observations en cours de phase B traduisent une amélioration, qui disparaît en A', on aura de bonnes raisons de penser à une efficacité du traitement, mais limitée à la période même où il se déroule. On vérifiera cette hypothèse en procédant à des séries d'observations alternées A-B-A'-B'-A''-B'', etc. Si l'amélioration se maintient en A', on pourra songer à un transfert de l'effet au-delà de la période d'intervention. Il restera à tester le caractère définitif de ce transfert d'effet par un suivi *(follow-up)* des sujets.

Ce genre de schéma se prête particulièrement bien à l'étude des cas individuels *(single case studies)*, et par conséquent à la vérification des effets de l'intervention dans le contexte clinique, non tant aux fins d'établir des lois générales sur les vertus d'un traitement, mais de s'assurer que le travail individuel auquel on procède présente bien l'efficacité recherchée. Cette problématique sera envisagée de manière plus approfondie dans le volume *HP*.

## L'approche corrélationnelle

### Liaisons régulières

On a vu plus haut que l'observation conduit très vite à s'interroger sur les régularités des liaisons observées entre événements. Les statisticiens ont mis au point des techniques destinées à explorer ces liaisons et à en estimer l'importance : ce sont les différentes méthodes de calcul des corrélations. Tout comme pour les indices de tendance centrale, les indices de dispersion et les tests de signification, il existe des techniques de corrélation adaptées à chaque niveau des échelles de mesure : coefficient de contingence pour les échelles nominales, corrélation de rang ($\rho$ de Spearman) pour les échelles ordinales, coefficient de Bravais-Pearson pour les échelles d'intervalles, pour ne reprendre que les exemples les plus classiques. Ces techniques ne se limitent évidemment pas aux données de l'observation au sens strict, mais peuvent s'appliquer aussi bien à des données expérimentales. La psychologie différentielle de l'intelligence et de la personnalité en ont fait un abondant usage, dans le but d'objectiver le degré de relation entre différents aspects de l'une ou de l'autre.

Le degré de liaison ainsi calculé s'exprime le plus souvent pas un indice pouvant aller de — 1 à + 1 en passant par 0. Cette dernière valeur traduit l'absence de toute relation, tandis que + 1 correspond à une relation positive complète, maximale, et — 1 à une relation négative, inverse, entre les variables considérées (fig. 15).

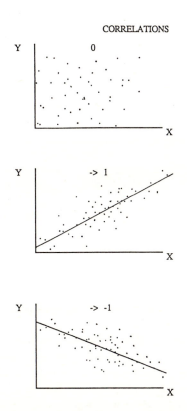

*Fig. 15* — Exemples de corrélation entre deux variables, X et Y. De haut en bas, dispersion quasi aléatoire des données dans l'aire du graphique, traduisant une corrélation proche de zéro, concentration des points autour d'une ligne de régression traduisant une corrélation proche de + 1, et proche de — 1.

Ainsi, taille et poids présentent une corrélation positive, non égale à 1 cependant (il existe des petits gros et de grands minces) : on s'attendra donc à un indice entre 0 et + 1. On observera une corrélation positive, non maximale, entre niveau d'études et niveau professionnel ; entre résultats obtenus à différents tests d'intelligence ; entre la fréquence des mots dans l'usage de la langue et la facilité à les mémoriser ou à les identifier. Par contre, on s'attendra à une corrélation inverse, négative, entre vitesse d'exécution et erreurs dans une tâche demandant une attention soutenue ; entre émotivité et réussite à des examens oraux ; entre résistance au stress et incidence des maladies psychosomatiques.

### *Corrélation et causalité*

Une corrélation ne traduit pas en elle-même une relation de causalité, malgré une tendance des gens non avertis à l'interpréter ainsi. Elle se borne à exprimer le degré de liaison entre variables. Il n'est pas exclu que cette liaison reflète une relation de cause à effet d'une variable sur l'autre, mais généralement il n'en va pas de la sorte et l'on doit s'en tenir à leur supposer quelque cause commune. Si l'on relève une corrélation entre les résultats en mathématiques et les résultats en langue maternelle, on ne conclura évidemment pas à ce que l'aptitude aux mathématiques soit la cause de l'aptitude à la langue, ni inversement. Plus vraisemblablement, les deux compétences dépendent de facteurs sous-jacents communs. Il s'agira donc dans un second temps de s'interroger sur ces facteurs. La démarche peut à ce stade demeurer essentiellement empirique : on fera des hypothèses nouvelles que l'on testera les unes après les autres. Elle peut au contraire pousser plus avant le recours aux outils mathématiques, et viser, grâce à eux, à tirer le maximum des corrélations observées. C'est la voie prise par l'analyse factorielle.

Supposons que des chercheurs s'intéressant aux conséquences psychologiques d'un excès de plomb dans l'environnement procèdent à une mesure des rendements à des tests mentaux et à des tests de personnalité chez des enfants résidant à proximité d'une usine installée dans une zone industrielle et rejetant du plomb dans l'atmosphère et dans les eaux de consommation. Une liaison est aussitôt soupçonnée. Elle se trouve confirmée après examen d'un échantillon représentatif d'enfants du personnel des industries de la zone, montrant une corrélation inverse entre la distance entre résidence et zone industrielle : plus les enfants habitent loin moins ils présentent de déficits attribuables à l'exposition au plomb. Imaginons que dans cette étude on procède également à une corrélation entre mesures psychologiques et niveau socio-économique de la famille. Il y a beaucoup de chances pour que l'on conclue à une relation positive, suggérant que l'intoxication affecte plus les enfants de familles les moins favorisées. Il ne faut pas être devin pour supposer que les enfants des familles les plus pauvres ne souffrent pas des conséquences de l'exposition au plomb parce qu'ils sont pauvres, mais parce que, étant pauvres, leur famille est amenée à résider dans les logements proches de la zone industrielle, les moins coûteux en loyers et en déplacements vers les lieux de travail. On distingue bien dans ce cas la liaison entre les deux variables et les rapports de causalités. Par contre, il semblerait à première vue raisonnable d'admettre une relation de type causal entre distance par rapport à l'usine, saturation en plomb de l'atmosphère, et déficits psychologiques observés. On pourrait cependant ne pas se satisfaire aussi vite de cette conclusion, et par une étude attentive des données constater que tous les enfants vivant à proximité de l'usine incriminée ne paraissent pas également atteints. Avant de s'arrêter à l'idée de différences individuelles dans la vulnérabilité au plomb, les chercheurs peuvent se demander si ces sujets ne sont pas exposés à des conditions particulières, et constater que les enfants présentant des déficits vivent dans des logements vétustes, où ils sont exposés depuis la naissance à de vieilles peintures à base de plomb dont ont été recouverts au fil des années les murs des logements. La corrélation initialement décelée a guidé la recherche de plus en plus serrée des facteurs réellement en cause.

### Analyse factorielle

La démarche mathématique de l'analyse factorielle nous renvoie à la notion de modèle mathématique discuté précédemment dans le cadre de la notion de modèle. Elle consiste à appliquer aux corrélations obtenues, généralement entre un nombre plus ou moins élevé de variables, des opérations mathématiques permettant d'inférer le nombre de facteurs sous-jacents et la part de chacun de ceux-ci dans les données recueillies. Ces manipulations ne nous révèlent cependant pas la nature de ces facteurs : celle-ci reste affaire d'interprétation. En outre, plusieurs modèles mathématiques s'offrent au chercheur, lesquels pourront fort bien aboutir à des inférences différentes concernant les facteurs en jeu et leur part respective.

L'exemple le plus classique d'utilisation de l'analyse factorielle en psychologie concerne le domaine de l'intelligence, appréhendée à l'aide des tests mentaux, où elle a fleuri dans le second quart du siècle. Après avoir soumis des échantillons de sujets à une batterie de tests variés, on a calculé les corrélations entre rendements aux différents tests. Aux « matrices » de corrélations ainsi obtenues, dont le tableau ci-dessous fournit une illustration, on applique alors l'un des modèles possibles d'analyse factorielle, pour conclure à une « saturation » plus ou moins élevée des différents tests en tel(s) ou tel(s) facteur(s). Selon le modèle adopté on peut se retrouver, comme Spearman, avec un facteur intervenant dans tous les tests, désigné prudemment facteur $g$, mais traditionnellement interprété comme une sorte de tronc commun d'intelligence générale ; et des facteurs n'intervenant que dans un groupe de tests, et pour cela appelés facteurs de groupe, $v$, $n$, $s$, $m$, etc., interprétés respectivement par une réflexion sur les tests qui en sont le plus saturés, comme facteurs verbal, numérique, spatial, mémoire, respectivement. Ou, comme Thurstone, puis Vernon, avec des facteurs de groupes seulement, auxquels s'emboîtent des facteurs spécifiques. Aux divers modèles correspondront donc des théories différentes de l'intelligence, mais on voit qu'elles seront dans chaque cas relatives au modèle employé, à la part d'interprétation que leur utilisateur en fait, interprétation dérivée de sa compétence de psychologue, non de mathématicien, et enfin des tests et des échantillons sur lesquels les corrélations initiales ont été calculées : on risque peu de tomber sur un facteur spécifique aux rendements mathématiques si l'on n'a appliqué que des tests verbaux.

*Matrice des corrélations calculées entre chaque test
(d'une batterie de six) et chacun des autres tests servant de base
au calcul des « communautés », ou facteurs communs entre les tests,
dans le cadre de l'analyse factorielle classique*

| Tests | 1 | 2 | 3 | 4 | 5 | 6 |
|---|---|---|---|---|---|---|
| 1 |     | .72 | .63 | .54 | .45 | .36 |
| 2 | .72 |     | .56 | .48 | .40 | .32 |
| 3 | .63 | .56 |     | .42 | .35 | .28 |
| 4 | .54 | .48 | .42 |     | .30 | .24 |
| 5 | .45 | .40 | .35 | .30 |     | .20 |
| 6 | .36 | .32 | .28 | .24 | .20 |     |

(Exemple emprunté à G. H. Thompson, *L'analyse factorielle des aptitudes humaines,* Paris, PUF, 1950, p. 24.)

L'analyse factorielle a été appliquée abondamment dans le domaine de la personnalité, pour dégager les facteurs permettant de ramener la diversité des traits à quelques composantes principales. Ainsi, H. Eysenck a isolé les deux dimensions principales d'extraversion-introversion et de neuroticisme. Les réserves faites à propos de l'analyse factorielle de l'intelligence valent évidemment ici.

# XIV. Humains et infra-humains

**Perspectives dans l'étude du comportement animal**

L'usage de l'animal dans le laboratoire de psychologie a toujours soulevé et continue de soulever discussions et objections, malgré la place qu'il a prise — à cause peut-être de la place qu'il a prise — dans l'élaboration du savoir psychologique. L'objection principale concerne naturellement la généralisation à l'homme. Quiconque fonde une proposition de psychologie générale ou humaine sur l'expérimentation animale s'expose à la protestation « Nous ne sommes pas des rats ! » Et dans la mesure où les psychologues qui travaillent sur le rat ou quelque autre cobaye de laboratoire se réclament tous de la démarche scientifique, une confusion s'installe souvent entre psychologie scientifique et « psychologie de rats », qui conforte beaucoup de gens dans l'idée que la vraie psychologie — la psychologie véritablement préoccupée de l'homme — ne se situe pas dans le domaine de la science. Nous allons tenter de clarifier ce malentendu, en examinant les contextes et les finalités à la fois différents et complémentaires dans lesquels se situent les recherches de psychologie prenant l'animal comme sujet d'expérience.

Depuis que la psychologie s'est donné pour objet le comportement (peu nous importe ici qu'elle ait, sinon renié, du moins élargi cet objet), plutôt que l'âme ou la vie mentale, il est devenu logique, et banal, d'englober dans son champ le comportement animal — auquel s'étaient d'ailleurs intéressés nombre de naturalistes, avant que les psychologues et éthologistes ne prennent leur relève. Une première manière d'aborder l'étude du comportement d'une espèce donnée consiste donc à y voir une fin en soi : on peut légitimement s'intéresser au comportement de l'écureuil, de la pieuvre ou de la fourmi rouge. Deux voies s'offrent ici au chercheur : celle de l'éthologiste de terrain, qui prendra le parti de respecter au maximum le milieu de vie naturel de son sujet d'étude, et qui aura sans doute le plus de chance, par observation patiente, d'en inventorier les comportements dans toute leur diversité ; celle du psychologue de laboratoire qui, artificialisant délibérément la situation, espère scruter plus en détail certaines capacités de son animal au prix sans doute du renoncement à la richesse de l'étude de terrain. Ces deux démarches, jadis présentées comme antagonistes, sont aujourd'hui assez unanimement tenues pour complémentaires. En effet, l'éthologiste se heurte à des questions qu'il ne peut guère résoudre par la seule observation, et qui le conduiront à des interventions expérimentales, lesquelles seront généralement plus faciles à réaliser en laboratoire sans perdre leur validité. Supposons que l'on s'intéresse à la place que tiennent, dans le comportement d'un animal, les informations olfactives, dont on ait pu soupçonner l'importance dans une recherche de terrain. On s'interrogera évidemment sur les capacités du système sensoriel en cause, les seuils absolus et différentiels de l'olfaction : l'animal dispose-t-il d'un registre de sensibilité relativement étroit captant très électivement certaines odeurs particulièrement significatives pour sa survie — comme la fameuse sensibilité élective de la tique à l'odeur de l'acide butyrique — ou au contraire d'un registre large, qu'il met à profit pour opérer des discriminations alimentaires, territoriales, sexuelles, etc. ? Pour répondre à ces questions, pourquoi ne soumettrait-on pas le sujet à une investigation psychophysique en laboratoire ? A la lumière des résultats obtenus, on sera mieux à même d'interpréter certaines données de l'observation.

Si l'on voit des spécialistes du comportement — tout comme certains zoologistes — consacrer leur vie à l'étude approfondie parfois d'une seule espèce, cela ne veut pas dire qu'ils n'ont pas des visées plus larges, proprement comparatives. La biologie moderne, tout imprégnée de darwinisme, nous a habitués à penser le vivant non seulement en termes de catégories plus ou moins proches, plus ou moins semblables, mais en termes de filiation. Dans cette perspective, les études d'espèces diverses s'éclairent l'une l'autre, s'intègrent dans un tableau général où chacune a ses particularités, mais aussi des parentés avec les autres. L'analyse du comportement a d'ailleurs trouvé sa place dans la systématique zoologique, où elle fournit des éléments propres parfois à trancher quant aux rapports à établir entre espèces très voisines.

Pour qui se situe dans la perspective de la psychologie comparée, le problème de la généralisation se pose d'emblée en termes de différences et de ressemblances. Autrement dit, il ne verra, *a priori,* aucune raison de prendre une espèce particulière pour modèle représentatif des autres espèces, mais partira de l'hypothèse qu'il existe à la fois des comportements propres à l'espèce, et des formes ou des mécanismes de comportements communs à des ensembles plus ou moins vastes d'espèces, voire à toutes les espèces. On comprend qu'il n'y a pas de psychologie générale sans psychologie comparée.

## L'approche comparative

Les comparaisons entre espèces différentes dans des situations expérimentales soulèvent, parmi d'autres, une difficulté capitale : comment s'assurer de l'équivalence des situations pour les diverses espèces considérées ? En effet, si cette condition d'équivalence n'est pas remplie, que peut-on tirer des comparaisons ?

Du point de vue de l'expérimentateur, il peut paraître assez facile de soumettre des animaux d'espèces différentes à des situations équivalentes. Ainsi, dans le domaine de l'apprentissage, une cage de conditionnement opérant, réalisée pour le rat, équipée d'un levier réponse et d'un distributeur de nourriture, semble aisément transposable, dans son principe, pour le chat ou la souris : il suffirait d'en modifier les dimensions, d'ajuster à la taille des animaux la nature et la quantité de renforcement alimentaire et la force requise pour abaisser le levier. On devine que cet ajustement n'est pas aussi simple qu'il n'y paraît. Le problème se complique si l'on passe à une espèce d'oiseau, le pigeon par exemple, ou de poisson. Il ne suffira pas ici d'ajuster la taille ou la résistance du levier, il faudra transposer le principe et imaginer un dispositif réponse compatible avec l'anatomie de l'animal : par exemple, on proposera au pigeon un disque de plexiglas sur lequel il donnera des coups de bec, au poisson une surface à pousser du museau. La réponse motrice concernée est singulièrement différente de celle qu'exigeait le levier du rat. Peut-on légitimement les comparer ? Comment savoir si ces deux conduites motrices élémentaires tiennent, dans le répertoire de l'espèce considérée, une place comparable — ou du moins que leur différence de « statut » est négligeable par rapport au problème auquel on s'intéresse ? Les expérimentateurs se sont penchés avec beaucoup de minutie sur les parti-

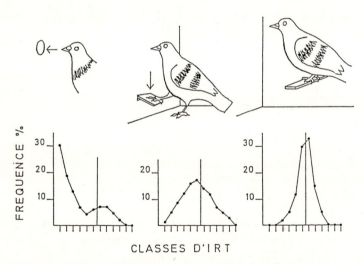

Fig. 16 — Comment le pigeon estime-t-il la durée ? La situation exige qu'il espace ses réponses de vingt secondes pour être récompensé par de la nourriture. Les graphiques (histogramme des intervalles interréponses, IRT) du bas montrent la proportion de réponses survenant après des intervalles plus ou moins longs, la barre verticale signalant le délai critique. Une bonne estimation du temps se traduit par une distribution régulière autour de cette valeur. On voit que la réponse de coup de bec entraîne une performance très médiocre, qui ne révèle pas la compétence réelle de l'animal, mieux servie par le recours à une réponse d'appui de la patte, et mieux encore de perchage. (D'après Lejeune et Richelle.)

cularités de certaines réponses largement utilisées dans le laboratoire de conditionnement. S'intéressant à la capacité de l'animal d'estimer la durée et de retenir leur réponse jusqu'à l'épuisement d'un délai donné, ils ont, usant des réponses classiques d'appui sur levier pour l'un, de coup de bec dirigé sur un disque pour l'autre, mis en évidence une capacité très limitée du pigeon par rapport au rat. Le premier ne s'adapte pas à une exigence temporelle de plus de dix ou douze secondes que le second maîtrise sans problème, s'ajustant à des délais de l'ordre de la minute. Mais la réponse choisie n'est-elle pas responsable de la différence constatée, plutôt que la capacité de régulation temporelle proprement dite ? Que l'on exige du pigeon de demeurer sur un perchoir pendant un certain temps comme condition du renforcement alimentaire, et il se montre parfaitement capable d'estimer des durées de l'ordre de soixante secondes (fig. 16).

Des difficultés analogues surgissent à propos des stimulus utilisés, et des modalités de renforcement. Ainsi, pour prendre un exemple extrême, un peu caricatural, un renforcement alimentaire fractionné en petites rations sera applicable à un animal comme le rat ou le poulet qui s'alimentent naturellement plusieurs fois par jour, et par recherche d'une nourriture éparpillée dans leur territoire, mais sera tout à fait inhabituel, artificiel, « contre nature » pour un serpent qui s'accorde normalement des repas substantiels espacés de plusieurs jours, et suivis d'une longue digestion.

Toutes ces difficultés n'ont pas découragé les chercheurs qui ont tenté de soumettre des espèces diverses à des situations expérimentales, pour l'essentiel équivalentes. Plutôt que d'équilibrer parfaitement les détails relatifs à la réponse, au stimulus, au renforcement, Bitterman suggère de comparer la capacité des animaux à inverser la règle d'une situation de discrimination *(reversal learning)*. Par exemple, deux stimulus colorés, rouge et vert, sont associés l'un au renforcement (Stimulus positif, $S^+$), l'autre à l'absence de renforcement (Stimulus négatif, $S^-$). Dans une première phase de l'expérience, le rouge est $S^+$ et le vert est $S^-$. L'apprentissage réalisé jusqu'à un critère donné, on inverse la relation, le rouge devenant $S^-$ et le vert $S^+$. On mesure (en nombre d'essais nécessaires pour atteindre un critère choisi d'avance) l'apprentissage de cette nouvelle relation initiale, et ainsi de suite. C'est la rapidité de l'apprentissage de l'inversion qui est ici retenue, et elle peut porter sur des stimulus et réponses divers, judicieusement choisis pour l'espèce en cause, mais sans que l'on s'obstine à les rendre parfaitement équivalents d'une espèce à l'autre, ambition peut-être impossible à réaliser.

Les difficultés rencontrées par le comparatiste en laboratoire sont à rapprocher de celles que rencontre, s'agissant de l'homme, le spécialiste de la psychologie différentielle qui s'intéresse à la comparaison de membres de cultures différentes (voir chap. XII, p. 298-300). De même que celui-ci doit nécessairement viser à proposer à ses sujets des épreuves et situations adaptées à leur culture *(culture-fair)* à défaut de pouvoir en construire d'indépendantes par rapport aux facteurs culturels *(culture-free)*, le spécialiste de la psychologie comparée se doit de mettre en œuvre des techniques expérimentales adaptées à l'espèce étudiée *(species-fair)* à défaut d'en imaginer qui soient dégagées de toute contrainte spécifique *(species-free)*. C'est là un motif suffisant pour affirmer la complémentarité de l'approche éthologique et de la psychologie comparée de laboratoire.

Cette discussion ne doit cependant pas aboutir à l'idée d'un relativisme spécifique total, qui, à la fois, limiterait et rendrait vaine toute tentative de dégager des lois générales. Au contraire, elle fait ressortir la nécessité de fonder la formulation des lois générales sur une prise en compte des différences aussi bien que des ressemblances.

**Spécificité humaine et cognition animale**

Vu sous cet éclairage, le problème de l'extrapolation de l'animal à l'homme se pose d'une façon assez différente, bien plus nuancée, qu'on ne l'envisage généralement. Si l'on s'intéresse essentiellement à l'homme, et si, par conséquent, on souhaite en repérer les caractéristiques propres, la « nature » distinctive, on ne peut échapper à une exploration de l'animal, destinée à vérifier que les caractéristiques prétendues proprement humaines ne se rencontrent pas chez d'autres espèces plus ou moins voisines. Il est, dans ce but, tout à fait légitime de soumettre l'animal à une forme d'expérimentation qui, allant bien au-delà de ce que révèle l'observation du comportement naturel, tente d'en dévoiler les capacités insoupçonnées. C'est dans cette perspective que l'on a soumis des singes supérieurs à des tentatives d'apprentissage du langage. L'histoire maintes fois répétée de ces tentatives est éclairante en ce qu'elle montre bien comment l'expérimentateur qui artificialise délibérément la situation n'est pas pour autant dispensé de tenir compte des particularités de son sujet, et d'y adapter ses choix expérimentaux.

> Aux entreprises naïves et avortées d'enseigner telle quelle une langue naturelle au chimpanzé tentées par Kellog dès 1936 puis par les Hayes en 1951, ont succédé, dans une seconde vague de recherches, des efforts à la fois plus systématiques et plus respectueux des limitations inhérentes à l'espèce, limitations peut-être sans rapport avec les capacités recherchées. L'appareil auditivo-phonatoire, impliqué dans le langage oral humain, se présente chez le chimpanzé avec une structure anatomique rudimentaire, comparé à la complexité et à la finesse qu'il revêt chez l'homme. C'est à quoi répond l'idée de recourir au langage gestuel (l'*ASL — American Sign Language* des sourds-muets américains) exploitée d'abord par les Gardner sur leur célèbre guenon Washoe, plus tard par Terrace et son équipe sur Nim. Cependant, la chaîne verbale — qu'elle soit sonore ou gestuelle —, par son caractère linéaire, est évanescente, chaque élément disparaissant à mesure que le suivant apparaît ; même un énoncé relativement concis sollicite ainsi la mémoire, et peut-être l'obstacle principal est-il là : c'est ce qu'ont compris Premack puis Rumbaugh en proposant des éléments visuels stables — objets fixés à un tableau magnétique chez Premack, lexigrammes de « Yerkish » apparaissant sur écran chez Rumbaugh (fig. 17) —, langage écrit en quelque sorte dont le sujet peut à tout instant appréhender chaque composant. Ces stratégies de recherche ont permis d'établir les capacités de substitution symbolique du chimpanzé, apte à maîtriser 200 à 300 « mots » du lexique gestuel, par exemple. Il parvient aussi, à défaut de construire des énoncés inédits d'une complexité qui approche des productions les plus simples chez l'humain, à ordonner en séquences quelques éléments constituant une demande (« Machine donnant biscuit ») ou traduisant une relation (X pareil à Y, ou X différent de Y). Ces conduites symboliques installées à la faveur d'un apprentissage prolongé et minutieux auquel préside un expérimentateur humain, ou dans les travaux de Rumbaugh, un ordinateur, peuvent-elles être exploitées pour communiquer avec un congénère ? S'il ne semble pas encore y avoir de preuve de la transmission spontanée du langage appris — par exemple à la progéniture —, il est par contre possible d'apprendre à deux chimpanzés adultes à établir entre eux, du moins à un

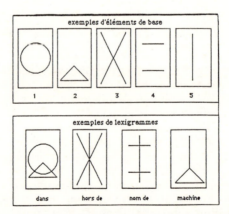

*Fig. 17* — Un des singes, Lana, auxquels on a tenté d'apprendre un code symbolique proche du langage humain, sous forme de signes graphiques élémentaires combinés en lexigrammes. L'animal dialogue avec des voyants lumineux contrôlés par ordinateur. (D'après Rumbaugh.)

niveau élémentaire, une communication symbolique. C'est ce qu'ont réussi Savage-Rumbaugh et collaborateurs (Symbolic communication between two chimpanzees, *Science*, 1978, 201, p. 641-644). Un chimpanzé, après avoir observé la nourriture cachée devant lui par l'expérimentateur, communique, par un symbole approprié, la nature de l'aliment caché à son partenaire. Celui-ci, à son tour, réagit en produisant le même symbole, après quoi tous deux sont récompensés par de la nourriture. Dans une autre partie de l'expérience, un animal produit le symbole correspondant à un aliment auquel seul l'autre a accès. Celui-ci, à l'occasion, en procure au demandeur.

De telles performances révèlent des capacités insoupçonnées chez nos voisins les plus proches, qui semblent bien disposer déjà de certaines conditions du langage tel que le pratique l'espèce humaine. Elles en indiquent aussi les limitations, encore que des résultats négatifs ne sont jamais probants. Il n'est pas impensable que des expérimentations plus ingénieuses encore parviennent un jour à faire produire des énoncés inédits les plus divers à un chimpanzé, voire à lui faire écrire son autobiographie. Les efforts faits jusqu'ici se sont néanmoins heurtés à des obstacles apparemment infranchissables pour passer de la demande ou de la simple désignation à la composition syntaxique. C'est du moins ce qui ressort de la tentative de Terrace avec Nim, et de sa réanalyse critique des données des Gardner, interprétées par eux de façon un peu trop favorable à leur sujet (H. S. Terrace, *Nim, un chimpanzé qui a appris le langage gestuel*, Bruxelles-Liège, Mardaga, 1980).

Il est tentant d'interpréter comme l'amorce des capacités

---

ENCART 42

*Conscience de soi chez le chimpanzé*

Gallup a ingénieusement abordé chez l'animal la question de l'origine de la conscience de soi, ou moins ambitieusement peut-être de la reconnaissance de soi. Il a testé celle-ci chez des chimpanzés en les exposant à leur image spéculaire. L'animal s'intéresse à l'image que lui renvoie le miroir. Mais s'y reconnaît-il ? Après avoir anesthésié le sujet, Gallup lui fixe une tache de couleur, par exemple sur le front, à l'aide d'une matière qui ne laisse aucune sensation cutanée locale. L'animal se regardant dans le miroir observe cette tache, il y porte la main, attestant qu'il se l'attribue à lui-même, donc qu'il se reconnaît dans l'image du miroir (G. G. Gallup, Jr., Chimpanzees : self-recognition, *Science*, 1970, 167, p. 86-87).

ENCART 43

*Communication symbolique chez le pigeon ?*

Epstein, Lanza et Skinner (Symbolic communication between two pigeons, *Science*, 1980, 207, p. 543-545) ont eu la curiosité de transposer à une espèce moins proche de l'homme l'expérience, citée ci-dessus, de Rumbaugh *et al.* sur la communication symbolique entre deux chimpanzés. Attribuant au décours des interactions avec le milieu plus d'importance dans l'émergence de ces conduites inattendues qu'à des connaissances ou intentions que la situation expérimentale se bornerait à révéler, ils ont entrepris de synthétiser — de construire artificiellement, comme le chimiste synthétise une molécule — le même genre de communication chez le pigeon. Deux pigeons, Jack et Jill, sont placés dans les deux compartiments contigus d'une enceinte expérimentale, séparés par une cloison transparente (voir fig. 18). Le compartiment de Jack est équipé d'une plaque de plexiglass translucide sur laquelle sont inscrit les mots « Quelle couleur ? », constituant une « clé-réponse » qui, frappée du bec, ferme un circuit électrique. Juste au-dessous, trois clés-réponses de couleurs différentes, rouge, vert et jaune. A gauche, une autre clé encore porteuse de l'expression *Merci* ! Enfin, sur la paroi de gauche, opposée à la séparation transparente, un distributeur automatique de graines. Quant au compartiment de Jill, il est équipé, dans le coin supérieur droit de la paroi du fond, d'un orifice masqué par un rideau noir dans lequel Jill peut pousser la tête, afin d'observer la couleur d'une lampe tout à fait invisible à Jack. A gauche, trois clés-réponses, disposées verticalement et porteuses d'un symbole, R, G ou Y pour rouge (Red), vert (Green) et jaune (Yellow). Un distributeur de graines est disposé symétriquement à celui de Jack. Par un apprentissage systématique progressif, les deux partenaires en viennent à produire la séquence suivante : Jack frappe du bec la clé *Quelle couleur ?* Jill réagit en allant observer derrière son rideau la couleur allumée. Il transmet l'information en frappant du bec la clé appropriée, R, G ou Y. Jack accuse réception en frappant du bec sur *Merci* ! puis « traduit » le message en frappant la clé éclairée de la couleur correspondante. Si tout se déroule sans accroc, les deux pigeons reçoivent un peu de graines. Il va de soi que les couleurs sont présentées au hasard — après que Jack a posé sa question. Le type d'interaction obtenue est comparable à celle que les chimpanzés manifestent. La situation est en plusieurs points plus rigoureuse et plus contrôlée : c'est Jack, et non l'expérimentateur qui « décide » du début d'un essai, garantissant, du moins pour sa part, une attention maximum à la tâche ; la procédure, entièrement automatisée, écarte tout risque de signaux humain insoupçonnés ; le codage symbolique porte sur les couleurs, non sur les nourritures, ce qui les différencie nettement d'une simple demande d'une récompense parti-

spécifiques à l'homme les performances du singe supérieur et d'y voir une conquête des primates. L'homme préserve mieux son humanité en en concédant une petite part à ses voisins immédiats. Ainsi applique-t-on volontiers à ces derniers, par anthropomorphisme, des connaissances et des intentions, voire la

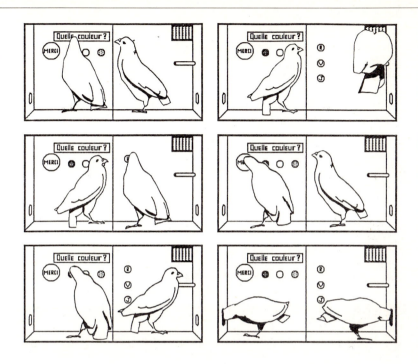

*Fig. 18* — Communication et coopération chez l'animal. Les cases se lisent de gauche à droite et de haut en bas. (D'après Epstein *et al.*, 1980.)

culière ; enfin il y a bel et bien codage puis décodage, alors que le chimpanzé se bornait à produire le même symbole que son partenaire.

Les mêmes expérimentateurs ont appliqué les mêmes principes à l'élaboration chez le pigeon d'un comportement de repérage sur le corps propre, comportement dont la présence chez le chimpanzé avait été interprétée comme évidence d'une conscience de soi (R. Epstein, R. P. Lanza et B. F. Skinner, Self-awareness in the pigeon, *Science*, 1981, 212, p. 695-696).

conscience de leur propre moi comme le fait Gallup, sur base d'une réaction de repérage sur son propre corps dans le miroir (présente chez le chimpanzé mais non, selon lui, chez le singe inférieur) (voir encart 42). Mais rien n'autorise à voir ainsi les choses si l'on n'a pas exploré la possibilité qu'une espèce plus éloignée de la nôtre manifeste elle aussi les capacités cognitives et « pré-linguistiques » des grands singes (voir encart 43).

Ce genre de démonstration soulève des questions d'une grande portée. Faut-il, retrouvant chez l'espèce inférieure des conduites que l'on avait crues typiques des espèces supérieures, voire l'exclusivité de l'homme, extrapoler vers le bas et créditer les espèces inférieures en cause des potentialités correspondantes ? Pourquoi pas ? Ce ne serait pas la première fois que la science entame l'amour-propre de l'humanité. Faut-il sous les apparences d'une similitude au niveau des comportements observables, supposer des mécanismes sous-jacents différents ? Tout comme les fonctions visuelles sont remplies par des centres corticaux chez le mammifère supérieur, mais par des structures nerveuses plus archaïques chez les organismes au cortex peu ou pas développé, on peut imaginer que des formes analogues de conduites soient sous-tendues par des processus différents. Il conviendrait cependant d'en faire la preuve, et jusque-là d'adopter, à titre heuristique, l'hypothèse réductionniste, ouverte à la réfutation. Convient-il de mettre en cause la manière dont nous tendons à décrire et à interpréter les conduites humaines, de reconnaître qu'elle nous encombre au lieu de nous éclairer et chercher à analyser ces conduites avec les mêmes démarches qui ont été, avec succès, appliquées à l'animal — démarche qui consiste à démonter les variables en jeu au lieu de faire appel aux concepts de cognition, d'intention, de conscience de soi, etc. ? Une tendance actuelle, qui s'ancre dans le courant cognitiviste, use délibérément de termes et de concepts qui renvoient à des états et processus mentaux inférés, tenus pour caractéristiques du psychisme humain. Ainsi ont été remises en honneur les notions d'image mentale et de représentation. Ce dernier terme, particulièrement répandu, revêt des sens très divers, renvoyant tantôt à une image visuelle en l'absence d'un stimulus correspondant, tantôt à une configuration neuronale encore à préciser mais en étroite correspondance avec une réalité extérieure, tantôt à une réplique abstraite d'une telle réalité et dont on se risque à définir les propriétés.

> Des expérimentations fort ingénieuses, dans le domaine visuospatial, ont tenté de donner corps à la notion de représentation, et de démontrer la correspondance entre les opérations que le sujet effectue sur elle et celles qu'il effectue sur le modèle réel. Shepard a imaginé de présenter à des sujets humains des figures tridimension-

nelles, telles que celles qu'illustre la figure 19. Il leur demande de choisir parmi plusieurs autres figures, celle qui correspond au modèle, éventuellement après rotation, soit dans le plan de la figure, soit dans celui de la profondeur. Une mesure chronométrique, le temps de réaction, est utilisée comme indice de la complexité des processus en jeu (voir encart 17 sur la chronométrie mentale). Le temps de réaction est fonction de l'importance, en degré d'angle, de la rotation subie et du plan de rotation. Qu'il y

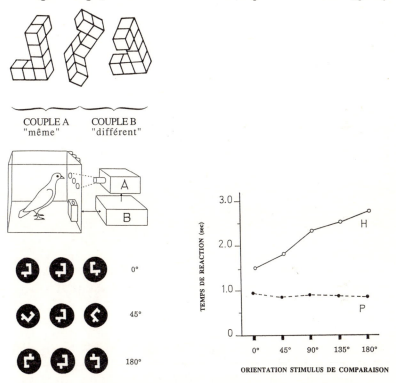

Fig. 19 – En haut, modèles utilisés par Shepard dans ses études sur la rotation mentale. En bas, schémas de l'expérience de Hollard et Delius sur la rotation mentale chez les pigeons. Les graphiques de résultats montrent la relation linéaire, chez les humains, entre temps de décision et amplitude de la rotation (en degrés d'angle), et la performance des pigeons, qui n'est pas affectée par l'amplitude de la rotation. La cage d'expérience est équipée de trois plages sur lesquelles sont projetés les stimulus et d'un distributeur automatique de nourriture. A : projecteur, B : ordinateur gérant l'expérience en temps réel. (D'après V. D. Hollard et J. D. Delius, Science, 1982, 804-806.)

ait une relation entre temps de solution et amplitude du déplacement spatial suggère que ce dernier est en quelque sorte suivi mentalement par le sujet, comme il le ferait dans l'espace visuel réel.

Il fallait les techniques sophistiquées du laboratoire moderne pour interroger l'animal sur ses capacités à résoudre le même genre de problème. C'est ce qu'ont entrepris Hollard et Delius, dans des études élégantes sur le pigeon. Utilisant des figures analogues à celles de Shepard, ils ont obtenu des performances aussi bonnes, voire supérieures, à celles de l'adulte humain. On voit mal sur quelles bases on dénierait au pigeon des mécanismes du même ordre que ceux qui ont été invoqués chez l'homme. Mais on se trouve forcé de préciser le sens dans lequel on use à ce propos du terme représentation : ni d'un côté ni de l'autre, par exemple, il ne paraît utile dans ce cas d'y mêler une connotation d'état de conscience, ni même d'image mentale au sens habituel du mot. On est dès lors renvoyé à un mécanisme neurophysiologique de traitement de l'information visuelle, encore à décrire, mais qui ne devrait pas soulever de problèmes conceptuels différents de ceux que l'on rencontre pour décrire la perception de la couleur ou de la profondeur.

Ces exemples, que l'on pourrait multiplier à plaisir en puisant dans les ressources chaque jour plus riches des recherches sur les espèces les plus diverses, montrent bien toute la complexité des questions qui se posent au psychologue, qu'il adopte la perspective du comparatiste, soucieux de préciser les différences ou ressemblances entre espèces, la perspective du généraliste, visant à dégager des lois les plus générales du comportement, ou celle du spécialiste de l'humain, attaché à cerner la spécificité de sa propre espèce.

Ces difficultés, au demeurant stimulantes, n'excluent pas que l'animal puisse souvent, en recherche psychologique comme dans les autres domaines de la biologie, nous apporter de précieux renseignements sur des mécanismes qui trouveront chez l'homme leurs analogues ou leurs équivalents. Tournons-nous à présent vers ce genre de démarche, pour en saisir à la fois la fécondité et les pièges.

**Modèles animaux du comportement humain**

On sait ce que doit à la recherche sur l'animal la biologie moderne, y compris dans ses applications les plus proprement humaines, dans le domaine de la médecine par exemple. Les prouesses de la chirurgie sont les fruits des longs tâtonnements sur l'animal expérimental. Il en va de même de la thérapeutique. Dans la mesure où celle-ci met en cause des systèmes fonctionnels de l'organisme impliquant des aspects comportementaux, il est normal que le psychologue, avec ses méthodes propres, participe à la recherche préalable aux applications cliniques. Par exemple, on testera d'abord chez l'animal une substance visant à réduire la douleur. On aura recours, dans ce but, à des mesures parfois très élémentaires — latence de retrait de la queue plongée dans l'eau chaude, chez le rat par exemple —, parfois plus complexes — modification de l'efficacité d'une intensité donnée d'un choc électrique dans un conditionnement d'évitement. Certes, les douleurs que l'on sera amené à réduire chez le patient humain seront d'une origine fort différente. En outre, la douleur est un phénomène extrêmement compliqué, que modulent encore chez l'homme quantité de variables négligées dans les expériences chez l'animal et relatives à l'interprétation subjective que le malade fait de sa douleur. Néanmoins, les données de l'expérimentation animale se sont révélées prédictives, en raison sans doute d'une communauté des mécanismes physiologiques fondamentaux impliqués. Lorsque ceux-ci sont élucidés (comme sont en voie de l'être par exemple les mécanismes d'action de la morphine et de ses analogues, à la suite de la découverte des endorphines), le test sur l'animal offre une prédictivité proche de la certitude. Sinon, on restera prudent, et l'on se bornera à hasarder un pari que seul l'essai clinique viendra confirmer.

Une étape suivante consistera à s'interroger sur une éventuelle tolérance à la substance : une même dose continue-t-elle à exercer la même action, ou est-il nécessaire d'accroître sans cesse la dose avec le risque d'administrer des quantités toxiques ? Pour répondre à cette question, on répétera l'administration de la substance dans un traitement chronique, propre à révéler l'affaiblissement de l'effet, qui exigera, pour réapparaître, l'accroissement de la dose.

On pourrait suggérer que si le mécanisme d'action d'une substance est bien connu, on pourrait faire l'économie de l'expérience sur le comportement, et mettre la tolérance en évidence directement au niveau physiologique, voire à un niveau cellulaire ou moléculaire *in vitro*. C'est l'argumentation des partisans d'une limitation des expérimentations sur l'animal en biologie fondamentale ou appliquée, qui avancent, pour fonder leur position, certains exemples tout à fait convaincants. Les psychologues de laboratoire seront les premiers à approuver dans son principe cette manière de voir, mais aussi à mettre en garde

---

ENCART 44

*Une expérience de Poulos et Hinson nous en fournit une illustration intrigante pour le réductionniste*

L'halopéridol, une substance neuroleptique employée dans le traitement de certaines psychoses, provoque chez le rat une suppression des mouvements spontanés et un état cataleptique. L'administration répétée du produit laisse apparaître une tolérance à cet effet. Celle-ci, à première vue, traduit un phénomène purement pharmacologique sous-tendu par un accroissement du nombre de récepteurs postsynaptiques dopaminergiques dans le cerveau. Il peut s'y ajouter, cependant, un élément de conditionnement pavlovien.

Deux groupes comparables de 12 rats reçurent des injections répétées d'halopéridol et de solution saline. Chacune des injections était associée à un milieu particulier, soit une chambre noire et bruyante, soit une chambre vivement éclairée et silencieuse. Selon les groupes, l'injection d'halopéridol était associée à la chambre sombre et celle de solution saline à la chambre claire, ou inversement. Un jour sur trois, l'animal recevait de l'halopéridol, deux jours sur trois, de la solution saline, de façon imprévisible, jusqu'à un total de 22 injections de neuroleptique et de 56 injections de solution saline. Au terme de ce traitement chronique, inducteur de tolérance, on testa cette dernière en répartissant les rats soit dans la cage associée à l'halopéridol, soit dans la cage associée à la solution saline. Un groupe contrôle, qui n'avait reçu, au long des 84 jours du traitement, que de l'eau salée, fut lui-même réparti dans les deux milieux et injecté d'halopéridol. La mesure de la catalepsie se faisait, très simplement, en posant le rat les deux pattes avant sur une barre horizontale, trois fois à trois intervalles différents après l'injection (25, 50 et 75 minutes), et en relevant le temps pendant lequel l'animal conservait la posture au cours d'une période d'observation de 60 secondes (chaque mesure portant sur trois essais peut donc aller de 0 à 180 secondes). Des animaux auxquels on n'a administré aucun médicament présentent une durée de réponse pratiquement nulle : à peine sont-ils placés sur la barre qu'ils la quittent. La figure 20 résume les résultats. Elle révèle un phénomène surprenant : les animaux testés dans le milieu où ils avaient l'habitude de recevoir l'halopéridol manifestent leur tolérance par une réponse significativement plus brève que les sujets contrôles ; mais ceux que l'on teste dans le milieu où ils recevaient la solution saline présentent une réponse cataleptique proche de celle des contrôles. Tout se passe comme si la tolérance n'était pas simplement due à l'administration répétée de la drogue, mais à une association de l'injection à un milieu donné. Par un mécanisme de conditionnement pavlovien, les animaux qui reçoivent la drogue dans un environnement où ils avaient l'habitude de recevoir la solution saline se comportent comme s'ils recevaient l'halopéridol pour la première fois. Cette diffé-

contre la tentation de la généraliser, qui conduirait à un réductionnisme simplificateur. Prise à la lettre, en effet, elle laisserait entendre que tout ce qui peut se passer dans un organisme vivant dans son intégrité serait prévisible au départ d'une analyse minutieuse de certains fragments judicieusement isolés (par ex.

rence entre sujets qui anticipent une injection d'halopéridol et ceux qui anticipent une injection de solution saline, mais reçoivent de l'halopéridol à la place, ne peut s'expliquer par la modification des récepteurs postsynaptiques. Des facteurs qui ressortissent à l'analyse du comportement doivent être pris en compte, qui modulent l'effet pharmacologique proprement dit.

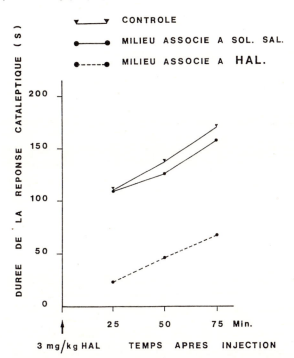

Fig. 20 — Même chez l'animal, la tolérance à une substance pharmacologique peut dépendre de facteurs psychologiques. Le milieu associé à des injections de neuroleptique chez le rat affecte la durée d'une réponse physiologique, la durée d'immobilisation cataleptique. (D'après X. Poulos et R. Hinson, Pavlovian conditional tolerance to Haloperidol catalepsy : Evidence of dynamic adaptation in the dopaminergic system, Science, 1982, 218, p. 491-492.)

une culture cellulaire) (voir aussi chap. XVII). Les variables environnementales prises en compte dans toute l'analyse du comportement — lequel est par définition une interaction d'un système vivant avec son milieu — n'auraient, dans cette perspective, pas de réelle importance. Or, même des phénomènes comme la tolérance médicamenteuse, laquelle, à première vue, n'est pas, quant à son mécanisme, d'ordre comportemental — même si l'on peut la mettre en évidence au niveau du comportement pour peu que la substance en cause exerce sur celui-ci un effet mesurable — se trouvent soumis à l'influence des interactions du sujet avec son milieu.

> Poussant plus loin l'enquête, on se demandera si les substances donnant lieu à la tolérance n'induisent pas aussi une toxicomanie, comme c'est, malheureusement, le cas de nombreux antalgiques. Il est superflu de commenter l'importance de cette question, et tout l'intérêt qu'il y a à lui donner, chez l'animal, une réponse prédictive de ce qui se passera chez l'homme. Le spécialiste du comportement dispose ici de méthodes extrêmement précieuses. Pour le sujet toxicomane, ou dépendant, la drogue joue le rôle de renforcement, au sens technique que l'on donne à ce mot, dans la terminologie du conditionnement opérant : il tendra à reproduire tout comportement qui lui procurera la drogue. L'animal expérimental peut être amené à s'administrer à lui-même une drogue, en guise de renforcement. La drogue sera simplement placée en solution dans l'eau de boisson, ou, dans des techniques d'autoadministration plus sophistiquées, elle sera directement injectée dans le flux sanguin par un cathéter installé chirurgicalement et connecté à une seringue automatique pendant l'expérience. Le sujet contrôlant lui-même la quantité de substance injectée, il nous renseignera sur l'évolution de la tolérance et de la dépendance physique. Si l'expérimentateur interrompt l'arrivée de la drogue, on verra se manifester le syndrome de sevrage, et l'on pourra explorer les moyens pharmacologiques ou autres, de le traiter ou de le prévenir.

La méthode expérimentale fournit, dans les cas qui viennent d'être discutés, des répliques assez évidentes de ce qui se passe chez l'homme. Elle se prête à une analyse minutieuse, systématique, de variables dont on soupçonne le rôle au niveau humain, sans avoir la possibilité de l'y préciser. Cela ne veut pas dire que d'autres facteurs, spécifiques de l'être humain, ne doivent pas être envisagés, mais ils viendront seulement compliquer le tableau, sans mettre en cause la validité des conclusions de l'étude faite sur l'animal.

On parle volontiers, à propos de telles situations expérimentales, de modèles animaux du comportement humain. La correspondance est ici assez claire entre comportement animal et humain. Ce n'est pas toujours le cas. Il arrive qu'elle se fonde sur une interprétation théorique qu'il faut d'abord admettre pour traiter légitimement de modèle la situation étudiée chez l'animal. Nous en trouvons des illustrations intéressantes dans certains modèles psychopathologiques, telle la résignation acquise (parfois désignée détresse ou impuissance acquise) *(learned helplessness)* proposée par Seligman comme modèle de la dépression.

On sait que des animaux exposés à des stimulations aversives présenteront généralement des conduites visant à s'y soustraire. Celles-ci se laissent aisément objectiver dans des situations d'échappement-évitement ; le passage dans le compartiment voisin d'une cage à double compartiment, l'appui sur un levier seront, par exemple, utilisés pour mettre fin à un choc électrique ou s'y soustraire anticipativement. Des chiens ou des rats préalablement exposés à des chocs électriques inévitables ne développent pas, selon Seligman, les conduites d'échappement-évitement attendues. Face à la stimulation aversive, ils auraient acquis une forme de passivité qui les empêche ultérieurement de découvrir et d'exploiter les possibilités d'adaptation. C'est ce mécanisme qui, toujours selon Seligman, serait à la base de la dépression humaine. Le patient aurait, en des occasions repérables ou non, vécu une expérience — brutale ou prolongée — d'impuissance face à la réalité, qui rétrécirait dans la suite le champ de ses adaptations.

Le modèle se présente ici comme une explication du phénomène humain auquel il s'applique. Accepter le modèle, c'est admettre que le phénomène humain en cause, la dépression, se laisse réduire à ces éléments que le modèle prend en compte. Sans nous aventurer dans la complexité des problèmes que soulève une définition de la dépression, on notera que cette réduction ne s'impose pas à tous. Elle laisse de côté, en effet, des éléments jugés importants dans beaucoup de dépressions : les symptômes dépressifs ne paraissent pas nécessairement correspondre à une impuissance à faire face à des situations aversives

— beaucoup de dépressifs admettront que la vie ne leur est pas particulièrement hostile, mais n'en « voient pas moins tout en noir », leur trouble ressortissant peut-être plus au registre de l'émotion, de l'humeur, qu'à celui des stratégies de résolution de problèmes — ; le deuil ou la séparation qui marque l'origine de certaines dépressions n'est pas nécessairement assimilable à une stimulation aversive inévitable, non plus que la persistance et l'amplification des réactions qui en découlent ne sont comparables à la passivité du chien ou du rat dans la situation où il peut interrompre le choc. L'animal de Seligman se trouve exposé, après son expérience d'impuissance, à des situations analogues ; le dépressif ne manifeste pas sa dépression à l'occasion de nouveaux deuils ou de nouvelles séparations, il n'en a connu qu'une qui envahit tellement sa vie qu'il ne trouve plus en celle-ci les gratifications qu'elle continue pourtant, objectivement, à lui apporter. Même en s'en tenant, à propos de la dépression, à des hypothèses formulées dans les termes d'une psychologie de l'apprentissage — c'est l'option adoptée par les théoriciens des thérapies dites comportementales —, le schéma de Seligman n'est pas le seul possible, et n'est pas nécessairement le meilleur, ni le plus complet. Que vaut le modèle animal si l'interprétation qu'il contient de la dépression se révèle, d'emblée, insuffisante ?

Il faut en outre se demander si l'analyse proposée des faits observés chez l'animal est la plus appropriée. L'étiquette qui la résume (résignation acquise) suppose qu'il s'agit d'un phénomène original, en ce sens qu'il ne pourrait se réduire à des principes déjà connus en psychologie de l'apprentissage et à propos desquels les expérimentateurs précédents n'avaient pas jugé utile de recourir à une étiquette particulière. Elle laisse aussi à penser que l'expérience imposée aux sujets conduit inévitablement à l'impuissance devant les situations ultérieures. Or, l'examen attentif des données, tant de Seligman que de ceux qui ont tenté de reproduire son expérience, ne confirme pas ces deux conclusions. D'une part, aucun principe inédit n'est indispensable pour rendre compte des comportements observés — entièrement interprétables en termes de résistance à l'extinction, de comportements incompatibles, de généralisation des réactions émotionnelles, etc. D'autre part, le phénomène n'est ni général, ni irréversible ; les différences individuelles laissent ouverte la question d'une éventuelle responsabilité du « terrain » (notion qui renvoie à l'histoire antérieure, inconnue, des sujets, ou, plus explicitement, à ses particularités constitutionnelles, voire génétiques), question qui demeure d'ailleurs ouverte en psychopathologie humaine à propos de la dépression ; beaucoup de sujets apprennent, après un temps variable (ce qui serait aussi le cas s'ils n'avaient aucune expérience antérieure du choc inévitable), à se soustraire au choc, attestant l'intervention de mécanismes d'apprentissage connus et nullement une mystérieuse exemption d'une maladie particulière du comportement. Il est permis de conclure qu'au niveau de l'animal expérimental lui-même, le modèle constitue une abstraction injustifiée d'un contexte plus général, dont de nombreux aspects sont, sans raison, négligés.

Discutable dans son interprétation du comportement animal, discutable dans son interprétation des troubles psychologiques humains, on voit ce qu'un tel modèle peut avoir de trompeur s'il contribue à entretenir l'idée que : 1 / nous détenons vraiment un analogue animal de la dépression ; 2 / nous avons compris la dépression. Ce terme même de modèle dont nous avons discuté précédemment les ambiguïtés n'est pas étranger à cette illusion. Si l'on veut n'y voir qu'un outil de travail, provisoire comme toutes les hypothèses scientifiques, utile à poser de bonnes questions sur le comportement animal et sur la dépression humaine, le « modèle » de Seligman peut se révéler utile. Mais pour en bien préciser la portée, qui est limitée, mieux vaudrait sans doute parler, simplement, d'hypothèse.

# XV. Recherche et pratique

### Recherche fondamentale et terrain

#### *Réciprocité dynamique*

Le savoir scientifique se caractérise, depuis toujours, par la poursuite d'une double entreprise : celle à laquelle on donne nom de recherche fondamentale, parfois appelée pure, et celle que l'on range sous l'étiquette générale d'applications. Ces deux volets, selon les moments de l'histoire, les disciplines concernées, les traditions propres à différentes cultures, se développent tantôt en étroite articulation, tantôt sur des voies parallèles, tantôt à travers des interactions chaotiques. La physique fondamentale et les sciences de l'ingénieur s'articulent fort bien l'une à l'autre ; on sait d'ailleurs ce que la première dut aux secondes à l'époque où celles-ci étaient encore de style très artisanal. Les technologies modernes s'enracinent dans la recherche fondamentale, qu'elles alimentent des défis constants qu'elles rencontrent. Il n'y a pas, dans ces domaines, d'opposition tranchée entre les deux sphères d'activités, pas de conflit majeur, moins encore de proclamation d'isolement ou d'émancipation. Le champ de la médecine est fort comparable. Ceci ne veut pas dire que praticiens et fondamentalistes s'inscrivent parfaitement dans les mêmes perspectives. Les premiers, ingénieurs, médecins cliniciens, connaissent les contraintes inhérentes aux situations réelles, marquées de leur complexité irréductible et des impératifs qui les obligent à prendre des risques que le fondamentaliste n'a pas à courir.

En psychologie, il n'est pas rare que cette articulation harmonieuse, indiscutée, fasse place à une ignorance, quand ce n'est pas un mépris mutuel. Nous avons déjà rencontré certains des arguments qui sous-tendent cette tension entre psychologues. Il n'est pas inutile de les rassembler ici, en les complétant. On y voit, du côté des amateurs de pratique, opposer le réel de la vie quotidienne à l'artificiel de la recherche fondamentale ; la validité des situations de terrain à la vacuité des objets étudiés en laboratoire, chez des organismes qui ne fonctionnent pas normalement ; la gratuité intolérable des travaux du fondamentaliste face aux problèmes urgents à résoudre dans la société ; le confort privilégié, mais injustifié du chercheur face aux responsabilités de ceux qui mettent la main à la pâte. Les fondamentalistes de leur côté ont beau jeu de dénigrer leurs confrères praticiens qui n'hésitent pas à faire passer pour sérieuses des interventions qu'ils jugent, quant à eux, fort mal fondées scientifiquement ; de défendre la démarche du réductionnisme méthodologique comme voie obligée vers la compréhension du réel contre la prétention à agir sur des problèmes que l'on comprend mal ; de préférer la simplicité, voire la simplification de leurs analyses aux spéculations hasardeuses des conseillers en tous genres.

Selon les cas, les praticiens développent sur leur terrain d'application même leur propre activité de recherche, recherche appliquée qui se dissocie éventuellement de façon de plus en plus profonde de celle des fondamentalistes, ou pire, ils se détournent complètement de tout souci de scientificité, au sens où nous l'avons entendu ici.

Cet état de choses devrait inciter les psychologues à s'interroger sur leur façon de se définir. Il n'y a en soi rien d'inquiétant à ce que cohabitent des approches diverses à la connaissance et à l'aide à autrui : des pratiques sans fondement scientifique explicite ou délibéré peuvent se révéler utiles, comme l'ont été de tout temps les interventions dictées par la sollicitude d'un proche ou d'un ami, ou proposées par une institution religieuse. On peut penser que les psychologues ont à certains égards pris le relais du prêtre, de l'ami, de la communauté de voisinage, du parent, dans une société où ces soutiens se sont effrités. D'autre part, nous savons que la scientificité n'est pas une notion dénuée de toute ambiguïté : ses critères en fluctuent selon les temps et les lieux, et la partie historique sur laquelle cet ouvrage s'est ouvert a suffi à faire apparaître l'évolution dans la manière dont les scientifiques se perçoivent eux-mêmes et sont perçus par leurs contemporains.

Il reste que, une fois admise la part de ces fluctuations, on peut s'accorder sur certains points de méthode en dehors desquels il n'est pas raisonnable de se réclamer de la science, sauf à entretenir de dangereuses confusions. Parmi ces points, ainsi que nous y avons insisté, on trouvera la confrontation du discours au réel, la recherche de la preuve, l'exigence de communicabilité, le souci de contrôle. Ceux qui s'inscrivent en dehors de ces règles du jeu, qui, prises comme règles de méthode, laissent place à d'importantes nuances dans les choix épistémologiques, ne devraient pas faire valoir leur pratique en la faisant passer pour scientifique.

Le tableau que nous avons brossé de la psychologie ne correspond assurément pas à l'ensemble de la discipline. Il s'y trouve par bonheur, comme dans les autres champs des sciences et des technologies, un courant vigoureux où s'articulent de manière féconde et réciproque recherche fondamentale et application.

> Les volumes qui font suite à celui-ci attestent cette complémentarité dans de nombreux domaines. On l'illustrera ici d'un seul exemple. Les psychologues de laboratoire s'intéressent depuis longtemps aux processus attentionnels. Ils ont à cette fin mis au point des techniques telles que la détection de stimulus cibles apparaissant sur un écran, mélangés éventuellement à des distracteurs. Ce type de tâche trouve son équivalent dans des postes de travail, par exemple chez les surveillants d'écrans radars des tours de contrôle du trafic aérien, sorte d'héritiers des sentinelles de jadis. Mais on devine que la situation à laquelle ont à faire face les opérateurs des tours de contrôle est infiniment plus complexe que celle du laboratoire. Les processus attentionnels y sont vraisemblablement sollicités de façon beaucoup plus intensive, en raison, d'abord, de la complexité, mais aussi de facteurs constituant précisément la particularité du contexte pratique réel : l'opérateur y exerce son métier, il y court des risques personnels s'il ne se montre pas à la hauteur, les enjeux de sécurité sont énormes, etc. Ces facteurs ne se miment pas vraiment en laboratoire, sauf à donner à celui-ci toutes les

caractéristiques réalistes de la tour de contrôle, ce qui serait absurde et coûteux. Il est plus simple de se transporter à la tour de contrôle et, en collaboration avec les responsables, d'y procéder aux expériences qui prendront le relais de celles qui auront été réalisées en laboratoire, et qui renverront à celui-ci lorsque se présentera un problème nouveau appelant, ou autorisant une analyse hors situation. Il va de soi que la recherche de terrain devra s'accommoder de toutes les contraintes dans lesquelles se déroulent les activités étudiées, et que l'on devra éventuellement sacrifier le purisme des plans expérimentaux, mais c'est le prix à payer pour aborder vraiment le rôle de certains facteurs.

### Validité externe, validité écologique

Le terme validité désigne, d'une manière générale, la qualité d'une proposition, d'un raisonnement, d'une recherche qui correspondent bien à ce qu'ils prétendent dire ou démontrer. Il se rapporte, dans le vocabulaire technique des scientifiques, à deux notions distinctes, également importantes, selon qu'il se complète de l'adjectif interne ou externe. La validité interne d'une recherche renvoie à la rigueur des démarches mises en œuvre pour la réaliser : constitution des échantillons, plan d'expérience, adéquation des outils de traitement statistique des données à l'échelle de mesure utilisée pour les recueillir, contrôle des biais de l'observateur, etc. Peut être réputée valide, au sens de dotée de validité interne, une recherche dans laquelle on ne relève aucune faille, tout comme est valide le raisonnement syllogistique « Tous les hommes sont mortels — Socrate est un homme — Donc Socrate est mortel », mais non « Tout homme est un animal — Aucun chat n'est un homme — Donc aucun chat n'est un animal ».

La validité externe, par contre, renvoie à la correspondance entre une proposition ou une recherche, par ailleurs dotée de validité interne, et une réalité qui lui est extérieure, et qu'elle prétend décrire ou prédire. La notion de validité externe ressortit au problème de la généralisation, lequel peut prendre plusieurs formes : peut-on prendre tel test psychologique comme un bon prédicteur de tel trouble de la personnalité ? Peut-on considérer les résultats d'un examen de sélection professionnelle comme un bon prédicteur de l'adaptation au poste professionnel à pourvoir ? Peut-on tenir les données d'une expérience sur la mémoire comme révélatrices des caractéristiques de la mémoire en général ? Peut-on considérer les résultats accumulés au laboratoire sur l'attention comme représentatifs des processus attentionnels mis en œuvre dans la vie réelle ?

A ces questions, et notamment aux deux premières, les psychologues ont depuis longtemps répondu en élaborant des techniques raffinées de validation de leurs épreuves et examens psychologiques. Ces efforts de validation ont été particulièrement poussés dans les domaines de la psychologie appliquée à l'orientation scolaire ou professionnelle, à la sélection professionnelle et au psychodiagnostic. Une stratégie classique consiste à calculer la corrélation entre les résultats aux différents tests et la réussite scolaire ou professionnelle.

Les deux dernières questions se rapportent à des aspects plus complexes de la généralisation, à savoir d'une part la généralisation des conclusions d'une recherche à une notion plus large, plus ambitieuse que ce que recouvre au sens strict les données recueillies, et d'autre part la généralisation du contexte de la recherche à celui de la vie réelle — qui fait l'objet des réflexions de ce chapitre.

Nous ne nous attarderons pas sur le premier aspect : voici longtemps que les psychologues ont abandonné l'idée que les grandes fonctions qu'ils étudient sous des étiquettes empruntées au langage courant — intelligence, mémoire, motivation, émotion — se ramènent à quelque chose de simple et d'homogène, qui se laisserait à la limite caractériser à travers une observation ou une expérience unique. Toutes leurs recherches les ont, au contraire, conduits à reconnaître l'éclatement de ces notions, et à se garder, par conséquent, de conclure, à partir d'un test ou d'une recherche circonscrite, à l'intelligence, la mémoire, la motivation, l'émotion. Il reste que certains utilisateurs de seconde main de la psychologie scientifique commettent encore fréquemment cette erreur, et prêtent à des données expérimentales limitées une portée injustifiée, une validité abusive. Ainsi, dans la quête actuelle en vue de remédier aux déficits de la mémoire ou de l'intelligence par des produits pharmacologiques capables d'enrayer cet aspect du vieillissement, il n'est pas rare de voir conclure à des effets pro-mnésiants, c'est-à-dire favorables à la mémoire (sous-entendu en général), à partir d'observations limitées à une procédure particulière chez une espèce particulière, par exemple l'évitement passif chez le rat blanc (voir encart 45).

La généralisation du contexte de recherche à la vie réelle constitue le dernier aspect, et sans doute le plus important, de la

---

ENCART 45

*A la recherche de la pilule de la mémoire*

Les progrès de la chimie du cerveau, conjugués à l'engouement pour les substances actives sur nos conduites et nos humeurs, ont stimulé la recherche de nouvelles molécules à action psychotrope. Répondant à une préoccupation actuelle pour le recul du vieillissement, la recherche se centre toujours plus sur les processus cognitifs, parmi lesquels la mémoire tient une place de choix. C'est à qui découvrira le produit qui enrayera la détérioration des souvenirs, dont nous sommes tous menacés, ou mieux encore améliorera notre mémoire lorsque, bien avant le troisième âge, nous la trouvons médiocre.

On parle d'évitement à propos de situations dans lesquelles l'organisme peut se soustraire anticipativement à une stimulation aversive, c'est-à-dire dont normalement il se détourne, comme une stimulation douloureuse par exemple. L'évitement est actif si le sujet doit produire un comportement pour empêcher la stimulation de l'atteindre : par exemple, un rat pourra éviter un choc électrique que lui annonce un signal sonore avertisseur, en se réfugiant dans un compartiment voisin, à l'abri du choc. L'évitement est dit passif si, au contraire, le seul moyen d'éviter le choc est de ne pas bouger. Par exemple, le rat est placé dans un compartiment éclairé, voisin d'un compartiment sombre, où il peut se rendre librement, ce qu'il fera spontanément, les rats préférant l'obscurité à la lumière ; cependant, il y recevra immanquablement un choc électrique ; instruit de cette expérience, lors d'un essai ultérieur, il demeurera dans le compartiment éclairé. Cet apprentissage, très élémentaire, se réalise très rapidement, souvent après un seul essai.

Certaines substances pharmacologiques favorisent cet apprentissage, en ce sens qu'elles le rendent plus rapide, ou le consolident. Sont-elles pour autant de bonnes candidates comme médicaments pro-mnésiants ? La généralisation est évidemment prématurée. Elle supposerait d'abord qu'il soit bien démontré que l'effet obtenu relève des mécanismes mnésiques proprement dits, et non de facteurs autres, mais susceptibles de se répercuter sur les performances mnésiques, l'émotion ou la vigilance, par exemple. Elle supposerait ensuite que d'autres procédures expérimentales d'exploration des capacités mnésiques révèlent elles-aussi les propriétés pro-mnésiantes des substances étudiées, faute de quoi ces dernières pourront au mieux être proposées pour améliorer les performances dans les situations d'évitement passif, et seulement chez le rat blanc.

Nous nous souviendrons de cet exemple lorsque nous discuterons, au chapitre suivant, les rapports de la psychologie avec les sciences voisines.

notion de validité externe. Il est devenu courant aujourd'hui de parler à ce sujet de validité écologique, plutôt que de validité externe, l'expression soulignant bien le contraste possible entre la situation artificielle imaginée par le chercheur et le milieu de vie quotidienne, « naturelle ». Nous discuterons deux exemples de validité écologique.

L'étude de la perception visuelle a été l'un des premiers champs de recherche de la psychologie expérimentale, stimulée très tôt par les progrès de l'optique en physique, et il est resté jusqu'à nos jours l'un des plus productifs. Les théories de la couleur retenaient des savants tels que Goethe et Helmholtz, tandis que les psychophysiciens mesuraient les seuils absolus et différentiels pour l'intensité lumineuse et le spectre chromatique, que les psychologues de la perception décrivaient les lois de l'organisation perceptive et les intrigantes illusions, et que les neurophysiologistes démontaient peu à peu le mécanisme du récepteur oculaire, puis des voies nerveuses conduisant jusqu'aux aires de projection des informations visuelles dans le cortex occipital. Beaucoup de ces données accumulées dans les laboratoires trouvèrent des applications ; notamment, la psychophysique figura bientôt dans l'arsenal de base du diagnostic des déficiences de la vision, la validité de ses mesures ne faisant aucun doute. Plus récemment, le souci de venir en aide aux aveugles et mal-voyants a conduit à dépasser le simple transfert des techniques de laboratoire à une partie de l'évaluation du déficit, pour chercher, de façon plus positive, les moyens de tirer parti au maximum des capacités de vision résiduelle pour l'adaptation quotidienne du mal-voyant. S'est ainsi développée une recherche appliquée visant avant tout à la validité écologique, et dans ce but s'installant résolument sur le terrain. Ne négligeant aucune des ressources techniques les plus élaborées tant du laboratoire de psychologie que de l'ingénierie de l'éclairage, ce courant de recherche explore systématiquement en situation de vie réelle les améliorations qui peuvent être apportées dans l'adaptation du sujet handicapé en jouant, par exemple, sur les contrastes lumineux, facilitant le repérage des contours des objets, l'estimation de la profondeur, la discrimination des zones de déplacement, etc. Il s'agit en somme d'une démarche très proche de celle de l'ergonomie, traditionnellement confinée au milieu industriel, désormais transposée à la vie quotidienne de certaines catégories de personnes (voir encart 46). Elle concerne aujourd'hui non seulement les déficients de la vue qui viennent d'être évoqués, mais les handicapés physiques, les vieillards et d'autres catégories.

> **ENCART 46.**
>
> **L'ergonomie**
>
> Science appliquée visant à analyser les conditions de travail et à en définir les normes idéales, l'ergonomie comporte un volet psychologique important, qui justifie qu'elle figure parmi les spécialités qui s'offrent au psychologue d'entreprise. Elle est née d'un souci de mieux tenir compte des facteurs humains, physiologiques et psychologiques, dans la conception des machines et des lieux de travail, jadis essentiellement subordonnée aux impératifs de productivité de l'ère industrielle. Des problèmes de fatigue physique, de répartition de l'effort, d'exposition au bruit, à la chaleur, classiques dans les industries du passé, elle a élargi ses préoccupations au gré des changements technologiques modernes en même temps que de l'évolution des recherches psychologiques : ses thématiques actuelles concernent par exemple l'adaptation au travail sur ordinateur, les conséquences de l'automatisation poussée sur l'opérateur humain — on songera entre autres au rôle des pilotes de lignes dans les appareils à commande automatique perfectionnée dans ses rapports avec la sécurité et avec la perception que se font les pilotes eux-mêmes de leur mission —, les performances en situation d'apesanteur, etc. Le changement d'accent se traduit souvent par l'adjonction de l'adjectif cognitif : on parle d'ergonomie cognitive, expression justifiable si l'on se concentre sur des processus cognitifs impliqués dans la relation homme-travail, ou si l'on adopte une perspective théorique propre à la psychologie cognitive, mais qui ne peut faire oublier les aspects motivationnels ou émotionnels des situations professionnelles.
>
> L'ergonomie inclut de plus en plus les interactions sociales parmi les facteurs entrant en ligne de compte dans l'amélioration des conditions de travail. Science du compromis réaliste, elle doit tenir sans cesse l'équilibre entre productivité et rentabilité d'une part, bien-être, sécurité et satisfaction morale du travailleur de l'autre.
>
> Sortant du cadre de l'entreprise industrielle, l'ergonomie s'est diversifiée dans des domaines qui peuvent bénéficier de ses méthodes, l'école, la vie domestique, la conception des transports du point de vue des passagers, etc.

Un autre exemple de préoccupation pour la validité écologique de la recherche en psychologie nous est fourni par le débat récent concernant les travaux expérimentaux sur la mémoire. La mémoire est l'une des fonctions cognitives les plus abondamment explorées par les psychologue de laboratoire, depuis les travaux de pionnier d'Ebbinghaus (voir encart 47).

Elle constitue un chapitre central de la psychologie cognitive moderne, à laquelle elle a apporté nombre de concepts théoriques fondamentaux. La recherche sur la mémoire est peut-être celle qui a donné lieu aux formulations les plus sophistiquées de lois générales, de modèles descriptifs et explicatifs, de théories concurrentes. On en verra toutes les ramifications dans le volume *HC*. Pendant longtemps, on a considéré que ces données pouvaient sans plus être tenues pour valides par rapport à l'utilisation des ressources mnésiques en situation de vie quotidienne, et l'on a entre autres construit des instruments psychométriques d'évaluation de la mémoire sur le modèle des techniques employées au laboratoire, explorant tour à tour mémoire verbale et non verbale, mémoire visuelle ou auditive, mémoire pour du matériel verbal signifiant ou dénué de sens, mémoire d'éléments non reliés ou mémoire d'ensembles, etc.

---

ENCART 47

H. Ebbinghaus (1850-1909) se distingue dans la psychologie scientifique allemande de la fin du siècle passé comme le pionnier dans l'étude de la mémoire, thème d'un ouvrage fondateur paru à Leipzig en 1885. Se prenant généralement lui-même pour sujet de ses propres expériences, il mit au point, pour étudier les performances mnésiques, plusieurs méthodes restées classiques et encore en usage aujourd'hui. Il eut l'idée d'utiliser comme matériel des syllabes sans signification, de manière à neutraliser le facteur sémantique dans la mémoire verbale, ouvrant du fait même la voie aux études sur ce facteur lui-même, qui ont pris une importance centrale dans les recherches modernes. Il mesura la rétention et l'oubli entre autres par la méthode d'économie, qui consiste à mesurer l'économie de temps, ou du nombre d'essais entre un premier apprentissage et un apprentissage ultérieur mené jusqu'au même critère.

---

En 1978, Neisser ébranla cette tradition sereine en interpellant les spécialistes de la mémoire par une question provocatrice : « La mémoire : quelles sont les questions importantes ? » (Memory : What are the important questions ?, *in* M. M. Gruneberg, P. E. Morris et R. N. Sykes (Eds), *Practical aspects of memory*, Londres, Academic Press). Il les encourageait à se tourner vers des aspects de la mémoire jusque-là négligés par les recherches de laboratoire, et sans doute impossibles à y réaliser, aspects pourtant d'un bien plus grand intérêt pratique : pourquoi existe-t-il des limitations à nos souvenirs d'enfance ? Comment expliquer l'oubli fréquent d'un rendez-vous ? Comment retrouvons-nous sans peine le chemin familier trente ans plus tôt et pourtant jamais parcouru depuis ? Que retenons-nous d'événements frappants et pourquoi ? S'amorça dès lors un courant neuf de la psychologie de la mémoire, consacré à la mémoire autobiographique ; au fonctionnement mnésique en situation de vie réelle par opposition au laboratoire ; aux souvenirs éclairs *(flashbulb memories)* que constituent des événements du type de l'assassinat du président Kennedy ou le discours du 18 juin du général de Gaulle ; à la mémoire prospective, qui porte sur les choses que nous avons projeté de faire plutôt que sur le passé ; à la rétention prolongée, malgré l'absence de pratique, d'un acquis en langue étrangère. Ces recherches ont apporté des données nouvelles qui n'auraient sans doute pu être recueillies au laboratoire pour des raisons techniques que nous avons déjà évoquées : on ne reconstitue pas en laboratoire une simulation d'une vie entière pour étudier la mémoire autobiographique, non plus que l'apprentissage ancien d'une langue seconde pour en évaluer longtemps après les traces. Elles ont confirmé certaines lois générales dégagées par les recherches classiques, consolidant leur validité externe. Elles ont révélé des facteurs insoupçonnés. Elles se justifient donc incontestablement, dans le cadre de cette relation dynamique entre laboratoire et terrain que nous avons défendue ci-dessus, et qui a fait ses preuves dans les sciences du vivant en particulier. Il est intéressant de signaler qu'elles ont néanmoins donné lieu à un débat caractéristique des déchirements de la psychologie, déclenché par un article de M. R. Banaji et R. G. Crowder intitulé « La banqueroute de la mémoire quotidienne » (*American Psychologist*, 1989, 44, p. 1185-1193), qui en nie l'intérêt au nom d'un purisme méthodologique encore courant, déniant toute valeur à ce qui n'a pas été trouvé dans le laboratoire et en conformité avec les exigences les plus strictes de la méthodologie expérimentale. Les répliques publiées peu après dans le même revue reflètent bien les arguments en faveur de la complémentarité des approches ; elles soulignent aussi l'impossibilité, en psychologie, de comprendre les grandes fonctions que l'on étudie sans prendre en compte les contenus dans leur diversité, et non seulement des processus épurés.

### Utilité de l'inutile

L'harmonieuse articulation de la recherche fondamentale à la pratique doit-elle conduire à n'accepter de recherche fondamentale que liée à des problèmes de vie réelle ? Beaucoup de gens, en effet, ne jugent la science qu'à son utilité et en cette fin de XX$^e$ siècle, c'est la position que semblent adopter de plus en plus les responsables politiques chargés des décisions en matière de financement de la recherche. Elle n'est pas vraiment déraisonnable, si l'on admet que la science a largement contribué à résoudre les problèmes d'adaptation de l'humanité à son milieu, mais elle défavorise souvent les sciences humaines, dont les retombées pratiques apparaissent à première vue moins nombreuses et moins intéressantes que celles des sciences physico-chimiques ou biologiques. C'est mal saisir les dimensions actuelles des problèmes d'adaptation rencontrés par l'espèce humaine, problèmes dont la science est d'ailleurs en partie responsables, et qui ne trouveront solution que par une meilleure compréhension des conduites des hommes. Nous examinerons cet aspect dans la section suivante.

Il serait cependant dangereux d'exclure toute activité scientifique qui ne se justifierait pas par son utilité immédiate et visible. En effet, la science tient sans doute dans la culture humaine une place à certains égards assimilable à celle des arts, et indépendante de ses retombées technologiques possibles. La connaissance, comme le plaisir artistique, trouve sa fin en elle-même, de sorte que, si l'on veut élargir la notion d'utilité à tout ce qui compose la culture humaine et en fait la valeur, on trouvera quelque utilité à toute recherche scientifique, pour « inutile » qu'elle soit, pour peu qu'elle enrichisse notre savoir, pour notre plaisir (et sous réserve bien sûr qu'elle satisfasse à notre éthique — voir chap. XVII). Cette « justification » s'applique particulièrement à la psychologie, car si l'on peut s'inquiéter des risques d'une manipulation des forces naturelles par l'esprit faustien, que trouver à redire aux efforts d'une science visant à la connaissance de nous-mêmes qui ne fait que prolonger ou compléter par des voies quelque peu différentes l'entreprise séculaire poursuivie par la philosophie, la littérature et les arts ?

En outre, même si l'on s'en tient à une définition étroite de l'utilité, il faut être attentif au fait qu'aucun critère ne permet d'apprécier, du moins à long terme, ce qui, en science, est utile ou ne l'est pas. L'histoire des sciences abonde d'exemples de cette impossibilité de prédire. Ce qui aujourd'hui paraît inutile pourra se révéler utile demain, ou conduire à une autre recherche, utile celle-là. Un jugement d'inutilité peut aussi simplement refléter la caractère borné et partial de ceux qui en jugent : beaucoup de recherches sont en avance sur leur temps et demeurent longtemps complètement ignorées, jusqu'au moment où l'évolution des connaissances ou les changements survenus dans la société leur donnent soudain une place.

Ainsi, l'étude détaillée du comportement des insectes a longtemps été considérée comme le passe-temps de naturalistes un peu rêveurs, que nul ne songeait à contrarier, dans la mesure où il était peu dispendieux. Elle s'est révélée ensuite d'une importance capitale dans la lutte contre les parasites en agriculture, offrant une alternative à l'usage des pesticides.

Les recherches sur le temps dans le monde vivant, et notamment sur les rythmes biologiques, ont été longtemps l'œuvre de pionniers peu pris au sérieux, voire véritablement marginalisés par leurs collègues biologistes. On ne voyait pas à quoi cela pouvait servir. Depuis une trentaine d'années, le savoir accumulé par plusieurs générations de chercheurs obscurs a fini par s'imposer, et la chronobiologie a trouvé sa place dans le cercle des disciplines biologiques, avec un volet psychologique important qu'intègre le champ de la psychologie du temps (chronopsychologie). La raison de ce revirement de l'histoire est essentiellement que la chronobiologie a pu soudain faire la preuve de son utilité, au sens étroit du terme, sur plusieurs terrains très différents. Les rythmes circadiens, accordés à la périodicité de vingt-quatre heures à laquelle sont soumis les organismes terrestres, règlent les fluctuations des fonctions physiologiques et psychologiques. Ils sont à prendre en compte, par exemple, dans la prescription de certains médicaments dont l'efficacité thérapeutique ou la toxicité peut varier du simple au double selon le moment où on les administre dans le cycle journalier. Plus près des préoccupations du psychologue, on retrouve leur importance dans l'organisation du travail posté, où les travailleurs sont soumis à des glissements d'horaire entre trois équipes tournantes ; ou encore dans le franchissement rapide de plusieurs fuseaux horaires que l'extension de l'aviation a banalisé. Nul n'aurait prédit, il y a deux siècles, que les observations des botanistes penchés sur l'ouverture et la fermeture des corolles au fil de la journée connaîtraient plus tard ce destin, et déboucheraient sur un secteur pluridisciplinaire des sciences appliquées. A ceux qui critiquent la recherche inutile, il n'est que d'opposer ces nombreux exemples d'une utilité longtemps insoupçonnée.

## Psychologie et demande sociale

La préservation d'une zone de recherche « gratuite » (qui peut être la plus chère) ne peut servir d'alibi aux chercheurs qui ne veulent pas se compromettre dans les affaires concrètes. La science est un aspect des activités de la culture où nous vivons, et il est normal qu'elle réponde à des attentes qui se manifestent à son égard. La psychologie se trouve particulièrement confrontée à des demandes sociales, qui tantôt lui sont explicitement adressées, tantôt demeurent comme en attente de formulation, et qu'il lui incombe de faire apparaître. En dépit de l'accent mis par les médias sur les demandes orientées vers les sciences médicales ou les sciences physiques — lutte contre le cancer, mise au point d'un vaccin anti-SIDA, contrôle technologique de la fusion nucléaire, protection de la couche d'ozone — ce sont souvent les sciences psychologiques qui devraient être prioritairement sollicitées, y compris dans les exemples qui viennent d'être évoqués. En attendant la mise au point d'un vaccin, la lutte contre le SIDA est essentiellement affaire de comportement. La protection de l'environnement passe nécessairement par le comportement des millions d'êtres humains qui contribuent à sa dégradation. Il en va de même de nombreux autres problèmes majeurs des sociétés d'aujourd'hui. L'explosion démographique, partiellement due aux progrès de la médecine et de l'agriculture, n'est enrayable que si l'on tient compte avant tout des facteurs psychologiques. L'abus de drogue met ces facteurs au premier rang, qu'il s'agisse de l'aide aux toxicomanes, de la prévention, de la lutte contre les trafiquants. L'aide au développement, la politique de la santé, l'éducation, la protection de l'enfance, la sécurité urbaine, l'intégration des handicapés et bien d'autres champs requièrent l'attention des psychologues. Il leur appartient de relever le défi lorsqu'il est fait appel à eux, et de signaler les ressources scientifiques dont ils disposent lorsqu'on omet de reconnaître non pas leur importance ou leur respectabilité professionnelle, mais l'utilité possible de leur contribution.

C'est dans la perspective de cette réponse aux demandes sociales que se sont constituées au fil du temps des activités professionnelles diversifiées où le psychologue tient rôle de conseiller, de personne ressource, souvent au sein d'une équipe pluridisciplinaire. Nous en verrons des illustrations au chapitre XVI.

**Le singulier et le général**

*La norme, l'exception, l'anormal*

Selon une vieille formule, il n'y aurait de science que du général. Ceci est une des sources de malentendus, voire d'oppositions entre les psychologues qui s'adonnent à la recherche et ceux qui, dans leur pratique, se trouvent confrontés au sujet singulier.

Nous avons déjà souligné plus haut (voir chap. XII) que la recherche psychologique s'est traditionnellement penchée, dans ses voies souvent les plus imaginatives et les plus fructueuses, sur le sujet individuel, même si la loi générale demeure l'ambition finale. Nous avons, d'autre part, fait ressortir la portée des différences interindividuelles, qui ne sont nullement à prendre comme de simples déviations par rapport à une norme, mais comme un état de choses, une propriété inhérente aux êtres que nous étudions. Il convient donc de démystifier l'opposition souvent invoquée pour entretenir et justifier un clivage entre recherche et pratique.

Une grande part de la confusion sous-jacente à ce débat provient des sens divers que prend en psychologie le mot norme. Nous avons vu ce qu'il faut entendre par norme dans le cadre de la statistique : c'est une tendance centrale d'une distribution, qui nous permet, à toutes fins pratiques, de situer un élément de l'échantillon, ou d'une population comparable, par rapport à une moyenne, un mode, un médian, en tenant compte de la dispersion. Un résultat à un test psychologique peut ainsi aisément être rapporté à une distribution de référence, et déclaré proche de la norme ou, au contraire, exceptionnel dans un sens ou dans l'autre, l'exceptionnel étant ici le moins fréquent. La statistique ne nous dit rien sur l'interprétation qualitative de l'exceptionnel. C'est notre connaissance du test et notre appréciation de sa validité externe qui nous permettent de conclure à un déficit ou à un avantage, au prodige ou à la déviance pathologique. Ce qui s'écarte de la norme statistique ne constitue le plus souvent qu'une variante parmi les possibles.

Autre chose est la notion de norme comme référence à un état qualitatif qui opposerait le normal à l'anormal, le sain au malade, le « socialement adapté » au « déviant » ou « délinquant ». On fait ici un jugement qui va bien au-delà de la description des variations interindividuelles, et qui suppose que l'on se donne une théorie de la normalité. L'exemple de la distinction santé-maladie illustre bien à la fois la simplicité de la distinction et sa complexité. Simplicité, en ce qu'elle ne peut se confondre avec la norme statistique, mais complexité en ce qu'elle apparaît très vite, à l'examen de cas concrets, comme traduisant les deux extrêmes d'un continuum, avec toutes les nuances intermédiaires, plutôt que comme une opposition claire et tranchée. En situation habituelle, la distribution d'un indice physiologique servant de symptôme, la température du corps par exemple, aura, au sein d'une population donnée, une certaine allure, les écarts dépassant une certaine valeur en plus ou en moins signalant des états pathologiques. Qu'une épidémie de grippe s'abatte sur la population, la distribution changera radicalement, les valeurs extrêmes auparavant devenant la norme statistique, mais non bien sûr la normalité médicale. Celle-ci n'est d'ailleurs généralement pas aussi aisée à définir que dans le cas d'une maladie virale à manifestation rapide comme la grippe. Divers signes ont valeur d'alerte des maladies cardio-vasculaires, qui permettent d'estimer les sujets dits à risques, bien avant que la maladie ne se manifeste nettement. A partir de quel moment passera-t-on de la normalité à l'anormalité ? La décision, là où l'on ne dispose pas d'un critère tout ou rien, sera presque toujours affaire de probabilité.

La normalité psychologique est chose plus difficile encore à cerner, et il se révèle à l'examen bien difficile d'user seulement du terme sans que s'infiltrent des connotations de normalité morale. Le psychologue, qui participe lui-même de la société à laquelle appartiennent ceux auxquels il vient en aide, se dégage difficilement de la morale en vigueur. Certaines pratiques sexuelles assimilées il y a un siècle en Occident à des perversions y sont devenues banales, et les psychologues les abordent différemment. La notion même de maladie mentale a fait l'objet de critiques tendant à la réduire à une construction justifiant par la catégorisation pathologique le rejet moral et l'exclusion sociale. Le criminel, selon les temps, les lieux, les écoles de pensée, sera tantôt perçu comme un pervers, tantôt comme un malade, tantôt comme un déviant — quelqu'un qui s'écarte d'une règle sociale ; il sera abordé tantôt dans le déséquilibre de sa structure de personnalité, tantôt dans son degré de dangerosité. Il n'y a pas, pour le psychologue, d'approche univoque ni unidimensionnelle à la norme.

Ce constat n'a rien de contradictoire avec une attitude scientifique, jusque dans la pratique la plus orientée vers l'aide à la personne. La curiosité pour des lois universelles ne détourne nullement de la singularité individuelle. La biologie nous apprend que, mis à part les êtres génétiquement semblables que sont les jumeaux vrais, il n'est pas deux humains identiques. Cette individualité universelle se vérifie plus encore au niveau psychologique : les jumeaux vrais, comme l'a finement montré Zazzo, s'ingénient pour ainsi dire, et plus encore s'ils sont élevés ensemble que s'ils sont séparés, à spécifier leur individualité respective ; physiquement indiscernables, proches dans leurs performances intellectuelles, ils se construisent des personnalités bien distinctes et établissent entre eux des rapports non symétriques.

### *Expliquer et comprendre*

Une façon devenue classique d'opposer les visées de la recherche et l'intention de la pratique — principalement celle du clinicien — est la distinction entre expliquer et comprendre. Au chercheur scientifique reviendrait la tâche de démonter les mécanismes, de mettre en évidence les relations entre phénomènes, de construire des théories visant à rendre intelligibles les conduites. Le praticien aurait, quant à lui, vocation de répondre à la demande qui s'exprime chez la personne qui vient à lui, d'en déchiffrer le sens, de la comprendre — comme on dit d'un ami dans la souffrance qu'on le comprend. Pour le chercheur, il s'agirait d'explorer activement, en mettant en œuvre tous les moyens que la méthodologie scientifique met à sa disposition, en quête d'explications sans cesse plus profondes et plus raffinées. Il ne ménagerait la relation à son sujet d'expérience ou d'observation que dans la mesure où la bonne qualité du contact est une condition de la bonne marche de la recherche.

Le clinicien se mettrait, lui, à l'écoute du sujet — prenant ce mot dans un sens très différent d'ailleurs de celui que lui donne son confrère chercheur. Il se tiendrait disponible, par une attitude d'empathie, afin d'apporter au client le soutien dont il a besoin pour surmonter le problème qui l'a amené chez le psychologue.

Ainsi formulé, le parti pris de comprendre correspond aux conceptions de l'intervention psychologique de tradition non directive, qui mettent l'accent sur le processus par lequel le sujet accomplit un travail personnel pour peu que le thérapeute lui apporte le climat d'écoute, de liberté d'expression de soi, qu'il ne rencontre pas ailleurs. Cette approche trouve certaines de ses racines dans la psychanalyse, dont la cure, au fil du temps, s'est faite de plus en plus plus longue. Elle en plonge d'autres dans la phénoménologie, qui a, dès le $XIX^e$ siècle, souligné le contraste entre la recherche du sens dans l'approche du sujet humain dans sa singularité et l'entreprise positiviste de la psychologie scientifique, située pour elle sur un tout autre plan. Elle est généralement adoptée par les diverses formes de psychologie dites humanistes qui se sont développées face à la tradition psychanalytique d'une part, à la tradition comportementaliste d'autre part.

Ainsi posée en termes tranchés, l'opposition est-elle fondée ? On pourrait se demander pourquoi ces deux attitudes ne seraient pas complémentaires plutôt qu'opposées. La compréhension, qui ne peut demeurer purement contemplative, mais vise bien à apporter une aide au client, peut-elle se concevoir sans s'appuyer sur l'explication ? Ou, sinon, comment justifier le prestige du spécialiste dont est paré le psychologue ? S'il soutient que son intervention doit certes peu aux recherches fondamentales qui n'ont aucun rapport avec les problèmes que lui présentent ses sujets, mais qu'il procède sur ceux-ci à une réflexion systématique qui lui permet de dégager des règles d'action tirées de son expérience, c'est qu'il est lui-même, sur son terrain propre, engagé dans une entreprise d'explication. Et si ce n'est pas le cas, il reste à se demander s'il est légitime d'orner de la caution scientifique, rassurante, à tort ou à raison, aux yeux du public, une pratique qui n'y cherche en fait aucune de ses assises. Nous touchons là à des questions d'éthique qui seront abordées au chapitre XVII.

# XVI. Les champs de la psychologie

## Les territoires de la psychologie

### Un découpage multidimensionnel

La psychologie scientifique est devenue une science aux multiples facettes, issues du développement de ses secteurs de recherche et de la diversification de ses champs d'application. Le profane ou le débutant éprouvent parfois quelque peine à y voir clair, parce que les domaines de la psychologie ne s'organisent pas selon une même dimension et une hiérarchie emboîtée, à la manière d'un arbre, dont le tronc — qui pourrait être la psychologie générale — se ramificrait en branches, puis en rameaux. L'habitude persiste, en psychologie, de classer tantôt en fonction de la méthode, tantôt en fonction de l'objet, tantôt en fonction du cadre théorique, tantôt en fonction de la distinction entre recherche fondamentale et applications. D'autre part, la complexité même de l'objet de la psychologie, en particulier de la psychologie humaine, lui font une nécessité de s'alimenter à une série d'autres disciplines, au point que l'on pourrait voir dans la psychologie une science par définition pluridisciplinaire. Nous examinerons cet aspect particulier à la section suivante. Tentons d'abord de mettre de l'ordre dans le territoire spécifiquement psychologique, en ignorant un instant ses voisinages.

**Classement selon la méthode**

Classant les domaines de la psychologie selon les méthodes, on distinguera entre autres la psychologie expérimentale, la psychologie développementale, la psychologie comparée, la psychologie différentielle, la psychologie clinique.

La psychologie expérimentale est la branche de la psychologie qui se définit par le recours à la méthode expérimentale, et se confond pour une part importante avec la psychologie de laboratoire. Son champ n'est pas fixe, puisque la méthode expérimentale a pu être appliquée, au fil du temps, à des problèmes de plus en plus nombreux et de plus en plus variés. Nous en avons vu antérieurement des exemples. A l'étude psychophysique des sensations et à la mesure des réactions motrices élémentaires se sont ajoutés, grâce aux progrès techniques et à l'ingéniosité des chercheurs, des travaux sur l'organisation perceptive, les processus de traitement du langage, les mécanismes de la mémoire, les émotions, l'affectivité, les formes les plus élaborées de raisonnement et de résolution de problèmes. Cette extension n'a pas de raison de ne pas se poursuivre, si ce n'est pour des motifs éthiques ou pratiques qui ont été déjà évoqués (voir chap. X).

L'expression « psychologie expérimentale » est parfois remplacée, depuis une vingtaine d'années, par « psychologie cognitive ». Cette substitution est plus un effet de mode qu'un changement motivé. Se reportant à l'encart 19 (p. 220), on réservera à la psychologie cognitive ce que recouvre le terme cognition, entendu au sens large, et par conséquent on la rangera parmi les domaines de la psychologie classés selon leur objet, non selon leur méthode. En dépit de l'importance accordée à l'étude de la cognition dans les laboratoires de psychologie contemporains, confondre psychologie cognitive et psychologie expérimentale, c'est prendre la partie pour le tout, et ignorer que de nombreux autres thèmes de recherche (relatifs aux émotions et à la motivation notamment), loin d'être épuisés, continuent de retenir l'attention des expérimentateurs. Si l'on entend par psychologie cognitive, dans un sens qui serait plus correctement rendu par « cognitiviste », une orientation théorique générale qui concernerait l'ensemble de la psychologie, il convient alors de la situer parmi les domaines de la psychologie définis selon leur cadre théorique.

La psychologie développementale a été définie antérieurement (voir encart 41). Soulignons seulement ici qu'elle peut s'entendre et se pratiquer en mettant l'accent sur la méthode ou en mettant l'accent sur l'objet — ce qui la renvoie dans la classification selon l'objet que nous envisagerons plus loin. La méthode développementale aborde l'étude des fonctions psychologiques en en traçant l'évolution au cours de l'ontogenèse, avec l'hypothèse générale que cette approche a valeur explicative, en d'autres mots que l'on comprend mieux un état quelconque d'un organisme lorsqu'on dispose d'une description des étapes antérieures. Ce fut le parti pris par Piaget (voir encart 20).

L'approche développementale contribue nécessairement à notre connaissance de l'homme aux différents stades de sa croissance, de la naissance à la mort. Elle alimente donc la psychologie de l'enfant, la psychologie de l'adulte, la psychologie du vieillard (ou gérontopsychologie). Inversement, les spécialistes qui s'intéressent en priorité à l'une de ces étapes ne peuvent le faire qu'à l'aide de la méthode développementale.

La méthode comparée aborde les problèmes psychologiques en les appréhendant chez les espèces différentes, prêtant attention aux ressemblances aussi bien qu'aux différences, en faisant référence aux modèles de l'évolution biologique pour rendre compte, au plan théorique, des unes et des autres, et éventuellement suggérer des filiations et des hiérarchisations entre espèces. Elle ne se confond pas avec la psychologie animale, malgré un recouvrement évident, et se propose sans hésitation comme une voie d'accès à une psychologie générale. Dans la mesure où elle trouve ses données empiriques dans l'étude d'espèces différentes, elle les recueille indifféremment à l'aide de la méthode expérimentale et de la méthode d'observation de terrain propre à l'éthologie (voir chap. X).

La méthode différentielle aborde le donné psychologique à partir des variations interindividuelles, comme il a été discuté plus haut (voir chap. XII).

La méthode clinique, que l'on peut concevoir au service de la recherche fondamentale aussi bien que de l'intervention (bien que généralement elle soit liée à ce dernier contexte), vise à cerner le sujet individuel par des moyens qui ressortissent tantôt à la psychologie différentielle (tests mentaux), tantôt à l'exploration de la personnalité (anamnèse, questionnaires, tests projectifs, entretiens), tantôt à la psychologie sociale (jeu de rôle, dynamique de groupe).

**Classement par objet**

Une classification selon l'objet particulier que se donne telle ou telle branche de la psychologie amènerait à distinguer tout d'abord des champs correspondant à certaines catégories d'individus. Parmi eux, les champs déjà évoqués de la psychologie de l'enfant, de l'adulte, du vieillard, mais en outre, la psychologie pathologique, la psychologie des handicapés (sensoriels, moteurs, mentaux, sociaux) et, si l'on aborde les hommes dans leurs interactions avec autrui, la psychologie sociale. Toutes ces branches peuvent, encore une fois, comprendre des volets expérimentaux, observationnels, différentiels, cliniques. Elles se subdivisent elles-mêmes en de nombreux champs de spécialité, où se regrouperont d'ailleurs selon d'autres critères les branches distinctes quant à leur objet. Par exemple, la psychologie des délinquants (ou de la délinquance, selon que l'on met plus volontiers l'accent sur les individus délinquants ou sur le phénomène social dont ils sont l'expression) s'inscrira évidemment dans la psychologie sociale, mais selon l'âge des sujets considérés elle sera proche de la psychologie de l'enfant, de l'adolescent ou de l'adulte, elle comportera un volet clinique.

Plutôt qu'une catégorie d'individus, une branche de la psychologie peut prendre pour objet les individus dans une situation donnée, l'école, le travail, le sport, la famille. Ces situations se rencontrant dans la vie réelle, ces champs de la psychologie se trouveront confrontés aux problèmes soulevés par la recherche de terrain (voir chap. XV et XVII) et auront presque toujours vocation pratique, caractéristique de la psychologie appliquée (voir encart 48).

Enfin, l'objet circonscrit peut aussi être une fonction : psychologie du langage, psychologie de l'intelligence, psychologie de la motivation, psychologie de l'apprentissage ; ou un regroupement de fonctions, et nous revenons à l'un des sens de *psychologie cognitive* ; ou encore l'organisation globale de l'en-

> **ENCART 48**
>
> *La psychologie du sport : un exemple de psychologie en situation*
> L'expansion des activités sportives a fait de celles-ci un objet d'intérêt de plus en plus systématique de la part des psychologues. Voici un aperçu, non exhaustif, des questions que l'on y traite.
> Le premier objet d'intérêt est le sportif lui-même, en tant qu'il mobilise ses capacités physiques et cognitives parfois au maximum en vue de performances qui le classent éventuellement parmi les champions, et qu'il doit, pour ce faire, gérer ses ressources physiologiques et psychologiques dans le temps. Il est un sujet inégalé pour le spécialiste de la psychomotricité, auquel il offre des cas de programmes moteurs difficiles à simuler en laboratoire. Il n'est pas moins intéressant pour le psychologue de la personnalité, qui y trouve de quoi analyser des processus motivationnels liés à l'accomplissement de soi. Le sportif bénéficie à son tour d'une meilleure connaissance de ses performances et de la manière de les acquérir, les données du psychologue contribuant aux stratégies d'entraînement. Les sports d'équipe sont le lieu d'études de psychologie sociale sur la coopération, le leadership, la compétition, dont les entraîneurs d'équipe peuvent tirer parti.
> La psychologie du sport s'intéresse en outre au spectateur de sports, à ses comportements individuels, avec leurs phénomènes d'identification, de participation et à ses comportements en groupe, avec ses phénomènes de foule, ses émotions collectives, ses paniques, ses explosions agressives.

semble des fonctions dans l'individu qu'envisage la psychologie de la personnalité. Il peut aussi être une catégorie d'activités : psychologie de la musique, psychologie de l'art (voir encart 49). Ces domaines seront tantôt des compartiments très spécialisés par exemple de la psychologie expérimentale, tantôt des champs de convergence des approches fondamentale et appliquée, normale, différentielle et pathologique. Ainsi, la psychologie du langage aura son volet expérimental, son volet développemental (acquisition du langage), son volet pathologique (troubles du langage) lui-même assorti de son volet clinique et thérapeutique (par exemple rééducation des dyslexies), son volet éducationnel (langue maternelle et langues secondes). La psychologie de l'apprentissage s'ancrera dans la recherche expérimentale en laboratoire, chez l'animal et chez l'homme, mais trouvera ses prolongements appliqués en psychologie éducationnelle, en psychothérapie, en psychologie du sport, etc.

> ENCART 49
>
> *Du cognitif à la psychothérapie : la psychologie de la musique*
>
> La psychologie de la musique offre un exemple typique de champ d'étude et d'application aux multiples facettes. Elle a connu depuis les années 1970 un développement et un renouvellement extraordinaires, après avoir longtemps limité ses intérêts à la perception musicale, branche spécialisée de la psychoacoustique, et à la répartition des aptitudes musicales dans la perspective de la psychologie différentielle.
>
> Le domaine de la perception et de l'exécution musicales s'est enrichi des approches nouvelles de la psychologie cognitive, qui y trouve en action à un niveau particulièrement élaboré les fonctions supérieures de l'esprit humain, conjuguant les combinaisons de matériau sonore formalisables de la manière la plus abstraite aux effets émotionnels les plus raffinés. L'œuvre musicale, dont la richesse et la complexité ne sont pas sans parenté avec celles du langage, propose aux psychologues le produit d'une activité qu'il n'est sans doute pas raisonnable d'imaginer préprogrammée dans notre cerveau, comme on peut le penser du langage, mais qui est pourtant sous une forme ou sous une autre presque universellement présente dans les cultures humaines. Le psychologue désireux d'étudier dans leur détail certaines propriétés des systèmes cognitifs en les dissociant du domaine verbal trouve dans le musicien averti, dans l'instrumentiste, dans le commun des mortels à l'écoute d'une œuvre, des sujets privilégiés.
>
> Les conditions de l'acquisition d'une compétence musicale forment un autre thème, où l'hypothèse traditionnelle d'une aptitude inégalement répartie parmi les hommes se nuance aujourd'hui d'une recherche des conditions personnelles et culturelles de l'émergence des talents. Cette enquête débouche normalement sur des recommandations didactiques et de politique culturelle.
>
> Le rôle de la musique comme langage, comme moyen d'expression de soi, comme système de communication a été à l'origine d'un courant d'application à l'intervention psychothérapeutique : la musicothérapie enregistre des succès croissants dans l'éducation des enfants handicapés mentaux, dans le traitement de l'autisme, dans l'amélioration des troubles dépressifs.

### Classement par orientation théorique

Il n'est pas rare en psychologie que l'on étiquette comme s'il s'agissait d'une branche de la psychologie ce qui n'est qu'une option théorique particulière. On parlera de psychologie de la forme ou de la *Gestalt*, de psychologie behavioriste, de psychologie humaniste, de psychologie psychanalytique, de psychologie cognitiviste, etc. Il ne faut pas se méprendre : nous sommes bien ici en présence d'écoles de pensée, non de branches du savoir psychologique. Ces « psychologies » abordent en réalité les mêmes objets, avec des cadres théoriques différents. Cependant, leur influence à certains moments ou dans certaines aires géographiques peut être telle qu'on en vient à les assimiler à la psychologie. Par exemple, la psychologie clinique a pu se fondre, ou se réduire, à la psychanalyse ; la psychologie expérimentale à la psychologie gestaltiste (en Allemagne entre 1910 et 1930), à la psychologie behavioriste (en Amérique entre 1915 et 1950), ou encore à la psychologie cognitiviste (depuis les années 1960). Nous sommes là en présence de paradigmes — dont aucun n'a jamais eu, certes, le statut pour ainsi dire universel des grands paradigmes en physique — qu'il ne faut pas confondre avec des domaines de recherche ou d'intervention, même s'il arrive aux psychologues de s'identifier prioritairement à l'une de ces écoles plutôt qu'à un champ d'étude ou de pratique.

### *Zones frontalières : infiltration ou dissolution ?*

Nous avons laissé de côté dans la section précédente les nombreuses disciplines frontières, où le « psycho- » s'associe à quelque autre domaine du savoir. La complexité de l'homme appelle cette interaction entre spécialités. Etre biologique, l'homme ne se comprend qu'en référence à la biologie. Etre social, il ne se comprend qu'en référence à la sociologie et à l'anthropologie culturelle. Etre parlant, il nous renvoie à la linguistique ; être pensant, à la logique ; être créateur, aux arts.

Enracinée d'une part dans la biologie, d'autre part dans les sciences sociales, la psychologie vit encore ses rapports avec les unes et les autres avec une certaine ambiguïté. Nous allons tenter de les clarifier brièvement.

Tout d'abord, ce double enracinement dans le biologique et le culturel n'est pas affaire de goût, si l'on reconnaît que l'homme n'échappe pas, du fait qu'il passe dans le registre du culturel, à son appartenance au monde biologique. Les contraintes de son organisme continuent, non de peser sur lui, mais de définir ses potentialités. Néanmoins, il n'a pas d'existence, sa survie individuelle est simplement impensable en dehors du groupe social, et puisque chez notre espèce celui-ci correspond toujours à une culture, avec ses mécanismes de transmission et ses développements propres, il nous faut aborder l'homme pour ce qu'il est : un animal culturel. Cette évidence admise, les rapports entre psychologie et sciences sociales d'une part, biologiques d'autre part, se clarifient singulièrement.

Et notamment, il devient possible d'éviter les risques du réductionnisme au biologique aussi bien que les menaces de la dissolution dans le social. Les disciplines frontières sont dès lors perçues comme des lieux d'articulation et d'intégration des savoirs plutôt que comme des zones d'annexion.

#### Psychologie et biologie

Voyons d'abord les articulations à la biologie. Classiquement, c'est la psychophysiologie qui se donnait pour science-interface entre biologie, ou plus restrictivement physiologie, et psychologie. La physiologie s'est subdivisée au gré de ses progrès, et certaines de ses branches contribuent de façon assez importante à la compréhension des conduites pour justifier une diversification parallèle des disciplines frontières, que l'on englobera aujourd'hui sous l'étiquette générale de psychobiologie (ou biopsychologie, ce problème de préséance lexicale n'ayant en fait guère d'importance). Il va de soi que les sciences biologiques portant sur le système nerveux et sur le cerveau plus particulièrement revêtent une signification particulière pour la psychologie, elle-même science des interactions avec le milieu, qui ne se passent qu'à la faveur des systèmes de réception sensorielle, des instruments effecteurs de la motricité et des centres nerveux qui en gèrent le fonctionnement et la coordination. La neuropsychologie, que nous avons définie dans l'encart 26, tient donc une position centrale. Le rôle des hormones dans le comportement, et notamment dans les processus émotionnels et motivationnels, explique le développement d'une psychoendocrinologie ou neuropsychoendocrinologie. Le recours généralisé depuis les années 1950 aux médicaments psychotropes, agissant sur le système nerveux et influençant par là le comportement, a entraîné l'essor d'une psychopharmacologie, dont nous avons eu l'occasion de tirer des exemples, et qui englobe notamment le problème des assuétudes.

Le vieux débat de l'inné et de l'acquis ne peut évidemment se poursuivre sans se tourner vers la spécialité biologique qui s'occupe des processus de transmission héréditaire, la génétique, dont on sait les progrès extraordinaires au cours des dernières années. La génétique des comportements, parfois appelée psychogénétique, se donne pour but d'analyser la part des facteurs génétiques dans les conduites et les caractéristiques psychologiques. Elle se construit essentiellement sur les données de l'expérimentation animale, infiniment plus rigoureuse que les méthodes utilisables chez les sujets humains, méthode des jumeaux notamment, dans l'étude de la part de l'hérédité dans l'intelligence ou les maladies mentales.

Dans toutes ces aventures interdisciplinaires, le spécialiste du volet comportemental n'a aucune raison de se sentir menacé de réductionnisme, et il est rare aujourd'hui qu'il le soit. Le spectre du réductionnisme biologique ne hante plus que les psychologues auxquels fait défaut la formation biologique. Au contraire, les biologistes eux-mêmes s'interrogent sur les facteurs psychologiques à l'œuvre jusque dans des aspects du fonctionnement biologique qui en paraîtraient les plus éloignés, ceci en partie grâce à leur rencontre avec les psychologues, en partie parce qu'ils se sont heurtés à des problèmes qui les y incitent sur leur propre terrain. Il s'est ainsi constitué depuis peu une discipline vouée à l'étude des interactions entre système immunitaire et facteurs psychologiques, la psychoimmunologie, ou plus correctement la psychoneuroimmunologie. Elle cerne peu à peu les modulations des défenses immunitaires, dont on sait l'importance dans la pathologie cancéreuse et, plus récemment apparue, la déficience immunitaire acquise (SIDA), par les conditions psychologiques, l'expérience du et la résistance au stress, les associations conditionnées.

Au plan des applications, la médecine moderne, qui s'alimente aux progrès des sciences biologiques, fait une place de plus en plus large aux problématiques du psychologue dans la prise en charge des malades. Nous en parlerons plus longuement à propos des professions.

Un vieux problème a parcouru les rapports de la psychologie à la biologie qui refait sans cesse surface, comme le monstre du Lochness, problème proche de celui du réductionnisme, mais qui se pose en termes assez différents : c'est celui de la spécificité de la psychologie, quant aux méthodes et aux modèles explicatifs, par rapport à ceux dont use la biologie. Si l'on favorise les approches propres aux sciences frontières, ne risque-t-on pas inévitablement d'abandonner l'autonomie d'une psychologie maîtresse de ses méthodes et de ses théories ? Les psychologues ont souvent défendu la spécificité de leur territoire de recherche, et ont parfois justifié leur indifférence vis-à-vis de la neurophysiologie en affirmant que leur besogne est de préciser les relations fonctionnelles entre les informations que l'organisme capte dans son milieu et les actions qu'il y exécute, non de décrire la machine nerveuse qui assure la liaison entre les entrées et les sorties. C'est la position que prenait Skinner, accusé de construire une psychologie de la boîte noire. Il se justifiait en rétorquant que le meilleur service que la psychologie pouvait rendre à la physiologie nerveuse était de lui fournir une description et une analyse fonctionnelle sérieuse au niveau strictement comportemental. La question a repris une acuité particulière au cours des dernières années en présence de l'essor des neurosciences. Le débat sur les rapports entre psychologie et biologie s'est cristallisé dans les termes cerveau-esprit. La psychologie cognitive n'est plus une psychologie de la boîte noire, dans la mesure où elle s'intéresse essentiellement à des processus mentaux ; mais ce faisant elle remplit la boîte noire de phénomènes immatériels, de *soft-ware*, pour reprendre l'envahissante métaphore informatique, sans se soucier nécessairement de la machinerie matérielle qu'explorent les neurobiologistes. Cette position dite fonctionnaliste va en fait beaucoup plus loin dans l'autonomie de l'analyse psychologique que n'allait Skinner, dont l'indifférence au neuronal n'était que de méthode. On assiste à une sorte de réductionnisme à rebours, qui subordonnerait le physiologique au psychologique. A cette dissociation, beaucoup de spécialistes des neurosciences, et parmi eux de psychologues, préfèrent la voie du dialogue interdisciplinaire et la recherche d'une véritable intégration, partant du postulat que les approches différentes n'ont rien d'ontologique, rien qui soit lié à la nature profonde des choses, mais sont de l'ordre du circonstanciel, issu des vicissitudes des méthodes et des théories.

ENCART 50

B. F. Skinner (1904-1990) a passé la plus grande partie de sa carrière à l'Université Harvard, aux Etats-Unis, comme étudiant d'abord, puis à partir de 1948 comme professeur de psychologie expérimentale. Il est considéré comme le dernier des grands représentants du behaviorisme américain, lancé par Watson en 1913 (voir p. 188 sq.). Son œuvre, influente dès la publication de *The Behavior of Organisms* en 1938, comporte trois volets, dans son propre esprit étroitement intégrés les uns aux autres, mais que l'on peut parfaitement dissocier.

Sur le plan méthodologique, on lui doit la mise au point d'une technique de laboratoire, la cage de conditionnement opérant, qui supplanta dans l'étude de l'apprentissage les labyrinthes en honneur à l'époque. Situation épurée, la cage de Skinner comporte essentiellement un dispositif réponse et un distributeur de renforcement ; en exploitant toutes les possibilités de cette relation élémentaire entre un comportement et ses conséquences, les divers programmes de renforcement abondamment explorés par Skinner et par son école, cette technique, par ailleurs rapidement automatisée dans les années 1940, trouve aujourd'hui sa place dans tous les laboratoires qui utilisent l'animal, dont elle a permis d'étudier non seulement les processus d'apprentissage, mais les capacités sensorielles, les potentialités cognitives, la sensibilité aux psychotropes, etc. Nous avons vu dans les chapitres précédents plusieurs exemples de cette technique de très large application.

Au plan théorique, Skinner a élaboré une conception axée sur la notion de contrôle du comportement par ses conséquences sur le modèle des processus de sélection à l'œuvre dans l'évolution biologique. Behavioriste radical, il est resté attaché à une définition de la psychologie comme science du comportement, rejetant tout recours au mentalisme, qui rend compte des conduites par l'intervention de processus ou entités mentales inférées. Il a, dans cette perspective, pris jusqu'au bout position contre le cognitivisme.

Enfin, il a consacré une part importante de son œuvre à la philosophie sociale, notamment dans un roman utopique, *Walden Two*, et un essai *Par-delà la liberté et la dignité* (traduit en français, Paris, Laffont, 1972). Il y démonte les mécanismes de contrôle du comportement par ses conséquences tels qu'ils sont à l'œuvre dans les sociétés humaines, exploités par les divers agents au pouvoir, dans un sens souvent contraire tant à l'épanouissement et au bonheur individuel qu'à la survie de l'espèce.

Skinner a joué également un rôle de précurseur dans le domaine de la psychothérapie, où les spécialistes des méthodes comportementales se réclament de ses théories, et dans celui de l'éducation, où ses machines à enseigner ont précédé l'enseignement assisté par ordinateur.

Une synthèse de ses idées se trouve dans deux de ses ouvrages traduits en français, *L'analyse expérimentale du comportement* (Bruxelles, Dessart-Mardaga, 1971) et *Pour une science du comportement : le behaviorisme* (Neuchâtel-Paris, Delachaux & Niestlé, 1979).

Si ce débat revêt encore tant d'acuité, c'est qu'il n'est à tout prendre qu'un avatar de l'ancienne querelle entre matière et esprit, entre monisme et dualisme, entre conceptions philosophiques qui postulent deux substances distinctes, l'une matérielle, l'autre spirituelle, et celles qui en postulent une seule, soit matière, soit esprit. Le débat ne manque pas de ressemblance avec celui qui agita jadis la biologie, et opposa aux vitalistes, invoquant un principe de vie inexplicable par les sciences de la matière, ceux qui faisaient le pari d'une émergence de la vie à partir de l'inorganique, et par conséquent d'une continuité entre niveaux, et d'une homogénéité de l'explication. La ressemblance n'est pas en soi, bien sûr, garantie d'une solution identique.

**Psychologie et sciences sociales**

Les problèmes sont moins aigus du côté des sciences sociales. Mais on doit, symétriquement, poser la question de la possibilité de fonder une sociologie, une anthropologie, une économie, qui ne tiennent compte du fonctionnement de l'individu, en sachant qu'il n'est pas d'être humain en dehors d'un corps social, mais inversement que celui-ci n'est jamais fait que des individus qui le composent. Les systèmes sociologiques ou économiques ont souvent ignoré la psychologie, et construit ainsi des univers dont l'homme reste le centre, mais un homme abstrait, sorte de modèle *ad hoc* fabriqué en fonction des contraintes introduites dans le système. L'exemple le plus frappant est celui de l'*homo oeconomicus* des systèmes économiques fondés sur le postulat de la rationalité de l'agent économique. La psychologie nous apprend que cet être réputé rationnel se conduit en réalité avec toutes sortes de biais lorsqu'il doit prendre des décisions, faire des estimations de risques, de probabilités d'événements. Il n'obéit pas parfaitement, comme individu, aux lois d'optimisation, aux formules de l'utilité que l'économiste applique à l'analyse des phénomènes économiques globaux.

Parmi les sciences sociales, la sociologie et l'anthropologie culturelle constituent des références obligées du psychologue. L'individu, qui fait son objet d'étude, n'est pas compréhensible si l'on fait abstraction de la société où il vit, de l'histoire et de la langue de sa communauté, de la classe ou de la caste à laquelle il appartient, de la situation économico-professionnelle qu'il occupe, de la religion à laquelle il adhère ou à laquelle il s'oppose, des courants d'opinion qui l'influencent et qu'il contribue à former, des croyances et des mythes qui modèlent sa vision du monde. Toutes ces variables, dont la liste pourrait être poursuivie, interviennent pour expliquer l'individu et pour rendre compte des différences interindividuelles.

L'anthropologie culturelle, issue de la tradition de l'ethnologie élargie des apports de la sociologie, de la linguistique et de la psychologie, tient une place particulière par rapport à la psychologie. Science comparée des cultures, visant aussi à une théorie générale de la culture humaine, elle s'est alimentée, dès les débuts de ce siècle, de l'étude minutieuse des cultures non européennes, hélas en voie de disparition, ébranlant l'ethnocentrisme dont avait mal réussi à se débarrasser la pensée occidentale. Préoccupée d'abord par les structures culturelles qui confèrent aux sociétés humaines leurs caractères distinctifs, qui en font de véritables systèmes, l'anthropologie s'est intéressée, notamment à la faveur des grands échanges sociaux qui ont suivi les grandes découvertes et que le monde contemporain présente peut-être dans une phase terminale, aux processus de contacts entre cultures, acculturation, enculturation, déculturation. Ce fut le grand mérite de l'anthropologie culturelle d'intégrer dans sa recherche les dimensions psychologiques, notamment la psychologie de la personnalité, pour rendre compte de l'articulation réciproque du culturel et de l'individuel. Cette orientation s'est principalement développée aux Etats-Unis dans le second quart du siècle, sous l'impulsion de maîtres tels que Ralph Linton, Clyde Kluckhohn, Ruth Benedict et Margaret Mead. L'école française dont le prestige est lié au nom de Claude Lévi-Strauss, par sa position structuraliste, trouve plutôt ses affinités psychologiques du côté de la psychologie cognitive.

### Psychologie et sciences partenaires

Plus simples sont, à première vue, les rapports de la psychologie à des sciences qui font plutôt figure d'auxiliaires, ou de partenaires naturels pour aborder un même objet par une voie différente. Si nous laissons de côté les mathématiques, science auxiliaire par excellence, dont nous avons traité au chapitre XIII, c'est le cas de la linguistique et celui de la logique qui retiennent ici l'attention.

Le psychologue qui s'intéresse au langage ne peut ignorer les acquis de la linguistique, qui s'occupe depuis le début du siècle passé — et bien avant si l'on prend en compte les travaux des grammairiens — de décrire la langue dans son évolution d'abord (linguistique historique ou diachronique), dans sa structure ensuite, notamment après l'œuvre fondatrice de Saussure (linguistique synchronique). Le linguiste s'intéresse à la langue telle qu'elle se présente indépendamment de ce qui caractérise le sujet qui la parle lorsqu'il la parle, tout en sachant qu'il opère là une abstraction. Il a de bons arguments pour procéder à cette dissociation de l'activité du sujet parlant et du système qu'il utilise, la langue naturelle. Le psychologue, lui, s'intéresse précisément à ce qui se passe chez le sujet qui parle ou qui écoute et comprend du langage. On pourrait, reprenant la distinction mise en honneur par Saussure, définir sa tâche, par contraste avec celle du linguiste, en disant qu'il étudie la parole, quand ce dernier s'occupe seulement de la langue. Il n'est pas possible d'étudier le sujet qui produit ou comprend des énoncés sans connaître ce que le linguiste dit de la langue, mais cela ne suffit pas, car le linguiste ne nous apprend rien, ou fort peu (et c'est qu'il se mue alors en psychologue) sur les processus psychologiques de traitement des informations verbales et de production d'énoncés. Les deux disciplines sont sans doute appelées à fusionner un jour, que Saussure encore prévoyait lorsqu'il pressentait une science générale du langage qu'il appelait séméiologie, et qui peut-être est déjà née sous le nom de psycholinguistique, si l'on voit dans celle-ci une discipline intégrée des aspects traditionnellement traités séparément par les deux disciplines associées. Cette association a cependant connu des tensions, conditions peut-être des percées les plus décisives.

> Ainsi, au moment où la psychologie du langage cherchait à se donner une nouvelle vitalité, à l'approche des années 1960, le linguiste Chomsky, d'orientation particulièrement formaliste, devait exercer sur elle une influence proche de la fascination, l'entraînant dans la voie de la vérification des modèles formels de la langue dans l'activité psychologique du sujet parlant. Cette voie se révéla une

impasse, les psychologues se tournant alors vers des conceptions pragmatiques, mieux adaptées à l'étude de la parole. Chomsky pourtant avait provoqué une secousse salutaire dont la psycholinguistique contemporaine, bien que fort éloignée de ses thèses, lui est encore redevable.

Le cas de la logique n'est pas moins exemplaire, bien qu'à d'autres égards. La logique se donne pour tâche de codifier, d'une manière aussi dépouillée que possible, les règles du raisonnement juste, permettant de trancher quant à la valeur de vérité des propositions. Elle est science formelle et, à la différence de la linguistique (distincte en cela de la grammaire prescriptive), elle est science normative. D'où nous viennent les règles qu'elle formule ? Sont-elles des *a priori* de type kantien, constitutifs de l'esprit humain ? Ou ne sont-elles que l'aboutissement de longs tâtonnements de la culture intellectuelle, dont les protagonistes cherchèrent à comprendre, pour les contrôler, leurs propres processus de pensée ? C'est à la psychologie que revenait d'explorer cette possibilité, en retraçant le cheminement de l'esprit humain à travers son développement, depuis les actions sensori-motrices du bébé jusqu'au raisonnement logique sur support purement symbolique de l'adulte, lorsqu'il raisonne juste — ce qui est loin d'être toujours le cas. Nous savons déjà la part déterminante que Piaget eut dans cette entreprise. La psychologie cognitive contemporaine, de son côté, tente de décrire l'architecture de la pensée, la manière dont, à travers ses hésitations et ses biais, se construit éventuellement un modèle métacognitif qui prend à son tour le contrôle de l'activité raisonnante du sujet. La logique n'est pas un donné de départ de l'esprit humain, elle est construction, historique d'abord, développementale ensuite, à laquelle chacun ne se conforme qu'approximativement. Elle n'a d'ailleurs pas valeur adaptative en toute circonstance. Les logiciens, qui ne peuvent s'empêcher de lorgner vers les hommes réels, s'en sont avisés, qui ont entrepris, après avoir codifié la logique de la vérité, de décrire d'autres logiques, notamment la logique de l'argumentation, celle qui consiste à convaincre l'autre de nos arguments, plutôt qu'à établir leur valeur de vérité. Sont-ce encore des logiques ? Ou sommes-nous dans le domaine du psychologique ? Plus significatifs encore sont les efforts des logiciens contemporains pour décrire formellement les quasi-logiques, les logiques floues, les méréiologies, qui répondent au souci de ne pas se limiter à des règles idéales, mais d'englober dans leurs formalisations le fonctionnement réel des sujets pensants. Evolution qui traduit exactement ce qu'est l'intégration pluridisciplinaire, la fécondation réciproque entre psychologie et science autre, partie par d'autres voies vers le même objet. Le psychologue ne peut que tirer profit de ces aventures solidaires.

### Unité ou éclatement ?

Ce panorama des champs actuels de la psychologie, loin pourtant d'être complet, pourrait donner à penser que cette science n'est plus qu'une juxtaposition de domaines spécialisés, un éparpillement de savoirs locaux, et qu'elle n'a pas réussi à trouver son unité. Beaucoup de psychologues s'en émeuvent, partageant le vieux rêve du psychologue-psychanalyste français Lagache de l'unité de la psychologie. Mais que faut-il entendre par l'unité d'une science ? Et vaut-il la peine de s'émouvoir de ne pas la tenir ?

Nous retrouvons dans cette notion d'unité la recherche de la stabilité, du définitif, que nous discutions plus haut dans un autre contexte. Si l'unité recherchée est celle d'une théorie générale unificatrice, nous savons que nous n'en approchons guère en psychologie, mais nous savons aussi que de telles théories, lorsqu'elles existent — la mécanique de Newton en fut un exemple —, ne sont jamais que des constructions provisoires, exposées aux ébranlements que provoquent les recherches ultérieures. La nostalgie des psychologues les porterait plutôt vers les théories-doctrines ou les théories-systèmes qui ont jalonné l'histoire de la philosophie, mais c'est oublier qu'aucune de celles-ci n'a jamais réussi à s'imposer, et que le débat est resté ouvert. Ce n'est pas en retournant à la seule réflexion philosophique que les psychologues peuvent espérer retrouver l'unité, qu'ils n'ont jamais vraiment connue.

La seule chose qui donne unité à un champ scientifique, ou plus largement au champ des sciences dans son ensemble, c'est un consensus sur la méthode, avec les caractéristiques que nous lui avons reconnues plus haut. S'il y a en psychologie obstacle à l'unité, c'est sur ce plan qu'il se situe. Le chercheur qui étudie l'organisation mnésique dans son laboratoire et le neuropsychologue clinicien qui tente de cerner les déficits mnésiques d'un patient cérébrolésé et de les compenser, l'expérimentateur qui se penche sur l'apprentissage par imitation chez le rat et le psychologue social qui tente de débrouiller les tensions à l'intérieur d'une entreprise ne sont pas plus éloignés les uns des autres que le botaniste qui manipule dans ses éprouvettes la formule génétique des végétaux ne l'est de l'agronome qui s'efforce d'accroître les rendements de terres ingrates, ou que le biologiste expert en immunologie fondamentale ne l'est du médecin généraliste aux prises avec les épidémies de grippe, pourvu qu'ils s'accordent sur les critères communs de leur recherche et de leur action, ou, si de tels critères ne leur paraissent pas toujours s'imposer — on songera au conflit entre approches éthologique et expérimentale aux conduites animales, à l'opposition épistémologique entre point de vue behavioriste et point de vue cognitiviste, au contraste entre orientation humaniste et comportementaliste en psychothérapie —, sur l'état d'incertitude où ils se trouvent.

Délaissant une chimérique unité, les psychologues devraient se réjouir de la vitalité que traduit la diversification de leurs champs d'activité, qui n'a rien d'un éclatement, n'étant que le reflet de la diversité des situations dans lesquelles vivent les hommes, et du fait que les sciences psychologiques y peuvent offrir des éléments de réponse.

A la diversité des champs du savoir correspond, sans coïncider strictement avec elle, la diversité des activités professionnelles.

## Les professions psychologiques

Pas plus que pour les subdivisions du domaine scientifique, il ne peut être question d'inventorier ici de façon exhaustive toutes les activités professionnelles des psychologues. Parmi ceux qui ont vocation d'assurer l'enseignement et la recherche, on trouvera naturellement un nombre de spécialistes équivalent au nombre de champs de spécialités qui se sont constitués, ce nombre continuant de croître au gré des avancées dans des domaines nouveaux. La grande majorité des psychologues travaillent dans des situations pratiques. Leurs tâches et le contexte où ils les accomplissent ont singulièrement évolué au cours du dernier demi-siècle.

Les psychologues étaient jadis pour la plupart dans l'orbite de l'école, de l'entreprise, de la médecine, mais avec des missions bien circonscrites et somme toute assez limitées. Le psychologue scolaire avait essentiellement mission d'évaluer les capacités intellectuelles des élèves et d'apporter un conseil d'orientation. Le psychologue d'industrie se voyait principalement confier des responsabilités de sélection à l'embauche. Le psychologue clinicien travaillant en milieu médical s'insérait le plus souvent dans le cadre d'un service de psychiatrie, où il apportait le diagnostic psychologique. Dans ces divers contextes, il travaillait généralement de façon relativement autonome, jouant un rôle de conseil, aux parents et enseignants, aux directeurs d'entreprise, dont les destinataires tiraient ensuite le parti qu'ils voulaient.

Ces trois lieux d'activités sont restés dominants pour les psychologues d'aujourd'hui, mais leur rôle s'y est modifié.

Le psychologue scolaire n'est plus un simple évaluateur spécialisé. Il a mission de repérer les difficultés individuelles, d'y proposer ou d'y apporter remède. Le testeur de jadis a fait place à un clinicien attentif aux multiples facteurs responsables des difficultés scolaires, et dont beaucoup ont leur origine en dehors de l'école, et à un intervenant dialoguant avec les enseignants, avec les parents, avec les autorités scolaires, en vue de réduire les difficultés.

Le psychologue d'entreprise a vu son rôle s'élargir, bien au-delà de la sélection, à des problèmes de motivation dans le travail, d'efficience, de satisfaction, de communication. Il intervient dans la gestion des conflits, dans la préparation aux changements, dans la formation, voire dans la préparation à la mise à la retraite ou au licenciement. Ici aussi son rôle s'est complexifié, s'est nuancé, et implique beaucoup plus que par le passé une approche tournée vers l'individu et le groupe. L'ergonomie, de son côté, s'est transformée au gré des mutations technologiques, et s'est affinée dans ses procédures et dans sa manière de poser les problèmes à la faveur de son insertion dans le courant de la psychologie cognitive contemporaine (voir encart 46).

L'évolution est plus frappante encore dans le domaine médical. Jadis confiné au rôle d'auxiliaire du psychiatre, plus rarement du neurologue, le psychologue se trouve maintenant sollicité dans les spécialités médicales les plus diverses, où les médecins ont pris de plus en plus conscience de l'importance des problèmes psychologiques qui ne relèvent pas, évidemment, de la pathologie mentale. La psychologie médicale, parfois appelée médecine comportementale (traduction de l'expression *behavioral medicine*), centre ses intérêts sur les problèmes psychologiques que rencontrent les patients, par ailleurs psychologiquement normaux, confrontés soudain à l'expérience de la maladie, du traumatisme d'un accident, de l'invalidité. Le psychologue se trouve ainsi aux côtés du cardiologue, du chirurgien, du cancérologue, du neurologue, du rhumatologue, etc., pour aider le patient à affronter une opération sérieuse, à assumer une maladie chronique, à gérer une douleur persistante, à prendre en charge un handicap auquel il n'était nullement préparé, à accepter la mort. Dans toutes ces situations de vie, le psychologue fait appel à ses compétences cliniques, attentives à la singularité de chaque cas, et à ses compétences de thérapeute et de rééducateur. La psychologie médicale au sens moderne du terme est devenue dans certains pays l'un des champs d'activités les plus importants pour les psychologues. Elle ne l'est devenue qu'à la faveur d'un renoncement à la rigidité des options théoriques qui a parfois marqué la psychologie clinique. Elle se double d'un aspect prévention de plus en plus accentué, que traduit bien la tendance à substituer l'expression *psychologie de la santé* à celle de *psychologie médicale*. Les psychologues praticiens interviennent abondamment dans les traitements et la prévention de l'obésité, du tabagisme, de l'alcoolisme, du stress.

Ces trois domaines professionnels sont également exemplaires par le contact interdisciplinaire qu'ils impliquent, avec les enseignants et éducateurs, avec les cadres d'entreprise et les ingénieurs, avec les médecins et le personnel soignant. Le psychologue est de moins en moins le spécialiste isolé en cabinet.

Le psychologue clinicien — le terme étant toujours entendu au sens le plus large — trouve d'autres points d'insertion dans le conseil au couple et à la famille, l'aide aux personnes du troisième âge, la prise en charge des délinquants, l'assistance aux personnes handicapées de toutes catégories. Il reste naturellement une place pour la pratique clinique privée individuelle.

Les compétences du psychologue, formé selon les cas à la psychologie expérimentale, sociale, clinique, industrielle, ou à

psychologie expérimentale, sociale, clinique, industrielle, ou à une combinaison de ces spécialités, trouvent à s'exercer dans les domaines du sport, du trafic routier, de la publicité, du marketing, de la protection de l'environnement, de la criminologie, etc. D'autres voies encore s'ouvrent sans doute pour l'avenir, que l'on peut imaginer en identifiant les domaines où il paraît anormal de se priver plus longtemps des conseils du psychologue, conseils qui ne résoudront pas tout, mais quels professionnels, se réclamant d'une formation scientifique, ont réponse à tout ? Il appartient aux psychologues de faire valoir et de faire reconnaître leur compétence. Perdrait-on à les consulter en matière d'urbanisme et de logement, de télévision, de crises entre communautés, de stratégie économique ?

> La plupart des pays où la psychologie scientifique s'enseigne et se pratique se sont dotés d'organisations professionnelles plus ou moins structurées, dont l'une des visées est de définir les critères d'accès à la profession et d'en assurer la garantie par une reconnaissance légale quelconque. Ces organisations se donnent aussi pour mission de définir un code déontologique (voir chap. XVII) et de préciser les prérogatives des psychologues par rapport à d'autres spécialistes qui interviennent sur le même terrain qu'eux. Ce dernier problème est particulièrement complexe en ce qui concerne les collaborations ou les concurrences avec les médecins, principalement les psychiatres, dans la mesure où leurs interventions présentent des recouvrements. L'équipe pluridisciplinaire constitue la réponse la plus appropriée à ce type de problème.
> 
> La reconnaissance légale et la protection du titre et de la profession n'ont pas encore trouvé, d'un pays à l'autre, de solution homogène. Dans certains pays, n'importe qui peut s'attribuer l'étiquette de psychologue, fût-ce pour pratiquer l'astrologie ou la cartomancie. Cette carence est surprenante, car elle n'est pas seulement dommageable pour les psychologues sérieusement formés, mais elle abuse le public, et contribue à entretenir des confusions curieusement persistantes. On s'interroge, en cette fin de siècle qui se veut à tant d'égards rationnelle, sur le succès des praticiens des arts occultes, que n'hésitent pas à consulter des personnages détenteurs de responsabilités par ailleurs formés dans leur propre sphère à une certaine exigence scientifique. Des chefs d'entreprise, des politiciens, des cadres administratifs, dotés d'une formation universitaire, recourent aux astrologues, numérologues et autres magiciens au moment de prendre des décisions, ou pour embaucher du personnel. Serait-ce que les psychologues professionnels n'ont pas réussi à répondre à

leurs attentes ? Qu'ils ont attendu d'eux des miracles qu'ils n'étaient pas en mesure d'opérer, et dont l'éthique professionnelle leur interdisait de se prévaloir ? Serait-ce que certains psychologues exercent une pratique difficile parfois à distinguer de celle de leurs rivaux, diseurs de bonne aventure ? Il y a là un autre thème de réflexion pour les défenseurs d'une psychologie scientifique.

## La formation des psychologues

Le développement d'une discipline scientifique et des activités professionnelles qui en dérivent est indissociable des conceptions et des exigences de la formation. Celles-ci sont variées, pour ce qui est de la psychologie, aussi bien quant au volume et au contenu que quant aux méthodes. Il ne peut être question de passer en revue ici les formules diverses appliquées dans les divers pays, encore qu'un tel inventaire puisse se révéler fort utile à l'étudiant européen qui se trouvera confronté à un marché du travail élargi à l'horizon de l'Europe. Nous nous en tiendrons, comme dans les sections précédentes et dans le chapitre suivant, à une réflexion générale.

Toute formation universitaire soulève la question des connaissances de base indispensables. Deux philosophies continuent de rivaliser : selon l'une, tout psychologue doit posséder un bagage de base dans des disciplines dans lesquelles s'enracine la psychologie, et une culture assez ouverte et solide pour aborder l'homme en tous ses aspects ; selon l'autre, la psychologie a tout à gagner, dans l'affirmation de sa spécificité, à ce que la formation fasse la part belle d'emblée aux savoirs proprement psychologiques. Pour la première, sciences biologiques d'une part, sciences sociales d'autre part constituent les deux piliers sur lesquels construire ensuite la formation ultérieure ; il y a lieu d'y ajouter une ouverture sur les grands domaines de la culture, histoire, philosophie, arts et littérature, linguistique. Pour la seconde, le psychologue en formation doit entrer immédiatement dans la technicité de sa discipline, voire y choisir ce qui correspond le mieux à ses choix professionnels, s'ils sont déjà définis. Le débat reflète un débat plus général et qui concerne toutes les formations universitaires, mais sa signification est sans doute plus aiguë en psychologie, car l'option que l'on fera portera sur la conception épistémologique même de la psychologie. Ainsi, la mise à l'écart de l'une des deux disciplines de base — biologie ou sociologie et anthropologie culturelle — orientera inévitablement vers un rétrécissement du cadre explicatif et, au plan pratique, à une impréparation à certaines interactions pluridisciplinaires. Il va de soi qu'un psychologue dont la formation biologique et psychobiologique est pauvre sera déforcé dans le champ de la psychologie de la santé. Et inversement, une carence dans la formation aux sciences sociales constituera un handicap dans le contexte des entreprises. Ou, plus correctement, si l'on reconnaît l'unité de l'homme, toute formation unilatérale rendra le psychologue également démuni dans ces deux domaines choisis comme exemple : nombre d'aspects de la psychologie de la santé relèvent des sciences sociales, comme relèvent des disciplines biologiques nombre d'aspects de la psychologie en entreprise.

La manière d'introduire la formation aux disciplines de base, et le moment de les introduire, sont affaire de programme d'étude, et l'on peut, sur ce point aussi, tenir des discours fort divers, notamment selon la tradition universitaire à laquelle on se rattache. A la construction cartésienne de la formation, où sciences de base viennent d'abord, branches spécialisées ensuite, on peut préférer de faire appel aux sciences de base et aux sciences auxiliaires à mesure que l'on en rencontre le besoin. Par exemple, au lieu de préparer par un cours de logique et un cours de linguistique l'étude ultérieure de la psychologie du langage et de la psychologie de l'intelligence, on introduit logique et linguistique au moment où l'on se heurte à des problèmes impossibles à traiter sans leur secours dans les deux domaines spécialisés de la psychologie ; l'examen des facteurs d'hérédité en psychologie différentielle fournit l'occasion d'introduire la génétique ; la prise en charge de patients atteints de cancer ou de SIDA incite à se documenter sur les facteurs psychologiques interagissant avec le système immunitaire, et fait découvrir la psycho-immunologie. Les deux stratégies supposent que les enseignants des disciplines de base ou des disciplines auxiliaires rencontrent les préoccupations des étudiants en psychologie, ce qu'ils ne peuvent faire sans une étroite concertation avec leurs collègues psychologues, concertation qui n'est à son tour possible que si ces derniers y ont été préparés par une ouverture pluridisciplinaire. De quelque manière que l'on tourne les choses, il n'est de bonne psychologie, et par conséquent de bon psychologue, que dans la pluridisciplinarité.

La durée de la formation psychologique est un autre sujet de débat. Elle varie en effet selon les pays et selon les spécialités, et n'est pas toujours contrôlée de manière stricte par les organisations professionnelles, les universités ou les dispositions légales. A titre indicatif, la Fédération européenne des Associations professionnelles de Psychologues recommande une durée minimum de six années de formation universitaire pour accéder à toute pratique psychologique. Cette période doit évidemment comporter une véritable préparation, à travers des stages, au domaine d'application choisi. On insiste de plus en plus, par ailleurs, sur la nécessité d'un recyclage permanent, sous contrôle des associations professionnelles.

Une question se pose, pour la formation à certaines pratiques : où doit-elle être faite pour être reconnue ? En effet, beaucoup de méthodes d'intervention se sont développées en dehors du contexte universitaire, habituellement reconnu comme le garant des formations dans les autres domaines de l'application scientifique, tels que sciences appliquées de l'ingénieur, médecine, économie. Dans certains cas, l'explication se trouve simplement dans les carences de l'université, qui n'a pas su faire face, parfois faute de moyen, à l'évolution des pratiques. Mais dans d'autres cas, on peut soupçonner une légitime réticence de l'université à inclure dans ses programmes et sous sa caution des formes de pratiques dont le sérieux scientifique n'est pas établi (les pratiques psychothérapeutiques individuelles et de groupe foisonnent, dont les assises ne sont pas toujours éprouvées). Il y a cependant une raison historique plus profonde, pour ce qui concerne les méthodes d'intervention clinique en général : l'une des orientations les plus influentes pendant longtemps, la psychanalyse, s'est toujours délibérément dissociée du contrôle universitaire, réservant la formation des futurs psychanalystes aux sociétés psychanalytiques. L'argument soustendant cet usage, du point de vue des psychanalystes, n'est pas corporatiste, mais lié à la conception même du traitement analytique, qui suppose une rencontre volontaire entre un analysé et un analyste, et l'acceptation par l'un et par l'autre des vicissitudes relationnelles par lesquelles les fera, en principe, passer l'analyse (notamment dans le transfert). Cet engagement se soude d'ailleurs par un engagement financier nécessairement individuel. La durée de l'analyse dite didactique (préalable au droit à la pratiquer soi-même, par opposition à l'analyse traitement) n'est pas déterminée d'avance, et peut couvrir plusieurs années. Tout en gagnant souvent une influence considérable dans l'enseignement universitaire, les psychanalystes y ont limité leurs activités au plan de l'enseignement théorique, soustrayant la formation pratique à toute ingérence de l'université. Il n'est pas douteux que cet exemple se soit généralisé à d'autres pratiques, qui ne peuvent pourtant pas arguer des mêmes motifs.

De la solution qui sera donnée à cette importante question dépendront en grande partie le futur de la psychologie, la crédibilité de ceux qui l'exercent, et les chances d'emploi des diplômés des différents pays européens, dont certains ont apporté des réponses plus cohérentes que d'autres.

Enfin, il reste à soulever une dernière question : à qui faut-il enseigner la psychologie ? Ou, plus précisément, faut-il tendre à former des psychologues toujours plus spécialisés, ou au contraire à former à une psychologie de plus en plus développée les spécialistes des autres domaines ? Dans la mesure où la psychologie et plus encore ses applications sont pluridisciplinaires, et dans la mesure même où l'on pense que les problèmes psychologiques sont omniprésents, certains estiment que la meilleure stratégie, pour en propager les savoirs et les bienfaits, consiste à les diffuser dans la plus grande diversité de formations. A la limite, tout médecin, tout éducateur et enseignant, tout magistrat et tout avocat, tout ingénieur et tout architecte, tout cadre d'entreprise, tout administrateur, et pourquoi pas tout politicien, se doublerait d'un psychologue. Ne serait-il pas plus simple en effet, plutôt que de s'échiner dans un dialogue interdisciplinaire qui tourne souvent au dialogue de sourds, de mettre les deux compétences dans la même peau ? Il y aurait sans doute risque de dilution des responsabilités, risque de superficialité, et bien sûr risque d'effondrement d'une profession qui a rencontré quelques difficultés à s'établir et à se faire reconnaître. Mais après tout, si la psychologie concerne tout le monde, n'est-ce pas dans cette voie qu'il convient d'aller, refaisant d'elle l'héritière d'une sagesse dont la philosophie faisait jadis à tous un devoir de s'imprégner ? La question mérite de retenir la réflexion de ceux qui abordent la psychologie dans le cadre plus général des sciences humaines, et sans savoir encore s'ils en feront profession, ou si, simplement, ils en feront leur profit, à la façon de l'honnête homme que définissait Pascal.

# XVII. Déontologie

Ce chapitre ne vise pas à traiter dans leurs détails et subtilités techniques des problèmes déontologiques que rencontrent, dans leurs activités professionnelles, les différentes espèces de psychologues. Une telle analyse serait prématurée pour l'étudiant de premier cycle, qui n'aborde pas nécessairement la psychologie dans le but de faire profession de psychologue. Par contre une réflexion générale sur les rapports de la science à la morale, et sur les caractères particuliers que revêtent ces rapports dans le champ de la psychologie, constitue un indispensable complément à un exposé de l'histoire et des méthodes, si nous tenons à maintenir la psychologie scientifique au sein de la tradition humaniste qui l'a vu naître.

## Ethique et scientificité

### Ethique de la science et influence de la science sur l'éthique

Lorsqu'on aborde les rapports de la science et de la morale, on tend souvent à les envisager de manière unilatérale. On voit dans la science une entreprise moralement aveugle, que l'éthique doit discipliner en lui imposant des contraintes qui, sans en refuser les bienfaits, en limite les possibles effets pervers. Il paraît alors facile d'imposer à la science les principes d'une morale absolue qui définirait sans équivoque le permis et l'interdit.

En réalité, les choses ne se présentent pas sous cette forme simple. Sauf à postuler une éthique transcendante et immuable, — ce que font certaines religions sans toujours reconnaître qu'elles ont elles-mêmes un destin historique —, on admettra que la morale fluctue au gré de multiples facteurs constitutifs des cultures. Parmi ceux-ci, la science n'est pas la moindre à contribuer, dans nos sociétés modernes, aux réajustements de la morale. Les problèmes imprévus soulevés par la biologie contemporaine — greffes d'organes, génie génétique, contrôle de la fécondation *in vitro* — frappent particulièrement le public d'aujourd'hui. Mais la psychologie ne fut pas en reste dans les remises en question au cours du XX$^e$ siècle. La psychanalyse a certainement ébranlé les codes de la morale sexuelle et joué le rôle, sinon de cause exclusive, du moins de facteur capital dans la dislocation des interdits dans les morales européennes, qu'elles soient celle de la bourgeoisie viennoise qui fournit à Freud ses premiers patients, celle de l'Angleterre victorienne ou celle de la tradition catholique.

### Morale et causalité des conduites

D'une manière générale, un regard scientifique sur les conduites humaines, immanquablement orienté vers la recherche des processus, des relations causales, se heurte au vieux problème — qui n'a pas cessé d'être au cœur des réflexions morales — du libre arbitre opposé au déterminisme. Les psychologues peuvent se donner des solutions diverses à ce problème ; ils ne peuvent l'éluder. Il n'est pas douteux, par exemple, que la psychologie a influencé l'évolution de nos conceptions juridiques de la responsabilité : l'acte commis ne suffit plus à l'établir et à l'apprécier, non plus d'ailleurs que l'intention, mais il y faut faire l'examen des déterminants, parfois lointains, qui expliquent le processus engagé jusqu'au délit. C'est sans doute, entre autre, à la meilleure compréhension que nous avons aujourd'hui des mécanismes, psychologiques aussi bien que physiologiques, à l'origine de l'abus de drogue et des facteurs qui en expliquent la persistance, que l'on doit d'avoir substitué à la conception du toxicomane comme délinquant une conception qui le voit plutôt en victime ou en malade.

La recherche des relations causales, des facteurs explicatifs, est, comme nous l'avons vu au chapitre XV, la base la plus sûre à une meilleure compréhension du sujet, à l'écoute duquel se met le praticien de la psychologie. Mais, rappelons-le, cette intégration de l'approche objective et du respect du sujet, la première éclairant le second, n'est pas unanimement reconnue parmi les psychologues contemporains. Beaucoup d'entre eux se refusent à résoudre l'antinomie entre l'homme objet de science et l'homme sujet, et prennent, comme praticiens, le parti de s'intéresser à ce dernier exclusivement. Si l'on va au fond des choses, on doit se demander s'ils peuvent le faire, et d'une manière qui apporte l'aide qui finalement leur est demandée, sans porter eux-mêmes sur le sujet ce regard extérieur, qui le transforme, quoi qu'on dise, en objet.

Si l'on soulève souvent les questions de morale dans la science, pour rappeler à celle-ci qu'elle n'a pas à se soustraire aux règles éthiques que s'est données la société où elle s'exerce, on omet de poser le problème inverse : la société est-elle moralement en droit de ne pas utiliser les moyens que lui offre la science pour résoudre des problèmes dont elle prétend se soucier dans le cadre même de sa morale ? Le problème se pose de façon assez simple en matière de santé. Le serment d'Hippocrate, qui fait devoir aux médecins de mettre leur science au service des malades, et une certaine conception des droits de l'homme et du citoyen se rejoignent pour que soit mise en pratique aussitôt que possible toute découverte nouvelle de la médecine : l'hygiène est devenue règle dans les hôpitaux, les antibiotiques se sont rendus maîtres de nombre d'infection, la poliomyélite a cédé devant le vaccin, et l'on attend le traitement du Sida, avec l'assurance que, à peine mis au point, il sera appliqué, au nom d'une morale qui, en ce domaine, ne discute pas de l'opportunité d'exploiter sans délai les données de la science. Les résultats de la recherche psychologique ne font pas l'objet d'une telle promptitude à l'action. Peut-être sont-ils plus incertains, et préfère-t-on laisser les choses aller comme elles vont plutôt que d'appliquer des moyens qui risquent de les empirer. Il est vrai que la psychologie n'a pas souvent à offrir des savoirs aussi clairement applicables que la médecine, et que les problèmes qui relèvent de la psychologie ne paraissent pas revêtir le même degré d'urgence que les maladies physiques. Néanmoins, il est des domaines où les acquis de la psychologie scientifique sont assez assurés et où il semblerait moralement s'imposer qu'il en soit fait usage. L'inventaire de ces domaines pourrait être dressé, et il serait éclairant quant aux territoires que la société tient à l'abri de ses propres règles morales, ou simplement de ses prétentions à l'efficacité. Bornons-nous à quelques illustrations.

> Dans nos sociétés occidentales modernes s'installe avec une insistance croissante l'idée que la connaissance des langues est à la fois une richesse culturelle (qu'il conviendrait de répandre chez le plus grand nombre) et un atout professionnel (qu'il semblerait moralement important de favoriser parmi les remèdes au chômage). La psychologie du langage a confirmé, au cours des quelque vingt-cinq dernières années, d'une part, le caractère pour l'essentiel positif pour l'individu du bilinguisme et du multilinguisme (la vieille conception selon laquelle le bilinguisme précoce est source de troubles de la personnalité a été battue en brèche), d'autre part que l'apprentissage d'une langue seconde bénéficie, comme l'acquisition de la langue maternelle, de se faire dans les premières années, au cours d'une période dite favorable, ne s'étendant pas au-delà de la septième année pour certains, de la onzième pour d'autres. En dépit de cette convergence évidente entre préoccupation sociale et données de la science, on s'obstine, dans la plupart des pays développés, à n'amorcer l'apprentissage des langues étrangères qu'à l'adolescence, à un moment où l'on sait pourtant que les mêmes efforts ne produiront que des fruits beaucoup plus médiocres.
> Dans un autre domaine, particulièrement éclairant sur les ambiguïtés de la morale, celui des accidents de la route, les études psychologiques et sociologiques ont bien identifié un certain nombre de facteurs responsables de la quantité des accidents graves, tels que excès de vitesse, alcool au volant, erreur humaine de type « distraction », surcharge des ressources attentionnelles dans la circulation d'aujourd'hui, stress et fatigue, etc. Aucun de ces facteurs n'est peut-être aussi simple à maîtriser que ne l'est une maladie infectieuse par les antibiotiques, mais il est néanmoins possible de les contrôler mieux qu'on ne le fait maintenant, ne serait-ce qu'en incitant sérieusement à déplacer les arguments publicitaires et les normes techniques vers d'autres qualités que la vitesse, ou vers des aspects de la voiture qui flattent moins l'usage dangereux que l'on en fait.

La protection de l'environnement, dont l'importance pour le bien-être futur, voire pour la survie de notre espèce, a fini par s'imposer, du moins au niveau du discours, est en grande partie affaire de comportement. Nous sommes en mesure, si nous appliquons nos connaissances psychologiques, de favoriser les comportements qui contribuent à la préservation du milieu. Or, au lieu de le faire de façon intensive, on se borne au simulacre d'action que constituent souvent les efforts éducatifs destinés à donner bonne conscience.

Les exemples pourraient être multipliés, qui montreraient que les rapports entre science et morale ne se bornent pas à la question : la science respecte-t-elle la morale ? mais comprennent aussi bien cette autre question, non moins importante : la société fait-elle de la science qui est à sa disposition l'usage que recommanderait la morale ?

## Ethique de la recherche

Bien que nous n'ayons cessé d'insister sur l'étroite interpénétration de la recherche et de l'application, les questions d'éthique se posent dans ces deux champs dans des termes en partie différents et il est commode ici de ne pas les confondre. Recherche et pratique font d'ailleurs généralement l'objet de codes déontologiques distincts là où les lois ou les organisations professionnelles les prévoient. Dans le cadre de la recherche, on distinguera en outre les questions et règles relatives à l'utilisation de sujets animaux, et celles propres aux sujets humains. Et l'on fera, s'agissant de ces derniers, une part aux recherches de terrain, qui nous rapprochent des conditions caractéristiques de la pratique.

### L'animal, sujet de recherche

Nous avons vu au chapitre XIV quelles pouvaient être les raisons scientifiques de soumettre l'animal à l'expérimentation psychologique. Il reste à se demander dans quelle limites on est moralement autorisé à le faire.

Les conceptions sur l'usage des animaux dans les laboratoires, et plus généralement sur les droits des animaux, ont beaucoup varié, et n'ont jusqu'ici pas débouché sur une position unanime. Les mouvements de défense des animaux se sont montrés depuis quelques années plus combatifs que par le passé, entreprenant quelquefois des actions de libération des animaux de laboratoire, qui ne vont pas sans soulever elles-mêmes leurs problèmes éthiques.

Les psychologues qui travaillent sur des animaux participent d'une tradition commune à diverses branches de la biologie, dont les travaux n'ont pu progresser que grâce à l'utilisation de l'animal d'expérience. Chaque fois que cela a été possible, le sort de ces animaux a été amélioré : ainsi les premiers travaux de vivisection étaient-ils évidemment plus cruels qu'après la découverte des techniques d'anesthésie (ce qui fut aussi le cas, ne l'oublions pas, de la chirurgie humaine). Les opposants les plus radicaux à la poursuite de ce type de recherche soutiennent que si l'homme veut se donner des connaissances qui lui soient utiles, il n'a qu'à les obtenir sur lui-même, non sur des animaux qui n'en peuvent rien et n'en tirent aucun profit. On ne peut que leur répondre de renoncer, dans la logique de leur position, pour eux-mêmes et leurs proches, aux bénéfices quotidiens des recherches sur l'animal, notamment dans le domaine médical.

Une objection plus récente, souvent appuyée par des scientifiques, tend à persuader de la possibilité de substituer la recherche en éprouvette à la recherche sur l'organisme. Cet argument vaut pour certains domaines de la biologie, et sans doute n'est-ce que dans une phase de transition que certains chercheurs se privent encore de techniques plus simples et plus « propres » : aucun biologiste n'a de raisons sérieuses de se souiller à manipuler rats et souris s'il peut faire mieux à manipuler des éprouvettes. Il est cependant fallacieux de faire croire que cette solution s'applique à tous les problèmes que l'on souhaite étudier : le psychologue, notamment, ne peut étudier le comportement en éprouvette ; par définition, celui-ci se déroule chez des organismes complets, et en temps réel.

On a proposé de limiter l'usage de l'animal à des recherches dont l'utilité est clairement démontrée. Nous l'avons vu au chapitre précédent, la notion d'utilité n'est pas simple, et elle peut difficilement passer pour le critère définitif de l'activité scientifique. On fera probablement admettre des recherches utilisant l'animal pour détecter les propriétés toxicomanogènes d'une substance nouvelle, candidate à un usage thérapeutique. Mais quelle utilité trouvera-t-on à une recherche sur la cognition animale ? Si l'on applique un autre critère, celui du bien-être du sujet, voire de la souffrance, on acceptera plus volontiers la seconde recherche que les premières, qui exigeront peut-être une intervention chirurgicale, et en tout cas l'induction possible d'une toxicomanie.

Si l'on s'accorde à minimiser tout ce qui pourrait porter atteinte à l'animal ou le faire souffrir, comme le recommandent d'ailleurs explicitement les codes déontologiques, il n'est pas toujours facile d'apprécier les limites de tolérance au regard des buts poursuivis. On ignore souvent que les animaux de laboratoire sont, en règle générale, bien soignés, non pour des raisons éthiques, mais d'abord par intérêt : on ne fait pas de bonnes expériences avec des animaux stressés, et tout mauvais traitement équivaut à un stress. Ceci est plus vrai et plus important encore en psychologie que dans les domaines classiques de la biologie. On oublie aussi, en prenant pour cibles les animaux de laboratoire, que des millions d'animaux sont soumis à des traitements bien plus contestables dans les élevages, et qu'à choisir entre passer sa vie en laboratoire ou comme animal de compagnie, beaucoup d'animaux choisiraient probablement, s'ils pouvaient s'exprimer, la première possibilité.

Les réactions aux recherches sur l'animal sont entachées d'anthropomorphisme, et trahissent fréquemment les problèmes psychologiques de ceux qui les manifestent bien plus qu'une préoccupation sereine pour les animaux. Les actions de libération d'animaleries expérimentales ont porté sur des singes, des chats, des pigeons, rarement sur des rats et des souris, auxquels les « libérateurs » ne s'identifient pas.

Il convient enfin de noter que beaucoup d'espèces utilisées au laboratoire n'ont pas leur équivalent sauvage : les rats ou les souris appartiennent presque toujours à des variétés produites à l'origine pour le laboratoire et élevées à cette fin exclusive depuis des décennies ; elles n'ont aucune adaptation « naturelle » à un autre milieu.

Ces remarques faites, tout chercheur admettra sans peine de se conformer aux recommandations des codes en la matière. Ils insistent particulièrement sur l'utilité de la recherche, entendue au sens large, lequel inclut l'utilité pour les progrès de la connaissance, aussi bien que l'utilité pratique ; sur le devoir de traiter les animaux avec humanité ; sur le renoncement à des procédures entraînant la souffrance, sous quelque forme que ce soit, chaque fois qu'il est possible de l'éviter par le recours à une autre solution. Ainsi, on peut étudier les capacités de discrimination à l'aide de techniques de conditionnement faisant intervenir des stimulations aversives (par excmple, on punit chaque erreur d'un choc électrique et récompense chaque réponse correcte d'un peu de nourriture) ; mais des procédures de conditionnement à renforcements exclusivement positifs sont disponibles, et il serait d'autant plus impardonnable de ne pas les employer que leurs résultats ne sont pas contaminés par l'interférence des réactions émotionnelles.

On peut se débarrasser des problèmes éthiques que soulève l'expérimentation sur l'animal en se tournant exclusivement vers les sujets humains, solution d'autant plus raisonnable que l'on se déclare principalement intéressé par la psychologie humaine.

### Sujets humains

**Sommes-nous des bourreaux en puissance ?**

L'étude psychologique de sujets humains se heurte à son tour à des questions éthiques, qui, pour se poser à l'intérieur de notre propre espèce, n'en sont pas moins délicates. On en saisira d'emblée la complexité en se reportant à un cas classique, celui des expériences de Milgram (voir encart 51).

Les résultats de ces expériences sont surprenants. Nous n'aimons pas que l'on nous démontre combien est fragile notre autonomie et combien incertain notre jugement quant aux limites du mal que nous pouvons infliger à autrui. Mais a-t-on le droit de réaliser de telles expériences ? Certes, les sujets en sont volontaires, une condition que nous discuterons plus loin. Ils sont cependant victimes d'une duperie de la part de l'expérimentateur, car le scénario est truqué. Est-il permis de tromper ainsi les sujets ?

ENCART 51

*Ethique de la recherche sur sujets humains : l'expérience de Milgram*

   Milgram, spécialiste américain de la psychologie sociale, invita, par voie d'annonce dans les journaux, des sujets à participer comme volontaires à une expérience. Le psychologue recevait ensemble deux des candidats, et leur expliquait ce que l'on attendait d'eux. L'un serait l'élève, soumis à l'apprentissage d'une liste de paires de mots, et il recevrait, à chaque réponse incorrecte, un léger choc électrique. L'autre serait l'enseignant, chargé de fournir au premier les premiers mots de chaque paire, et surtout de lui administrer la punition en cas de besoin. L'élève était ensuite installé dans le compartiment expérimental, solidement attaché à une chaise, et muni d'électrodes aux poignets ; l'enseignant, quant à lui, fut installé dans son compartiment de surveillance, derrière une vitre d'observation à sens unique, et aux commandes du générateur de chocs, lui permettant de doser la punition en passant progressivement de 15 à 450 volts à mesure que le sujet commettait des erreurs.

   A ses premières erreurs, le sujet reçut les chocs d'intensité minimale sans réaction marquée, mais passa rapidement à un sursaut, puis à des manifestations de douleur de plus en plus intense et à des protestations verbales de plus en plus vives, implorant la clémence de son bourreau, à mesure que ce dernier, fidèle aux instructions qui lui avaient été données, augmentait l'intensité des chocs, atteignant éventuellement le maximum autorisé par l'appareil générateur, malgré les indications de risque possible mentionnées en face des commandes correspondantes.

   Des deux protagonistes, évidemment, seul l'enseignant était un sujet volontaire recruté ; l' « élève » était un comparse de l'expérimentateur, entraîné à jouer la comédie de la souffrance à la réception de chocs imaginaires : le générateur commandé par le sujet n'envoyait rien du tout.

   La grande majorité des sujets de Milgram n'hésitèrent pas à user, et souvent jusqu'au maximum possible, du pouvoir qui leur avait été accordé de punir leur partenaire (65 % lui octroyèrent des chocs de 450 volts !). Manifestaient-ils les dispositions agressives qui dorment au-dedans de nous, et n'attendent que le prétexte de s'exprimer ? Etaient-ils seulement soucieux de réussir la tâche demandée, à savoir de faire apprendre la liste de mots à leur élève ? Souhaitaient-ils simplement se conformer à l'autorité du chercheur scientifique qui les avait recrutés et payés pour leur collaboration ?

   Milgram explora de nombreuses variantes de cette situation, montrant en général la facilité avec laquelle des sujets normaux s'abandonnent sans objection à cette curieuse complicité. Montrant aussi que le prestige du chercheur et de son institution n'était pas étranger à cette soumission : si l'expérience se tient, non dans le laboratoire de la célèbre université de Yale, mais dans des locaux privés minables dans une petite ville et sous la conduite d'un expérimentateur à la mise peu rassurante, le pourcentage de sujets obéissants baisse considérablement.

   (S. Milgram, *Soumission à l'autorité*, Paris, Calmann-Lévy, 1974.)

Les codes déontologiques de la recherche sur sujets humains font généralement un devoir au chercheur en psychologie de mettre honnêtement ses sujets au courant de la nature de l'expérience. S'il fallait respecter littéralement cette règle, l'expérience de Milgram ne pourrait tout simplement pas avoir lieu : elle suppose en effet que les chocs soient fictifs, que l'élève soit un comparse comédien, que les sujets ignorent ce qui se passe réellement et, surtout, ce que l'on cherche à mettre en évidence. Faut-il, dès lors, renoncer à ce genre d'expérience ? N'est-elle pas utile pourtant à nous mieux connaître, et à nous aider à prévenir cette forme de dérive qui se fait jour occasionnellement dans nos sociétés d'apparence civilisée ? Mais ne convient-il pas de tenir compte du choc moral que pourrait entraîner chez les sujets eux-mêmes le fait d'avoir servi à l'expérience ?

Voyons de plus près comment les règles déontologiques tentent de répondre à ces questions, et de définir les marges de liberté du psychologue.

**Le sujet volontaire**

Une protection à première vue évidente et élémentaire contre les abus consiste à limiter la recherche psychologique à des sujets volontaires. Cette précaution apparaît essentielle lorsque l'expérience comporte des risques physiques ou moraux, ou des désagréments, voire des souffrances. On imagine mal de soumettre à des études sur les effets de l'isolement prolongé en l'absence de tout repère temporel ou à des études sur les performances en état d'apesanteur des sujets qui ne se seraient pas portés volontaires. Des sportifs amateurs de défis, tels les spéléologues Siffre ou Mairetet, ou les candidats aux vols spatiaux offrent des occasions que le psychologue est d'autant plus justifié à saisir que des sujets de ce type s'adonneront de toute manière à leurs exploits. Dans un contexte plus banal, le recrutement des milliers d'étudiants en psychologie qui ont participé à des recherches au titre de sujets n'y ont généralement pas été forcés, bien qu'ils y aient souvent été incités : il n'est pas toujours de bonne stratégie pour l'étudiant de ne pas répondre à l'appel d'un chercheur qui assume par ailleurs une responsabilité dans son évaluation. Beaucoup de données expérimentales ont été recueillies sur des sujets exécutant leurs travaux pratiques de psychologie : l'exigence de formation prend-elle le pas sur la notion de volontariat entièrement libre ?

Que devient cette notion dans le cas de la recherche sur les enfants, condition de la psychologie du développement ? Cela a-t-il un sens de parler de volontariat lorsque le chercheur se présente dans une classe d'enfants de 7 ou 8 ans pour y procéder à des expériences sur le développement cognitif ? L'enfant y est-il exposé à des situations substantiellement différentes de celles qui caractérisent l'école ? On peut tourner le problème en répondant non, et en assimilant la recherche à une activité scolaire (l'institution en prenant la responsabilité) ou en répondant oui, et en déplaçant le volontariat au niveau des parents.

Ces solutions ne sont plus applicables si l'on souhaite prendre comme sujets des êtres avec lesquels la communication minimale, nécessaire pour poser la question du volontariat, n'est pas possible : sujets handicapés ou détériorés. Se privera-t-on des apports de la méthode pathologique, des expériences invoquées, sous prétexte que ces sujets ne peuvent se prononcer sur leur adhésion ou leur refus ? Les privera-t-on des bénéfices qu'entraîneront peut-être les résultats de l'expérience dans l'amélioration de leur état ? On le voit, la notion de volontariat n'est pas aussi simple qu'il y paraît au premier abord.

Elle se complique encore d'un biais d'échantillonnage. En effet, les sujets qui se portent volontaires constituent une autosélection d'un groupe particulier. Par définition, ils ne constituent pas un échantillon au hasard prélevé au sein d'une population. Ce biais peut être négligeable, mais il peut aussi être très important. Dans les études en situations extrêmes, telles que séjour de plusieurs mois au fond d'une grotte, ou exposition à l'apesanteur, il va de soi que l'on a affaire à des sujets exceptionnels. On peut s'en accommoder dans la mesure où ne se trouveront jamais dans de telles situations que des sujets exceptionnels. Mais il faut savoir que la recherche ne nous apprendra pas comment réagirait le sujet moyen s'il s'y trouvait exposé — or beaucoup de situations extrêmes peuvent devenir, du fait de catastrophes naturelles ou sociales, le lot de quantité d'hommes moyens. Convient-il de chercher à prévoir les réactions du commun des mortels à une catastrophe dans une centrale nucléaire ?

Dans des recherches plus banales, le contraste apparaîtra moins net, mais il ne sera pas inexistant. Des enfants d'une classe primaire qui se portent volontaires pour une expérience peuvent être ceux qui s'affirment socialement le plus, ceux qui recherchent l'approbation des maîtres, ceux qui y voient une occasion d'échapper un moment à la classe, etc. Tous ces biais peuvent très bien influencer les données.

Le recrutement de volontaires s'accompagne souvent du payement d'une modeste indemnité financière. Les sujets tentés par ce type de petits gains se recrutent nécessairement parmi une certaine population — il y a peu de chance pour que se présentent des gens très occupés et très bien payés dans leur profession. Un contrat d'argent est de nature à prédisposer le sujet à répondre aux attentes de l'expérimentateur plus encore qu'à l'ordinaire, d'où élaboration d'hypothèses sur les buts de l'expérience et de stratégies dans le but de s'y conformer.

Enfin, le volontariat s'assortit normalement de la liberté laissée au sujet, et explicitement mentionnée avant l'expérience, de quitter celle-ci à son gré. Dans beaucoup de cas, les sujets n'usent pas de cette liberté, ne voyant pas de raison de ne pas remplir leur contrat envers le chercheur. Mais il peut arriver qu'ils ne résistent pas au stress ou aux désagréments de la situation, et éprouvent le besoin de quitter.

> Dans des expériences classiques sur la privation sensorielle et sociale, des sujets se portaient volontaires pour vivre confinés dans des chambres confortables, mais totalement coupés du monde, et dans une ambiance appauvrie en stimulations (lumière constante, port de verres translucides limitant la perception des objets, bruit masquant monotone, etc.). Malgré une indemnité financière considérable, la plupart des sujets demandèrent à quitter après deux ou trois jours, bien avant la durée totale prévue de l'expérience. Sachant que cette forme de privation est perturbante, le chercheur a-t-il le droit d'en faire prendre le risque au sujet qui, par besoin d'argent, par souci de collaborer loyalement, ou par crânerie, s'obstine aux dépens peut-être de son équilibre ? Faut-il l'arrêter, pour autant que l'on puisse le distinguer du sujet qui résiste bien à cette situation ? Faut-il le laisser poursuivre en se disant que les dommages seront sans doute transitoires (mais en est-on sûr) ? Ou faire la supposition qu'il agit sans doute dans la vie de la même manière, et qu'on ne gagne rien à lui épargner

quelques jours d'une expérience dont il connaît les équivalents, en plus grave peut-être, à longueur d'années dans son existence quotidienne ?

**Le sujet informé**

Le vrai volontariat suppose évidemment que le sujet soit en mesure de choisir, donc de comprendre exactement à quoi il s'engage. C'est donc une autre règle, souvent soulignée, que l'information du sujet sur la nature et les buts de l'expérience, et sur les conséquences qui pourraient en découler pour lui. Dans de nombreux cas, l'information précise des sujets ne soulève aucune difficulté, la conduite de l'expérience et ses résultats ne pouvant en être affectés. Au contraire, dans beaucoup de situations expérimentales, un sujet bien informé devient un véritable collaborateur du chercheur, et contribue à la validité de ses données. Une expérience de psychophysique, visant à déterminer des seuils, bénéficiera d'un sujet volontaire parfaitement informé.

Mais, nous l'avons vu à propos de l'expérience de Milgram, l'information préalable n'est pas toujours compatible avec l'expérience envisagée. On rencontre de nombreux cas de ce type qui ne soulèvent pas les interrogations éthiques que soulève l'expérience de Milgram. Par exemple, dans des expériences très courantes sur la mémoire ou l'attention, il est fréquent d'exposer le sujet à des stimulations qu'ils ne perçoit pas consciemment, ou auxquelles il ne prête pas attention, afin précisément de mettre en évidence l'effet de ces « amorces » sur la mémorisation ou la détection ultérieure de stimulus identiques ou voisins. Il va de soi que l'expérience n'a aucun sens si on l'explique d'avance au sujet, ce qui l'amènera à prêter attention justement à ce que l'on veut qu'il ne remarque pas. Personne n'objecte à ce genre de recherche, admettant qu'il appartient au chercheur d'estimer les limites au-delà desquelles il ne peut plus prendre sur lui la responsabilité de ne pas informer d'avance, et doit donc, logiquement, renoncer à l'expérience.

S'il prend cette responsabilité, il se fera une règle de fournir après coup au sujet les informations qu'il n'a pu fournir avant. Dans des expériences sur l'amorçage cognitif, cette phase finale de l'expérience ne représentera guère plus qu'une explication de courtoisie au sujet qui a apporté sa collaboration. Mais dans une expérience comme celle de Milgram, on devine qu'il peut s'agir de beaucoup plus, et que l'entretien doit aider le sujet à dissiper l'anxiété, la culpabilité, l'agressivité, qu'a pu susciter en lui la participation à l'expérience ou la connaissance de ses résultats. Le chercheur doit faire preuve ici des qualités d'un bon clinicien, ce qui suggère que tout psychologue, même voué à la recherche fondamentale, ait quelque formation clinique, le rendant apte à cette partie délicate de son travail expérimental, ou, à défaut, soit assez avisé pour discerner les types d'expériences dans lesquelles il vaut mieux qu'il ne s'engage pas.

Le droit du sujet à l'information, préalable ou, à défaut, postérieure sur l'expérience, puis sur ses résultats se double du droit à la confidentialité. Le chercheur n'est autorisé à exploiter les données qu'à des fins scientifiques, et les communiquer à quiconque, y compris à la communauté scientifique par le véhicule habituel de la publication, que complètement dépersonnalisées. Tout rapport sur des données individuelles sera présenté de telle sorte que l'identification du sujet soit impossible. Une dérogation à ces règles n'est admissible qu'avec l'accord du sujet : celui-ci a le droit d'autoriser, sinon de revendiquer, l'usage des données le concernant pour éclairer, par exemple, l'autorité scolaire dans ses décisions, ou pour servir de témoignage dans un but de prévention. Un sujet qui se serait soumis à une recherche sur les détériorations psychologiques découlant de l'abus d'alcool ou de tabac peut très bien souhaiter que les faits le concernant, nommément identifiés, soient publiés dans le cadre d'un programme d'éducation à la santé.

## *Recherche de terrain et recherche-action*

### Une solution de rechange paradoxale

Certains chercheurs convaincus de l'immoralité des expériences impliquant la tromperie des sujets, comme dans l'expérience de Milgram, ont proposé de transposer leurs hypothèses dans des situations de vie réelle, et d'observer, sans se dévoiler, des sujets anonymes réagissant à des situations d'apparence naturelle mais en réalité mises en scène. Ainsi on peut placer dans un parking des voitures plus ou moins luxueuses ou délabrées, et simuler des tentatives de vol, par des comparses à la mise plus ou moins correcte, et observer la façon dont les passants, témoins des forçages de serrure et autres effractions, réagissent ; on peut feindre une chute due à un malaise, et voir si les passants se portent à l'aide ou passent leur chemin ; on peut feindre une demande d'assistance au bord de la route, et enregistrer les comportements des automobilistes. C'est un peu la méthode de la camera invisible mise à la mode par les télévisions. Ce qui ne semble pas soulever de protestation lorsqu'il s'agit d'amuser le public pose problème éthique lorsqu'il s'agit de recueillir des informations scientifiques. Ce genre de procédure a suscité plusieurs objections. Tout d'abord, elle implique généralement une tromperie, la seule différence par rapport à l'expérimentation avec sujet volontaire étant que l'on donne à ce dernier des informations fausses, alors qu'on ne dit rien au passant occasionnel qui réagit au montage en place publique. Puisqu'on ne lui dit rien, on ne lui ment pas. La nuance relève un peu de la casuistique. En second lieu, l'expérience réaliste viole l'intimité du sujet, et d'autant plus gravement que c'est à son insu : le passant soudain observé l'ignore. Le chercheur peut naturellement l'aborder après coup pour lui expliquer, comme il est de règle dans les farces de la caméra cachée, mais il est en droit de se trouver doublement lésé. En troisième lieu, on joue, sans les contrôler, avec les réactions émotionnelles de sujets dont on n'a pu, au préalable, évaluer les caractéristiques personnelles qui recommanderaient la prudence — ce que fait normalement un bon expérimentateur avec les sujets volontaires.

On rétorquera que les situations mises en scène simulent très fidèlement des situations que les mêmes personnes peuvent très bien rencontrer dans leurs déplacements : nous pouvons tous croiser au bord de la route quelqu'un qui appelle à l'aide, nous trouver face à face dans les couloirs du métro avec un épileptique en convulsion, une personne succombant à une crise cardiaque, un voleur à la tire. Quel mal y aurait-il à provoquer sciemment, à des fins scientifiques, des situations analogues, avec l'arrière-pensée d'ailleurs d'en tirer parti, non seulement pour éclairer nos semblables sur leurs sentiments, leurs peurs, leur altruisme, leur efficacité, mais pour les aider à mieux réagir.

Serait-il plus moral de se contenter d'observer sans être vu des situations réelles du même genre ? Il suffit de se poster, pour reprendre les exemples utilisés, dans un parking à risque, dans une importante station de métro, au bord d'une route fréquentée, pour que les cas se présentent d'eux-mêmes avec une certaine probabilité. Cela prendra plus de temps, et les cas seront plus variés encore.

A la limite se pose ici le droit à l'observation d'autrui, dans ses rapports avec les buts poursuivis, les moyens employés et le respect de la vie privée ou de l'intimité individuelle. On voit bien qu'il serait absurde de refuser au psychologue le droit d'observer les hommes, alors qu'ils ne cessent, dans la vie courante, de s'observer les uns les autres en toutes circonstances, et fort souvent pour agir les uns sur les autres. Nous observons nos interlocuteurs pour faire valoir notre point de vue dans la conversation, nous observons nos voisins de compartiment pour nous divertir, nous observons nos enfants pour intervenir éducativement (ainsi le pensons-nous), tout cela sans les prévenir ni leur demander la permission. Pourquoi les chercheurs-psychologues ne pourraient-ils s'adonner à la même activité à des fins professionnelles ? Il ne sont d'ailleurs pas les seuls à observer par profession — on songera aux journalistes, aux magistrats et enquêteurs, aux vendeurs instruits à l'observation de leurs clients, aux photographes et cinéastes, et bien d'autres — mais peut-être sont-ils les seuls à s'être posé avec beaucoup d'acuité les problèmes éthiques de cette conduite bien naturelle muée en procédé professionnel. Ont-ils le droit d'observer sans que l'observé le sache ? Mais quelle valeur, sinon, peut avoir l'observation ? On sait que celui qui se sent observé n'agit plus de la même manière. Eibl-Eibesfeldt, un éthologiste disciple de Lorenz, désirant transposer l'approche éthologique aux groupes humains, s'en alla les observer dans des îles du Pacifique jadis explorées par Malinowski. Pour saisir dans toute leur authenticité les réactions des indigènes, il s'équipa d'une caméra truquée, munie de prismes permettant de filmer les gens en ayant l'air de filmer le paysage avec un décalage angulaire de 90 degrés. Violait-il le droit de ses sujets à savoir qu'il les observait ?

**Recherche-action**

Un courant de recherche en sciences humaines prône, pour sortir de ces difficultés éthiques, la formule de la recherche-action. Toute recherche sur l'homme, et particulièrement lorsqu'elle se déroule dans un groupe, école, usine, quartier, communauté culturelle, devrait toujours non seulement dévoiler honnêtement sa nature et ses buts, mais en outre accepter de répondre aux attentes actuelles que le groupe est en droit d'avoir vis-à-vis des chercheurs. Dans cette optique, une recherche appliquée ne consisterait pas, comme l'acceptait une conception traditionnelle, en une recherche réalisée dans les conditions impures d'un domaine d'application et aux fins de servir un jour à en améliorer tel ou tel aspect. Elle impliquerait une participation engagée aux problèmes immédiats des gens. Ainsi, un chercheur en psychologie scolaire ne serait pas justifié à pénétrer dans les écoles pour procéder à des comparaisons entre méthodes didactiques employées, ou pour inventorier les corrélations entre niveau socio-économiques des élèves et réussite, pour s'en aller ensuite rédiger ses rapports ; il aurait le devoir d'apporter quelque chose en échange, d'infléchir les habitudes des maîtres pour qu'ils adoptent la méthode la plus fructueuse, par exemple, ou de mettre en œuvre des programmes de compensation pour permettre aux enfants de conditions défavorisées de réussir. Ainsi un chercheur s'intéressant aux adaptations en milieu urbain de ruraux émigrés en masse ne pourrait se contenter d'observer, il devrait apporter des solutions aux problèmes pratiques les plus urgents.

Nous avions vu au chapitre X, à propos des méthodes d'observation, qu'une observation valide impliquait souvent cette participation de l'observateur, dans la mesure où l'observation fine et prolongée des personnes humaines exige que s'établisse une confiance entre elles et l'observateur. Comme le soulignait déjà judicieusement Malinowski (voir encart 24), on peut, sans passer au stade de la participation, dresser l'inventaire des maisons et des objets les plus visibles ; on ne peut espérer découvrir les objets les plus privés ou les objets sacrés, ni recueillir le récit des mythes, ou des savoirs secrets. La philosophie de la recherche-action va plus loin, en faisant de cette attitude de participation du chercheur un impératif éthique plutôt qu'une simple condition de validité. Elle est, au premier abord, séduisante par sa générosité, son affirmation d'une mission sociale dans toute recherche de terrain. Elle appelle néanmoins quelques réflexions. A la limite, le souci de répondre aux attentes des sujets étudiés ne risque-t-il pas de détourner complètement le chercheur de son but initial, de lui faire faire un autre métier, utile sans doute, mais qu'il lui serait possible d'exercer sans se déguiser d'abord en chercheur ? Le chercheur est-il toujours doté des compétences, ou du pouvoir, qui lui permettraient de servir la communauté de façon vraiment efficace et, si ce n'est pas le cas, ne vaut-il pas mieux ne pas leurrer les gens ? Sa prétention à apporter quelque chose qui se révèle ensuite insignifiant, voire néfaste, ne coupe-t-elle pas la voie aux recherches ultérieures ? Rend-on service en laissant croire en une puissance de solution et d'intervention des chercheurs, quand ceux-ci savent combien leur savoir est modeste, et son exploitation pratique éloignée ? Autant de questions qui ne peuvent trouver de réponses généralisables. Elles dépendront d'abord du contexte culturel : dans une société comme la nôtre, où la tradition scientifique est depuis longtemps installée et la vulgarisation de la démarche scientifique déjà très poussée, il est relativement facile — encore que plus ou moins selon les sous-populations envisagées — de faire admettre les démarches propres à la science, et l'intérêt qu'il peut y avoir à surseoir à toute application hâtive, pour agir plus tard en vraie connaissance de cause. Elles dépendent du type de question étudiée et des contraintes techniques : il est raisonnable d'apporter un concours concret à la solution d'un problème de prise en charge d'enfants dans le milieu scolaire, mais sans doute utopique, pour un chercheur qui étudierait les comportements économiques d'une communauté de bidonvilles, d'espérer installer des modes de gestion domestique à long terme. Dans le premier cas, un travail avec les instituteurs peut se traduire par beaucoup de progrès ; dans le second, il faudrait contrôler nombre de facteurs sur lesquels le chercheur n'a aucune prise, par exemple toutes les incitations publicitaires à la consommation immédiate par les achats à tempérament.

Les problématiques de la recherche action se rapprochent forcément de celles de l'intervention psychologique, à ceci près que dans le premier cas l'on part d'un projet de recherche et l'on se fait un devoir de le lier à une action ; dans le second, on se propose d'intervenir, et l'on est amené, dans cette perspective, à s'interroger sur des questions éthiques spécifiques.

### Déontologie de l'intervention

#### Pratique, éthique et science

Dans les multiples formes de pratiques psychologiques, qui constituent les activités de la grande majorité des psychologues, continue de se poser au plan éthique la question du fondement scientifique de l'intervention. La plupart des codes déontologiques dont se sont dotées les associations professionnelles de psychologues font explicitement mention de ce devoir d'ancrer la pratique dans une base scientifique sans cesse mise à jour. Comme nous l'avons vu à travers la partie historique de ce volume, et dans le contexte plus restreint de la psychologie moderne, dans la discussion, au chapitre XV, de l'opposition entre expliquer et comprendre, les psychologues ne sont pas toujours d'accord sur ce qu'est une démarche scientifique. Pour certains d'entre eux, attachés à la valeur de la preuve et du contrôle, celle-ci implique, notamment, que toute intervention fasse l'objet d'un véritable effort de validation ; par exemple, que le choix d'une forme de traitement psychologique dans telle catégorie de troubles ou de problèmes se fonde, dans toute la mesure du possible, sur des études comparées de l'efficacité thérapeutique, et non sur les options et préférences théoriques du praticien. On voit sans peine, dans le domaine clinique, les implications de cette position : recherche systématique objective sur les résultats des diverses formes d'intervention, sur la part qui y revient à la méthode — psychanalytique, comportementale, systémique, etc. —, à la personnalité du clinicien, aux caractéristiques des individualités et des types de problèmes traités, enfin, à l'évolution spontanée du trouble ; acceptation par le praticien, en fonction des conclusions de ces recherches, des limites possibles de sa méthode, éventuellement de son abandon, qu'exigerait l'éthique professionnelle. Mais pour d'autres, moins confiants dans les critères de scientificité, ou moins soucieux de s'y conformer, et qui mettent l'accent sur la liberté de leurs clients de se soumettre au type d'intervention qui leur plaît, l'essentiel est de se mettre à leur écoute, sans chercher à légitimer l'intervention par des critères de réussite prétendument objectifs, mais qui ne peuvent l'être qu'au prix d'une perte de la substance même de leur rencontre avec la personne en demande d'aide. Il ne faut pas se dissimuler la complexité de ce débat, qui continue d'opposer des écoles divergentes dans le champ de l'intervention psychothérapeutique, et où l'éthique sert tantôt à récuser les critères scientifiques habituels, tantôt à les imposer. Il montre bien à quel point il importe de poursuivre en psychologie la réflexion sur les rapports entre science et éthique, et sur la question de savoir si, en fin de compte, on adopte une définition scientifique de la psychologie, et quelles exigences on y met. Rien ne peut empêcher que persistent des pratiques non scientifiques — le succès de l'astrologie en témoigne —, mais il n'est pas éthiquement tolérable que soient proposées au public sous la caution scientifique des méthodes d'intervention qui ne peuvent s'en prévaloir.

### *Assistance et contrat*

L'intervention psychologique se conçoit le plus souvent comme une réponse à une demande, formulée par un individu ou un groupe désireux de se soulager d'un problème ou à la recherche d'un épanouissement nouveau, par un entourage inquiet du comportement d'un proche, par une institution ou entreprise dans une perspective d'amélioration de ses performances ou du bien-être de ses membres, par une organisation à la recherche d'un avis sur les questions les plus variées, allant de l'embauche et de la promotion du personnel jusqu'à la meilleure forme à donner à un message publicitaire ou électoral. Le psychologue, n'intervenant qu'en réponse à une demande, ne s'impose donc jamais. Il respecte ainsi la liberté de ceux qui font appel à sa compétence.

Il ne peut éluder cependant une distinction qui tombe sous le sens : entre la personne qui consulte spontanément le clinicien pour trouver assistance dans la recherche d'une solution à des difficultés psychologiques personnelles et le chef d'entreprise qui demande le concours du psychologue pour mieux motiver son personnel (et éventuellement accroître sa productivité sans accroître les salaires), l'enjeu de la liberté du client n'est pas le même. Dans le premier cas, le rapport se limite au psychologue et à celui qui lui présente une demande d'aide ; dans le second, la demande émane d'un individu qui la formule en toute liberté, mais dans le but d'agir sur autrui. Entre ces deux exemples extrêmes, toutes les nuances peuvent se présenter. Les parents qui consultent le psychologue pour leur enfant, le proche qui consulte pour un membre adulte de la famille en ont-ils le droit ou le devoir ? Dans quelle mesure le psychologue doit-il recevoir la demande du chef d'entreprise ou du publicitaire, si les buts recherchés lui paraissent moralement contestables ? Comment fixera-t-il les critères de l'acceptabilité ? Sur quelles bases pourra-t-il se permettre de refuser son intervention ? A qui doit profiter l'amélioration recherchée ? Jusqu'où convient-il de s'interroger sur les conséquences négatives de l'intervention sur d'autres personnes que celles qui introduisent la demande ? Faut-il se soucier du conjoint et des enfants d'un client qui vient chercher assistance dans une prise de décision de séparation ? Des employés soumis à des entraînements, dont ils n'auront pas fait choix, destinés à les rendre plus efficients, mais en même temps plus stressés, plus anxieux ou moins personnels ?

A ces questions difficiles les psychologues ne peuvent répondre qu'en se donnant, non des règles simples et strictes, mais des guides ou des garde-fous. Il n'agiront, par exemple, qu'après avoir passé contrat avec le client, contrat formulant clairement la demande, et ce en quoi consistera l'intervention. Généralement, l'aide apportée ressortira au conseil, la décision restant aux mains du client. Néanmoins, ce partage des responsabilités peut apparaître quelque peu utopique si l'on sait les ambiguïtés inhérentes à toute relation non symétrique de compétence et de pouvoir. Et elle se révèle impossible dès lors que le psychologue se trouve activement engagé, comme cela est de plus en plus souvent le cas, dans un rôle d'intervenant direct, et non simplement de conseiller dans l'ombre, au sein d'une institution ou d'une entreprise.

Une tendance s'est affirmée, au cours des dernières années, à aborder les problèmes posés dans leur contexte global, et à impliquer dans l'intervention ou le conseil tous ceux qu'ils concernent, la famille entière plutôt que le seul individu qui a consulté initialement, les employés qui devront vivre les décisions du chef d'entreprise plutôt que ce dernier uniquement. Ce type d'approche, qui se veut systémique, est sans doute de nature à résoudre une partie des difficultés éthiques de l'approche individuelle. Elle protège les personnes concernées d'une manipulation à leur insu ; elle élargit les chances de succès de l'intervention dans la mesure où il dépend de l'implication ou de l'adhésion d'un groupe plus large. Elle peut parfois être ressentie comme une intrusion illégitime dans la vie de personnes qui n'ont rien demandé.

Le contrat de départ pourra être plus ou moins précis quant aux objectifs poursuivis, quant à la durée de l'intervention, quant aux méthodes et moyens mis en œuvre. Il devrait l'être aussi quant à la probabilité du succès. S'il porte sur une intervention mettant en cause d'autres personnes étrangères à la demande, comme c'est le cas des employés d'une entreprise pour lesquels la direction demande une évaluation en vue d'une promotion, ou des stages de formation visant à accroître la motivation, il est essentiel de préciser ce que le psychologue livrera des informations recueillies à l'entreprise qui le consulte et le paie, et ce qu'il livrera éventuellement aux personnes qui feront l'objet de son examen ou de son intervention psychologiques. Il est de règle, pour des raisons évidentes, de ne livrer que les informations strictement utiles à répondre à la question posée, laissées à l'appréciation du psychologue. Reprenons l'exemple simple du conseil à la promotion de cadres : le psychologue sera amené à procéder à une investigation approfondie de la personnalité actuelle de chacun, au cours de laquelle il recueillera des données sur la vie privée des candidats, sur leurs attitudes vis-à-vis des membres de la direction, etc. Ces données peuvent contribuer à forger son opinion sur les meilleurs candidats à proposer à la direction, mais l'avis final ne doit évidemment pas en faire état. Le conseil apporté ne peut enfreindre le droit à la confidentialité. Mais, ici encore, on devine les difficultés qui peuvent surgir dans chaque cas concret.

## Psychologie et argent

Le contrat entre le psychologue et son client comporte souvent un aspect financier. Celui-ci ne soulève, dans certains domaines d'intervention, aucun problème particulier : il est normal que l'expertise du psychologue sollicité par une entreprise soit honorée comme le serait celle d'un ingénieur-conseil. Les interventions individuelles dans le domaine clinique suscitent des questions plus délicates. Il est d'usage, chez les psychanalystes, de faire payer d'avance les séances ; cette pratique s'appuie sur des arguments théoriques concernant le déroulement de la cure, et non des arguments d'ordre strictement financier. Faut-il n'y voir qu'une rationalisation de la part des thérapeutes de leur intérêt matériel le plus immédiat ? On a beaucoup débattu également de la durée des traitements analytiques, dont les critères d'achèvement ne sont pas toujours clairs ni explicites. De façon moins aiguë, ou moins connue, des questions analogues peuvent se poser pour d'autres types d'intervention. Selon les pays, une partie plus ou moins importante des interventions psychologiques émarge aux assurances soins de santé. Cette solution apporte une régulation aux coûts et garantit que l'argent ne soit pas le critère principal d'accès à l'aide psychologique. Mais elle a pour conséquence d'assimiler cette dernière à l'aide médicale et donc de considérer les problèmes et troubles qui amènent à consulter les psychologues comme des pathologies. Ce point de vue peut sans doute se justifier dans certains cas, comme la discussion du chapitre précédent l'a fait apparaître, mais expose à une extension discutable du concept de maladie à ce qui ressortit plus correctement de problèmes personnels ou relationnels faisant partie de la vie courante, issus de circonstances éducatives, familiales, professionnelles diverses. Les pathologiser conduit immanquablement à ne voir dans la vie même des hommes qu'une grande maladie. Plusieurs courants de la psychologie appliquée s'opposent à cette dérive et insistent, par exemple, comme c'est le cas dans l'orientation dite humaniste, sur la demande d'assistance psychologique liée non à un difficulté ou un problème, mais au désir de réalisation de soi, de création, de plus grande ouverture à autrui. Il serait fallacieux de déguiser ce genre de demande sous le manteau d'une pathologie, et particulièrement anti-éthique de le faire pour en assurer le financement par les assurances soins de santé.

La pathologisation abusive des difficultés psychologiques soulève encore, au plan éthique, un autre problème. Elle conduit à focaliser les psychologues sur le traitement, la « remédiation », plutôt que sur la prévention. C'est une vieille tentation des professions à vocation de guérison physique ou sociale de perpétuer les maux dont elles vivent, voire de les entretenir en les multipliant. Les avocats ont intérêt à ce que les gens continuent à s'intenter des procès, les médecins à ce qu'un virus chasse l'autre, les psychologues à ce que continuent de chercher leur aide élèves en échec scolaire, enfants en difficulté d'apprentissage de la lecture, cadres d'entreprise stressés, institutions aux prises avec des conflits internes, etc. La tendance est humaine, mais est souvent en opposition avec l'exigence éthique qui recommanderait aux spécialistes de chercher avant tout à prévenir, plutôt qu'à guérir, en acceptant, à la limite, leur propre disparition. La priorité à la prévention s'impose particulièrement en psychologie, dans la mesure où de nombreuses difficultés qui sont de son ressort trouvent leurs sources dans des facteurs identifiables, souvent dans les conditions du milieu. On s'en convaincra à examiner rapidement quelques exemples dénués de technicité.

On sait que beaucoup de problèmes psychologiques surgissent chez les personnes âgées suite à l'isolement et à l'insuffisance d'activités motivantes. L'accroissement de la fraction vieillissante dans nos populations modernes rend à moyen terme impensable de leur apporter individuellement une aide psychologique pour des problèmes qu'un aménagement différent du milieu de vie permettrait d'éviter.

L'échec scolaire ne cesse d'augmenter et alimente, avec son cortège de complications psychologiques, les consultations des psychologues. Les causes en sont de mieux en mieux connues, il est donc en principe possible de mettre l'accent sur la prévention, et les psychologues peuvent jouer là à long terme un rôle plus utile, aux côtés des éducateurs et des responsables des politiques de l'éducation, qu'en tentant de porter remède aux troubles individuels — ce qu'ils ne peuvent évidemment renoncer à faire aussi longtemps qu'ils existent.

On connaît, jusqu'à un certain point, la part des conditions d'habitat dans la genèse des états dépressifs, de la délinquance, de la toxicomanie. Ces problèmes demandent à être traités, mais, à long terme, un réexamen des conceptions urbanistiques est plus important, et le conseil des psychologues y trouvera plus de portée que leurs interventions actuelles souvent vaines, parce que impuissantes à modifier des conditions de vie pourtant déterminantes.

L'éthique de l'intervention psychologique, comme l'éthique médicale, comporte une visée à la suppression de la profession, ou du moins d'un changement de son rôle, passant du traitement des maux à leur prévention, de la cure de l'individu à la gestion des conditions qui le conduisent à en avoir besoin.

Ce chapitre comporte, on l'aura remarqué, une quantité inusitée de questions. Ceci est délibéré et correspond à la fois à la nature des problèmes éthiques qui se posent aujourd'hui au psychologue, et à notre souci de provoquer la réflexion de l'étudiant plutôt que son adhésion à quelque code qui l'en dispenserait. Les problèmes, en effet, ne cesseront de changer, l'homme étant inscrit dans l'histoire, qui le confronte sans cesse à des problèmes neufs. Il en va de même des méthodes de la psychologie scientifique, qui nous placent dans des perspectives éthiques inédites, bien que ce soit de façon moins spectaculaire que les sciences médicales. Les codes déontologiques sont, par conséquents, eux aussi, appelés à évoluer.

# CONSEILS BIBLIOGRAPHIQUES

## PREMIÈRE PARTIE
## HISTOIRE

1 / Pour plus d'information sur un certain nombre de philosophes ou d'auteurs que nous n'avons pas abordés, tels Berkeley ou Spinoza par exemple, l'étudiant peut se rapporter à l'un des trois tomes de l'*Histoire de la philosophie*, publié par Emile Bréhier aux PUF (1981) dans la collection « Quadrige » ; ou bien aux trois volumes de l'*Histoire de la philosophie* publiés sous la direction d'Yvon Belaval dans la Pléiade, chez Gallimard (1974) ; ou enfin à l'*Histoire de la science* publiée également dans la Pléiade par Maurice Daumas, chez Gallimard (1957).

2 / Pour l'histoire de la psychologie clinique et de la psychanalyse, on peut lire *A la découverte de l'inconscient* de Henri F. Ellenberger, paru chez Simep Editions (1974) qui donne beaucoup d'indications bibliographiques supplémentaires. On peut lire aussi *Nouvelle histoire de la psychiatrie*, de J. Postel et C. Quetel, chez Privat (1983). Mais il faudrait évidemment lire *Histoire de la folie à l'âge classique*, de Michel Foucault, paru dans la collection « Tel » chez Gallimard (1972).

3 / Pour l'histoire de la biologie et des théories de l'évolution, la meilleure lecture, presque indispensable pour un étudiant en psychologie, est celle de *La logique du vivant ; une histoire de l'hérédité*, de François Jacob, dans la collection « Tel », chez Gallimard (1970) ; on peut lire aussi avec grand profit les ouvrages de Jacques Ruffié, en particulier *De la biologie à la culture* paru chez Flammarion, collection « Champs », en 2 tomes (1983) ; ou encore le livre d'Edgar Morin, *Le paradigme perdu, la nature humaine*, paru au Seuil, collection « Points » (1973). On trouvera aussi des extraits de grands textes dans *Théories de l'évolution, aspects historiques* édité par J.-M. Drouin et C. Lenay chez Press Pocket (1990).

4 / Sur la psychologie française de la fin du XIXe, on trouvera un numéro spécial du *Bulletin de Psychologie* d'avril-mai 1988 ; le livre récent de J. Carroy, *Hypnose, suggestion et psychologie*, paru aux PUF en 1991, apporte de nombreuses informations

sur cette psychologie au XIXᵉ siècle. Sur la psychologie américaine, on peut lire l'ouvrage d'André Tilquin, *Le behaviorisme, origine et développement de la psychologie de réaction en Amérique*, chez Vrin (1950) qu'on ne trouvera malheureusement qu'en bibliothèque ; on peut aussi consulter le livre très récent de Geneviève Paicheler, *L'invention de la psychologie moderne*, paru chez L'Harmattan, 1992. Sur la psychologie de la *Gestalt*, il faut lire le livre de Paul Guillaume, *La psychologie de la forme*, paru chez Flammarion en 1937.

5 / On trouvera un recueil de trop courts extraits de textes concernant les sciences de l'homme dans *Anthologie des sciences de l'homme*, de J.-C. Filloux et J. Maisonneuve, chez Dunod (1991).

6 / Mais la lecture d'extraits ou de manuels ne peut dispenser de celle de quelques grands textes. Parmi ceux-ci, on peut conseiller par exemple : *L'homme machine*, de Julien de La Mettrie, édité (en 1981) dans la bibliothèque Médiations chez Denoël (présenté par P.-L. Assoun) ; *Le cours de philosophie positive* d'Auguste Comte, en particulier la 45ᵉ leçon ; mais celle-ci n'est actuellement disponible que dans l'édition complète du *Cours*, chez Hermann (1975) (Présentation de M. Serres). Aussi l'étudiant peut-il lire avec profit le texte de la 1ʳᵉ et de la 2ᵉ leçons, dans la collection « Les Intégrales de philosophie », chez Nathan (1989). Dans cette même collection, on peut lire la Préface à la 2ᵉ édition de la *Critique de la raison pure*, d'E. Kant (1989). De ce même philosophe, un étudiant de premier cycle peut lire sans difficulté *Anthropologie du point de vue pragmatique* paru chez Vrin en 1988. Il faut lire, de Th. Ribot, *La psychologie anglaise contemporaine* (1871) et *La psychologie allemande contemporaine* (1879), toutes deux parues chez Alcan, mais difficiles à trouver ailleurs qu'en bibliothèque.

D'une façon générale, notre travail avait pour ambition fondamentale de provoquer, chez les étudiants, l'envie d'aller lire les textes originaux des grands auteurs de l'histoire de la science de l'homme et de leur donner aussi la certitude qu'ils sont *capables* de les lire et les comprendre avec profit.

## DEUXIÈME PARTIE

### MÉTHODES

1 / Là aussi, on tirera profit de la lecture de quelques classiques en matière de méthode scientifique et d'épistémologie, notamment l'ouvrage de Claude Bernard, *Introduction à la médecine expérimentale* (réédité en Livre de poche par Garnier-Flammarion, Paris, 1863) ; de Karl Popper, on peut lire *La logique de la découverte scientifique*, chez Payot (Paris, 1978) ou *Objective Knowledge. An Evolutionary Approach*, chez Clarendon Press (Oxford, 1972) ; de Thomas S. Kuhn, il faudrait connaître *La structure des révolutions scientifiques* (Paris, Flammarion, 1972) et de J. Eccles, *Le mystère humain* (Bruxelles, Mardaga, 1981) qui fournit un exemple de position spiritualiste dans le cadre des neurosciences modernes.

2 / Le débutant en psychologie ne doit pas hésiter à s'attaquer à la lecture, de première main, de quelques œuvres des grands maîtres qui ont marqué la pensée

scientifique de notre discipline. Ces œuvres sont souvent, par leur clarté et leur solidité de pensée, plus accessibles que les commentaires qu'on en donne.

Plutôt qu'à ses commentateurs, on donnera donc priorité à Freud, dont de nombreux textes existent depuis longtemps en français, mais dont les *Œuvres complètes* font actuellement l'objet d'une traduction entièrement nouvelle aux Presses Universitaires de France. Le lecteur fera son propre choix dans cette production très vaste ; il souhaitera peut-être commencer par *Totem et tabou* (Payot, Paris, 1971) ou par *Trois essais sur la théorie de la sexualité* (Gallimard, Paris, 1945) ; par *Psychopathologie de la vie quotidienne* (Payot, Paris, 1963) ou par l'ouvrage plus tardif *Malaise dans la civilisation* (Paris, PUF, 1971).

De Pavlov, l'étudiant en psychologie doit lire les *Leçons sur l'activité du cortex cérébral*, dont la traduction française remonte à 1929 (Paris, Legrand) et n'est pas d'excellente qualité (une autre traduction, bien meilleure, a paru en fascicule, de 1952 à 1956, dans *Les Cahiers de Médecine soviétique* à Paris ; la traduction en anglais par Anrep est plus accessible (Londres, Dover, 1960) ; ces *Leçons* présentent une illustration qui demeure magistrale de la mise en œuvre de la méthode expérimentale dans le domaine du comportement.

Piaget offre un choix aussi vaste que Freud. Pour pénétrer dans sa démarche empirique, on s'attaquera par exemple à *La naissance de l'intelligence* (Neuchâtel, Delachaux & Niestlé, 1936), ou *La construction du réel chez l'enfant* (Neuchâtel, Delachaux & Niestlé, 1937), ou encore *La formation du symbole chez l'enfant* (Neuchâtel, Delachaux & Niestlé, 1946). Des textes courts, mais très denses, fournissent une excellente introduction aux lignes principales de sa théorie : *La psychologie et l'enfant* (avec B. Inhelder, Paris, PUF, « Que sais-je ? », 1966) ; *L'épistémologie génétique* (Paris, PUF, « Que sais-je ? », 1970). Enfin, parmi les ouvrages les plus révélateurs de sa philosophie de la science, on lira *Biologie et connaissance* (Paris, Gallimard, 1967) ou *Le structuralisme* (Paris, PUF, « Que sais-je ? », 1968).

L'œuvre de Skinner n'est que partiellement accessible en français. Ses conceptions sont présentées de la manière la plus concise dans *Pour une science du comportement, le behaviorisme* (Neuchatel et Paris, Delachaux & Niestlé, 1979) ; *L'analyse expérimentale du comportement* (Bruxelles, Mardaga, 1971) offre une réflexion plus approfondie sur des questions théoriques centrales. La philosophie sociale de Skinner est exposée dans *Par-delà la liberté et la dignité* (Paris, Laffont, 1972) ; sur Skinner, on consultera les livres de M. Richelle, *Skinner ou le péril behavioriste* (Bruxelles, Mardaga, 1978) et *B. F. Skinner. A reappraisal* (Hove, Erlbaum, 1993).

De K. Lorenz, les deux ouvrages fondamentaux, *L'agression, une histoire naturelle du mal* (Paris, Flammarion, 1969) et *Les fondements de l'éthologie* (Paris, Flammarion, 1984), reflètent admirablement la pensée théorique et la connaissance de première main des comportements animaux.

Parmi les classiques de l'anthropologie culturelle, on choisira entre les ouvrages de B. Malinowski : *Les argonautes du Pacifique occidental* (Paris, Gallimard, 1963) et *La sexualité et sa répression dans les sociétés primitives* (Paris, Payot, 1967), celui de C. Kluckhohn, *Initiation à l'anthropologie* (Bruxelles, Dessart, 1963) ou celui de R. Linton, *The tree of culture* (New York, Knopf, 1957) ou de Claude Lévi-Strauss pour l'anthropologie structuraliste française, *Anthropologie structurale* (Paris, Plon, 1958).

3 / Pour enrichir l'information et prolonger la réflexion sur les méthodes, on se reportera au *Manuel d'études pratiques en psychologie* (J.-L. Beauvois, J.-L. Roulin,

G. Tiberghien, Paris, PUF, 1990) ; à *La psychologie expérimentale* (P. Fraisse, Paris, PUF, « Que sais-je ? », 1966) ; à *L'observation* (M.-P. Michiels-Philippe (éd.), Paris-Neuchâtel, Delachaux & Niestlé, 1984) ; aux *Fondements et étapes de la recherche scientifique en psychologie* (M. Robert (éd.), Montréal, Chenelière et Stanké et Paris, Maloine, 1982) et à l'*Initiation à la psychophysique* (G. Tiberghien, Paris, PUF, 1984).

4 / Sur la diversité des modèles explicatifs et sur les questions épistémologiques centrales qui agitent la psychologie, on consultera M. Richelle, et X. Seron (éd.), *L'explication en psychologie*, Paris, PUF, 1980, et M. Siguan (éd.), *Comportement, Cognition, Conscience*, Paris, PUF, 1987.

5 / Sur les modèles animaux, on se reportera au recueil édité par R. Chauvin, *Les modèles animaux du comportement humain* (Paris, Editions du CNRS, 1972) et à l'excellent ouvrage de J. Vauclair, *L'intelligence de l'animal* (Paris, Seuil, 1992).

6 / Enfin, sur les rapports entre laboratoire et terrain, entre recherche fondamentale et applications, on peut consulter le numéro spécial de la revue *Cahiers de psychologie cognitive* (1982, 2).

# Index des noms propres

Adler A., 291.
Alcan F., 162.
Alembert J. d', 69.
Angell J., 183, 185, 189.
Aquin Thomas d' (saint), 18, 20-22, 26, 29, 34.
Arago François, 125.
Aristote, 15, 16, 20, 21, 26, 28, 29, 31, 39, 241.
Assise F. d' (saint), 23.
Augustin (saint), 18, 19, 241.

Babinsky J., 156, 161, 165.
Bacon F., 25, 38-41, 52, 78, 111.
Bacon R., 20, 23-26, 89.
Baer K. von, 124.
Bailly J.-S., 92.
Bain A., 140, 141, 147, 156, 157, 180, 187.
Baldwin J. M., 189, 192.
Banaji M. R., 364.
Bandura A., 292.
Bartlett F., 180, 279.
Beaunis H., 156, 165.
Beauvois J.-L., 425.
Bechterev V., 43, 156, 161, 178, 179, 192.
Bell C., 148.
Benedict R., 299, 385.
Bentham J., 104-109, 141, 193.
Bergson H., 161-163, 167, 169, 184.
Bernard C., 150, 151, 167, 205, 243, 249, 267, 424.

Bernheim H., 93, 160, 161, 291.
Bessel F., 213.
Bichat M.-F.-X., 99.
Biel G., 33.
Binet A., 161, 164-167, 169, 187.
Bitterman M. E., 337.
Boerhaave H., 70.
Bonald L. de, 153.
Botkin S., 149, 176.
Bovet M., 271.
Braid J., 93.
Brentano F., 170, 172, 174.
Breuer J., 291.
Broadbent D., 278-280.
Bronshteyn A. I., 210, 211.
Broussais F., 99, 159.
Brown J., 91.
Buffon G., 69, 81, 119, 120, 122, 124.

Cabanis J., 99, 101, 117, 159.
Calvin J., 35, 36, 38, 52.
Cannon W., 249, 250.
Carton R., 24.
Cattell J. McKeen, 182, 183.
Changeux J.-P., 22.
Charcot J.-M., 156, 160, 163, 165, 178, 291, 317.
Charles X., 93.
Chateaubriand A. de, 100, 125.
Chauvin R., 426.
Chomsky N., 174, 386, 387.
Cissé Y., 300.

Claparède E., 225.
Comte A., 110-118, 132, 149, 159, 163, 249.
Condillac E. de, 28, 58, 67, 68, 81.
Condorcet N., 99.
Connes A., 22.
Cousin V., 103, 104.
Cromwell O., 52.
Crowder R. G., 364.
Cullen W., 91.
Cuvier G.-L., 121, 124, 125.

Darwin C., 30, 81, 116, 119, 128-143, 166, 175, 176, 179, 180.
Darwin E., 119, 130.
Darwin F., 165.
Dastre A., 167.
Daubenton L., 124.
Delbœuf L., 156, 161, 165.
Deleuze J.-P., 93.
Delius J., 345, 346.
Descartes R., 21, 44-53, 55, 63-65, 70, 76, 77, 114.
Destutt de Tracy A. L. C., 99, 102, 117.
Dewey J., 185, 189.
Diderot D., 69, 70, 84.
Dobzhansky T., 272.
Donders F. C., 213.
Doron R., 3.
Du Bois-Reymond E., 147-149, 176.
Dumas G., 167.
Dumont E., 105.
Durkheim E., 156, 158.
Duruy V., 104.
Dworkin B. R., 204.

Ebbinghaus H., 290, 362, 363.
Eccles J., 198, 424.
Eco U., 29.
Ehrenfels C. von, 172, 173.
Eibl-Eibesfeldt I., 412.
Eimas P. D., 212.
Emerson R. W., 110.
Epstein R., 342, 343.
Esculape, 17.
Esquirol J.-E. D., 111, 159, 234, 235.
Eysenck H. J., 27, 331.
Faria (abbé), 93.

Fechner G. T., 151-153, 171, 290.
Ferry J., 97.
Fichte J. G., 75, 145.
Fisher R., 181.
Fontanès L. de, 100.
Fourrier C., 105.
Fraisse P., 297, 426.
Franklin B., 92, 109.
Freud S., 152, 156, 161, 164, 170, 182, 194, 241, 291, 292, 302, 398, 425.
Frisch K von., 245, 246.

Galien, 17, 18, 44.
Galilée G., 38, 40-44, 50, 52, 53, 68, 81.
Gall F. J., 114, 115.
Gallup G. G. Jr, 341, 343.
Galton F., 130, 143, 156, 180, 181, 183.
Gardner B. T., 292, 339, 341.
Gardner R. A., 292, 339, 341.
Gesell A., 232.
Giard A., 135, 167.
Godwin W., 108.
Goethe J. W. von, 84, 361.
Gruneberg M., 363.

Haeckel E., 138, 165, 187.
Haller A. von, 90, 91.
Hall S., 156, 157, 178, 182, 183.
Harlow H. F., 292.
Hartley D., 67, 70, 141.
Harvey W., 44, 49, 52.
Hayes K. J., 339.
Hebb D. D., 221.
Hegel G. W. F., 145.
Heinroth O., 255.
Helmholtz H. von, 148, 149, 156, 170, 213, 290, 361.
Helvétius C. A., 71, 72, 105.
Herder J. G., 84.
Hinson R., 348, 349.
Hippocrate, 17, 78, 399.
Hobbes T., 51-59, 63, 72, 108, 193.
Holbach P. H. d', 69, 71.
Hölderlin F., 88.
Hollard V. D., 345, 346.
Hull C., 204.
Hume D., 51, 58, 60, 63, 65, 66, 68, 88.
Husserl E., 172.

## Index des noms propres

Hutcheson F., 105.
Huxley T., 139-141, 180.

Inhelder B., 225, 271, 425.

Jackson J. H., 159, 188.
Jakobson R., 216.
James H., 110, 183.
James W., 110, 156, 162, 183-185.
Janet Paul, 163.
Janet Pierre, 161-164, 167-169, 221, 292.
Jennings H. S., 182, 183, 187.
Jensen A., 272, 273.
Jouffroy T., 103, 159.
Jung C., 182, 291.
Jusczyk P., 212.

Kant E., 62, 74-77, 84.
Kellog W., 339.
Kepler J., 40.
Kinnebrook, 213.
Kleist E. C. von, 88.
Kluckhohn C., 385, 425.
Koffka K., 173.
Kölher W., 173, 174.
Kosslyn S. M., 278-280.
Kuhn T., 262, 269, 424.
Külpe O., 166, 172.

La Bruyère, 234.
Lachelier J., 104.
Lagache D., 388.
Lahy J.-M., 168.
Lakanal J., 124.
Lamarck J.-B. de, 99, 121, 124-132, 134.
Lange C., 184.
Lanza R. P., 342, 343.
Laplace P.-S., 99, 120.
Laromiguière P., 103.
Lashley K., 218, 221.
Laugier H., 168.
Lavoisier A.-L. de, 92, 99.
La Mettrie J.-O. de, 49, 70, 71, 90, 158, 190.
Le Dantec F., 167.
Leibniz G. W., 56, 58, 73-75.
Lévi-Strauss C., 385, 425.

Lewin K., 173.
Liard L., 162, 168.
Liébault A., 93, 160, 161.
Lindauer M., 246.
Linné C. von, 121.
Linton R., 385, 425.
Littré E., 97.
Locke J., 58, 63-68, 73, 75, 77-82, 109, 177.
Loeb J., 165, 168, 183, 187, 189.
Lombroso C., 156.
Lorenz K., 227, 232, 276, 277, 291, 412, 425.
Lotze H., 151.
Ludwig C., 148, 176.
Luther M., 33-36.
Lyell C., 121, 128, 130, 131.
Lyssenko T. N., 269.

Macé J., 97.
Magendie F., 148.
Maine de Biran M.-F.-P., 102.
Mairetet J.-P., 406.
Maistre J. de, 153.
Malinowski B., 236, 237, 299, 412, 413, 425.
Malthus T. R., 129-132, 142.
Marx K., 99, 105, 194.
Maupassant G. de, 316, 317.
Maupertuis P.-L., 62, 63, 81, 119, 123.
McDougall W., 180, 193.
Mead M., 299, 385.
Mendeleïev D. I., 228.
Mendel G., 136, 137.
Mesmer F. A., 91, 92.
Meyer A., 188, 189.
Michiels-Philippe M. P., 426.
Milgram S., 404-406, 409, 410.
Mill James, 106-109, 140, 141.
Mill J. Stuart, 140, 149.
Miller N. E., 204, 205.
Miller G., 221.
Milner P. M., 264.
Monge G., 99.
Montaigne M. de, 47.
Montesquieu C. de, 69.
Morgan C. Lloyd, 140, 180, 185.
Moritz K. P., 84, 85.

Morris P. E., 363.
Müller J., 147, 148, 150, 187.

Neisser U., 220, 363.
Nerval G. de, 88.
Newton I., 30, 38, 50, 51, 63, 64, 67, 75, 109, 111, 113, 121, 388.
Nietzsche F., 7.
Noizet G., 214.
Novalis F., 88.

Occam G. d', 26-29, 33, 43, 53, 68.
Olds J., 364.
Owen R., 105.

Paracelse, 90.
Pascal B., 40, 56, 252, 396.
Pasteur L., 160.
Patterson F. G., 292.
Pavlov I. P., 175-179, 192-194, 210, 263-265, 290, 295, 425.
Payne T., 104, 108.
Pearson K., 181.
Peirce C. S., 110, 183.
Petrova E. P., 210, 211.
Pfungst O., 255.
Piaget J., 16, 76, 137-139, 202, 221, 224, 225, 232, 233, 251, 258, 266, 291, 295, 297, 301, 309, 375, 387, 425.
Piéron H., 161, 167-169, 178, 187, 193, 297.
Pinel P., 99, 159, 234.
Platon, 15, 16, 22, 34, 241.
Popper K., 197, 198, 251, 262, 268, 269, 424.
Poulos X., 348, 349.
Premack D., 292, 339.
Preyer W., 138, 166.
Priestley J., 105.
Proudhon P.-J., 105.
Puységur A.-M.-J. de, 92, 93.

Rabaud E., 168.
Ravaisson F., 104.
Razran G., 210, 211.
Reid T., 60.
Reil J. C., 79, 111.
Renan E., 163.

Requin J., 313.
Restif de la Bretonne N., 85.
Ribot T., 153, 156, 169.
Ricardo D., 106, 108.
Richelle M., 425, 426.
Richet C., 156, 157, 160.
Robert M., 426.
Romanes G., 140, 179.
Rosenthal R., 253, 254, 257.
Roulin J.-L., 425.
Rousseau J.-J., 59, 62, 63, 65, 69, 83, 85.
Royer-Collard P.-P., 103.
Rumbaugh D. S., 292, 339, 340, 342.
Rushforth N. B., 210.

Sade D.-A.-F., de, 87.
Saint-Hilaire G., 125.
Saint-Simon L., 105, 111.
Saussure de F., 386.
Savage-Rumbaugh E. S., 292, 341.
Schelling F. W., 90.
Schlegel A. W. et F. von, 86.
Schwann T., 148, 216.
Sechenov I., 149, 150, 176, 178.
Seligman M., 351-353.
Seron X., 426.
Servet M., 36.
Shaw B., 257.
Shepard R. N., 345, 346.
Siffre M., 406.
Siguan M., 426.
Simon T., 166, 168.
Sinclair H., 271.
Siqueland E. R., 212.
Skinner B. F., 27, 81, 83, 106, 154, 174, 186, 193, 194, 226, 251, 290, 295, 342, 343, 382, 383, 425.
Smith A., 60, 108.
Socrate, 26.
Spalding D. A., 227.
Spearman C., 180, 326, 330.
Spencer H., 141-143, 149, 153, 154, 159, 175, 176.
Sperry R., 292.
Stahl G., 90.
Stewart D., 106.
Stumpf C., 172, 173, 255.
Swets J. A., 281.

Sydenham T., 77, 78.
Sykes R. N., 363.

Taine H., 156, 165.
Tanner W. P., 281.
Terman L. M., 321.
Terrace H. S., 292, 339, 341.
Thomasius C., 62.
Thompson G. H., 331.
Thorndike E. L., 173, 183-186, 290.
Thurstone L. L., 330.
Tiberghien G., 426.
Titchener E. B., 183, 185, 190.
Tolman E., 174, 193, 221.
Toulouse E., 167, 168.
Troubetzkoi N., 216.
Tryon W. W., 254.

Urbain IV, 20.

Valéry P., 22.
Vauclair J., 426.

Vernon P. E., 330.
Vigorito J., 212.
Vinci L. de, 41.
Voltaire, 62, 69.
Vries H. de, 136.
Vygotsky L. S., 179.

Wallace A. R., 131.
Wallon H., 232.
Watson J. B., 43, 182, 183, 188-194, 205, 383.
Weber E., 148, 149, 151.
Weismann A., 135, 138.
Wertheimer M., 172-174.
Winnicott D. W., 292.
Witmer L., 164.
Wolff C., 58, 74, 75, 78.
Wundt W., 156, 165, 169-171, 178, 182-185, 213.

Zazzo R., 370.

Imprimé en France
Imprimerie des Presses Universitaires de France
73, avenue Ronsard, 41100 Vendôme
Août 1994 — N° 40 277

Collection
Premier
Cycle

Marie-Claire BANCQUART, Pierre CAHNÉ — Littérature française du XX<sup>e</sup> siècle
Lucien BÉLY — La France moderne 1498-1789
Jacqueline BIDEAUD, Olivier HOUDÉ, Jean-Louis PÉDINIELLI — L'homme en développement
Thérèse CHARMASSON, Anne-Marie LELORRAIN, Martine SONNET — Chronologie de l'histoire de France
Marguerite COCUDE, Muriel JOUHANEAU — L'homme biologique
Dominique COLAS — Sociologie politique
Olivier DUHAMEL — Le pouvoir politique en France. Droit constitutionnel, I
François ETNER — Microéconomie
Dominique FOLSCHEID, Jean-Jacques WUNENBURGER — Méthodologie philosophique
Dominique FOLSCHEID — La philosophie allemande de Kant à Heidegger
Jean-Michel de FORGES — Droit administratif
Jean FRANCO, Jean-Marie LEMOGODEUG — Anthologie de la littérature hispano-américaine du XX<sup>e</sup> siècle
Guy HERMET — L'Espagne au XX<sup>e</sup> siècle
Winfrid HUBER — L'homme psychopathologique et la psychologie clinique
Samuel JOHSUA, Jean-Jacques DUPIN — Introduction à la didactique des sciences et des mathématiques
Edmond JOUVE — Relations internationales
Philippe LABURTHE-TOLRA, Jean-Pierre WARNIER — Ethnologie-Anthropologie
Viviane de LANDSHEERE — L'éducation et la forme
François LAROQUE, Alain MORVAN, André TOPIA — Anthologie de la littérature anglaise
Marcel LE GLAY, Jean-Louis VOISIN, Yann LE BOHEC — Histoire romaine
Alain de LIBÉRA — La philosophie médiévale
Michel MEYER — La philosophie anglo-saxonne
Arlette MICHEL, Colette BECKER, Marianne BURY, Patrick BERTHIER, Dominique MILLET — Littérature française du XIX<sup>e</sup> siècle
Chantal MILLON-DELSOL — Les idées politiques au XX<sup>e</sup> siècle
Georges MOLINIÉ — La stylistique
Françoise PAROT, Marc RICHELLE — Introduction à la psychologie. Histoire et méthode
Pierre PECH, Hervé REGNAULD — Géographie physique
Michèle-Laure RASSAT — Institutions judiciaires
Olivier REBOUL — Introduction à la rhétorique
Olivier REBOUL — Les valeurs de l'éducation
Dominique ROUX, Daniel SOULIÉ — Gestion

Daniel ROYOT, Jean BÉRANGER, Yves CARLET, Kermit VANDERBILT — Anthologie de la littérature américaine

Daniel ROYOT, Jean-Loup BOURGET, Jean-Pierre MARTIN — Histoire de la culture américaine

Pascal SALIN — Macroéconomie

Jean-François SIRINELLI, Robert VANDENBUSSCHE, Jean VAVASSEUR-DESPERRIERS — La France de 1914 à nos jours

Nicolas TENZER — Philosophie politique

Dominique TURPIN — Droit constitutionnel

Yvette VEYRET, Pierre PECH — L'homme et l'environnement

Annick WEIL-BARAIS — L'homme cognitif

Jean-Jacques WUNENBURGER — Questions d'éthique

Hubert ZEHNACKER, Jean-Claude FREDOUILLE — Littérature latine

Michel ZINK — Littérature française du Moyen Age

Charles ZORGBIBE — Chronologie des relations internationales depuis 1945

Charles ZORGBIBE — Histoire de la construction européenne

Roger ZUBER, Emmanuel BURY, Denis LOPEZ, Liliane PICCIOLA — Littérature française du XVII$^e$ siècle